새내기를 위한

C 프로그래밍 및 전산물리학 기초 연습

주경광 지음

새내기를 위한 C 프로그래밍 및 전산물리학 기초 연습

전남대학교출판문화원

머리말

일반적으로 전산물리학은 물리학과에서 자체적으로 2~3학년 때 한 학기 정도를 배운다. 과목명 자체가 전산물리학이기 때문에 컴퓨터 소프트웨어 학과나, 전산학과 과목이 아닌 물리학 관련된 내용이 주된 목적이 되어야 한다. 그런데, 대부분의 물리학과 학생들이 기초 코딩을 배우지도 않은 상태이거나 중고등학교에서 심지어 파이썬을 선택했지만, 자습해 온 학생들이 대부분인 상태에서 본 과목을 수강하기 때문에, 코딩을 무시한 채 물리 관련 내용만을 강의할 수도 없다. 그렇다고 해서 또한 코딩 자체만을 가르칠 수도 없다. 학부 수준에서 전산물리학을 배우는 이유는 개인에 따라 여러 가지가 있겠지만, 물리 교과서에 나오는 그래프 (예, 역학 포물선 그래프, 단진동 운동 그래프, 플랑크 복사방정식, 푸리에 변환, 양자역학 우물 퍼텐셜에서 슈뢰딩거 방정식의 해 등)를 그린다거나, 선형 혹은 비선형 방정식의 해를 구한다거나, 어떤 함수의 면적을 수치 해석적으로 구해서 오라고 했을 때, 프로그램을 배우지 않고서는 한계가 있을 수밖에 없다. 한편, 대학원에서는 통계 관련 데이터 분석이 주를 이룬다.

시중에 나와 있는 전산 프로그램 관련 책 (예, C, C++, Java, 파이썬, 딥러닝 등)들은 많지만, 이런 책들의 내용을 다 이해한 후 설령 안다고 해도 실제로 물리 관련 프로그래밍을 하려면 처음 접하는 학생들에게는 매우 생소하고 어려움을 느끼는 학생들이 많으며 시간도 많이 든다. 또한, 꼭 필요한 것은 아니지만, 현재 물리학과 학생들을 위한 전산물리학 책으로 마땅한 것도 없다. 따라서 이 책을 쓴 이유는 새내기 물리학도들이 전산물리를 하는데 필요한 전산 프로그램의 기초적인 내용과 지식들 정도만 가져다 쓰면서 물리와 관련된 내용을 간단히 살펴보고 이해하는데, 작은 도움을 주고자 한다. 이 책에서 다루지 않는 C 코딩 자체와 관련된 세부 내용 (예, 구조체 관련 내용)들을 배우려고 한다면 시중에 나와 있는 전산 프로그램 책들이 무수히 많기 때문에 그런 책들을 사서 보거나 대부분 대학에서는 정보 전산원에서 개설하는 프로그래밍 관련 강좌들이 있으므로 그것을 수강하기를 권장한다.

이 책은 기본적으로 C 언어를 기본으로 하고, 물리 실전 문제에서 어떻게 적용해야 하는지를 주로 예제 들을 통해 알아본다. 코딩 자체는 배우면 초등학생 혹은 나이 드신 분들도 누구든지 가능하다. 하지만 결국은 물리적 지식이 뒷받침되어야 물리 관련 코딩도 잘한다. 쉬운 예로, 델타함수 (δ, delta function), 감마 함수 (Γ, gamma function), 푸리에 변환 (Fourier transformation), 행렬 연산, 미분, 적분 등을 구해오라고 했을 때, 물리적 의미를 모르면 정말 단순하게 코딩 그 자체만 해 온다.

이 책에서는 수업하면서 학생들이 틀리기 쉬운 것을 보여주어 시행착오를 줄이고자 할 것이며, 또한 왜 코딩이 필요한지를 단계적으로 보여주고자 한다. 코딩에 정답은 없다. 단지 각자 어떤 논리를 가지고 문제에 접근해서 풀어내는가에 주안점을 둘 수밖에 없다. 즉 백만 명에게 문제를 주고 코딩하라고 했을 때, 모두 다르게 코딩을 해올 것이기 때문이다. 따라서 어떻게 논리적 (logical)으로 생각하고 이것을 간결 (smart)하고 매끄럽게 (streamline) 코딩으로 실현할 것인가의 차이가 있을 것이고 이런 점들을 고민해야 한다. 개개인의 인생에 있어서 각자 삶에 대한 철학이 있듯이, 코딩에도 로직 (logic)은 매우 중요하다. 주어진 문제에 대해 코딩을 할 때, 어떤 구조와 흐름을 가지고 작성할지에 따라 프로그램 내용은 완전히 달라질 수 있다. 따라서 C 언어를 배우는 동안 본인만의 로직 (=논리)을 키우고 가질 수 있게 힘써야 한다.

영어에는 영문법, 국어에는 국문법이 있듯이 C 언어에도 C 코딩 문법이 있다. 문법을 따르면 표준어에 해당하고 그렇지 않으면 사투리라고 볼 수 있다. 물론 사투리를 한다고 해서 말이 통하지 않는 것은 아니지만, 배울 때 표준어를 배우는 것이 좋지 굳이 사투리를 배울 이유는 없다. 실전연습 수업을 하면서 많이 보게 되는 것은 학생들이 컴파일 할 때 단지 에러가 나오지 않는다고 해서 C 코딩 문법을 따르지 않고 마음대로 쓰는 것을 자주 보게 된다. 따라서 프로그램을 작성하기 전에 C 코딩 문법을 잘 숙지했으면 한다. 또, 한 가지 당부사항은 소설이나 만화책 보고 읽듯이 코딩을 눈으로 하는 학생들이 있다는 것이다. 그냥 눈으로 볼 때는 다 아는 것 같이 보이나, 막상 프로그램을 하라고 하면, 전혀 손도 못 대는 학생들이 이외로 적지 않다. 그래서 철저히 실전 연습 위주로 공부를 하라는 것이다.

이 책의 목차는 CH1 (1장)이 아닌 CH0 (0장)부터 나간다. 이런 목차를 가진 책을 본 적이 거의 없을 것인데, C 언어가 1부터가 아닌 0부터라는 것과 0을 코딩에 활용할 수 있다는 것과 배열의 순서가 0부터라는 것을 잊지 않게 하기 위함이다. 그리고 그림을 그려야 하는데 C 언어를 안다고 그래프 등이 그려지는 것 아니다. 그림 그리는 패키지, 도구, 인터페이스 등이 따로 필요한데, 이것은 이 책의 영역이 아니다. 하지만 간단한 그래프라도 그려야 하기 때문에, 비싼 라이센스 (license) 구입이 필요 없는 엑셀 가지고 그릴 수 있는 방법 정도만 설명하려고 한다. 전산물리 관련 내용은 주로 CH7 (7장)를 따로 만들어서 몇 가지 예를 보였으며, 그밖에 다른 장에서도 찾아볼 수 있다.

또한, 이 책은 일반적인 전산 관련 교과서 및 교재로 사용하려는 목적이 아닌, 새내기 우리 물리학과 학생들을 위한 간단한 전산물리학 이해용이기 때문에, 문장, 문법, 조사사용, 어휘, 맞춤법 등을 최대한 시중 상업용 전산 교재에서 일반적으로 사용하는 것들을 택하려고 했지만 심각하게 고려하지는 않았다. 그리고 예제는 그대로 사용하면 일단 에러 없이 책에 쓰인 대로 출력할 수 있게 하였다. 기존 몇몇 프로그램 책은 내용이 간결하며 깔끔하게 쓰인 책도 있다. 하지만, 본인이 직접 응용하고 적용할 때, 생소함 및 어려움 존재할 수도 있다. 그래서 이 책은 학생들을 직접 가르치면서 어떤 부분을 많이 실수하고 어려워하는지에 대한 부연 설명들도 기술하였고 친숙하게 프로그램에 접근할 수 있도록 최대한 신경을 썼다. 그리고 기존의 방법과 로직과는 다르게 학생들이 직접 작성한 새롭고 참신하고 생소한 방식의 프로그램이 있는 경우, 이를 첨부하였다. 마지막으로 기초 C 언어 이해와 전산물리 공부에 많은 발전이 있기를 희망한다.

2021. 2.

전남대에서 저자

차 례

제2장 연산자

제3장 프로그램 흐름: 분기

제4장 프로그램 흐름: 반복

제5장 함수 (function)

제6장 배열(array)

제7장 C 언어로 작성하는 전산물리 관련 및 몇 가지 내용

제8장 포인터

제9장 파일 입출력

제0장

C 프로그래밍하기 위한 기초 연습

0.0. | C 언어 공부하기 위해 필요한 환경

C 언어 자체는 사용하는 컴퓨터 환경하고는 관련이 없지만, 이 책은 다음과 같은 컴퓨터 환경에서 코딩하였다.

✍ C 프로그램 환경

- ► Unix operating system (OS)에 기반한 리눅스 (linux) 머신을 사용하여 컴파일 (compile) 하였다. 리눅스는 누구에게나 무료로 제공되기 때문에, 라이센스 (licence) 구입 비용 등이 따로 필요하지 않아, 이것을 사용하였다.
- ► 리눅스 머신에서 계정 (account)과 암호 (passwd)는 리눅스 머신이 설치된 곳 (예, 학교 전산소, 연구실 PC, 리눅스가 깔린 개인 PC 등)에서 얻는다.
- ► Window/Apple Mac OS 상에서 돌아가는 상업용 C 프로그램이 있을 수 있으나, 라이센스 구입 및 기타 환경 설치 등이 필요할 수 있어, 이 책에서는 이런 환경은 고려하지 않았다.
- ► Window OS (혹은 Mac OS) 상에서 리눅스 머신으로 로그인해서 들어가야 하기 때문에 이를 위한 프로그램이 여러 가지가 있을 수 있으나 putty를 사용하였다.
- ► 데이터를 가지고 그래프를 그리기 위한 그림 패키지는 상업용을 포함해 여러 가지가 있을 수 있으나, 대부분의 학교 전산실이나 Window를 사용하는 개인 컴퓨터에는 엑셀 (Excel)이 설치되어 있기 때문에, 엑셀을 사용하였다.

putty 설치하기 및 실행

☑ (체크하기)

본인이 사용하는 컴퓨터의 OS와 bit를 확인해야 한다. 예로, Windows 7 혹은 10인지? 시스템 종류가 32비트 인지 64비트 인지 등을 알아야 한다.

(예) Windows 10, 시스템 종류: 64비트 운영 체제, x64 기반 프로세서

☑ **(참고)** 내 PC가 32비트인지 64비트인지를 아는 방법
바탕화면 "**내** PC"에서 마우스 우클릭 → "속성"으로 가면 시스템 종류가 나와 있다.

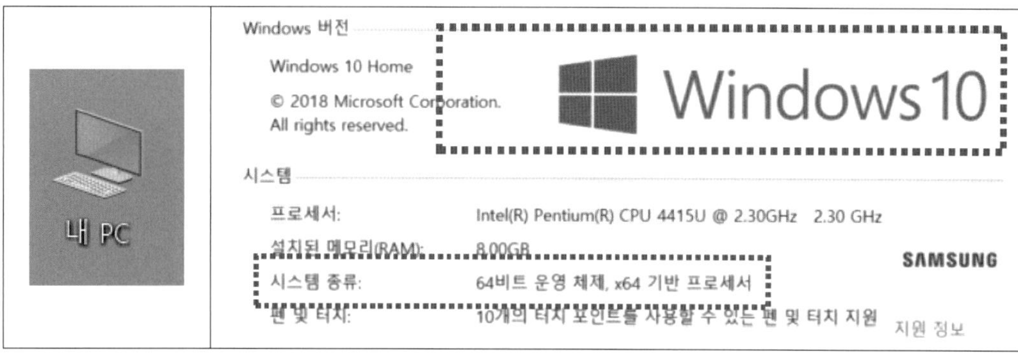

⇝ **(설치하기)**
검색엔진에서 "putty", "putty download"를 친 후, 이 사이트 (https://www.putty.org)로 들어가 실행 파일을 다운 받는다.

(예) 64-bit: **putty.exe** (or by FTP)

이 파일을 실행하면 바탕화면에 다음과 같은 icon이 생성된다.

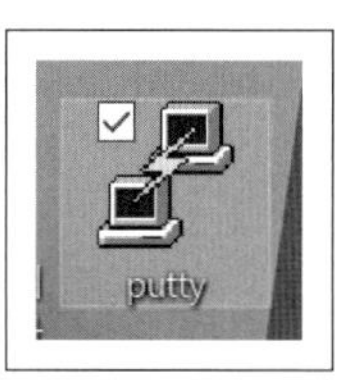

⇝ **(실행하기)**
바탕화면 putty icon를 눌러 putty 창이 뜨면, 로그인 (login)해서 본인이 C 프로그램을 작성하고 돌리는 리눅스 머신으로 들어갈 수 있다.

(예) Host Name (or IP address): 777.111.222.66
    Port: 22 (혹은 4280)

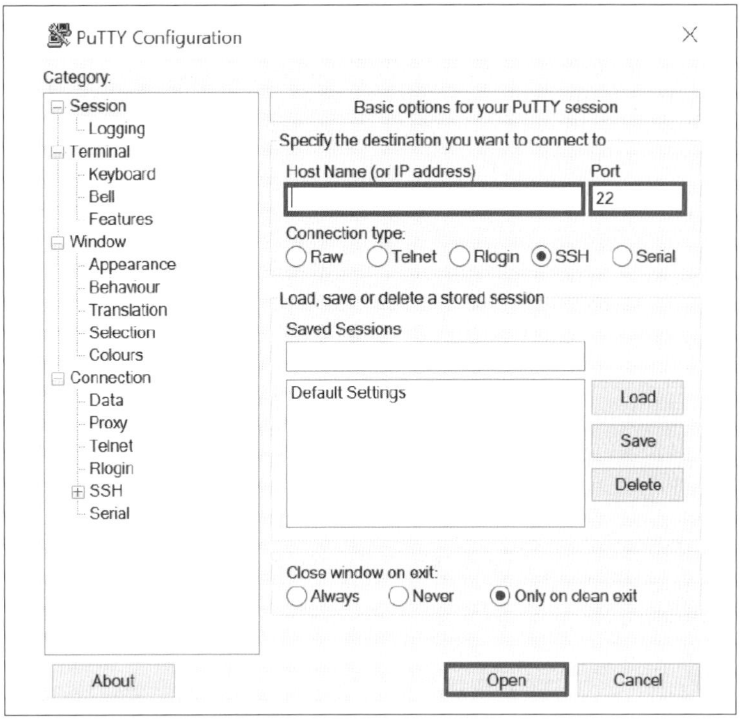

리눅스 머신 정보를 입력하고 “Open” 버튼을 누르면, 개인 로그인에 대해 물어본다. (예: 본인에게 부여된 로그인 이름이 joo라고 하고, 본인의 암호를 타이핑하면 본격적으로 C 코딩을 할 linux 상에서의 상태가 된다)

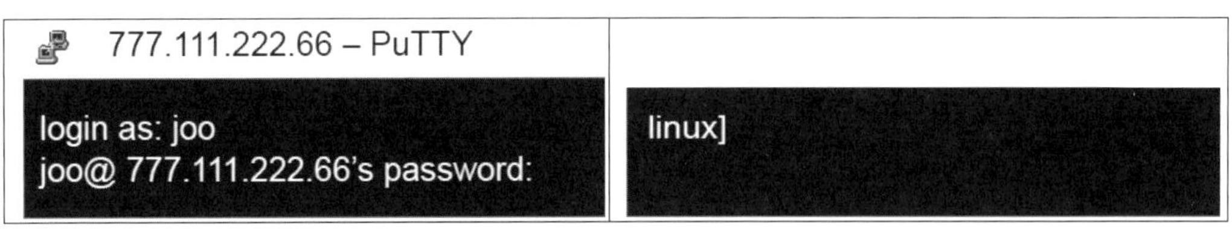

자판기 (keyboard) 부호 이름

부호	이름	한글 용어
!	Exclamation	느낌표
“ ”	Quotation	큰따옴표
‘ ’	Apostrophe	작은따옴표
*	Asterisk	별표
#	Sharp	샵
&	Ampersand	꽈배기
-	Hyphen	붙임표

부호	이름	한글 용어
/	Slash	슬래쉬
\	Back-slash	백슬래쉬
%	Percent	퍼센트
:	Colon	콜론
;	Semi-colon	세미콜론
~	Tilde	물결
.	Period	점
,	Comma	콤마, 쉼표
=	Equal	등호
@	At	골뱅이
[ ]	Bracket	대괄호
{ }	Brace	중괄호
( )	Parenthesis	소괄호
< >	Less than, greater than	왼쪽, 오른쪽 부등호

0.1. | Unix 기본 구조 및 명령어

Unix 기본 구조 (structure)

► 절대 경로: 기본적인 표기 경로를 나타낸다. 최상위 경로부터 표기된다.
(예) /home/joo/work → joo라는 이름으로 로그인 했다고 가정할 경우, 최상위 경로 / (슬래쉬) 부터 시작해서 work 디렉토리 (directory) 까지의 경로를 모두 표시한다.

► 상대 경로: 현재 유저 (user, 사용자)가 위치한 디렉토리를 기준으로 표시된다.
(예) 현재 유저의 위치가 /home/joo 라고 가정할 때 /home/joo/work/ 의 경로는 work, ./work, ../joo/work 등으로 표시할 수 있다.

☑ **(참고)**

① . **(콤마)**은 현재 위치를 나타낸다.
② .. **(콤마를 2개 찍은 것)** 한 단계 상위 경로를 나타낸다.
③ ~/joo 하면 joo 디렉토리로 바로 간다. 즉, (~, tilde, 물결 표시)를 쓰면 로그인 할 때 처음 위치한 장소로 가는 것을 의미한다.

(✓ 확인) 현 상황을 그림으로 표시하면 다음과 같다.

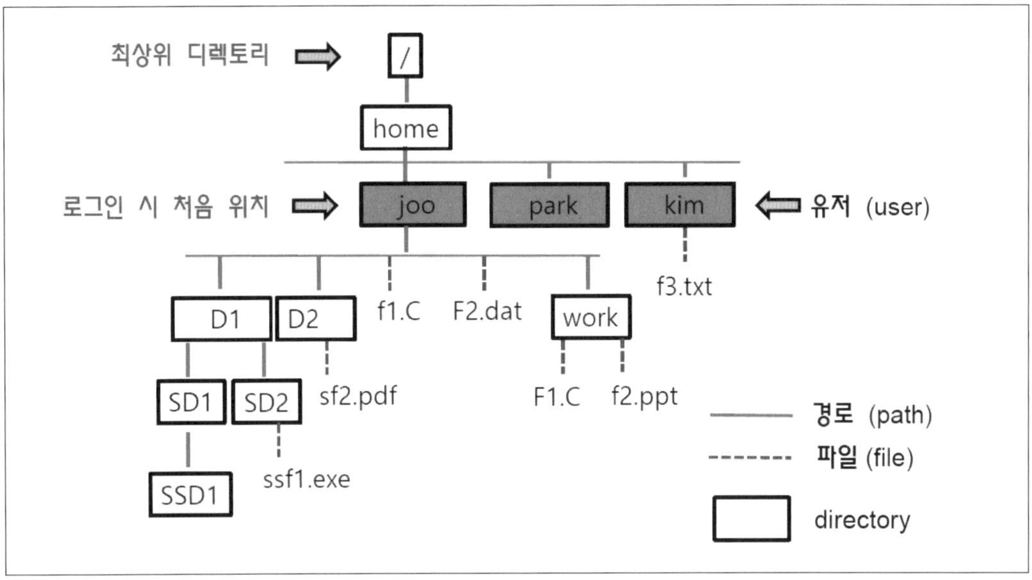

- 최상위 디렉토리는 / 이다.
- joo라는 로그인 이름으로 들어가면 처음 위치는 joo이다.
- home이라는 디렉토리 아래에는 현재 joo, park, kim 3명의 유저가 있다. 이 3명은 현재 누구 밑에 위치하고 있는 것이 아니라 동급에 있다.
- joo라는 디렉토리에는 현재 D1, D2, work라는 3개의 디렉토리와, f1.C, F2.dat라는 2개의 파일이 있다
- joo에 있는 D1 디렉토리 밑에는 다시 SD1, SD2라는 2개의 하위 디렉토리가 있는데, SD1 디랙토리 밑에는 또 SSD1이라는 디렉토리가 있으며, SD2 디렉토리에는 ssf1.exe라는 파일 1개가 존재한다.
- 예로, ssf1.exe 파일까지 가려면 joo → D1 → SD2 경로 (path)를 거쳐 가면 된다.

(✓ 비유) 디렉토리를 만든다는 것은 건물 (예, 몇 층, 각 층 호실 개수, 각호 방의 개수 및 살고 있는 가구원 수 등)을 세우는 것과 유사하다고 생각하면 된다.

Unix 기초 명령어

(상황) 내가 지금 어디에 있는지를 알고 싶을 때? (즉, 현 디렉토리가 어디인지?)

```
linux] pwd
/home/joo
```

→ 현재 /home/joo 디렉토리 상에 위치하고 있다라는 의미이다.

(상황) 다른 디렉토리에서 일을 하다가 처음 로그인 해서 들어온 내 계정 (joo) 디렉토리로 가고 싶을 때? (가장 간단한 방법은?)

linux] cd

linux] pwd

/home/joo

✎ **(간단 정리)** 리눅스 터미널상에서 모두 한 번씩 직접 타이핑을 해 보고 화면이 무엇이 표시되는지를 보는 것이 중요하다. 가장 기본적인 명령어 몇 개만 소개한다. 더 자세한 것을 원하는 유저는 linux 책을 참고하길 바란다.

명령어 (command)	설명	사용법 (예)
pwd	유저가 위치한 현 디렉토리 표시	pwd
cd	디렉토리 변경 (change directory)	cd cd ~joo cd D1/SD1 cd .. cd ../..
ls	파일 목록 (list) 확인 ▪ option -l 파일 정보를 자세히 출력 -a 숨겨진 파일 모두 (all) 출력	ls ls -al
mkdir	디렉토리 만들기 (make 디렉토리 이름)	mkdir work
cp	파일 복사 (copy file)	cp f1.C FF.c cp ~joo/* work/
mv	파일 이동 (move) 디렉토리 이름도 변경 가능 ▪ option -i 이동 전 확인 메시지	mv f1.C work/ mv D1 TEST mv -i TEST D1
rm	파일 삭제 (remove) ▪ option - i 지우기 전 확인 메시지 -r 디렉토리 삭제하기	rm F2.dat rm -i f1.C rm -r D2
rmdir	디렉토리 삭제 (remove 디렉토리 이름)	rmdir TEST
less	파일 내용 확인	less f1.C
more	파일 내용 확인	more f1.C
cat	파일을 연결하거나 (concatenate) 혹은 내용 확인	cat f1.C
whoami	현 유저 (user)가 누구인가?	whoami
passwd	암호 변경	passwd joo
man	명령어에 대한 자세한 설명 (manual page) 으로 여러 option도 알 수 있음	man ls man -k mv
chmod	user, group, other에 대한 권한변경 (change mode)	chmod 755 f1.C
logout	로그 아웃 (exit 명령어와 동일)	▪ logout ▪ exit

(✓ **주의)** 함부로 해서는 안 될 명령어

linux] rm * → 모든 파일을 지우라는 의미이므로, rm -i option을 항시 쓰는 것이 권장한다.

linux] \rm * → 이것 역시 모든 파일을 지우라는 의미

✍ **(상세 설명)**

① man /* -name file_name -print

linux] man /* -name test.C -print → 최상위 디렉토리인 (/)아래 모든 파일을 검색한 후 test.C를 찾아서 경로를 화면에 프린트하라

linux] man ~joo -name f1.C -print → joo 디렉토리 하에서 f1.C라는 파일 찾아서 어디에 있는지 경로를 화면에 프린트하라

② chmod: 권한 변경하기

📖 **(의미알기)** chmod 755 는 무엇인가?

```
linux] ls
a.out*  C-programmings  D1  ex1.C  examples.desktop  test
```

```
linux] ls -al
total 108
drwx------  9 joo  joo   4096  1月 31 23:17 .
drwxr-xr-x 22 root root  4096  9月 10 16:43 ..
-rwxrwxr-x  1 joo  joo   8400  1月 31 17:30  a.out*
drwxr-xr-x 16 joo  joo   4096 10月  4 11:05  C-programmings
drwxr-xr-x  2 joo  joo   4096  4月  5  2019  D1
-rw-r--r--  1 joo  joo    167  1月 31 17:31  ex1.C
-rw-r--r--  1 joo  joo   8980  4月  5  2019  examples.desktop
drwxr-xr-x  2 joo  joo   4096  4月  5  2019  test
```

위에서 맨 왼쪽에 drwxr-xr-x 라는 것을 볼 수 있다. d는 디렉토리임을 나타낸다. d를 제외하면 rwxr-xr-x 로 9자리이다. 예로 다음과 같다고 하자.

4	2	1	4	2	1	4	0	1
r	w	x	r	w	x	r	-	x
user			group			others		
7			7			5		

r (read, 읽고, 4), w (write, 쓰고, 2), x (execute, 실행하고, 1)를 나타낸다. 이 숫자의 조합으로 만들 수 있는 최대값은 7이고, 최소값은 1이다.

► 7의 의미: 읽고 쓰고 실행할 수 있는 권한이 있다.
► 5의 의미: 읽고 × 실행만 할 수 있는 권한이 있다.

처음 3자리는 user이고, 가운데 3자리는 group이고, 끝 3자리는 others를 나타낸다.

► 775의 의미: 유저 (user)인 나는 rwx 모든 권한이 있고, group 사람들도 rwx할 수 있지만, 남들은 rx만 할 수 있다. (즉, 내 파일을 읽고 실행은 가능하지만, 와서 수정하거나 덮어쓰기는 할 수 없다는 의미이다)

1장에서 C 프로그램을 어떻게 컴파일 하고 실행하는지는 다시 공부하겠지만, 컴파일하면 실행 파일인 a.out* 이 만들어진다. 이 파일의 권한을 보면 rwxrwxr-x 로 775이다.

linux] ./a.out*

그래서 실행 파일이므로 위와 같이 하면 실행이 바로 될 것이다.

⇝ **(해보기)** 이제 아래와 같이 권한을 변경하고 실행을 해 보기를 바란다. 프로그램이 돌아가는가?

linux] chmod 644 a.out*
linux] ls –al
linux] ./a.out*

③ passwd (암호 변경하기)

```
linux] passwd
Changing password for joo.
(current) UNIX password:
Enter new UNIX password:
Retype new UNIX password:
passwd: password updated successfully
```

④ 다른 유저가 내 디렉토리를 못 보게 하고 싶을 경우

리눅스에서 /home 디렉토리 밑에 joo, park, kim 디렉토리가 있을 때, 각 디렉토리 권한 (permission)이 755 (rwxr-xr-x) 로 되어 있다면, 다른 유저인 park이나 kim이 내 디렉토리에 와서 파일을 가져갈 수도 있고, 내 파일을 몰래 볼 수도 있다. 따라서 이런 것을 방지하고 싶을 때 다음과 같이 하면 된다.

```
linux] pwd
       /home/joo

linux] cd ..
linux] chmod 700 joo
linux] ls -al
```

☑ **(점검)** /home/joo 디렉토리에서 한 칸 위로 올라가서 chmod를 사용해 권한을 변경하면 된다.

⚮ **(각자 찾아보기)** chown, chgrp

⑤ 파일 안에 쓰여 있는 내용 보기와 빠져나오기

- ► more 파일명 → 계속 space bar
- ► less 파일명 → q
- ► cat 파일명 → 화면에 다 보여주고 자동으로 빠져나온다.

⑥ 파일 연결하기

(의미) cat = concatenate (사슬같이 잇다, 연결시키다)

【사용법】

cat file1 file2 file3 > FILE output redirection	cat file1 >> file2 appended
3개의 file1, file2, file3을 FILE이라는 새로운 1개의 파일로 합쳐라. (즉, 3개의 파일이 1개로 합쳐진다). 〉은 이쪽으로 방향을 변경한다는 의미이다.	file1 파일을 file2 파일에 달라 붙인다. (즉, 실행 후 file2 파일 안을 보면 file1 내용이 끝에 달라붙어 있을 것이다). 〉〉은 첨가한다는 의미이다.

0.2. | Unix 편집기

■ vi 편집기

► Visual display editor라는 의미로 유닉스 환경에서 쓰는 편집기이다.

【사용법】 vi 파일명

linux] vi hello

```
i      →  insert 누르고

(원하는 것) typing 하고

예) This is a test!

Esc 누르고
Shift와 : (세미콜론)을 동시에 누른 후  →  wq!  하면 vi에서 자동으로 나가게 된다
```

✍ **(설명)** 예로, 이름이 hello인 파일을 만들고자 한다. 그리고 그 파일 안에는 "This is a test!"라는 문장을 쓰고 싶다.

linux] ls -al

```
-rw-rw-r--  1 joo  joo    18  2月  1 23:22  hello
```

✍ **(설명)** ls 명령어를 사용해 "hello"라는 파일이 생성되었는지를 확인해 본다.

linux] less hello

```
This is a test!
```

(✓ 확인) less/more/cat 명령어를 사용해 hello라는 파일 안에 무슨 내용이 쓰여 있는지를 확인한다.

linux] more hello

linux] cat hello

(각자 해보기) vi 편집기를 사용하여 test라는 파일을 작성하시오. (단, 파일 안 내용은 자유롭게 한다. 예로, 애국가 1절을 타이핑 연습 해 본다)

✎ **(몇 가지 vi 명령어 정리)**

자 판	기 능	설 명
Esc	빠져나오기	Esc 자판을 누르면 : (colon)이 나타난다.
i	삽입모드	무조건 무엇을 끼워넣기 (insert) 하고자 할 때 사용
dd	삭제	한 줄을 통째로 지운다
u	되돌리기	(예) dd 잘못해서 한 줄을 삭제했을 때 되돌려준다 (undo 기능)
yy	복사	한 줄을 복사 (Ctrl + C 기능)
p	붙여넣기	(예) yy한 줄을 p하면 커서가 있는 그곳에 붙여준다 (paste 기능으로 ctrl + v라고 생각하면 된다)
▲ ◀ ▶ ▼	커서 이동	커서를 위, 아래, 왼쪽, 오른쪽으로 이동
w	저장	Esc 누르고 → Shift와 : (콜론)을 동시에 누른 후 w를 하면 저장만 되고, 여전히 vi 안에 있다. 프로그램 사용 시 중간 중간에 저장 (save 기능)하고 싶을 때 사용하는 것으로 매우 좋은 습관이므로 권장한다.
q	종료	Esc 누르고 → Shift와 : (콜론)을 동시에 누른 후 q를 하면 저장하지 않고 vi에서 빠져나온다. 프로그램 작성하다가 무엇을 잘못해서 저장하지 않고 프로그램에서 빠져나오고 싶을 때 사용할 수 있다.
wq!	저장 후 종료	Esc 누르고 → Shift와 : (콜론)을 동시에 누른 후 wq!를 하면 저장된 후, vi에서 빠져나온다.

(각자 찾아보기) 그밖에 vi의 다른 명령어를 각자 찾아본다.

■ emacs 편집기

► vi와 함께 유닉스 환경에서 쓰는 대표적인 편집기 중의 하나이다.

【사용법】 emacs 파일명

[linux] emacs hello

(원하는 것) 아무것이나 typing 한다. (즉, emacs 장점 중의 하나는 vi처럼 커서 조작이 따로 필요한 것이 아니라, 그냥 보이는 대로 타이핑하면 된다) 커서 이동은 화살표를 사용해서 상, 하, 왼쪽, 오른쪽으로 이동한다.

▲
◀ ▶
▼

예) This is a test!

이제 이것을 저장만 하면 된다.

Ctrl + X → Ctrl + S　　(파일 내용 저장. Ctrl + X를 동시에 누른 후 → Ctrl + S를 동시에 누른다)
Ctrl + X → Ctrl + C　　(파일 나가기)

✎ **(몇 가지 emacs 명령어 정리)**

자판	설명
Ctrl + K	한 줄 지우기 (kill 기능)
Ctrl + Y	Ctrl + K 한 후 Ctrl + Y를 하면 지운 것을 커서가 있는 곳에 다시 붙여넣을 수 있다. (paste 기능)
Ctrl + A	커서를 줄 처음으로 이동
Ctrl + E	커서를 줄 마지막으로 이동
Ctrl + S	검색 기능. 찾을 단어 혹은 내용을 친다. 계속 찾으려고 하면 Ctrl + S를 계속 눌러준다.
Ctrl + X → Ctrl + S	파일 내용 저장
Ctrl + X → Ctrl + C	파일에서 빠져나오기

✎ **(편리한 사용 예)** Shift + Alt + % (질의 및 치환)

(상황) 파일 안에 this라는 단어가 50 개 있는데 이것을 THAT으로 변경하고 싶다고 했을 때, 일일이 this 있는 곳을 찾아가 THAT으로 변경할 필요 없이, 좀 더 간단히 하고 싶을 때 사용하면 편리하다.

일단, 동시에 3개 자판을 눌러준다. Shift+Alt+% 하면 Query replace: 가 나온다. 그런 후, this를 친 후, Enter 하면 Query replace THAT with: 가 나오는데, 여기에 THAT를 친다. 그러면 커서가 변경하고자 하는 곳에 가 있는데, 변경하고 싶으면 space bar를 계속 눌러주면 자동으로 변경된다.

Shift + Alt + %	3개를 동시에 누른다
Query replace:	this 타이핑 후 Enter
Query replace THAT with:	THAT 타이핑 후 Enter
space bar	space bar 계속 한 번씩 눌러준다

⇨ **(각자 해보기)** emacs 편집기를 사용하여 test라는 파일을 작성하시오. (단, 파일 안 내용은 자유롭게)

☑ **(체크하기)** emacs로 기존의 파일을 한번 수정하면, 수정 전 원래 파일이 그대로 남아 있다. (예, hello~ 파일)

```
linux] ls -al
-rw-rw-r--  1 joo  joo    23  2月  2 10:05 hello
-rw-rw-r--  1 joo  joo    18  2月  1 23:22 hello~
```

⇨ **(각자 찾아보기)** 그밖에 emacs의 다른 명령어를 각자 찾아본다.

0.3. | 엑셀 사용 그래프 그리기

✎ **(예)** sinθ의 그래프를 그리시오.

① Windows 사용자라면 "메모장" 같은 것을 사용해서 "data.txt" 파일을 만든다. (0 ~ 360도 사이 몇 개의 x, y 값이 있다)

x와 y사이에 콤마 (,)가 없을 때	x와 y사이에 콤마 (,)가 있을 때
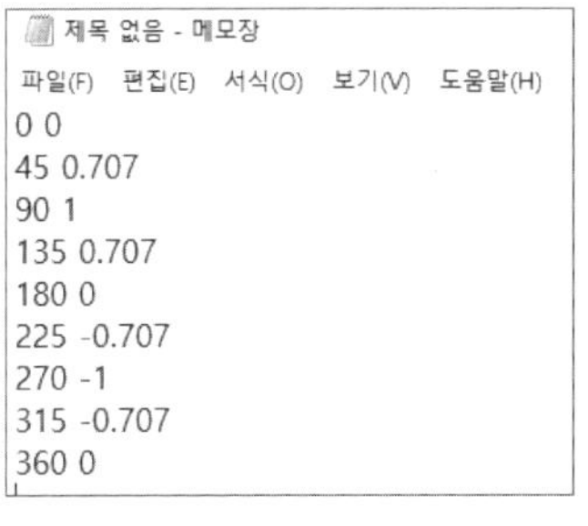 제목 없음 - 메모장 파일(F) 편집(E) 서식(O) 보기(V) 도움말(H) 0 0 45 0.707 90 1 135 0.707 180 0 225 -0.707 270 -1 315 -0.707 360 0	 제목없음 - Windows 메모장 파일(F) 편집(E) 서식(O) 보기(V) 도움말 -2.0, 4.00 -1.5, 2.25 -1.0, 1.00 -0.5, 0.25 0.0, 0.00 0.5, 0.25 1.0, 1.00 1.5, 2.25 2.0, 4.00

② Excel을 사용한다. Excel → "열기" → 앞에서 만든 "data.txt" 선택 → 다음(N) 버튼 누른다.

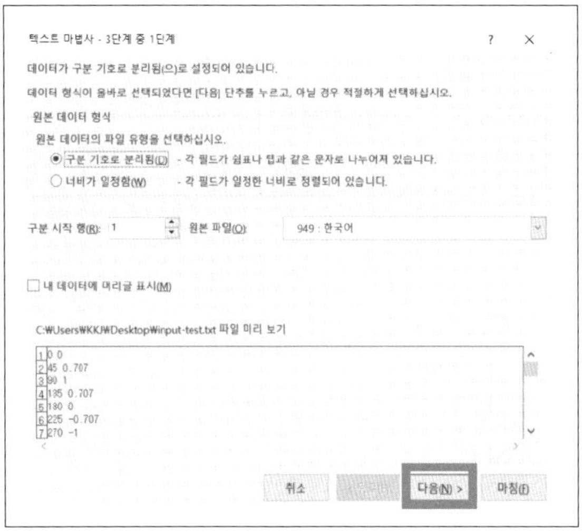

③

► x와 y사이에 콤마 (,)가 없을 때

"탭(T)" box 비활성화 → "공백" box 활성화 → 다음(N) 버튼 누른다.

► x와 y사이에 콤마 (,)가 있을 때

"탭(T)" box 비활성화 → "쉼표" box 활성화 → 다음(N) 버튼 누른다.

► x와 y사이에 콤마 (,)가 없을 때	► x와 y사이에 콤마 (,)가 있을 때
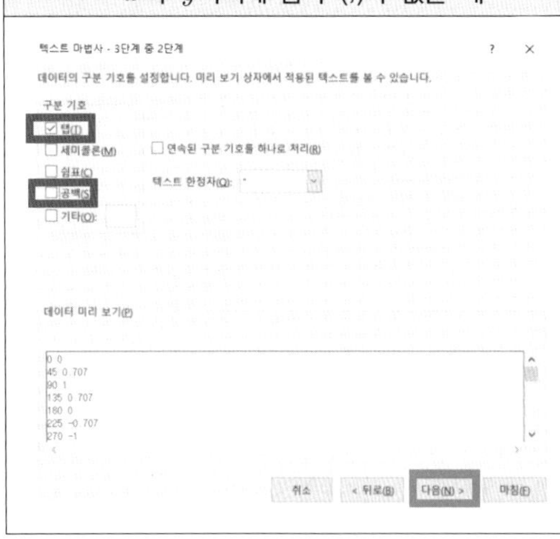	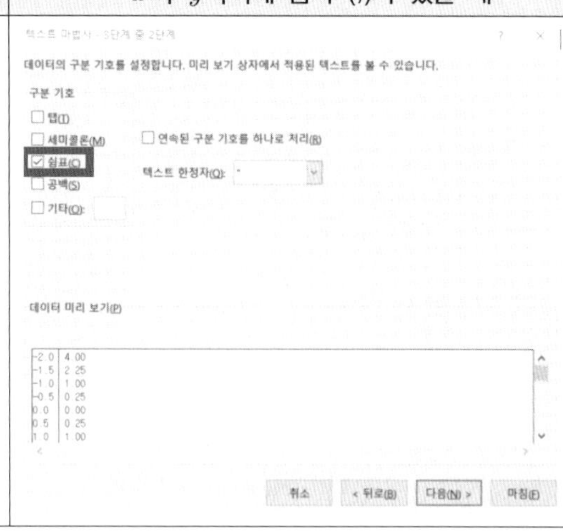

④ "마침(F)" 버튼 누른다.

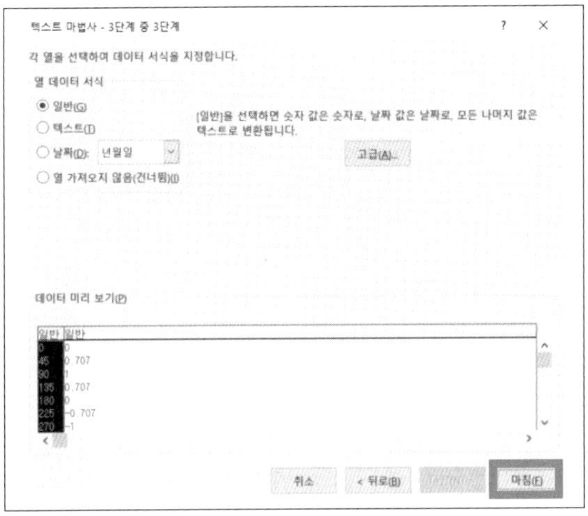

⑤ 그러면, 엑셀이 자동으로 A와 B에 데이터를 읽어드린다.

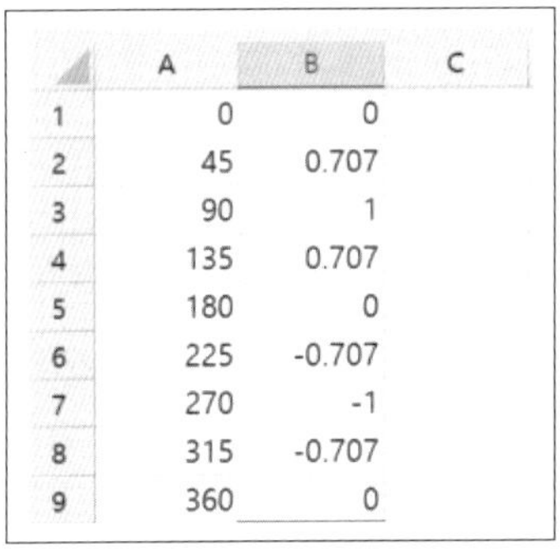

	A	B	C
1	0	0	
2	45	0.707	
3	90	1	
4	135	0.707	
5	180	0	
6	225	-0.707	
7	270	-1	
8	315	-0.707	
9	360	0	

⑥ 데이터 A, B 모두 선택 (drag)한다 → A와 B의 색깔이 회색으로 변한다. → "삽입" → "분산형" 선택한다.

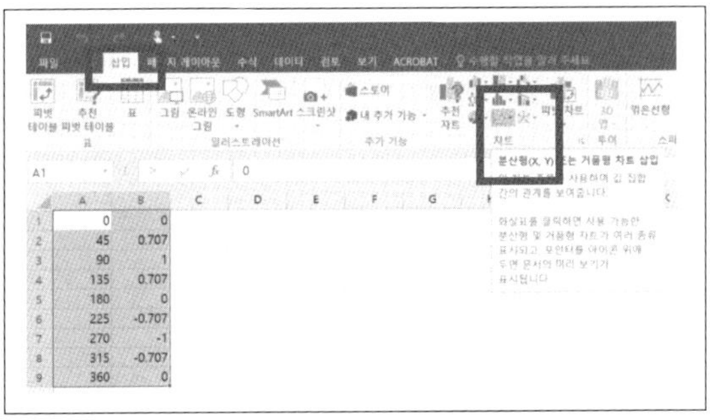

⑦ 분산형 중에 원하는 형태의 그래프 타입을 선택하면 최종적으로 그림을 그려준다.

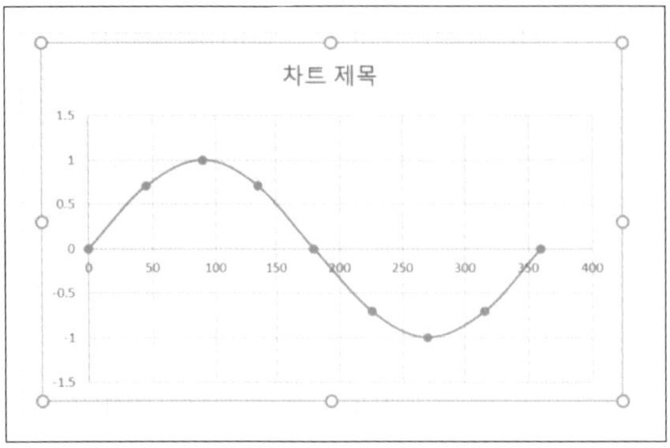

기본적으로 우리가 원하는 sine 곡선은 여기까지 하면 그려준다. 그 다음에는 그래프 (=차트)의 제목 (title), (x, y)축 제목 및 단위 (unit), 범례 등도 매우 중요하기 때문에 "차트 요소"에서 적절히 변경해 주어야 한다.

[기타]

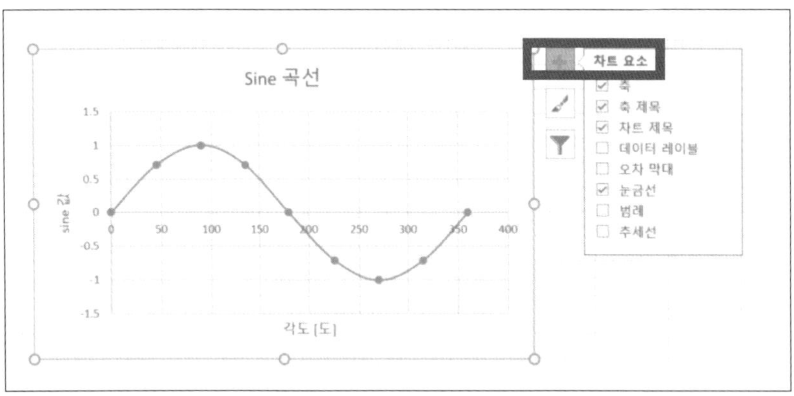

제1장

상수, 변수, 데이터 입출력

1.0. | C 언어 들어가기 전

영어에는 영문법이 있고, 국어에는 국문법이 있듯이, 프로그램 (=코딩) 역시 프로그램 사용법과 규칙이 있다. 문법을 지키면 표준말이 되는 것이고, 그렇지 않으면 사투리가 된다. 사투리를 쓴다고 해서 말이 전혀 통하지 않는 것은 아니지만, 그래도 언어를 배운다면 표준말을 배우고 익히는 것이 좋을 것이다. 마찬가지로 프로그램을 배울 때 컴파일 하는 동안 에러 (compile error, 오류)가 안 나온다고 혹은 화면에 경고 (warning) 메시지가 나오더라도 출력 결과는 맞는 것으로 보이니까 등의 이유로 코딩 문법을 무시하고 쓰는 경우가 있는데, 당장은 괜찮은 것처럼 보일 수 있으나 결코 좋은 코딩 습관은 아니라고 생각한다.

✍

① C 언어 코딩에도 C 코딩 사용법이 있다. 사용법을 정확하게 충분히 숙지하고 준수하는 습관을 권장한다.

② 한 가지 추천 방법은 소스 코드 안에 주석 (double slash, // 혹은 /* */ 사용)을 달아 놓는 습관을 지니는 것도 좋다. 그럼 나중에 프로그램을 다시 보게 될 때 왜 그렇게 코딩했는지에 대한 본인 혹은 상대방의 생각을 알 수 있을 것이다. 주석 (comment)을 달아 놓는 방법은 다시 언급할 것이다.

1.1. | C 언어에서 자주 사용하는 내용

■ 소스 (source) 코드 (code) 만들기

앞장 (CH0)에서 설명한 vi, emacs 등 편집기를 사용하여 C 소스 코드를 만든 후, 파일명의 확장자 (extension)는 콤마 (.) 다음에 소문자 (c)나 대문자 (C)로 끝나야 한다. 그래야 컴파일러 (complier)가 만든 파일이 C 코드라는 것을 알 수 있다. 이 책에서는 확장자를 모두 대문자 (C)로 끝나게 처리했고 사용했다.

(예) 소스 파일명: test.c 혹은 test.C

(✓ 확인) 소스 파일명을 한글로도 할 수도 있다. (예, "연습.c" 혹은 "연습.C" 등) 하지만, 한글 (자판)을 사용할 수 없는 환경 하에 있을 수도 있으므로 권장하지는 않는다.

■ 컴파일 (compile) 하기

앞에서 만든 C 프로그래밍 언어를 기계어로 변환하는 작업으로 2가지 방법이 있다.

(방법 ①)

linux] g++ 소스파일명

리눅스 터미널 (terminal) 창에서 g++ 다음에 앞에서 만든 소스 파일명 (예, test.C)를 쓴 후 자판의 enter key를 누른다. 그러면 실행 파일 (object file)인 a.out*이 생성 된다. 유닉스 명령어 ls -al을 사용해 생성되었는지 살펴보고 동시에 파일 권한이 775 (rwxrwxr-x)인지를 확인한다.

(예)

```
linux] g++ test.C
linux] ls -al
        -rwxrwxr-x    a.out*
```

(방법 ②)

linux] g++ -o 실행파일명 소스파일명

g++ 다음에 -o 옵션 (option)을 사용하고 그 다음에 원하는 실행파일명 (예, test)을 쓰고 그 다음에 소스파일명 (예, test.C)을 쓴다. 이번에는 a.out*이 생성되는 대신에 test*라는 실행파일이 생성되는데 확인해 본다.

(예)

```
linux] g++ -o test test.C
linux] ls -al
        -rwxrwxr-x    test*
```

(✓ 주의) linux] g++ -o test.C

① 위와 같이 실행하려고 하면 컴파일 자체가 안 된다. -o 옵션 (option)을 썼기 때문에 실행파일에 해당하는 파일명 (예, test)을 써 주어야 한다.

② 올바른 사용법: linux] g++ -o test test.C

③ -o 옵션에서 o는 알파벳 소문자 o이다. 알파벳 대문자 O도 아니며, 숫자 0 (영, zero)가 아니다.

④ linux] g++ -o 연습 연습.C
한글 소스 파일이라면 위와 같이 컴파일을 할 수도 있다.

☑ **(체크하기)** 본인들이 사용하고 있는 머신이 한글 파일명이나 한글 소스 파일이 컴파일해도 되는지를 체크해 본다.

☒ 컴파일 할 때 에러 (오류, error) 발생시. 조치는?

✎ **컴파일 할 때** g++ 대신에 gcc를 사용할 수도 있다. 둘의 차이점은?

► gcc

.c 파일과 .cpp 파일을 컴파일 할 때 각각 C 언어와 C++ 언어로서 컴파일하며, 오로지 C 라이브러리 (library)와 링크된다.

► g++

.c 파일과 .cpp 파일을 컴파일 할 때 모두 C++ 언어로서 C++ 라이브러리와 링크 된다.

(요약) C++ 언어로 작성된 .cpp 파일을 gcc로 컴파일 할 때 gcc가 .cpp 파일을 컴파일한 후 C 라이브러리로 링크하기 때문에 링크 오류가 발생할 수 있다. 따라서 이 책의 목적은 라이브러리 링크 관련 내용이 아니기 때문에, C 언어 컴파일 할 때 g++ 사용하는 것을 기반으로 하였다.

■ 실행하기

방법 ①을 사용했는지 방법 ②를 사용해서 컴파일했는가에 따라 실행해야 하는 파일이 달라진다.

(방법 ①의 경우) 실행 파일이 a.out*이므로 이것을 바로 실행시킨다. 그런데 바로 a.out* 실행은 안 되고 ./를 a.out*앞에 붙인 ./a.out*를 실행해야 한다. 이것의 의미는 현 디렉토리

(directory)에 있는 a.out*를 실행하라는 것이다. 즉, a.out*이란 파일은 다른 디렉토리에도 있을 수 있기 때문에, 단순히 a.out*를 치면 어느 디렉토리에 있는 a,out*을 실행하라는 것인지를 모를 수 있기 때문이다.

linux] ./a.out*

(방법 ②의 경우) 실행 파일이 test*이므로 이것을 바로 실행시킨다.

linux] ./test*

☞ ① 그냥 한번 a.out* 이나 test*를 자판기에서 쳐 본다. 어떤 결과를 얻는가?
② linux] chmod 644 a.out* 혹은 chmod 644 test*를 한 후, ./a.out* 혹은 ./test*를 해 보라. 프로그램이 실행이 되는가?

■ C 코딩(을 할 기본 준비 완료된) 기초 뼈대

아래 3가지 (①, ②, ③)형태 중 어느 것이라도 복사 (copy) 해서 원하는 코딩 작업을 여기서부터 시작하면 된다.

<table>
<tr><th>①</th><th>②</th></tr>
<tr><td><pre>#include <stdio.h>

int main(void)
{
    return 0;
}</pre></td><td><pre>#include <stdio.h>

int main()
{
    return 0;
}</pre></td></tr>
<tr><th>③</th><th>④ (잘못된 사용법)</th></tr>
<tr><td><pre>#include "stdio.h"

main()
{
    return 0;
}</pre></td><td><pre>#include <stdio.h>

int Main()
{
    return 0;
}</pre></td></tr>
</table>

(✓ 주의)

► ① ② ③번 아무것이나 사용해도 된다. 하지만, 이 책에서는 주로 ①번 혹은 ②번을 기반으로 하였다.

► ④번처럼 main에서 m을 대문자 Main으로 사용하면 컴파일 할 때 오류 발생한다. 즉, C 언어에서 소문자와 대문자는 다르기 때문에 구별해서 사용해야 한다.
► C 코딩할 때 줄 마지막은 세미콜론(;)으로 끝난다. 콜론(:)을 쓰면 오류 발생한다.
► 〈stdio.h〉 대신 "stdio.h"를 사용해도 된다.

✎ int main(void), int main(), main(), void main() 차이점은?

main() 함수가 어떤 값을 리턴 (return) 하는지는 운영 체제에만 중요할 뿐, 사용자 (user)에게는 사실 중요하지 않다. int main(), void main() 혹은 main() 중 어떤 것을 사용해도 사용자 입장에서는 아무 차이점이 없고, 운영 체제의 입장에서는 다소 의미 차이가 있는데, 나중에 함수 (function)을 배울 때 다시 언급하기로 한다. 한편, C 언어 표준이 제시하는 가장 이상적인 main() 함수의 정의문은 아래 형태인데 9장 (CH9) 에서 다시 살펴본다.

► int main(int argc, char *argv[ ], char *env[ ])

1.2. C 언어 시작하기

편집기를 사용해 아래와 같은 내용을 쓰고 파일명을 test.C로 저장한 후 컴파일을 시작한다. 세부적인 내용은 다시 설명할 예정이니 일단 무조건 따라 해 보자.

■ **예제 1-2-0** (모든 프로그램의 시작 Hello World!)

```
#include <stdio.h>

int main(void)
{
    printf("Hello World!");

    return 0;
}
```

► **실행 결과 1-2-0**

```
linux] g++ -o test test.C
linux] ./test*
```

컴퓨터 화면에 아래와 같은 문장이 출력된다. 출력하고자 하는 단어 혹은 문장을 printf안에서 큰따옴표 (" ")안에 쓰면 된다. 자세한 printf 함수 사용법은 다시 설명한다.

```
Hello World!
```

☒ 그런데 현 출력 결과에 만족하는가? 원래 의도대로 되었는가? 무엇이 좀 개선되었으면 좋겠는가?

실제 화면 출력 결과는 Hello World!linux] 와 같다. 즉 리눅스 명령프롬프트인 linux] 이 출력 결과에 바로 달라붙어 있다. 따라서 이것을 다음 줄 (next line)에 쓰면 더욱더 좋을 것 같다. 이를 위해 printf 함수에 줄 바꿈 명령어 (backslash n, \n)을 넣으면 된다.

► printf("Hello World! \n");

(✓ 주의)

① 줄 바꿈 명령어: backslash n (\n)을 사용해야 하며 slash n (/n)을 쓰면 컴파일 오류 발생한다.

② PC 환경에 따라 backslash n (\n)은 원화 기호 (₩) n으로 표시될 수도 있다. 이럴 경우, 폰트를 다른 것으로 변경해 보면 제대로 표시된다.

【Re-visit】 예제 1-2-0

■ 예제 1-2-1

```
// 모든 프로그램의 기초 Hello World!

#include <stdio.h>

int main(void)
{
    printf("Hello World! \n");
    printf(“12345 \n”);

    return 0;
}
```

► 실행 결과 1-2-1

```
linux] g++ -o test test.C
linux] ./test*
Hello World!
12345
```

■ 주석 (comment) 달기 (2가지 방법)

⇨ 1번째 줄

① // (double slash) 사용: 쓰고자 하는 말을 // 뒤에 바로 적으면 된다.

② /*   */ 사용: 쓰고자 하는 말을 /* 와 */ 사이에 적는다. 주석 내용은 실행이 되지 않고 단지 소스 코드 안에 적어 놓은 사용자 (user)만이 알고 싶어 하는 단어, 문장 혹은 내용 등이다.

► 예) /* 모든 프로그램의 기초 Hello World! */

✍ 자주 물어보는 질문? 왜 주석이 필요한가?

Hello World! 예제처럼 몇 줄 안 되는 프로그램에서는 주석의 필요성을 그다지 느끼지 않으나 코드가 굉장히 길어지고, 여러 가지 함수 사용, 논리, 기억해야 할 점, 중요한 점, 코드를 왜 이렇게 만들어야 했는가 등의 이유나 논리 등이 적혀져 있다면 주석을 달아 두는 것이 좋다. 왜냐면 코드를 만들 당시에는 알 수 있으나 1달/1년 후에 코드를 왜 그렇게 만들었는지를 파악하기가 그리 쉽지 않기 때문이고, 다른 어떤 프로그램에서도 마찬가지로 타인의 코드를 보고 이해하는 것 또한 매우 어렵기 때문이다.

■ 전처리기 (preprocessor) 지시자

⇨ 3번째 줄: #include 〈stdio.h〉 혹은 #include “stdio.h”

#으로 시작되는 문장을 전처리기 (preprocessor) 지시자라고 하며 3장에서 다시 배운다. 전처리 작업 중의 하나로 header file을 포함 (include) 한다. 예로, 〈stdio.h〉는 standard input과 output 라이브러리를 불러서 포함한다는 의미로 printf 함수 등의 명령어가 정의되어 있다. 또한 #include “stdio.h”처럼 사용해도 된다. 전처리 지시자 뒤에는 세미콜론(;)을 사용하지는 않는다.

⇨ 5번째 줄

int	main	(void)
함수가 반환하는 출력의 형태 (정수)	함수 이름	입력의 형태가 빈 것 (입력이 없다는 것)

⇨ 6번째 ~ 11번째 줄 ({   })
함수의 몸체 (main body)로 함수가 하는 작업에 해당한다. 문장들로 구성되고, 문장이 하나도 있지 않을 수도 있다.

⇨ 7번째, 8번째 줄: \n 옵션은 다음 줄 (next line)로 넘어간다. C 언어 문장 끝은 항시 세미콜론 (;)으로 끝난다.

⇨ 10번째 줄
return은 함수를 종료하면서 값을 반환하라는 것이다. 일반적으로 main 함수의 경우 0은 성공을 의미하고 -1은 실패를 의미한다. 즉, 5번째 줄의 출력 형태가 int (정수형)이므로, 0 (정수)을 반환하고 프로그램을 빠져나오라는 의미이다.

☑ **(종합)** 위 프로그램을 종합하면, 입력은 없고 (void), printf를 사용해 문장 2개 (Hello World!의 다음 줄에 12345)를 컴퓨터 화면에 출력하고, 최종적으로 정수 (int) 0 (성공의 의미)을 출력값으로 반환한다는 의미이다.

■ 들여쓰기 (indentation)

☞ 두 프로그램의 차이는 무엇인가?

<table>
<tr>
<td>

```
#include <stdio.h>

int main(void)
{
printf("Hello World!");
printf("This is a test.");
return 0;
}
```

</td>
<td>

```
#include <stdio.h>

int main(void)
{
    printf("Hello World!");
    printf("This is a test.");

    return 0;
}
```

</td>
</tr>
</table>

C 언어 문법, 컴파일 결과 등하고는 전혀 상관없다. 기본적으로 동일 프로그램이다. 단, 안쪽으로 약간 들여쓰기와 적당히 줄을 띄움으로써 가독성 (readability)이 좋아졌다. 즉, 우리가 프로그램을 보고 쉽게 이해할 수 있게 도와주는 역할을 한다. 이것은 프로그래밍하는 사람의 취향 문제일 수도 있지만, 프로그램이 아주 길어지거나 복잡해질 때, 프로그램을 잘 정리하고 쉽게 볼 수 있게 하는 것이 좋다고 생각한다.

■ **실습 해보기**

오른쪽 소스 코드를 실행하면 왼쪽 같은 결과가 화면에 출력된다.

결과	소스 코드

****
*   My name   *
*   is   *
*   홍 길 동   *
****
	#include <stdio.h>
	
	int main()
	{
	printf("******************** \n ");
	printf("* My name * \n ");
	printf("* is * \n ");
	printf("* 홍 길 동 * \n ");
	printf("******************** \n ");
	
	return 0;
	}

✎ **(사용 예시)** 다음과 같은 패턴을 화면에 출력하시오.

결과	소스 코드

****
****
****
****
	#include <stdio.h>
	
	int main()
	{
	printf("********** \n");
	printf("********** \n");
	printf("********** \n");
	printf("********** \n");
	
	return 0;
	}

■ **실습 해보기** 별표 (*)를 아래와 같이 화면에 출력하는 프로그램을 작성하시오.

```
*******
 *****
  ***
   *
  ***
 *****
*******
```

➾ **(다른 방법 해보기)** 모양이나 패턴에 대한 예제는 4장 (반복문 배울 때)에서 집중적으로 다시 공부한다.

1.3. | 변수

프로그램이 사용하는 데이터를 일시적으로 저장할 목적으로 사용하는 메모리 공간이다.

int x; int y; int z;	첫 번째 정수를 저장하는 변수 (x) 첫 번째 정수를 저장하는 변수 (y) 세 번째 정수를 저장하는 변수 (z)

혹은, 한 줄에 같이 동시에 정의해도 된다.

```
int x, y, z;
```

(비유) 연립방정식을 풀 때, 미지의 변수가 3개라면 수식도 3개가 있어야 풀 수 있다. 따라서 변수를 3개 지정하고 이를 위한 저장 공간을 할당한다.

(✓ 주의) C 언어는 소문자와 대문자를 구분한다.

int x;

int X;

따라서 변수 x와 변수 X는 정수이기는 하지만 서로 완전 다른 변수이다.

■ 변수 타입

자료형			설명	바이트 (byte) 수	표현 가능 한 데이터 범위
정수형	부호 있음	short	short형 정수	2	-32768~32767
		int	정수	4	-2147483648 ~ 2147483647
		long	long형 정수	4	-2147483648 ~ 2147483647
	부호 없음	unsigned short	부호 없는 short형 정수	2	0~65535
		unsigned int	부호 없는 정수	4	0 ~ 4294967295
		unsigned long	부호 없는 long형 정수	4	0 ~ 4294967295
문자형	부호 있음	char	문자 및 정수	1	-128 ~ 127
	부호 없음	unsigned char	문자 및 부호 없는 정수	1	0 ~ 255
부동소수점		float	단일 정밀도 부동 소수점	4	$1.2 \times 10^{-38} \sim 3.4 \times 10^{38}$
		double	두 배 정밀도 부동소수점	8	$2.2 \times 10^{-308} \sim 1.8 \times 10^{308}$

【사용법】 아래 ①, ②, ③은 같은 역할을 하며, 초기에 변수 지정 시 어떤 것을 사용해도 동일하다.

```
① int x;
   int y;
   x = 10;
   y = 20;

② int x = 10;
   int y = 20;

③ int x, y;
   x = 10;
   y = 20;
```

☒ 좋지 않은 변수 사용 예시

① int 5_val;	변수가 숫자로 시작. 혹은 5val 역시 에러 나오는지 확인할 것
② int aa_val#	#과 같은 특수문자 사용
③ int var bb;	중간에 공백을 두면 안 된다. var_bb 등으로 해야 함
④ int break;	기존 C 언어 명령어 (예약어: int, float, char, if, for, while 등)
⑤ int sum-all;	- (hyphen) 사용 불가능
⑥ int Hi_there~	~ (tilde) 사용 불가능

✍ 다음과 같은 변수 선언은 가능

① int _rate;	_ (under bar) 사용 가능
② int salePrice;	소문자 대문자 혼용 가능
③ int income2020;	알파벳 숫자 혼용 가능

1.4. | 연산자

■ 대입 연산자 (=, equal, 등호)

C 언어에서 =은 대입 연산자로, 오른쪽에 있는 값을 왼쪽에서 대입한다는 의미이다. 수학에서의 =의 의미하고는 약간 차이가 있다.

(✓ 주의) x = 10 의미는?

수학적으로는 x의 값이 10이라는 것이 의미한다. 그러나 C 언어에서는 오른쪽에 있는 10이

라는 정수를 왼쪽에 있는 x라는 변수에 대입한다는 것이다. (왼쪽 ⇐ 오른쪽)

■ 산술 연산자

연산	연산자	C 언어 수식	수학에서의 기호
덧셈	+	x + y	x + y
뺄셈	-	x - y	x - y
곱셈	*	x * y	xy
나눗셈	/	x/y	x/y 혹은 x ÷ y
나머지	%	x%y	x mod y

(예)

① 6의 배수 구하기

► x%6 → (임의의 수 x를 6으로 나눌 때 나머지가 0인지 아닌지를 확인)

✎ (사용 예)

```
#include <stdio.h>

int main()
{
    printf("0%10  = %d \n", 0%10);
    printf("1%10  = %d \n", 1%10);
    printf("2%10  = %d \n", 2%10);
    printf("5%10  = %d \n", 5%10);
    printf("10%10 = %d \n", 10%10);

    return 0;
}
```

```
0%10  = 0
1%10  = 1
2%10  = 2
5%10  = 5
10%10 = 0
```

② 변수 x 값을 하나 증가시키기

► int x = 100;

x = x + 1;

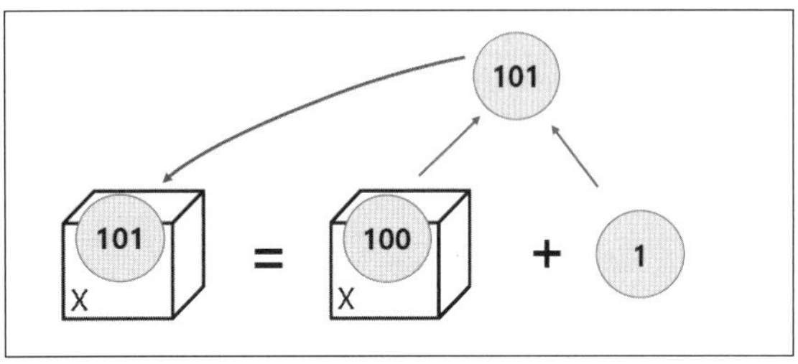

처음 오른쪽에 있는 x(=100)에 1을 더한 값 (=101)을 왼쪽에 있는 x에 대입한다는 의미로, 왼쪽에 있는 x값은 101로 수학적인 의미하고는 다르다.

■ 기타 연산자

표시	동일 의미의 표시
a = a + b	a += b
a = a - b	a -= b
a = a * b	a *= b
a = a/b	a /= b
a = a%b	a %= b

(예)

① a를 5씩 증가시키면서 더하기

```
a = a + 5;
a += 5;
```

두 표현은 동일 의미이고 어떤 것을 쓰든지 좋다.

☑ **(점검)** x를 0.01씩 증가시키기

→ x+= 0.01;

② 3의 멱승 구하기

```
p = p * 3;
p *= 3;
```

두 표현 역시 동일 의미이고 어떤 것을 쓰든지 좋다.

✍ 자세한 사용법 및 다른 연산자와 예제는 2장부터 계속 배우기로 한다.

- 증감/감소 연산자
- 관계 연산자
- 논리 연산자
- 조건(=삼항) 연산자
- 콤마 연산자

1.5. | printf

모니터 화면에 출력하기 위한 표준 출력 라이브러리 함수이다.

【사용법】 printf("형식지정자", 변수);

형식지정자 (=서식 문자)	의미	예
%d	정수를 10진수로 출력	1, -2, -30, 40, 100 등
%f	소수점이 있는 실수 출력 (소수점 6자리까지 표시함)	0.1, 3.14, 10.528 등 ► %f → float ► %lf → double ► %LF → long double
%c	문자 형태로 출력	'a', 'A' 등
%s	문자열 (string) 형태로 출력	'abc', 'ABC' 등
%c	지수 표기법으로 출력	3.265e+2 등
%g	실수형 자동출력	3.140일 때, %f는 3.140000이지만, %g는 3.14로 표시됨
%p	16진수로 출력	0x7ffca8cfcf90 등으로 8장 포인터 배울 때 나옴

✎ **(사용 예)**

① printf("%d %d", a, b);

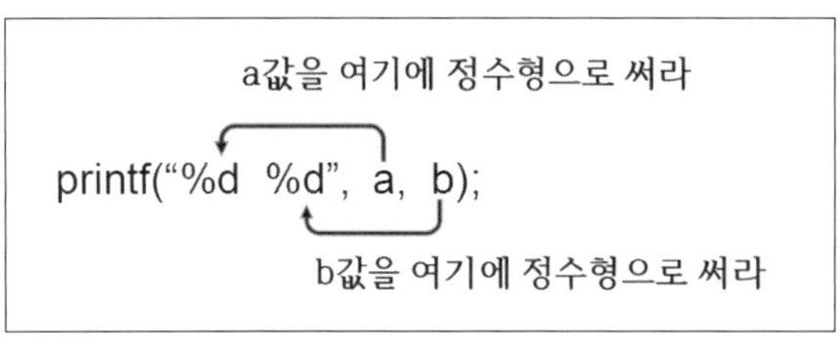

② printf("%d %f", a, b);

(의미) a를 정수 형태로 앞에 있는 %d에 쓰고, b는 실수 형태로 뒤에 있는 %f에 써라.

☑ **(체크하기)** 만약 %d와 %f 사이에 빈칸을 두지 않고 붙여 쓰면?

printf("%d%f", a, b);

⇒ a 값과 b 값을 붙여서 화면 출력한다. 따라서 빈칸을 두어야 어디까지가 a 값이고 어디서부터가 b 값인지를 쉽게 알 수 있다.

③ printf("%c %d %f", x, y, z);
x를 문자 형태로 앞에 있는 %c에 쓰고, y를 정수 형태로 중간에 있는 %d에 쓰고, z를 실수 형태로 맨 뒤에 있는 %f에 쓴다.

④

```
#include <stdio.h>

int main()
{
   int   a = 20;
   float b = 3.140;

   printf("%d \n", a);
   printf("%f \n", b);
   printf("%g \n", b);

   return 0;
}
```

► **(실행 결과)**

```
20
3.140000
3.14
```

✎ **(각자 해보기)** 정수로 해 볼 것

12%10	나머지 2가 출력
12/10	값은 1.2이지만 정수이므로 1이 출력
1%10	1이 출력
1/10	값은 0.1이지만 정수이므로 0이 출력

⑤ puts는 printf와 거의 같은 동작을 한다. 자세한 것은 6장 (배열)에서 공부한다. 줄 바꿈 문자('\n')를 써주지 않아도 문자열 (string) 출력 후 자동으로 다음 줄을 출력하는 표준 C 라이브러리 함수이다.

☑ **(체크하기)**

► puts("Hello World!");

► puts("임의의 수를 입력하시오! ");

■ 예제 1-5-0

```c
#include <stdio.h>

int main()
{

    int a = 10;
    int b = 20;

    printf("a와 b를 더하면 %d 이다. \n", a+b);
    printf("a와 b를 빼면 %d 이다. \n", a-b);

    return 0;
}
```

► 실행 결과 1-5-0

```
a와 b를 더하면 30 이다.
a와 b를 빼면 -10 이다.
```

■ 실습 해보기 (결과를 예측하면?)

1	#include <stdio.h>		결과 예측
2			
3	int main(void)		
4	{		
5	int r1, a = 2, b = 7;		
6	float r2, e = 2, f = 7;		
7			
8	r1 = b/a;		
9	r2 = f/e;		
10			
11	printf(" %d \n", r1);	→	3
12	printf(" %f \n", r1);	→	3.500000
13	printf(" %f \n", r2);	→	3.500000
14			
15	// 어떤 값을 return하는지 각자 해 볼 것		
16	printf(" %d \n", r2);	→	각자 확인할 것
17	printf(" %d \n", (int)f/e);	→	각자 확인할 것
18	printf(" %f \n", (float)f/e);	→	각자 확인할 것
19	printf(" %f \n", (int)f/e);	→	각자 확인할 것
20			
21	return 0;		
22	}		

⇨ 12번째 줄: %f로 하면 소수점 아래 6자리까지 표시된다.

■ 자리수 표시하기

```c
1   #include <stdio.h>
2
3   int main(void)
4   {
5       float a = 93.126;
6
7       printf("%f \n", a);
8       printf("%8.4f \n", a);
9       printf("%-8.4f \n", a);
10      printf("%7.2f \n", a);
11      printf("%.4f \n", a);
12
13      return 0;
14  }
```

		자리수								
줄 번호		1	2	3	4	5	6	7	8	9
7번째 줄		9	3	.	1	2	5	9	9	9
8번째 줄			9	3	.	1	2	6	0	
9번째 줄		9	3	.	1	2	6	0		
10번째 줄				9	3	.	1	3		
11번째 줄		9	3	.	1	2	6	0		

⇨ 7번째 줄: f는 소수점 이하 6자리까지 써야 하므로 93.125999가 화면에 표시된다.

⇨ 8번째 줄: 8.4f는 소수점 포함 총 8자리를 확보하고 소수점 이하 4자리까지 표시한다.

⇨ 9번째 줄: -8.4f는 8.4f와 동일하다. 하지만 음수의 의미는 왼쪽부터 정렬한다.

⇨ 10번째 줄: 7.2f는 총 7자리를 확보하고 소수점 이하 2자리만 표시한다. 원래 93.126으로 소수점 3자리이므로 반올림해서 93.13으로 표시된다.

⇨ 11번째 줄: .4f는 소수점 앞자리는 상관없이 소수점 이하 4자리만 보겠다는 의미이다.

► (실행 결과)

```
93.125999
 93.1260
93.1260
   93.13
93.1260
```

【사용법】 printf("%m.pf \n", a);

m: 출력을 위해 확보해야 할 자리수 (소수점 자리도 포함)

p: 출력할 소수점 이하 자리수

■ **실습 해보기** 아래와 같이 화면에 출력하는 프로그램을 작성하시오.

3	.	1	4	1	5	9			
	3	.	1	4	1	5	9		
		3	.	1	4	1	5	9	
			3	.	1	4	1	5	9

(✓ 힌트) 다음을 사용해 본다.

```
float v = 3.14159;
printf("%7.5f \n", v);
printf("%8.5f \n", v);
printf("%9.5f \n", v);
printf("%10.5f \n", v);
```

■ **예제 1-5-1** (변수의 표현 가능 범위 확인하기)

```
1   #include <stdio.h>
2   #include <limits.h>
3   #include <float.h>
4
5   int main()
6   {
7       printf("char: min = %d, max = %d \n", CHAR_MIN, CHAR_MAX);
8       printf("short: min = %d, max = %d \n", SHRT_MIN, SHRT_MAX);
9       printf("int:   min = %d, max = %d \n", INT_MIN, INT_MAX);
10  //  printf("long: min = %d, max = %d \n", LONG_MIN, LONG_MAX);
11      printf("float: min = %e, max = %e \n", FLT_MIN, FLT_MAX);
12
13      return 0;
14  }
```

⇨ 2번째 줄: 〈limits.h〉는 7, 8, 9, 10번째 줄에 나오는 변수들이 정의된 header 파일

⇨ 3번째 줄: 〈float.h〉는 11번째 줄에 나오는 FLT_MIN, FLT_MAX가 정의된 header 파일

► 실행 결과 1-5-1

```
char: min = -128, max = 127
short: min = -32768, max = 32767
int:   min = -2147483648, max = 2147483647
float: min = 1.175494e-38, max = 3.402823e+38
```

■ Overflow의 개념

■ 예제 1-5-2 (overflow)

```
1  #include <stdio.h>
2  
3  int main(void)
4  {
5      int a1 = 1000000,      b1 = 2000000,      c1;
6      int a2 = 10000000,     b2 = 20000000,     c2;
7      int a3 = 100000000,    b3 = 200000000,    c3;
8      int a4 = 1000000000,   b4 = 2000000000,   c4;
9  
10     c1 = a1 + b1;
11     c2 = a2 + b2;
12     c3 = a3 + b3;
13     c4 = a4 + b4;
14 
15     printf("%d \n ", c1);
16     printf("%d \n ", c2);
17     printf("%d \n ", c3);
18     printf("%d \n ", c4);
19 
20     return 0;
21 }
```

☑ **(점검)** 예상 값은?

15번째 줄	3000000
16번째 줄	30000000
17번째 줄	300000000
18번째 줄	3000000000

► 실행 결과 1-5-2

```
3000000
30000000
300000000
-1294967296
```

⇨ 18번째 줄 결과가 예상값하고는 다르게 출력되었다. -1294967296의 의미는 데이터형 유효 범위를 넘어섰다는 것이다. 32bit의 경우 정수형으로 표현할 수 있는 최대값은 $2^{31}-1$=2,147,483,647이다. 18번째 줄 3000000000은 2,147,483,647을 넘어서서 overflow가 난 것이다.

⇨ **(해보기)** 각 변수 (정수형, 문자형, 부동소수점)들이 커버하는 영역을 C 코딩을 해서 찾아볼 것

```c
#include <stdio.h>

int main()
{
   int   v1 = 2147483647;
   float v2 = 2147483648;

   printf("3,000,000,000 \n");
   printf("2,147,483,647 \n");

   printf("v1 = %d  \n", v1);
   printf("v2 = %.0f \n", v2);
   printf("v2 = %f \n", v2);

   return 0;

}
```

► (실행 결과)

```
3,000,000,000
2,147,483,647
v1 = 2147483647
v2 = 2147483648
v2 = 2147483648.000000
```

■ 자료형의 크기 알아보기 (sizeof operator)

■ 예제 1-5-3 (sizeof 연산자)

```
#include <stdio.h>

int main()
{
    printf("char: %d, short: %d, int: %d, long: %d, long long: %d  byte \n",
    sizeof(char),          // 1: sizeof로 char 자료형의 크기를 구함
    sizeof(short),         // 2: sizeof로 short 자료형의 크기를 구함
    sizeof(int),           // 4: sizeof로 int 자료형의 크기를 구함
    sizeof(long),          // 4 혹은 8: sizeof로 long 자료형의 크기를 구함
    sizeof(long long)      // 8: sizeof로 long long 자료형의 크기를 구함
    );

    return 0;
}
```

✍ **(설명)** sizeof generates the size of a variable or data type. (크기를 byte 단위로 계산해서 표시해 준다)

► 실행 결과 1-5-3

```
char: 1, short: 2, int: 4, long: 8, long long: 8 byte
```

✎ (각자 실습 해보기)

자료형			byte
sizeof(45)	(정수)	→	4
sizeof(4.5)	(실수형 상수는 double)	→	8
sizeof(float)	(실수)	→	4
sizeof(double)		→	8
sizeof(long int)		→	8
sizeof(long double)		→	16
sizeof("hello")		→	6
sizeof(4.5F)	(접미사 F는 실수)	→	4

☑ **(강조)**

미국 국립 표준 협회 (American National Standards Institute, ANSI)에서 최소가 앞과 같은 byte가 되어야 한다고만 권고하고 있지 명확하게 얼마이다라고 강제하고 있지는 않다. 즉, 이 말은 compiler에 따라 다소 차이가 생길 수 있다. 본인이 사용하는 컴퓨터 컴파일러를 확인 요망한다.

☒ 변수와 메모리 관계에 관한 내용은 다시 6장에서 자세히 배운다.

■ 특수문자 사용하기

특수문자	의미
printf("%f \n", v)	다음 줄 (next line, new line)로 넘어가라
printf("%f \t", v)	tap (수평), \v (수직 탭) 만큼 띄어 써라
printf("%f \“ ", v)	\“는 double quote (큰 따옴표, ” “)의 역할
printf("%f \\", v)	\\ (backslash, \)
printf("%f \a", v)	실행 끝부분에서 소리 (bell sound)가 남
printf("%f \b", v)	backspace

■ char 출력하기

【사용법】

① ‘ ’ (작은따옴표)를 사용한다.
② %c를 사용한다.

■ 예제 1-5-4 (char, 문자 표시)

```
#include <stdio.h>

int main()
{
    char a, b, c, d, e, f;
    a='H', b='e', c='l', d='l', e='o', f='!';

    printf("%c%c%c%c%c%c \n", a, b, c, d, e, f);
    printf("%c %c %c %c %c %c \n", a, b, c, d, e, f);
    printf("%c\t%c%c%c%c%c \n", a, b, c, d, e, f);
    printf("%c%c%c%c%c \n", 'K','o','r','e','a');

    return 0;
}
```

► **실행 결과 1-5-4**

```
Hello!
H e l l o !
H       ello!
Korea
```

⇨ 5, 6번째 줄: a라는 문자형을 정해주고 문자 H를 a에 넣는다. 한편 5, 6번째 줄을 두 줄로 하지 않고 다음과 같이 한 줄로 쓸 수도 있다.

```
char a='H', b='e', c='l', d='l', e='o', f='!';
```

⇨ 8번째 줄: %c%c%c%c%c%c 형태로 %c와 %c 사이에 빈 공백이 없으므로 값을 계속 붙여서 화면에 출력해 보여준다.

⇨ 9번째 줄: %c %c %c %c %c %c 형태로 %c와 %c 사이에 빈 공백이 있으므로 공백만큼 띠어서 화면에 출력해 보여준다.

⇨ 10번째 줄: %c\t%c%c%c%c%c에서 \t (tap)을 사용했으므로 tap만큼 공간을 띄고 쓴 후, 나머지 c%c%c%c%c는 공백없으므로 계속 붙여서 화면에 출력해 보여준다.

✍ 문자열 상수 (string, %s)는 배열 (array) 공부할 때 다시 배운다. 즉, 한 개씩 따로따로 취급하는 것이 아니라, 한꺼번에 처리하는 방법은? (예, Hello!)

✎ **(정리) 상수 종류**

종류	표현	사용 예
① 정수 (상수)	0~9, +, - 사용	1, 10, -30, 0
② 실수 (상수)	0~9, +, -, 소수점 사용	1.1, -3.2, 10.0
③ 문자 상수	작은따옴표 (‘ ’)	‘a’, ‘A’
④ 문자열 상수	큰따옴표 (“ ”)	“Apple”

1.6. | cast (강제 타입 변환)

➋ 임의로 강제적으로 원하는 형으로 변환할 때 사용한다.

【사용법】 (데이터 형) 변수 혹은 상수

괄호 안의 내용이 바로 cast의 역할을 한다.

✎ **(사용 예)**

① 정수를 실수로 바꾸고자 하는 경우: (double) 10 → 10.000000

② 실수를 정수로 바꾸고자 하는 경우: (int) 10.5 → 10

■ **실습 해보기** (결과를 예측하면?)

1	#include <stdio.h>		결과 예측
2			
3	int main(void)		
4	{		
5	int a = 3, b = 2;		
6	double c;		
7			
8	c = a/b;		
9			
10	printf("%f \n", (double)a);	→	3.000000
11	printf("a/b = %f \n", c);	→	1.000000
12	printf("%d \n", (int)c);		1
13	printf("a/b = %f \n", (double)a/b);	→	1.500000
14	printf("a/b = %f \n", (double)(a/b));	→	1.000000
15			
16	return 0;		
17	}		

⇨ 10번째 줄: a는 정수로 3인데, (double)a로 해서 실수로 바꾸고자 하기 때문에, 3.000000이 출력된다.

⇨ 11번째 줄: 3/2 = 1인데 float로 출력하기 때문에 1.0이 변수 c에 대입되고 이것이 화면에 출력된다.

⇨ 12번째 줄: c는 double이지만 (int)c에 의해 정수 1로 바꾸어 출력된다.

⇨ 13번째 줄: a와 b가 cast인 double을 만나 변환되어 3.0/2.0 = 1.5가 되는데, %f는 소수점 6자리까지 보여 주어야 하기 때문에 화면에는 1.500000가 나타난다.

⇨ 14번째 줄: (a/b)정수연산이 먼저 수행되어 3/2 = 1이 되고 이 결과가 (double) cast를 만나 1.0이 되는데, %f로 표시하라고 했으므로, 소수점 6자리인 1.000000이 표시된다.

1.7. | scanf

키보드 (keyboard)로 부터 입력값을 읽어드리기 위한 라이브러리 함수이다.

【사용법】 scanf("형식지정자", &변수);

① scanf("%d %d", &a, &b);

a값을 콘솔 화면에서 정수형으로 읽어드려라
scanf("%d %d", &a, &b);
b값을 콘솔 화면에서 정수형으로 읽어드려라

scanf 안에 있는 & (ampersand, 주소 연산자)에 대해서는 포인터 (pointer) 공부할 때 다시 알아보기로 한다. 이 단계에서는 변수 값을 읽어드릴 때 scanf("%d", &a); 와 같은 형식을 사용해야 한다는 것만 기억하자.

② scanf("%d %f", &a, &b);

(의미) 키보드를 쳐서 a, b를 읽어드리는데, a는 정수 형태로 앞에 있는 %d에 읽어드리고, b는 실수 형태로 뒤에 있는 %f에 읽어드려라.

☑ **(체크하기)** 만약 %d와 %f 사이에 빈칸을 두지 않고 읽어드리면?
scanf("%d%f", &a, &b);

⇒ scanf("%d %f", &a, &b); // 동일 표현이다. 사이의 공간은 아무런 문제 없다.

(✓ 확인) scanf("%d ", &a); // 그런데, %d 다음에 빈칸을 두면, 읽어드릴 때, enter key를 계속 쳐도 실행이 되지 않고, 다른 숫자 등을 입력해야만 실행되는 불편함이 있다.

(각자 해보기)

```
printf("입력하기 : a = %d"); 로 하면 어떻게 되나?
scanf("%d \n", &a);
```

(✓ **힌트)** 컴파일은 되지만, printf가 올바른 사용법이 아니다.

■ 예제 1-7-0

```
1   #include <stdio.h>
2
3   int main()
4   {
5       int a, b, c;
6
7       printf("입력하기: a = ");
8       scanf("%d", &a);
9
10      printf("입력하기: b = ");
11      scanf("%d", &b);
12
13      c = a + b;
14      printf("a + b = %d \n", c);
15
16      return 0;
17  }
```

► 실행 결과 1-7-0

```
입력하기: a = 10
입력하기: b = 20
a + b = 30
```

⇨ 7, 8번째 줄: 화면에 (입력하기: a =)가 나오면 입력하고자 하는 정수를 타이핑한다.

⇨ 10,11번째 줄: 화면에 (입력하기: b =)가 나오면 입력하고자 하는 정수를 타이핑한다.

⇨ 14번째 줄: 8번째 줄과 11번째 줄에서 타이핑해서 읽어드린 두 개의 숫자를 합산한 값을 바로 화면에 보여준다.

■ 실습 해보기 (변수 2개를 한 줄에서 동시에 읽어드리려면?)

```
#include <stdio.h>

int main()
{
    int a, b, c;

```

```
7        printf("입력하기: a : b ");
8        scanf("%d %d", &a, &b);          // scanf("%d%d", &a, &b);
9
10       c = a + b;
11       printf("a + b = %d \n", c);
12
13       return 0;
14   }
```

► **(실행 결과)**

```
입력하기: a : b  10 20
a + b = 30
```

⇨ 8번째 줄: %d %d와 같이 공간 (space)을 띄워서 써도 되고, %d%d처럼 같이 붙여 써도 된다. 하지만 char를 사용할 때는 주의해야 한다.

■ **예제 1-7-1** (예, scanf로 char형 읽어드리기)

```
#include <stdio.h>

int main()
{
    char v1, v2, v3, v4;

    printf("4개의 문자를 입력하시오! ");
    scanf("%c%c%c%c", &v1, &v2, &v3, &v4);  // 자판에서 space없이 읽어드려라

    printf("%c%c%c%c\n",v1, v2, v3, v4);        // 붙여서 화면에 출력하라
    printf("%c %c %c %c \n",v1, v2, v3, v4);  // 한 칸씩 띄워서 출력하라
    printf("v1=%c, v2=%c, v3=%c, v4=%c\n", v1, v2, v3, v4);

    return 0;
}
```

► **실행 결과 1-7-1**

THIS를 모두 붙여서 입력할 때	T H I S처럼 한 칸씩 띄워서 (□) 입력할 때
4개의 문자를 입력하시오! THIS THIS T H I S v1=T, v2=H, v3=I, v4=S	4개의 문자를 입력하시오! T□H□I□S T H T H v1=T, v2= , v3=H, v4=

⇨ **(각자 해보기)** 자판에서 세로로 입력할 때 아래와 같이 화면에 표시됨을 확인하고, 또한 왜 그렇게 출력이 되는지를 한번 씩 생각해보시오.

자판에서 세로로 입력할 때	기타
4개의 문자를 입력하시오! T H T H T H v1=T, v2= , v3=H, v4=	T를 입력하고 enter key를 친다 다음 줄에서 H를 입력하고 enter key를 친다 I와 S를 계속 치려고 해도 이미 화면에 T가 나타난다 H가 나타난다

■ 실습 해보기

```
#include <stdio.h>

int main()
{
    char v1, v2, v3, v4;

    printf("4개의 문자를 입력하시오! ");
    scanf("%c %c %c %c", &v1, &v2, &v3, &v4);  //한 칸씩 띄우고 읽어드려라

    printf("%c%c%c%c\n",v1, v2, v3, v4);
    printf("%c %c %c %c \n",v1, v2, v3, v4);
    printf("v1=%c, v2=%c, v3=%c, v4=%c\n", v1, v2, v3, v4);

    return 0;
}
```

► **(실행 결과)**

THIS를 모두 붙여서 입력할 때	T H I S처럼 한 칸씩 띄워서 (□) 입력할 때
4개의 문자를 입력하시오! THIS THIS T H I S v1=T, v2=H, v3=I, v4=S	4개의 문자를 입력하시오! T□H□I□S THIS T H I S v1=T, v2=H, v3=I, v4=S

자판에서 세로로 입력할 때	기 타
4개의 문자를 입력하시오! T	T 입력 후 enter key를 친다
H	H 입력 후 enter key를 친다
I	I 입력 후 enter key를 친다

자판에서 세로로 입력할 때	기 타
S THIS T H I S v1=T, v2=H, v3=I, v4=S	S 입력 후 enter key를 친다 ← 바로 결과가 화면에 출력된다

(✓ 주의)

► scanf: space가 있거나 없거나

- 자판 입력 시 가로로 하거나 혹은 세로로 하거나

► printf: space가 있거나 없는가에 따라 화면 출력 결과가 완전히 다르게 보인다.

⇒ 따라서 충분한 이해를 위해 이들의 모든 조합을 한 번씩 직접 다 해 볼 것을 권장한다.

■ 오류 정리

(지금까지 배운 내용 중에서, C 코딩 초기 시 많이 하는 에러 모음)

잘못된 사용법	올바른 사용법	이유
# inculde stdio	# include <stdio.h>	철자 (spelling) 에러
Int Main() {	int main( ) {	소문자, 대문자 구별
printf('Hello');	printf("Hello")	큰따옴표 사용 (" ")
printf("Test") :	printf("Test") ;	콜론 (:)이 아니라, C 언어는 항시 세미콜론 (;)으로 끝나야 함
int v =10; printf("%d", V);	int v =10; printf("%d", v);	소문자, 대문자 구분. 컴파일러는 대문자 V가 무엇인지 모름
int v=10; printf("f", v);	int v=10; printf("%d", v);	float면 %f로, 정수면 %d를 사용
int a; scanf("%f", &a);	float a; scanf("%f", &a);	초기 정수로 선언해 놓고, 실수로 입력하라고 하니 컴파일러가 혼동 함
char c; scanf("%c", c);	char c; scanf("%c", &c);	printf에서는 필요 없지만, 읽어드릴 때 scanf에 & (ampersand) 써야 함.
int a; scanf("%d", b);	int a, b; scanf("%d", &b);	정수 b를 읽어드리라고 하는데, 어디에도 b가 뭔지를 정의(선언)한 곳이 없고 &를 써야 함

1.8. | ascii 코드 규약

약어: (American Standard Code for Information Interchange, ascii)

(상황) printf 출력함수를 사용하여 서식 문자로 숫자를 출력하고 싶을 때

컴퓨터의 CPU는 문자를 인식할 수 없어 모든 데이터를 숫자밖에 알지 못한다. 따라서 A, B, C 등과 같은 문자도 역시 숫자로 입력해야 한다. 아스키 코드값은 문자와 숫자를 1대1로 대응시킨 것이라고 볼 수 있다. (예, 문자 A가 숫자 65로 정의됨)

■ **예제 1-8-0** (ascii 코드 규약)

```
1  #include <stdio.h>
2  
3  int main()
4  {
5      char v5 = 'A';
6      char v6 = 65;
7  
8      printf("%d %d \n", v5, v6);
9      printf("%c %c \n", v5, v6);
10     printf("%c", 'K');
11 
12     return 0;
13 }
```

► **실행 결과 1-8-0**

```
65 65
A A
K
```

⇨ 8번째 줄: 문자 A가 숫자 65로 정의되었음을 의미한다.

⇨ 10번째 줄: 이렇게 화면에 바로 K를 쓸 수 있다.

✍ (간단 ascii 표 요약)

종류	문자 상수	ascii 코드 값
숫자 문자 (10개)	'0' ~ '9'	48 ~ 57
대문자 (26개)	'A' ~ 'Z'	65 ~ 90

종류	문자 상수	ascii 코드 값
소문자 (26개)	'a' ~ 'z'	97 ~122
특수 문자 (33개)	' ' (공백), '@', '#' 등	32 ~
제어 문자 (33개)	'\0', '\t', '\n', '\r', 등	0, 9, 10, 13

즉, 아스키 코드는 128개의 문자를 0~127의 숫자 중에 각각 어떤 값으로 표현할지 정의한다. (자세한 ascii 표 (table)은 www.asciitable.com을 한다)

■ **실습 해보기** (다음 결과를 출력하려고 하면?)

① a를 직접 출력
② ascii 코드 사용 a를 출력
③ ascii 코드 사용 97을 출력
④ ascii 코드 사용 48을 출력

(✓ 힌트) 다음을 사용해 본다.

```
printf("%c  \n", 'a');
printf("%c  \n", 97);
printf("%d  \n", 'a');
printf("%d  \n", '0');
```

■ **예제 1-8-1** 소문자와 대문자를 서로 변경하는 프로그램을 작성하시오.

```
#include <stdio.h>

int main()
{
    char v1, v2;

    printf("소문자, 대문자를 입력하시오!  ");
    scanf("%c %c", &v1, &v2);

    printf("소문자(%c)를 대문자(%c)로 변경합니다. \n", v1, v1-32);
    printf("대문자(%c)를 소문자(%c)로 변경합니다. \n", v2, v2+32);

    return 0;
}
```

► **실행 결과 1-8-1**

```
소문자, 대문자를 입력하시오! s H
소문자(s)를 대문자(S)로 변경합니다.
대문자(H)를 소문자(h)로 변경합니다.
```

☑ **(참고)** 소문자 ⇔ 대문자 변경은 6장의 tolower, toupper를 활용할 수 있다.

1.9. | 확인문제

☑ **(강조)** 단, 이제까지 (1장까지) 배운 내용만을 사용해야 한다. (C 언어를 조금 안다고 해서 다른 명령어를 써서 하면 안 된다. 그래야 앞으로 계속 나올 코딩의 세부 내용과 필요한 항목들이 무엇인지, 왜 필요한지 등에 대한 이해도를 넓힐 수 있다)

⓪ 1부터 10까지 합산하는 프로그램을 작성하시오. (문제점은 무엇인가?)

① 4개의 실수를 읽어드려서 총합과 평균을 구하시오. (단, 총 자리 수는 8개이고 소수점은 3자리로 함)

② 이번 학기 수강 과목에 대하여 예상 점수를 입력해서 총점 및 평균을 구하라.

③ 키보드에서 2개의 실수를 입력받아서 사칙연산을 수행하시오.

④ 정수를 입력받아서 제곱 연산 후 결과를 출력하는 프로그램 작성하시오.
(예, 5를 받으면 25가 출력된다)

⑤ Hello Kim을 자판에서 읽어드려 화면에 출력하시오.
(예, Hi World! 3 + 2 = 5.)

⑥ 어느 온라인 회사에서 아래와 같은 프로그램을 작성해서 인터넷 주문을 받으려고 한다. 프로그램 작성하시오. (예, 빨간색은 읽어드릴 값이다)

```
주문할 물품은? Mobile Phone
모델명은? Galaxy-S10
수량은? 3

고객님께서 주문하신 내용은 다음과 같습니다.
Mobile Phone 모델 Galaxy-S10을 3개 주문하셨습니다!
```

■ 실습 해보기 ③

```
#include <stdio.h>

int main()
{
    printf("Total = %d \n", 1+2+3+4+5+6+7+8+9+10);

    return 0;
}
```

⇨ (문제점): 10까지 정도 더하는 것은 할 수 있는데, 만약 100만까지 더하라고 한다면? 무엇인가 다른 현명한 방법이 있어야 할 것 같다.

■ 실습 해보기 ④

```
int main()
{

   int v;
   printf("임의의 정수를 입력하라:");
   scanf("%d", &v);

   printf("%d^2 =%d \n", v, v*v);
   printf("%d^7 =%d \n", v, v*v*v*v*v*v*v);

   return 0;
}
```

⇨ (문제점): "만약 5^{1000}승까지 계산하시오"라고 할 때, v*v*v*...로 v를 1000번 곱할 것인가? 이것 또한 무엇인가 다른 현명한 방법이 있어야 할 것 같다.

■ 실습 해보기 ⑤

```
int main()
{
   char a, b, c, d, e, f, g, h, i;

   printf("Hello Kim 을 입력 하시오: ");
   scanf("%c%c%c%c%c%c%c%c%c", &a, &b, &c, &d, &e, &f, &g, &h, &i);
   printf("%c%c%c%c%c%c%c%c%c \n", a, b, c, d, e, f, g, h, i);

   return 0;
}
```

(✓ 힌트) 가장 원시적인 방법은 칸수를 센다. (Hello가 5칸, space가 1칸, Kim이 3칸이므로 총 9칸이므로 %c%c%c%c%c%c%c%c%c처럼 9개를 사용한다)

Hi World! 3 + 2 = 5.의 경우, 총 20칸이 필요하다. 여기서 숫자로 보이는 3, 2, 5도 그냥 문자처럼 취급하면 된다. (Hi 2칸, space 1칸, World! 6칸, space 1칸, 3 1칸, space 1칸, + 1칸, space 1칸, 2 1칸, space 1칸, = 1칸, space 1칸, 5 1칸, . 1칸 더하면 총 20칸이 필요하다)

∞ **(각자 해보기)** Hi World! 2 + 3 = 5.

```
#include <stdio.h>

int main()
{
   char a0, a1, a2, a3, a4, a5, a6, a7, a8, a9;
   char a10, a11, a12, a13, a14, a15, a16, a17, a18, a19;
   int v1, v2, v3;
   int v4, v5;

   printf("Hi World! 2 + 3 = 5. 을 입력 하시오: ");
   scanf("%c%c%c%c%c%c%c%c%c%c%c%c%c%c%c%c%c%c%c%c",
          &a0,&a1,&a2,&a3,&a4,&a5,&a6,&a7,&a8,&a9,
          &a10,&a11,&a12,&a13,&a14,&a15,&a16,&a17,&a18,&a19);

   printf("정수 2, 3, 5를 입력하시오!  ");
   scanf("%d %d %d", &v1, &v2, &v3);

   printf("임의의 정수 2개를 입력하시오!  ");
   scanf("%d %d", &v4, &v5);

   // 1번째 방법 (space, comma, 숫자 포함 모두 문자로 취급)
   printf("%c%c%c%c%c%c%c%c%c%c%c%c%c%c%c%c%c%c%c%c\n",
           a0,a1,a2,a3,a4,a5,a6,a7,a8,a9,
           a10,a11,a12,a13,a14,a15,a16,a17,a18,a19);

   // 2번째 방법 (문자와 숫자는 구별, space는 printf 안에서 조절)
   printf("%c%c %c%c%c%c%c%c %d + %d = %d.\n",
          a0,a1,a3,a4,a5,a6,a7,a9,v1,v2,v3);

   // 3번째 방법 (문자, 숫자 구별, space는 앞에서 문자로 읽어드린 것 가져다 사용)
   printf("%c%c%c%c%c%c%c%c%c%c%d%c%c%c%d%c%c%c%d%c\n",
         a0,a1,a2,a3,a4,a5,a6,a7,a8,a9,v4,a11,a12,a13,v5,a15,a16,a17,v4+v5,a19);

   return 0;
}
```

⇨ (문제점) 만약 읽어드려야 하는 변수가 1페이지라면? 하나하나 문자를 다 세고 있을 수는 없으므로 다른 방법이 절대적으로 필요하다. 9장 (파일 입출력)에서 다시 공부한다.

제2장
연산자

2.0. | 증감/감소 연산자

프로그램이라는 것은 연산을 통해 데이터를 처리하는 것이기 때문에 여러 연산자의 사용법을 익히는 것은 매우 중요하다.

(✓ 확인) 이미 1장에서 대입 연산자, 산술 연산자 등에 대해 간단히 배웠다.

🕮 (의미알기)

전위표기 (prefix, 전위형): 값이 증감하고 나서 연산에 사용

후위표기 (postfix, 후위형): 연산에 사용하고 나서 값이 증감

증감/감소 연산자	기호	의미
증감	++a	(prefix) 값을 1 증가 후 연산을 진행
증감	a++	(postfix) 먼저 연산 진행 후 값을 1 증가
감소	--b	(prefix) 값을 1 감소 후 연산을 진행
감소	b--	(postfix) 먼저 연산 진행 후 값을 1 감소

✎ (예)

	결과	의미
int AA = 10;		→ 정수 10을 변수 AA에 대입
int BB = 20;		→ 정수 20을 변수 BB에 대입
printf("AA++ = %d", AA++);	10	→ AA=10을 먼저 출력하고 1을 증감한 상태
printf("AA = %d", AA);	11	→ 앞에서 1을 증감했으므로 11이 출력
printf("++BB = %d", ++BB);	21	→ 초기 BB=20에서 1 증감하고 그것을 출력
printf("BB = %d", BB);	21	→ 앞에서 21로 증감되었으므로 21을 출력

✍ **(설명)** 기호가 보이는 대로 순차적으로 하면 된다. 예로, AA++는 AA를 먼저 연산을 수행하고 그 다음 ++ (1을 증감)를 수행하라는 것이다. ++AA는 ++ (1을 증감)을 먼저하고 그 다음에 연산 AA를 수행한다.

☑ **(강조)** 흐름을 순차적으로 하라!

■ 예제 2-0-0

```
1   #include <stdio.h>
2
3   int main()
4   {
5       int XXX = 50;
6
7       printf("XXX = %d \n", XXX);      // 정수 50 그대로 화면 출력
8       ++XXX;                           // 1 증가
9       printf("XXX = %d \n", XXX);      // 1이 증가된 51 출력
10      XXX++;                           // 51을 쓴 후 1 증가
11      printf("XXX = %d \n", XXX);      // 1이 증가된 52 출력
12      ++XXX;                           // 1 증가
13      printf("XXX = %d \n", XXX);      // 1이 증가된 53 출력
14      XXX;                             // 앞 문장 그대로 실행
15      printf("XXX = %d \n", XXX);      // 앞과 동일한 53 그대로 출력
16
17      return 0;
18  }
```

► 실행 결과 2-0-0

7	XXX = 50
9	XXX = 51
11	XXX = 52
13	XXX = 53
15	XXX = 53

∞ **(각자 해보기)** 임의의 숫자를 화면에서 읽어드려서 aa, --aa, aa-- 값을 화면에 출력하는 프로그램을 작성하시오.

■ 예제 2-0-1

```
1   #include <stdio.h>
2
3   int main()
```

```
4  {
5      int v = 50;
6
7      printf("정수를 입력하시오: ");
8      scanf("%d", &v);                  // 예로, 30을 키보드에서 친다
9
10     printf("입력값(v): %d \n", v);  // 키보드에서 읽어드린 30을 그대로 출력한다
11     printf("v-- = %d \n", v--);     // 여전히 v--는 30이고, 이 문장 다음이 29이다
12     printf("--v = %d \n", --v);     // 29인데 -1을 하라고 했으므로 29-1=28
13
14     return 0;
15 }
```

► 실행 결과 2-0-1

7	정수를 입력하시오: 30
10	입력값(v): 30
11	v-- = 30
12	--v = 28

■ 실습 해보기 (결과를 예측하면?)

```
#include<stdio.h>

int main()
{
    int m=4, n=0;

    printf("1. m = %d, n = %d \n", m, n);        //1.

    n = ++m + 3;
    printf("2. m = %d, n = %d \n", m, n);        //2.

    n = m++ + 3;
    printf("3. m = %d, n = %d \n", m, n);        //3.

    n = --m + 3;
    printf("4. m = %d, n = %d \n", m, n);        //4.

    n = m-- + 3;
    printf("5. m = %d, n = %d \n", m, n);        //5.

    return 0;
}
```

```
1. m = 4, n = 0
2. m = 5, n = 8
3. m = 6, n = 8
4. m = 5, n = 8
5. m = 4, n = 8
```

■ **실습 해보기** a=3, b=5를 키보드에서 읽어드리고, 아래를 화면에 출력하는 프로그램을 작성하시오.

```
++a  +  ++b
a++  +   b++
--a  +   b--
a--  +  --b
```

2.1. | 관계 연산자

관계 연산자 기호	사용 예	의 미
==	x == y	x와 y가 같은가?
!=	x != y	x와 y가 다른가?
>	x > y	x가 y보다 큰가?
<	x < y	x가 y보다 작은가?
>=	x >= y	x가 y보다 크거나 같은가?
<=	x <= y	x가 y보다 작거나 같은가?

✎ **(정리)** 결과값은 참(1)이거나 거짓(0)이다.

■ **예제 2-1-0** (결과를 예측하면?)

```
#include <stdio.h>

 int main()
 {
     int aa = 10;
     int bb = 12;
     int rr1, rr2, rr3;

     rr1 = (aa == bb);      // 10은 12하고 같지 않으므로 거짓(0)이 rr1에 저장
     rr2 = (aa <= bb);      // 10은 12보다 작거나 같기 때문에 참(1)이 rr2에 저장
     rr3 = (aa >  bb);      // 10은 12보다 크지 않으므로 거짓(0)이 rr3에 저장

     printf("%d \n", rr1);
     printf("%d \n", rr2);
     printf("%d \n", rr3);

     return 0;
 }
```

► **실행 결과 2-1-0**

13	0
14	1
15	0

2.2. | 논리 연산자

논리 연산자 기호	사용 예	의미
&&	x && y	AND 연산. x와 y가 모두 참 (true)이면 참, 그렇지 않으면 거짓 (false)
||	x || y	OR 연산. x 혹은 y 중에서 하나만 참이면 참, 모두 거짓이면 거짓
!	!x	NOT 연산. x가 참이면 거짓, x가 거짓이면 참

✎ **(사용 예)** 다음은 어떻게 인식하는가?

printf("%d %d %d \n", !0, !1, !40);

⇨ !0는 0이 아니므로 1

⇨ !1은 1이 아니므로 0

⇨ !40은 항시 참인데, 참 (true, 1)이 아니라고 했으므로 거짓 (false, 0)

☑ 0이 아닌 숫자에 대해 컴파일러는 항시 참 (true, 1)으로 인식한다.

► **(실행 결과)**

```
1
1
0
```

■ **예제 2-2-0** (결과를 예측하면?)

```
#include <stdio.h>

int main()
```

```
4   {
5       int aa = 20;
6       int bb = 30;
7       int rr1, rr2, rr3;
8
9       rr1 = (aa == 20 && bb == 30);
10      rr2 = (aa <  25 || bb >  25);
11      rr3 = (!aa);
12
13      printf("%d \n", rr1);
14      printf("%d \n", rr2);
15      printf("%d \n", rr3);
16
17      return 0;
18  }
```

► **실행 결과 2-2-0**

13	1
14	1
15	0

⇨ 9, 13번째 줄: aa == 20는 참이고 bb == 30도 참인데, 서로 && (AND)로 연결되어 있으므로 최종적으로 참값(1)이 rr1에 저장되고 13번째 줄에서 1이 화면에 출력된다.

⇨ 10, 14번째 줄: aa 〈 25는 참이고, bb 〉 25도 참인데, 서로 || (OR)로 연결되어 있으므로 최종적으로 참값(1)이 rr2에 저장되고 14번째 줄에서 1이 화면에 출력된다.

⇨ 11, 15번째 줄: !aa는 항시 참인데, 참이 아니라고 했으므로 15번째 줄에서 0이 화면에 출력된다.

2.3. | 조건(=삼항) 연산자

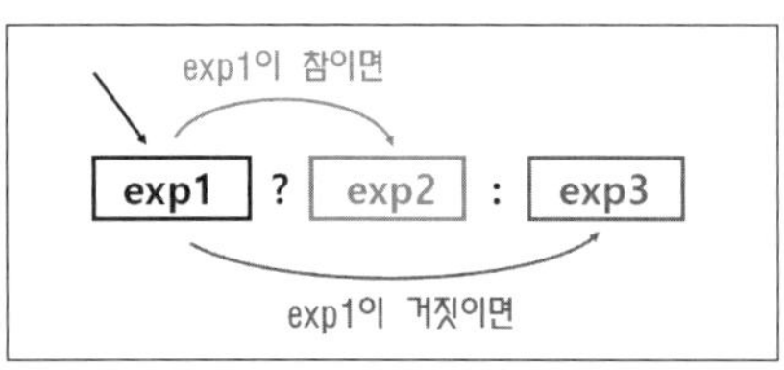

⇨ (의미) exp1이 참이면 exp2를 실행하고, exp1이 거짓이면 exp2를 실행하라.

【사용법】 (조건) ? A : B

조건이 참 (true)이면 A를, 조건이 거짓 (false)이면 B를 반환 (return)하라.

✎ **(예)**

① (5 > 2) ? 5 : 2 ② (1.2 > 1.1) ? 1 : 0 ③ (x == 0) ? 100 : 200	5가 2보다 크므로 5를 반환 1.2는 1.1보다 크므로 1을 반환 x가 0이면 100을, 그렇지 않으면 200을 반환

2.4. | 콤마 (,) 연산자

(상황)

① 둘 이상의 변수를 동시에 선언하고자 한다.

(예) x=1, y=3; // x=1; y=3; 과 동일한 표현

② 순서대로 실행되어야 할 두 개 이상의 문장을 한 줄에 선언하고자 한다.

(예) printf("Hello"), printf("World!"); // printf("Hello World!")와 동일

콤마 연산자 사용 예	의미
x=1, y=2;	x=1; y=2; 와 동일 의미
x++, y++;	x와 y는 1이 증가
printf("Thank"), printf("you! \n");	Thank you!

■ **예제 2-4-0** (다음 결과값을 예측하면?)

```
#include <stdio.h>

int main ()
{
    int v1=100, v2=200;

    printf("Hello "), printf("World! \n");

    v1++, v2--;
    printf("%d ", v1), printf(" %d", v2), printf("\n");

    return 0;
}
```

► 실행 결과 2-4-0

```
Hello World!
101   199
```

⇨ printf("%d ", v1), printf(" %d", v2), printf("\n");

앞 printf("%d ", v1)에서 %d 다음에 빈 공간을 한 칸 두었고, 뒤 printf(" %d", v2)에서 %d 바로 전에 빈 공간을 한 칸 두었기 때문에 최종 화면 출력에서 101 199처럼 2칸이 띄워져 있다.

제3장

프로그램 흐름: 분기

3.0. | 조건문

조건 (=선택)에 따라 여러 개의 실행 경로 가운데 1개를 선택한다. (예, 동전을 넣고 자판기에서 어떤 커피를 마실지? 혹은 어떤 음료를 선택할지 등) 선택문이라고도 한다.

✎ **(예)**

① if 문: 조건이 참이면 아래 문장을 실행하라
② 복합문: 중괄호({ })를 사용하여 문장들을 grouping하라.
③ else: 이것 아니면 저것
④ else if: 연속적인 조건을 사용

✍ **(상세 설명)**

① if 문: 조건이 참이면 아래 문장을 실행하라. 조건식이 참이면 문장을 실행하고, 조건식이 거짓이면 바로 빠져나간다.

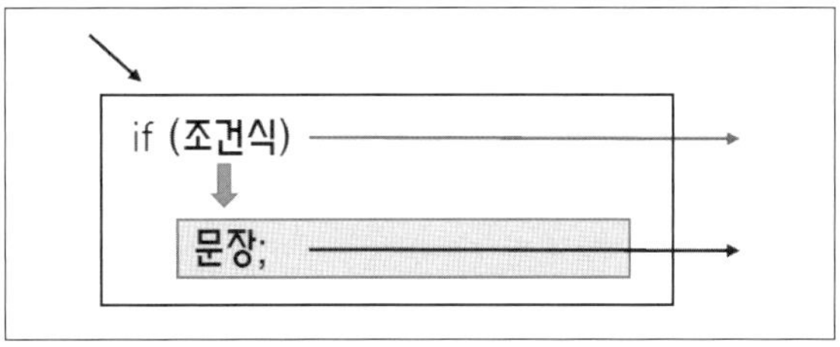

이를 flow chart로 나타내면 다음과 같다. 즉, 참이면 문장 안으로 들어가 문장에 써진 내용을 실행하고, 아니라면 문장에는 들어가지도 못하고 아예 빠져나가 버린다.

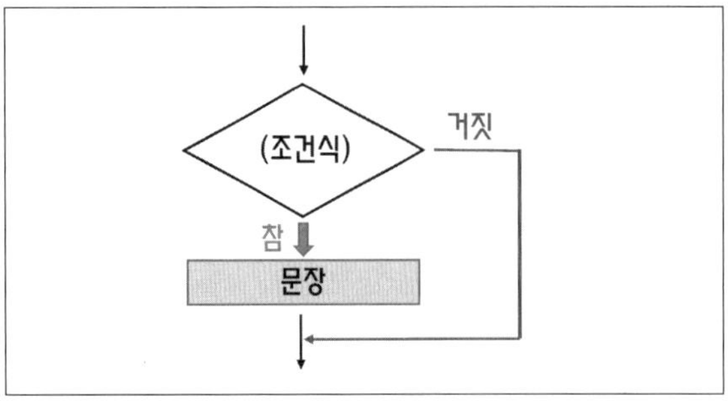

② 복합문: 중괄호({ })를 사용하여 문장들을 grouping하라.

```
if (score >= 90)
 {
    printf( "A 학점입니다. \n" );
    printf( "장학금 대상자입니다. \n" );
 }
```

예로, 조건식이 참이면 중괄호 안에 있는 2개의 printf 문장을 수행한다.

(✓ 주의) 중괄호를 하지 않으면 처음 문장만 if문에 해당하고, 두 번째 문장은 별도의 문장이 된다.

```
if(조건식)
   printf("A 학점입니다. \n");            // 세미콜론(;) 이므로 여기서 문장이 끝난다
printf("장학금 대상자입니다. \n");         // 이 문장은 if문 하고 전혀 상관없다
```

③ else: 이것 아니면 저것

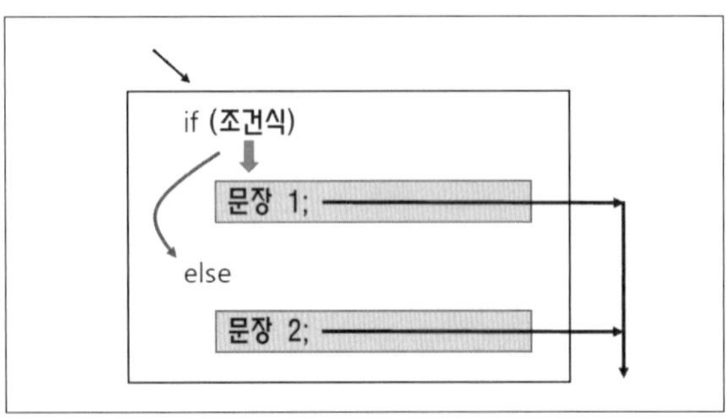

조건식이 참이면 문장 1을 실행하고, 거짓이면 else쪽으로 빠져나가 문장 2를 실행한다. 이를 flow chart로 나타내면 다음과 같다.

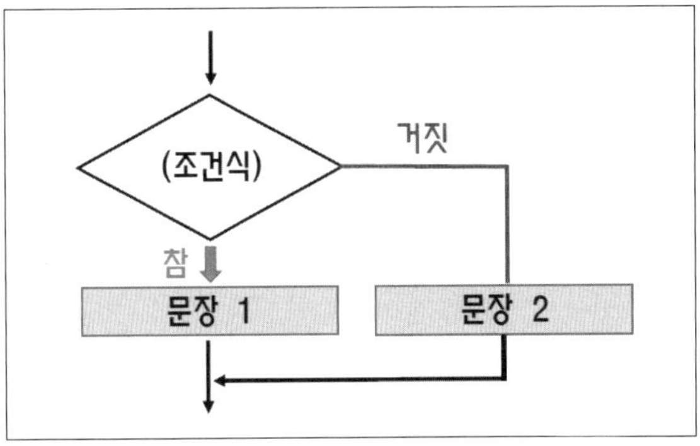

④ else if: 연속적인 조건을 사용

```
if(조건식 1)
  문장 1;
else if(조건식 2)
  문장 2;
else if(조건식 3)
  문장 3;
else
  문장 4;
```

들어온 입력값이 어떤 조건식에 맞는지를 연속해서 체크하고, 맞는 조건식에 들어가 그 문장을 실행한다. 이를 flow chart로 나타내면 다음과 같다.

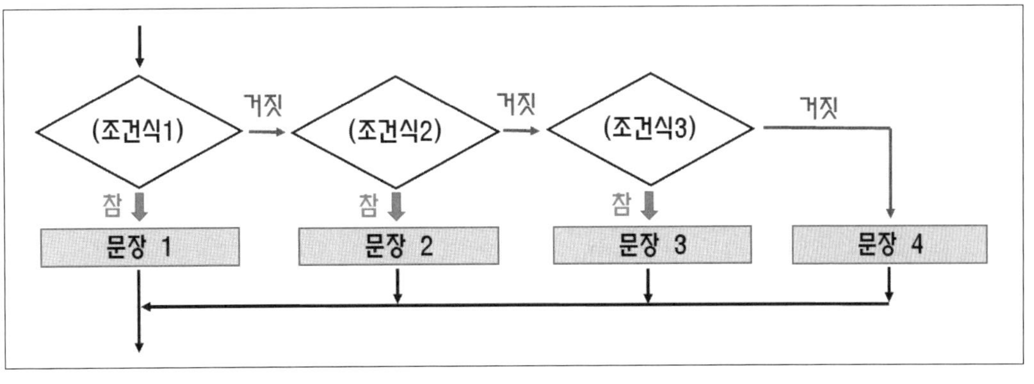

✎ **(사용 예시)** 점수를 읽어드려서 학점을 부여하자.

```c
#include <stdio.h>

int main()
{
    int score;

    printf("성적을 입력하시오: ");
    scanf("%d", &score);

    if(score >= 90)
        printf("A 학점입니다. \n");
    else if(score >= 80)
        printf("B 학점입니다. \n");
    else if(score >= 70)
        printf("C 학점입니다. \n");
    else if(score >= 60)
        printf("D 학점입니다. \n");
    else
        printf("F 학점입니다. \n");

  return 0;
}
```

입력값 (score)를 정수로 읽어드리고, 90점 이상이면 A 학점을 부여, 89~80점 사이이면 B 학점을 부여, 79~70점 사이이면 C 학점을 부여, 69~60점 사이이면 C 학점을 부여한 후, 위에 해당하지 않으면 (60점 이하) F 학점을 부여한다.

(if 문으로 만들어보기)

조건	if 문 사용
► -5와 15의 범위 내에 있는지 없는지 유무 ► 나이가 10에서 20이고 키는 160 이상인지 확인 ► 나이가 20에서 30이거나 키가 170 이상인지 확인	► if (v > -5 && v <15) ► if(((a>=10) && (a <20)) && (b >=160)) ► if(((a>=20) && (a <30)) || (b >=170))

■ 잘못된 사용법 (예시)

잘못된 사용법	올바른 사용법	이유
if a == b result = a*b;	if(a == b) result = a*b;	조건문에는 괄호 ( )가 있어야 함
if(a == b) then result = a*b;	if(a == b) result = a*b;	then은 필요하지 않음
if(a == b); result = a*b;	if(a == b) result = a*b;	if(a == b) 다음에 세미콜론 (;)이 오면 안 됨

잘못된 사용법	올바른 사용법	이유

if(a = b);
  result = a*b;
	if(a == b)
	  result = a*b;
		if (조건식)을 사용해야 하는데,
		a=b처럼 등호를 사용하면 안 됨

if(a > b)
  result = a*b;
else (a == b)
  result = a-b;
	if(a > b)
	  result = a*b;
	else
	  result = a-b;
		else 다음에 조건이 오면 안 됨

■ **예제 3-0-0** (정수를 읽어서 0보다 큰지 아닌지를 판별하기)

```
#include <stdio.h>

int main()
{
    int v1;

    printf("정수를 1개 입력하시오:  ");
    scanf("%d", &v1);

    if(v1 < 0)
     printf("입력값이 0보다 작다 \n");

    if(v1 > 0)
     printf("입력값이 0보다 크다 \n");

    if(v1 == 0)
     printf("입력값이 0이다  \n");

    return 0;
}
```

► **실행 결과 3-0-0**

```
linux] ./ex3-0-0
정수를 1개 입력하시오: -2
입력값이 0보다 작다
linux] ./ex3-0-0
정수를 1개 입력하시오: 4
입력값이 0보다 크다
linux] ./ex3-0-0
정수를 1개 입력하시오: 0
입력값이 0이다
```

☑ **(체크하기)** 정수는 0보다 크거나, 작거나, 혹은 0인 3가지 경우밖에 없다.

■ 예제 3-0-1 (두 정수를 읽어서 큰 쪽을 화면에 출력하기)

```
1   #include <stdio.h>
2
3   int main()
4   {
5       int v1, v2;
6
7       printf("두 정수를 입력하시오! ");6
8       scanf("%d %d", &v1, &v2);
9       printf("두 정수는 %d와(과) %d입니다 \n", v1, v2);
10
11      if (v1 > v2)
12        printf("큰쪽 값: %d \n", v1);
13      else if (v1 < v2)
14        printf("큰쪽 값 : %d \n", v2);
15      else
16        printf("두 값은 %d(으)로 동일합니다 \n", v1);
17
18      return 0;
19  }
```

► 실행 결과 3-0-1

```
linux] ./bex3-0-1
두 정수를 입력하시오! 4 9
두 정수는 4와(과) 9입니다
큰쪽 값 : 9

linux] ./bex3-0-1
두 정수를 입력하시오! -3 8
두 정수는 -3와(과) 8입니다
큰쪽 값 : 8

linux] ./bex3-0-1
두 정수를 입력하시오! 7 7
두 정수는 7와(과) 7입니다
두 값은 7(으)로 동일합니다
```

⇨ (요점) 두 정수를 비교할 때, 크거나, 작거나 혹은 동일한 3가지 경우밖에는 없다.

⇨ 11, 12번째 줄: v1이 v2보다 크므로 큰 쪽인 v1을 출력한다.

⇨ 13, 14번째 줄: v2가 v1보다 크므로 큰 쪽인 v2를 출력한다.

⇨ 15, 16번째 줄: 두 정수가 동일하기 때문에 v1 혹은 v2 아무거나 출력해도 된다.

■ 실습 해보기

☑ 단, 이제까지 배운 내용만을 사용해야 한다. (C 언어를 조금 안다고 해서 다른 명령어를 써서 하면 안 된다)

⓪ 임의의 숫자를 읽어드려 소수 (prime number)인지를 판별하라.
① 임의의 숫자를 읽어드려 양수인지 음수인지를 판별하라.
② 임의의 숫자를 읽어드려 짝수인지 홀수인지를 판별하라.
③ 임의의 두수를 읽어서 서열을 정하시오.
④ 임의의 두수를 읽어서 순서를 바꾸시오 (=swap하라). (즉, A, B라면 B, A 순서로 화면 출력한다)
⑤ 정수 4개를 읽어드려 최대값 (혹은 최소값)을 찾아라.
⑥ 임의의 연도 (year)를 읽어드려 윤년 (leap year)인지 아닌지를 판별하는 프로그램을 작성하시오.
⑦ 숫자를 읽어드려 수/우/미/양/가를 주는 프로그램을 작성하라. (오름차순, 내림차순) 단, 수(90점 이상), 우(89~80), 미(79~70), 양(69~60), 가(나머지)
⑧ 임의의 숫자를 읽어드려 5의 배수인지 아닌지를 판별하라.
⑨ 소문자는 대문자로, 대문자는 소문자로 변경하는 프로그램을 작성하시오.

■ 문제 ⓪

```
#include <stdio.h>

int main()
{
   int v;

   printf("임의의 정수를 입력하시오! ");
   scanf("%d", &v);

   if(v%2 == 0)
     printf("%d is not a prime number \n", v);

   if(v%2 != 0)
     printf("%d is a prime number \n", v);

   return 0;
}
```

☑ **(체크하기)** 이 코딩의 문제는 무엇인가?

```
임의의 정수를 입력하시오! 1
1 is a prime number
임의의 정수를 입력하시오! 2
2 is not a prime number
```

1은 소수가 아닌데 불구하고 소수라고, 2는 소수인데도 불구하고 소수가 아니라고 잘못된 값을 화면에 출력하고 있다.

✍ **(참고)**

A prime number (=기본적인 수, 소수) is a positive integer which is divisible only by 1 and itself.

- 자신보다 작은 두개의 자연수를 곱하여 만들 수 없는 1보다 큰 자연수
- (입자) 물리학: 쪼개고 쪼개면 남는 것 = 기본 물질 (쿼크, 경입자)
- 같은 개념으로 더 이상 쪼갤 수 없는 수. 예로 2, 3, 5, 7, 11, 13, 17 • • • (1은 소수가 아님)

그럼, 이제 하나씩 따져보자. 일단 2로 나누어떨어지는 것은 제거하자. 또한 3으로 나누어지는 것도 제거하자.

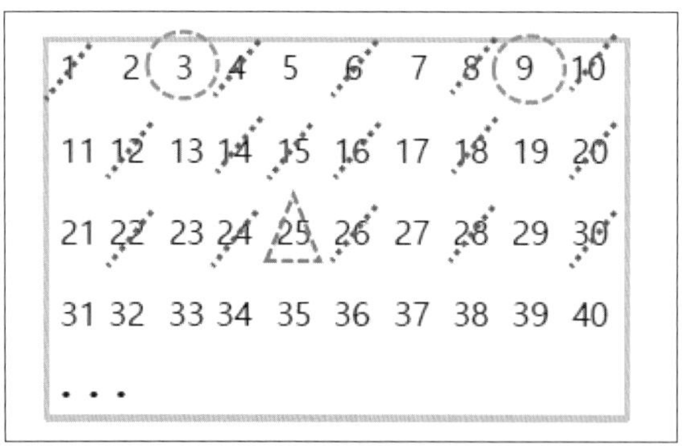

위의 결과를 반영하여 소스 코드를 변경하자.

```
#include <stdio.h>

int main()
{
```

```
    int v;

    printf("임의의 정수를 입력하시오! ");
    scanf("%d", &v);

    if(v == 1)                                        // 1포함. 1은 소수가 아님
      printf("%d is not a prime number \n", v);
    else if(v%2==0 || v%3==0)                         // 2와 3으로 나누어지는 것 제거
      printf("%d is not a prime number \n", v);
    else                                              // 그 나머지는 소수라고 가정
      printf("%d is a prime number \n", v);

    return 0;
}
```

(✓ 문제점) 이 코딩의 문제는 무엇인가?

```
임의의 정수를 입력하시오! 25
25 is a prime number
```

여전히 잘못된 결과를 출력하고 있다. 그래서 5로 나누어떨어지는 것을 제거해야 하기 때문에,

```
else if(v%2==0 || v%3==0 || v%5 ==0)
```

이것을 추가해서 코드를 변경한다고 하자. 그럼, 이제 또 무슨 문제가 발생하는가? 즉, 7로 나누어떨어지는 것도 고려해야 한다. 그럼, 또 이것을 추가해야 한다.

```
else if(v%2==0 || v%3==0 || v%5 ==0 || v%7 ==0)
```

이런 식으로 계속 나누어떨어지는 것을 추가할 수 있지만, 언제까지 추가만 하고 있을 수는 없다. (즉, 이것은 코딩을 배우는 원래 목적이 이런 것을 피하기 위해서 배우는 것인데, 일일이 하나하나 손으로 하고 있으니 매우 바람직한 것이 아니다!) 따라서, 결론은 나중에 for 문과 **함수** (function)를 공부할 때 이 문제는 다시 해 보자.

▪ 문제 ① (실수 입력)

```
#include <stdio.h>

int main()
{
    float v1;

    printf("임의의 숫자를 입력하시오! ");
    scanf("%f", &v1);
```

```
    if(v1 > 0)
        printf("%f 은 양수입니다. \n", v1);
    else if(v1<0)
        printf("%f 은 음수입니다. \n", v1);
    else
        printf("%f 은 0입니다. \n", v1);

    return 0;
}
```

■ 문제 ② (정수 입력)

```
#include <stdio.h>

int main()
{
    int v;
    printf("임의의 숫자 입력하시오! ");
    scanf("%d", &v);

      if(v%2 == 0)
        printf("%d: 짝수입니다! \n", v);
      else
        printf("%d: 홀수입니다! \n", v);

  return 0;
}
```

(✓ **힌트)** 0은 짝수인가? 홀수인가?

(⇒ 0은 짝수임)

■ 문제 ③ 두수의 서열 정하기

삼항 연산자 사용	if 문 사용

#include <stdio.h>
 	
int main()
{
int v1, v2, max, min;
 	
printf("두 수를 입력하시오! ");
scanf("%d %d", &v1, &v2);
 	
max = (v1>v2) ? v1 : v2;
min = (v1<v2) ? v1 : v2;
 	
printf("작은 값: %d, 큰 값: %d \n",
min, max);
	#include <stdio.h>
	
	int main()
	{
	int v1, v2, max, min;
	
	printf("두 수를 입력하시오! ");
	scanf("%d %d", &v1, &v2);
	
	if (v1 > v2)
	{
	max = v1;
	min = v2;
	}
	else

삼항 연산자 사용	if 문 사용

return 0;
}
	{
	          max = v2;
	          min = v1;
	        }
	
	    printf("값은 값: %d, 큰 값: %d \n",
	            min, max);
	
	    return 0;
	}

∞ **(각자 해보기)** 만약 입력한 두 수가 동일할 경우는? 이럴 경우를 미리 대비해 코드를 수정하면?

■ 문제 ④ 두수의 순서를 바꾸기 (=swap하기)

```
#include <stdio.h>

int main()
{
    int v1, v2, tmp;

    printf("2개의 수를 입력하시오!  ");
    scanf("%d %d", &v1, &v2);

    tmp = v1;
    v1  = v2;
    v2  = tmp;

    printf("%d %d \n", v1, v2);

    return 0;
}
```

☑ **(중요 포인트)** 순서 바꾸기 (swap)의 개념

(예) 2개 (2, 4)의 순서를 바꾸기	
1단계 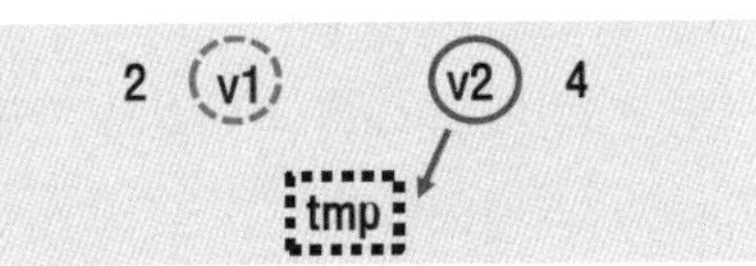	① 임시저장소 (temporary, tmp)를 하나 만든다. v2에 있는 4를 tmp로 보낸다.
2단계 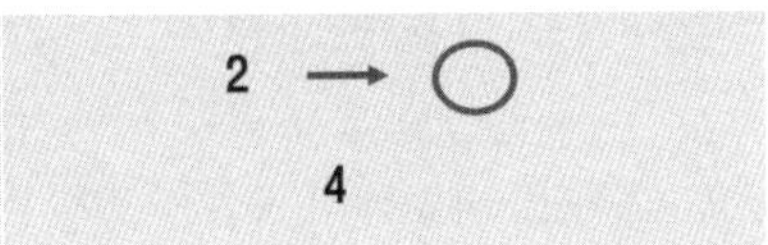	② v2가 비어있으므로 v1에 있는 2를 비어 있는 v2로 보낸다.

(예) 2개 (2, 4)의 순서를 바꾸기	
3단계 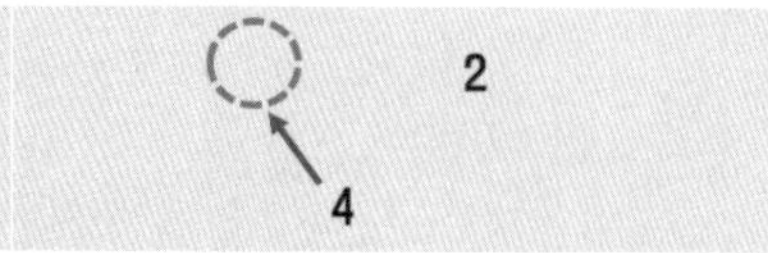	③ v1가 비어 있으므로 tmp에 있는 4를 v1로 보낸다.
4단계 	④ 최종적으로 2와 4의 위치가 뒤바뀌어 (=swap) 있음을 알 수 있다.

☑ **(참고)** 6장에서 배열을 배울 때, 임의의 개수에 대해 다시 공부하기로 한다.

▪문제 ⑤ (방법 1: 삼항 연산자 사용)

```
1   #include <stdio.h>
2
3   int main()
4   {
5       int v1, v2, v3, v4, max;
6
7       printf("4개의 정수를 입력하시오! ");
8       scanf("%d %d %d %d", &v1, &v2, &v3, &v4);
9
10      max = v1;
11      (v2 > max) ? max = v2 : max = v1;
12      (v3 > max) ? max = v3 : max = v2;
13      (v4 > max) ? max = v4 : max = v3;
14
15      printf("가장 큰 수는 %d 입니다 \n", max);
16
17      return 0;
18  }
```

(✓ 힌트) 논리적 요점 해설

⇨ 10번째 줄: v1을 최대값 (=max)이라고 우선적으로 가정한다.

⇨ 11번째 줄: v2값이 현재 최대값인 v1보다 크면, 이번에는 v2를 최대값으로 놓는다. 이것이 아니면 여전히 v1이 v2보다 크기 때문에 v1이 최대값이다.

⇨ 12번째 줄: v3가 현재까지 최대값은 v1 혹은 v2하고 비교해서, 크면 이번에는 v3가 가장 크기 때문에 최대값이 된다.

⇨ 13번째 줄: 앞에서 최대값으로 올라온 값하고, v4하고 비교해서, v4가 크면 이 값이 최대가 된다.

► (실행 결과)

```
4개의 정수를 입력하시오! -20 3 45 1
가장 큰 수는 45 입니다
```

■ 문제 ⑤ (방법 2: if ~else 및 삼항 연산자 사용)

```
#include <stdio.h>

int main()
{
   int v1, v2, v3, v4, max;

   printf("4개의 정수를 입력하시오! ");
   scanf("%d %d %d %d", &v1, &v2, &v3, &v4);

   if(v1 > v2)
     max = v1;
   else
     max = v2;

   if(v3> max)
     max = v3;

   max = (v4 > max) ? v4 : max;

   printf("가장 큰 수는 %d 입니다 \n ", max);

   return 0;
}
```

■ 문제 ⑤ (방법 3: 각각 비교하기)

(A)	(B)

#include <stdio.h>
 	
int main()
{
  int v1, v2, v3, v4;
 	
  scanf("%d %d %d %d", &v1,&v2,&v3,&v4);
 	
  if(v1>v2 && v1>v3 && v1>v4)
    printf("%d 이(가) 최대값이다. \n", v1);
  else if (v2>v1 && v2>v3 && v2>v4)
    printf("%d 이(가) 최대값이다. \n", v2);
  else if (v3>v1 && v3>v2 && v3>v4)
    printf("%d 이(가) 최대값이다. \n", v3);
	#include <stdio.h>
	
	int main()
	{
	  int v1, v2, v3, v4;
	
	  scanf("%d %d %d %d", &v1,&v2,&v3,&v4);
	
	  if(v1>=v2 && v1>=v3 && v1>=v4)
	    printf("%d 이(가) 최대값이다. \n", v1);
	  else if (v2>=v1 && v2>=v3 && v2>=v4)
	    printf("%d 이(가) 최대값이다. \n", v2);
	  else if (v3>=v1 && v3>=v2 && v3>=v4)
	    printf("%d 이(가) 최대값이다. \n", v3);

else
  printf("%d 이(가) 최대값이다. \n", v4);
 	
return 0;
}
	else
	  printf("%d 이(가) 최대값이다. \n", v4);
	
	return 0;
	}

(✓ 문제점)

① 숫자 10개 이하는 이런 식으로 할 수 있을 것 같다. 하지만, 만약 100개를 비교해야 한다면 할 수는 있겠지만, 그럴 경우, 코딩을 배우는 이유가 없을 것 같다.

② (A)의 경우 다음을 입력하면 잘못된 결과를 준다.

```
linux] ./a.out
1 1 1 -1
-1 이(가) 최대값이다.
```

(단순 해결책) (B)처럼 모든 부등호를 (>=)로 변경한다.

⚮ **(실습 해보기)** 실수 4개를 읽어드려 최소값과 최소값 만을 찾으시오 (즉, 4개의 서열을 구하는 것이 아니라, 양쪽 극단 값만을 구하는 프로그램을 작성해보자)

```
#include <stdio.h>

int main()
{
    float v1, v2, v3, v4, ave, min, max;
    scanf("%f %f %f %f", &v1,&v2,&v3,&v4);

    ave = (v1+v2+v3+v4)/4;
    printf("평균값: %.2f \n", ave);

    if(v1 > ave)
      max = v1;
    else
      min = v1;

    if(v2 > ave)
     {
       if(v2 > max)
           max = v2;
     }
    else
     {
       if(v2 < min)
           min = v2;
     }

    if(v3 > ave)
     {
```

```
        if(v3>max)
            max = v3;
    }
    else
    {
        if(v3 < min)
          min = v3;
    }


    if(v4 > ave)
    {
        if(v4 > max)
            max = v4;
    }
    else
    {
        if(v4 < min)
          min = v4;
    }

    printf("최소값: %.2f, 최대값: %.2f \n", min, max);

    return 0;

}
```

✍ **(로직 설명)** 평균값을 구한 후, 각 입력 변수가 평균값보다 큰지 혹은 작은지를 판별하고, 그 후 읽어드린 변수가 평균값보다 크면 최대쪽에서 서로 비교하고, 평균보다 작으면 작은 쪽에서 서로 비교해서, 최종적으로 최소와 최대값을 구할 수 있다.

☑ **(강조)** 위 예시 코딩은 사실 별로 깔끔하지는 않다. 하지만, 서문에서 "C 언어를 배우는 동안 본인만의 로직을 키우고 가질 수 있게 힘써야 한다."라고 했는데, 이를 반영했다고 볼 수 있다.

■ 문제 ⑥ (논리 연산자 사용)

(방법 ①)

```
#include <stdio.h>

int main()
{
    int v1;
    printf("Year를 입력하시오!  ");
    scanf("%d", &v1);

    if((v1 % 4 == 0) && (v1 % 100 != 0) || (v1 % 400 == 0))
      printf("%d은 윤년입니다! \n ", v1);
```

```
    else
      printf("%d은 윤년이 아닙니다! \n ", v1);

    return 0;
}
```

(방법 ②)

```
#include <stdio.h>

int main()
{
    int v;

    printf("Year를 입력하시오!  ");
    scanf("%d", &v);

    if (v%4==0)
    {
      if (v%100==0)
      {
        if (v%400==0)
        {
          printf("%d은 윤년입니다! \n ", v);
          return 2;
        }
        else
        {
           printf("%d은 윤년이 아닙니다!! \n ", v);
           return 1;
        }
      }
      else
      {  printf("%d은 윤년입니다!!! \n ", v);
         return 2;
      }
    }
    else
    {
      printf("%d은 윤년이 아닙니다!!!! \n ", v);
      return 1;
    }

    return 0;
}
```

☑ **(윤년)**

① 1년이 365일이 아닌 366일로 2월 29일까지 존재한다.

② 4로 나누어떨어지면 윤년이다. (즉, 4년마다. 예, 2004)

③ 100으로 나누어떨어지지 않는다. (즉, 100년 단위일 때는 윤년에 해당하지 않는다)

④ 해를 400으로 나누어떨어지면 무조건 윤년이다.

■ 문제 ⑧

```
#include <stdio.h>

int main()
{
    int v;

    scanf("%d", &v);

    if(v%5 == 0)                              // 5로 나누어지는지 아닌지를 판별
      printf("%d는 5의 배수입니다. \n", v);
    else
      printf("%d는 5의 배수가 아닙니다. \n", v);

    return 0;
}
```

■ 문제 ⑨ 소문자 ↔ 대문자 변경하기

```
#include <stdio.h>

int main()
{
    char v;

    printf("임의의 알파벳을 입력하시오!  ");
    scanf("%c", &v);

    if(v >= 'A' && v <= 'Z')
    {
      printf("대문자 %c => 소문자 %c \n", v, v+32);
    }
    else if(v >= 'a' && v <= 'z')
    {
      printf("소문자 %c => 대문자 %c \n", v, v-32);
    }
    else
    {
      printf("%c 는(은) 알파벳이 아닙니다! \n", v);
    }

    return 0;
}
```

► **(실행 결과)**

```
임의의 알파벳을 입력하시오!  H
대문자 H => 소문자 h

임의의 알파벳을 입력하시오!  b
소문자 b => 대문자 B
```

```
임의의 알파벳을 입력하시오!  3
3 는(은) 알파벳이 아닙니다!
```

3.1. | 전처리기 (preprocessor)

컴파일러가 소스 파일 내의 main()을 시작하기 전에 먼저 처리해야 하는 작업 (=전처리)이 있다는 의미이고, #으로 시작하는 문장은 전처리기 지시자가 있다고 생각하면 된다. 헤더 파일을 포함 (include)하는 #include와 매크로 상수를 정의하는 #define 등이 여기에 속한다.

✎ **(예)**

```
① #include
② #define
```

☑ **(체크하기)**

① 전처리기 지시자는 #으로 시작한다.

② 전처리기 지시자 끝에 세미콜론(;)을 사용하지 않는다.

Header file (헤더 파일): #include

(해보기) 임의의 정수 숫자를 읽어드려서 0보다 크면 제곱근 (sqrt)를 출력하고 아니면 제곱 값을 출력하는 프로그램을 작성하시오.

■ 예제 3-1-0

```
#include <stdio.h>

main()
{
    int v1, v3;
    float v2;

    printf("정수를 입력하시오!  ");
    scanf("%d", &v1);
```

```
10
11         if (v1>=0) {
12             v2 = sqrt(v1);
13             printf("%f \n", v2);
14         }
15         else {
16             v3 = v1*v1;
17             printf("%d \n", v3);
18         }
19
20         return 0;
21     }
```

► 실행 결과 3-1-0

```
linux] g++ -o ex3-1-0 ex3-1-0.C
ex3-2.C: In function 'int main()':
ex3-2.C:14:10: error: 'sqrt' was not declared in this scope
      v2 = sqrt(v1);
           ^~~~
```

컴파일 에러를 얻는다. 즉, sqrt를 알지 못하기 때문이다. 이를 인식하기 위해 〈math.h〉를 추가해 본다.

⇨ 2번째 줄: 현재는 빈 칸인데, 여기에 #include 〈math.h〉를 추가한다.

⇨ 3번째 줄: int main()이 아닌, 이제까지와는 달리 main()을 사용하였다.

⇨ 13, 17번째 줄: 예로 $\sqrt{2}$=1.414이므로, %f를 사용하였고, $2 \times 2 = 4$이므로 %d로 하였다.

```
#include <stdio.h>
#include <math.h>

int main()
{
   int v1, v3;
   float v2;

   printf("임의의 정수를 입력하시오! ");
   scanf("%d", &v1);

   if (v1>=0)
   {
     v2 = sqrt(v1);
     printf("%f \n", v2);
   }
   else
   {
```

```
        v3 = v1*v1;
        printf("%d \n", v3);
    }

    return 0;
}
```

► **(실행 결과)**

```
임의의 정수를 입력하시오! 3
1.732051
```

✎ **헤더 (header) 파일의 예**

헤더 파일	내용
#incldue <stdlib.h>	standard library. atof, atoi, malloc, calloc 등이 있다
#include <stdio.h>	getchar, gets, fclose, fopen, fscanf, printf, putchar, puts, scanf 등이 있다
#include <math.h>	∞ 수학 함수 각자 찾아보기
#include <io.h>	∞ 각자 찾아보기
#include <string.h>	∞ 각자 찾아보기
#include <time.h>	∞ 각자 찾아보기

∞ **(각자 찾아보기)** 위에서 언급하지 않은 다른 헤더 파일과 각 헤더 파일 안에 어떤 명령어들이 정의되어 있는지를 찾아본다.

#define

(상황) 예로, 세금 비율을 적용해 소득세를 내야 한다고 하자. 그런데 세금 비율이 변경된다고 하자. 이제까지 배운 코딩에 의하면 매번 프로그램을 수정해서 다시 컴파일해야 한다. 이럴 때 #define을 사용하면 편리하다.

```
#include<stdio.h>
#define TAX_RATE 0.3

int main()
{
    int tax, income=100;

    tax = income * TAX_RATE;
    printf("%d, %d \n", income, tax);
```

```
    return 0;
}
```

⇨ #define 부분의 숫자만 수정하면 된다. (즉, 위 예제는 짧은 프로그램이지만, 만약 프로그램 줄 수가 몇십만 줄 (line)이고 여기에 수정해야 할 숫자가 몇천 번이라고 할 때, 매번 프로그램에 들어가 모든 숫자 값을 수정하고 다시 컴파일한다고 생각하면 끔직하다)

✎ **(사용 예)**

#define PI 3.141592

3.2. | 매크로(macro) 상수와 매크로 함수

【사용법】 (매크로 상수 선언) 전처리기 지시어인 #define을 사용한다. PI 값을 3.141592라고 선언하고 싶을 때 아래처럼 하면 된다.

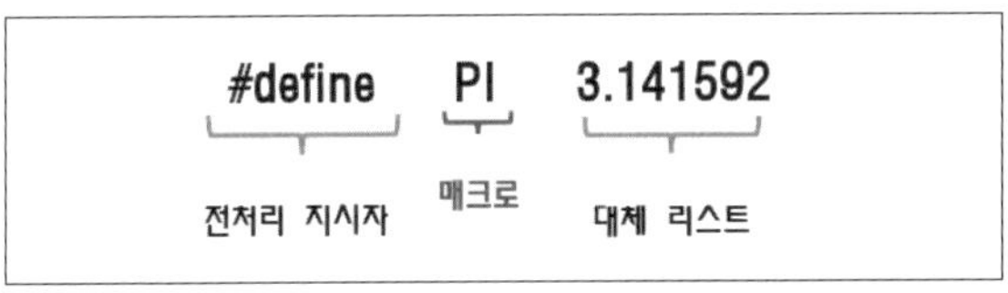

(✓ 주의) macro 선언 다음에 세미콜론(;)은 붙이지 않는다.

☑ **(참고)** 내장함수에 있는 π값을 쓰고 싶을 경우

코드	실행 결과

#include <stdio.h>
#include <math.h>
 	
int main()
{
    printf("pi = %f \n", M_PI);
 	
    return 0;
}
	pi = 3.141593

⇒ "M_PI"를 사용할 수도 있다.

☑ 상수 선언 방법 (2가지)

① #define

② const

▪ 예제 3-2-0

```
1   #include <stdio.h>
2   #define PI 3.1415926535
3
4   int main()
5   {
6       int i, hour = 24;
7       const int OneHour = 3600;
8
9       PI = 3.14;
10      OneHour = OneHour/60;
11      i = hour * OneHour;
12
13      return 0;
14  }
```

⇨ 9번째 줄: PI 값은 이미 2번째 줄에서 선언을 했는데, 이 값을 다시 변경하려고 하니, 컴파일 에러가 발생한다.

⇨ 10번째 줄: OneHour 값은 7번째 줄에서 이미 선언했는데, 다시 선언하려고 하니 컴파일 에러 발생한다.

(✓ 주의) 상수로 이미 선언한 것을 변경하려는 어떠한 음모나 시도도 허용 안 된다!

☑ 매크로 함수

✎ (사용 예)

매크로 함수 선언 (예)	사용법
#define MAX(a,b) a>b ? a : b	printf("최대값은 %d 이다. \n", MAX(5,7));
#define MIN(a,b) a<b ? a : b	
#define SQUARE(x) x*x	printf("제곱값은 %d 이다. \n", SQAURE(5));
#define ADD(x,y) printf("x+y=%d \n", x+y)	직접 정의해도 된다. 프로그램 안에서 ADD(3, 4); 형태로 쓰면 됨

■ **예제 3-2-1** x축 [-2, 2]까지 $y = x^2$의 그래프를 0.5 간격으로 그리시오.

```
#include <stdio.h>

#define f(x) x*x

int main()
{
  printf("%.1lf, %.2lf \n", -2.0, f(-2.0));
  printf("%.1lf, %.2lf \n", -1.5, f(-1.5));
  printf("%.1lf, %.2lf \n", -1.0, f(-1.0));
  printf("%.1lf, %.2lf \n", -0.5, f(-0.5));
  printf("%.1lf, %.2lf \n",  0.0, f(0.0));
  printf("%.1lf, %.2lf \n",  0.5, f(0.5));
  printf("%.1lf, %.2lf \n",  1.0, f(1.0));
  printf("%.1lf, %.2lf \n",  1.5, f(1.5));
  printf("%.1lf, %.2lf \n",  2.0, f(2.0));

  return 0;
}
```

► **(실행 결과)**

```
-2.0, 4.00
-1.5, 2.25
-1.0, 1.00
-0.5, 0.25
0.0, 0.00
0.5, 0.25
1.0, 1.00
1.5, 2.25
2.0, 4.00
```

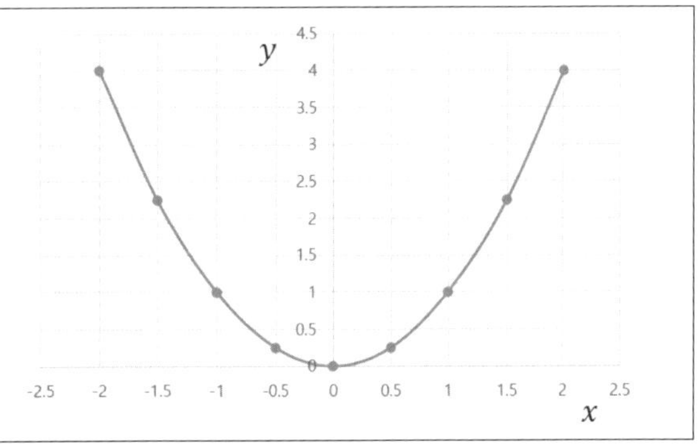

☑ **(참고)** 부동소수점 변수 타입

%f	float
%lf	double
%Lf	long double

3.3. | Math library

수학 (math) 함수	의미
sqrt(x)	$\sqrt{x}$
abs(x)	x의 절대값
pow(a,b)	a^b
ceil(x)	x보다 작지 않은 가장 작은 정수를 구한다
floor(x)	x보다 크지 않은 가장 큰 정수를 구한다.
exp(x)	e^x
log(x)	$\log_e x$
log10(x)	$\log_{10} x$
sin(x), cos(x), tan(x), cosh(x)	sine, cosine, tangent, hyperbolic cosine으로 x는 각도가 아니라 항시 radian으로 주어야 한다.

(각자 찾아보기) 위에서 언급하지 않은 다른 수학 함수도 찾아본다.

(참고) 1 rad의 정의?

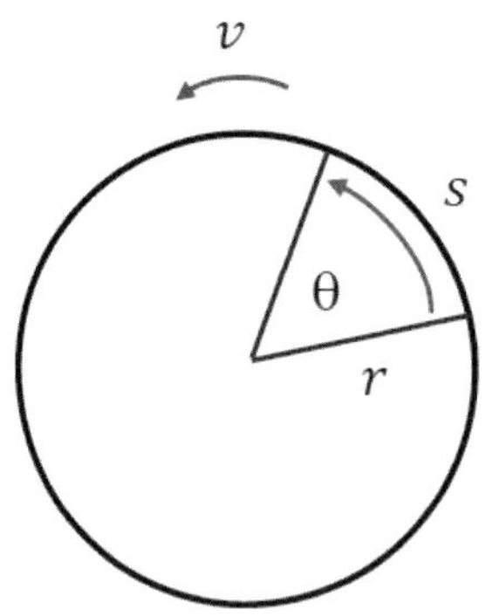

반경 r, 원호의 길이 s인 물체가 v 속도로 원운동 한다. $s=r$일 때의 각도를 1라디안 (radian, rad)이라고 한다.

(단위) 라디안은 거리를 거리로 나눈 값이므로 차원 (dimension)이 없다.

한 바퀴 회전한 360°는 거리상으로는 $s = 2\pi r$이므로

$$\theta \equiv \frac{s}{r}$$

$$\therefore\ 360^{o} = \frac{2\pi r}{r} = 2\pi\ \text{(rad)}$$

360°는 2π rad이다. 또한

$$\therefore\ 1^{o} = \frac{\pi}{180}\ \text{(rad)}$$

$$1\ \text{rad} = \frac{180^{0}}{\pi} = 57.3^{\circ}$$

이다.

☑ **(참고)** 60분법과 호도법

60분법	0°	30°	45°	60°	90°	180°	360°
호도법	0	$\frac{\pi}{6}$	$\frac{\pi}{4}$	$\frac{\pi}{3}$	$\frac{\pi}{2}$	π	2π

따라서 회전수(=몇 바퀴)를 알면 총각도 (θ)를 알 수 있다.

$\frac{1}{2}$회전 $180^{\circ} = \pi$ (rad) $= 3.14$ rad

1회전 $360^{o} = 2\pi$ (rad) $= 6.28$ rad

5회전 $360^{o} \times 5 = 2\pi \times 5 = 10\pi$ (rad)

✎ **(사용 예)**

① 각도로 입력할 때

```
#include <math.h>
#define PI 3.1415926535
#define CF PI/180.0            // 라디안으로 변경 위한 변환 상수 (conversion factor)

사용법 ⇒ sin(CF * a);          // a는 각도 입력
```

② 라디안 (radian) 값을 직접 사용할 때

```
사용법 ⇒ sin(x);               // x는 라디안 값을 직접 입력 (예, x = 0.1, 1.6, 3.14 등)
```

■ 예제 3-3-0 sin(x) 0, 90, 180, 270, 360도 값을 소수점 3자리까지만 구하라

```
#include <stdio.h>
#include <math.h>

#define PI 3.1415926535
#define CF PI/180.0

int main()
{
   float s0, s90, s180, s270, s360;

   s0   = sin(CF * 0);
   s90  = sin(CF * 90);
   s180 = sin(CF * 180);
   s270 = sin(CF * 270);
   s360 = sin(CF * 360);

   printf("sin0   = %.3f \n", s0);
   printf("sin90  = %.3f \n", s90);
   printf("sin180 = %.3f \n", s180);
   printf("sin270 = %.3f \n", s270);
   printf("sin360 = %.3f \n", s360);

   return 0;
}
```

► 실행 결과 3-3-0

```
0    0.000
45   0.707
90   1.000
135  0.707
180  0.000
270  -1.000
360  -0.000
```

■ 실습 해보기 (임의의 각도를 읽어서 sin(x), cos(x) 값을 출력 하시오)

► (목표) $y = \sin(\theta)$의 그래프를 그려라. 즉, 예로 sin(x)를 -270도 +270도까지 5도 간격으로 결과값을 출력하고 그래프로 그린다.

⇒ 현재까지 배운 지식으로는 5도 간격으로 각각의 결과값을 얻은 후에 그래프를 그릴 수 있다. 하지만 각도를 0.001도씩 증가하면 그리라고 했을 때, 현 방식보다는 좀 더 향상된 방법이 필요함을 알 수 있다. (즉, 나중에 for 문을 배우면 쉽게 해결할 수 있다)

■ 기 타

> (output redirection)으로 출력값 파일에 저장하기

(상황) 예제 3-3-0의 컴파일 (compile) 방식을 잠깐 변경하고자 한다. 즉, 출력값이 화면이 아니라, (text) 파일에 저장하고 싶다. 그런 후 엑셀 (excel)에서 그 파일을 바로 읽어드리면 쉽게 그래프를 그릴 수 있다.

```
linux] g++ -o ex3-3-0  ex3-3-0.C
linux] ./ex3-3-0   >  output.txt
linux] ls -al
linux] less output.txt
```

ls -al 리눅스 명령어로 현재 디렉토리에 output.txt 파일이 생성되었는지를 확인하고, less 명령어를 사용하여 output.txt 파일 안에 무슨 내용이 있는지를 살펴본다. 실행을 해 보면 ./ex**3-3-0** 했을 때의 화면 출력 결과가 output.txt 파일 안에 그대로 쓰여 있을 것이다.

(✓ 다른 방법) 화면에 출력된 결과를 마우스를 사용하여 copy한 후, 윈도우 머신의 경우, "Windows 보조프로그램"에 가서 "메모장"을 클릭해 연다. 거기에 마우스 오른쪽을 사용해 붙여넣기를 하고, output.txt 라는 파일로 저장하는 방법도 있다.

☑ **(점검)** 〉 (output redirection): 화면 출력을 파일로 redirection한다는 의미

■ 예제 3-3-1 (수학 함수 정리)

```
#include <stdio.h>
#include <math.h>

int main()
{
    printf("sin(1)             = %g \n", sin(1));
    printf("asin(0.5)          = %g \n", asin(0.5));
    printf("atan2(1.0, 1.0) = %g \n", atan2(1.0, 1.0));
    printf("log(2.0)           = %g \n", log(2.0));
    printf("exp(1.0)           = %g \n", exp(1.0));
    printf("log(2.0)           = %g \n", log(2.0));
    printf("log10(2.0)         = %g \n", log10(2.0));
    printf("sqrt(4.0)          = %g \n", sqrt(4.0));
    printf("abs(1.0)           = %g \n", abs(1.0));
    printf("abs(-1.0)          = %g \n", abs(-1.0));
    printf("pow(10.0, 3.0) = %g \n", pow(10.0, 3.0));

    return 0;
}
```

☑ **(참고)** %g (option) 실수형 자동 출력 (%f와 비교해 볼 것)

► 실행 결과 3-3-1

```
sin(1)            = 0.841471
asin(0.5)         = 0.523599
atan2(1.0, 1.0)   = 0.785398
log(2.0)          = 0.693147
exp(1.0)          = 2.71828
log(2.0)          = 0.693147
log10(2.0)        = 0.30103
sqrt(4.0)         = 2
abs(1.0)          = 1
abs(-1.0)         = 1
pow(10.0, 3.0)    = 1000
```

3.4. switch 문

【사용법】 조건에 따라 프로그램의 흐름을 분기시키는 역할을 하며, switch 문은 전달되는 하나의 인자 (n)을 가지고 있다. 인자 n은 int형 혹은 char형 변수 중 하나가 되어야 한다.

```
switch( n )
{    case 1:
          ……   ;
          break;
     case 2:
          ……   ;
          break;
     default:
          ……   ;
}
```

■ 예제 3-4-0 switch 문 사용 (1-3중의 숫자 한 개를 읽어드려 화면에 표시하기)

```
#include <stdio.h>

int main()
{
     int v1;

     printf(f("1-3중 숫자 한 개를 입력하시오! ");
     scanf("%d", &v1);
```

```
9
10         switch(v1)
11         {
12           case 1:
13             printf("입력한 숫자는 %d 이다! \n", v1);
14             break;
15           case 2:
16             printf("입력한 숫자는 %d 이다! \n", v1);
17             break;
18           case 3:
19             printf("입력한 숫자는 %d 이다! \n", v1);
20             break;
21           default:
22             printf("입력한 숫자는 %d로 범위를 벗어난다! \n", v1);
23
24       return 0;
25   }
```

► 실행 결과 3-4-0

⇨ 12, 15, 18번째 줄: case 1, case 2, case 3을 썼는데, 만약 임의의 숫자를 쓰면 어떻게 되는가? 예로, case 11, case 12, case 13으로 쓰고, 입력을 1로 하면 "입력한 숫자는 1로 범위를 벗어난다!"라는 문구가 화면에 출력된다.

```
linux] ./ex3-4-0
1-3중 숫자 한 개를 입력하시오! 1
입력한 숫자는 1 이다!

linux] ./ex3-4-0
1-3중 숫자 한 개를 입력하시오! 2
입력한 숫자는 2 이다!

linux] ./ex3-4-0
1-3중 숫자 한 개를 입력하시오! 3
입력한 숫자는 3 이다!

linux] ./ex3-4-0
1-3중 숫자 한 개를 입력하시오! 5
입력한 숫자는 5로 범위를 벗어난다!
```

⇨ **(해보기)** 14-16중의 숫자를 하나 입력해서 화면에 출력해 보기

```
#include <stdio.h>

int main(void)
{
  int v1;
  printf("14-16중 숫자 한 개를 입력하시오! ");
  scanf("%d", &v1);

  switch(v1)
  {
    case 14:
      printf("입력한 숫자는 %d 이다! \n", v1);
      break;
    case 15:
      printf("입력한 숫자는 %d 이다! \n", v1);
      break;
    case 16:
      printf("입력한 숫자는 %d 이다! \n", v1);
      break;
    default:
      printf("입력한 숫자는 %d로 범위를 벗어난다! \n", v1);
  }

  return 0;
}
```

■ **실습 해보기** (switch 사용하여 A, B, C 문자를 읽어드려 분류하는 프로그램)

```
#include <stdio.h>

int main(void)
{
  char v1;
  printf("A,B,C 중  한 개를 입력하시오! ");
  scanf("%c", &v1);

  switch(v1)
  {
    case 'A':
      printf("입력한 문자는 %c 이다! \n", v1);
      break;
    case 'B':
      printf("입력한 문자는 %c 이다! \n", v1);
      break;
    case 'C':
      printf("입력한 문자는 %c 이다! \n", v1);
      break;
    default:
      printf("입력한 문자는 %c로 범위를 벗어난다!! \n", v1);
  }

  return 0;
}
```

☑ 숫자의 경우 case 1처럼 바로 쓰면 되고, 문자의 경우는 case 'A'처럼 ' ' (작은따옴표) 안에 문자를 집어넣는다.

■ **실습 해보기** 2-9까지 소수 판별을 switch문을 사용

```
#include <stdio.h>

int main()
{
  int v;

  printf("2~9 중에서 입력하시오! ");
  scanf("%d", &v);

  switch(v)
  {
    case 2: case 3: case 5: case 7:
      printf("%d is a prime number! \n", v);
      break;
    default:
      printf("%d is not a prime number! \n", v);
      break;
  }

  return 0;
}
```

(각자 실습해보기) 유치원생 영어 숫자 프로그램 작성하기 (예, 숫자 1을 기입하면 영어로 "1은 ONE", 2이면 "2는 TWO" 등이 화면에 출력되는 프로그램)

3.5. | goto 문

【사용법】 원하는 곳으로 바로 보내 준다.

```
if( 조건 )
   goto A;
else if ( 조건 )
   goto B;
else
    goto C;

A:                    // (:) 콜론으로 처리해야 한다
   ...   ;
   return 0;
B:                    // (:) 콜론
   ...   ;
   return 0;
C:                    // (:) 콜론
   ...   ;
   return 0;
```

■ **예제 3-5-0** 예제 3-4-0를 switch 문 사용하는 대신 goto 문을 사용해 보자. (1~3중의 숫자 한 개를 읽어드려 화면에 표시하기)

```
#include <stdio.h>

int main(void)
{
  int v1;
  printf("1~3중 숫자 한 개를 입력하시오! ");
  scanf("%d", &v1);

  if (v1 == 1)                    // [Note] =와 ==의 차이점을 구별할 수 있어야 한다
    goto label1;
  else if (v1 == 2)
    goto label2;
  else if (v1 == 3)
    goto label3;
  else
    goto label4;

  label1:
      printf("입력한 숫자는 %d 이나! \n", v1);
      return 0;
  label2:
      printf("입력한 숫자는 %d 이다! \n", v1);
      return 0;
  label3:
      printf("입력한 숫자는 %d 이다! \n", v1);
      return 0;
  label4:
      printf("입력한 숫자는 %d로 범위를 벗어난다! \n", v1);
      return 0;
}
```

► **실행 결과 3-5-0**

```
linux] ./ex3-5-0
1~3중 숫자 한 개를 입력하시오! 1
입력한 숫자는 1 이다!
linux] ./ex3-5-0
1~3중 숫자 한 개를 입력하시오! 2
입력한 숫자는 2 이다!
linux] ./ex3-5-0
1~3중 숫자 한 개를 입력하시오! 3
입력한 숫자는 3 이다!
linux] ./ex3-5-0
1~3중 숫자 한 개를 입력하시오! 4
입력한 숫자는 4로 범위를 벗어난다!
```

■ **실습 해보기** (goto 문을 사용해서, 1에서부터 10까지 정수 합을 구하는 프로그램을 만들어라. (단, 이제까지 배운 내용과 지식만 동원할 것. 예로, if, goto, x++, a+=b 등은 사용할 수 있다)

```
1   #include <stdio.h>
2
3   int main()
4   {
5       int n = 1, v1 = 0;
6
7       REPEAT:
8           v1 = v1 + n;
9           n++;
10
11      if(n < 11) goto REPEAT;
12      printf("1+2+3+4+5+6+7+8+9+10 = %d \n", v1);
13
14      return 0;
15  }
```

⇨ 5번째 줄: v1 = 0으로 초기화

⇨ 7번째 줄: REPEAT다음에 (;) 세미콜론이 아니라, (:) 콜론으로 끝나야 함에 주의한다.

⇨ 8번째 줄: v1+=n; 와 동일 의미

⇨ 9번째 줄: n을 하나씩 증가

⇨ 11번째 줄: n이 11보다 작을 때는 바로 즉시 REPEAT로 가라! 그래서 최종적으로 n=10까지 반복한다.

⇨ 12번째 줄: 1+2+3+4+5+6+7+8+9+10 = 55를 화면에 보여준다.

► 다른 방법 ①

```
#include <stdio.h>

int main()
{
   int v1, a = 0, b = 0;     // a와 b는 0으로 초기화

   printf("1 이상 ~ 100 이하의 정수를 입력하시오! ");
   scanf("%d", &v1);

  S1:
    a++;                     // a를 증가
    b = b + a;              // 위 2줄은 다음과 같이 한 줄로 써도 된다. b += ++a;
```

```
  if(a == v1)              // 증가된 a가 입력한 v1값과 동일해질 때까지 반복
     goto S2;              // 같아지면 S2로 가서 그 때까지의 합을 화면에 출력
  else
     goto S1;

  S2:
    printf("입력한 숫자 %d 까지의 합은 %d 이다! \n", v1, b);

  return 0;
}
```

► **다른 방법 ②**

```
#include <stdio.h>

int main()
{
    int v1, a = 0, b = 0;
    printf("1이상 ~ 100 이하의 정수를 입력하시오! ");
    scanf("%d", &v1);

    LABEL1:
    if(a <= v1)
      {  b = b + a;
         a++;
         goto LABEL1;
      }
    else
       printf("입력한 숫자 %d까지의 합은 %d 이다! \n", v1, b);

    return 0;
}
```

■ 실습 해보기

☑ 단, 여기까지 배운 내용만을 사용해야 한다. C 언어를 조금 안다고 해서 다른 명령어를 써서 하면 안 된다.

⓪ 임의 정수 4개를 읽어드려 오름차순 (내림차순)으로 출력하라.

① 임의의 수 5개를 읽어드려 오름차순 (내림차순)으로 출력하라.

■ 실행 결과 ◎ (방법 1)

```
#include <stdio.h>

int main()
{
        float a, b, c, d;

        printf("임의의 수 4개를 입력하고 내림차순으로 배열하시오! \n");
        scanf("%f %f %f %f", &a, &b, &c, &d);

// 1          if (a>=b && b>=c && c>=d)
                printf("%.1f, %.1f, %.1f, %.1f \n", a, b, c, d);
        else if (a>=b && b>=d && d>=c)
                printf("%.1f, %.1f, %.1f, %.1f \n", a, b, d, c);
        else if (a>=c && c>=b && b>=d)
                printf("%.1f, %.1f, %.1f, %.1f \n", a, c, b, d);
        else if (a>=c && c>=d && d>=b)
                printf("%.1f, %.1f, %.1f, %.1f \n", a, c, d, b);
// 5    else if (a>=d && d>=b && b>=c)
                printf("%.1f, %.1f, %.1f, %.1f \n", a, d, b, c);
        else if (a>=d && d>=c && c>=b)
                printf("%.1f, %.1f, %.1f, %.1f \n", a, d, c, b);
        else if (b>=a && a>=c && c>=d)
                printf("%.1f, %.1f, %.1f, %.1f \n", b, a, c, d);
        else if (b>=a && a>=d && d>=c)
                printf("%.1f, %.1f, %.1f, %.1f \n", b, a, d, c);
        else if (b>=c && c>=a && a>=d)
                printf("%.1f, %.1f, %.1f, %.1f \n", b, c, a, d);
// 10   else if (b>=c && c>=d && d>=a)
                printf("%.1f, %.1f, %.1f, %.1f \n", b, c, d, a);
        else if (b>=d && d>=a && a>=c)
                printf("%.1f, %.1f, %.1f, %.1f \n", b, d, a, c);
        else if (b>=d && d>=c && c>=a)
                printf("%.1f, %.1f, %.1f, %.1f \n", b, d, c, a);
        else if (c>=a && a>=b && b>=d)
                printf("%.1f, %.1f, %.1f, %.1f \n", c, a, b, d);
        else if (c>=a && a>=c && c>=b)
                printf("%.1f, %.1f, %.1f, %.1f \n", c, a, d, b);
// 15   else if (c>=b && b>=a && a>=d)
                printf("%.1f, %.1f, %.1f, %.1f \n", c, b, a, d);
        else if (c>=b && b>=d && d>=a)
                printf("%.1f, %.1f, %.1f, %.1f \n", c, b, d, a);
        else if (c>=d && d>=a && a>=b)
                printf("%.1f, %.1f, %.1f, %.1f \n", c, d, a, b);
        else if (c>=d && d>=b && b>=a)
                printf("%.1f, %.1f, %.1f, %.1f \n", c, d, b, a);
        else if (d>=a && a>=b && b>=c)
                printf("%.1f, %.1f, %.1f, %.1f \n", d, a, b, c);
// 20   else if (d>=a && a>=c && c>=b)
                printf("%.1f, %.1f, %.1f, %.1f \n", d, a, c, b);
        else if (d>=b && b>=a && a>=c)
                printf("%.1f, %.1f, %.1f, %.1f \n", d, b, a, c);
        else if (d>=b && b>=c && c>=a)
                printf("%.1f, %.1f, %.1f, %.1f \n", d, b, c, a);
        else if (d>=c && c>=a && a>=b)
                printf("%.1f, %.1f, %.1f, %.1f \n", d, c, a, b);
// 24   else if (d>=c && c>=b && b>=a)
                printf("%.1f, %.1f, %.1f, %.1f \n", d, c, b, a);

        return 0;
}
```

► **(실행 결과)**

```
임의의 수 4개를 입력하고 내림차순으로 배열하시오! 30 4 25 2
30.0, 25.0, 4.0, 2.0
```

(✓ 문제점) 이제까지 배운 지식으로만 자신의 논리를 가지고 해 본 것에 대해서는 매우 칭찬한다. 하지만, 뭔가 부족하다. 예로, 동사무소 직원이 우리 지역 인구가 5만 명인데 때 이들의 몸무게를 조사한다고 했을 때, 위와 같은 방법이 가능할까? 따라서 좀 더 현명(smart)하고 매끄러운 (streamline) 코딩 방법을 고민할 필요성이 있다.

위 방법은 일렬로 줄 세우기를 한 것과 동일하다 (4! = 24). 예로, a, b, c가 있을 때 나열할 수 있는 가짓수는? 우리는 이미 이것의 답이 3!로 6가지라는 것을 안다.

```
a b c
a c b
b a c
b c a
c a b
c b a
```

■ **실행 결과 ⓞ (방법 2) 삼항연산자만 사용**

```
#include <stdio.h>

int main()
{
    int v1, v2, v3, v4;
    int a, b, c, d;
    int N1, N2, N3, N4, M1, M2;

    printf("임의의 수 4개를 입력하시오!  ");
    scanf("%d %d %d %d", &v1, &v2, &v3, &v4);
    a = (v1 > v2) ? v1 : v2;              // 2개씩 비교
    b = (v1 < v2) ? v1 : v3;
    c = (v3 > v4) ? v3 : v4;              // 2개씩 비교
    d = (v3 < v4) ? v3 : v4;

    N1 = (a > c) ? a : c;   // 큰 것끼리 비교해 큰 것       → 서열 1위
    N4 = (b < d) ? b : d;   // 작은 것끼리 비교해 작은 것   → 서열 4위

    // 나머지 가능성
    M1 = (a < c) ? a : c;   // 큰 것끼리 비교해 작은 것
```

```
    M2 = (b > d) ? b : d;    // 작은 것끼리 비교해 큰 것

    // 나머지 위 둘을 비교해 중간 서열 결정

    N2 = (M1 > M2) ? M1 : M2;                //  → 서열 2위
    N3 = (M1 < M2) ? M1 : M2;                //  → 서열 3위

    printf("%d %d %d %d \n", N4, N3, N2, N1);

    return 0;
}
```

■ **실행 결과 ⓞ** (방법 3) 삼항연산자와 if문 동시에 사용

```
#include <stdio.h>

int main()
{
    int v1, v2, v3, v4;
    int a, b, c, d;
    int n1, n2, n3, n4;                        // n1 > n2 > n3 > n4
    int m1, m2;

    printf("임의의 수 4개를 입력하시오!  ");
    scanf("%d %d %d %d",&v1, &v2, &v3, &v4);

    a = (v1 > v2) ? v1 : v2;
    b = (v1 < v2) ? v1 : v2;
    c = (v3 > v4) ? v3 : v4;
    d = (v3 < v4) ? v3 : v4;

    n1 = (a > c) ? a : c;
    n4 = (b < d) ? b : d;

    m1 = (a < c) ? a : c;
    m2 = (b > d) ? b : d;

    if(m1>m2)
     {
        n2 = m1;
        n3 = m2;
     }
    else
     {
        n2 = m2;
        n3 = m1;
     }

    printf("내림차순: %d %d %d %d \n", n1, n2, n3, n4);

    return 0;
}
```

(✓ 문제점)

① 읽어드리는 숫자가 5개로 홀수이면? (지금은 숫자가 4개라서 2개씩 서로 비교한 것이다)

② 읽어드리는 숫자가 20개이면?

■ 실행 결과 ⑩ (방법 4)

```
#include <stdio.h>

int main()
{
    int v1, v2, v3, v4;      // 화면에서 읽어드리는 4개의 변수
    int n1, n2, n3, n4;      // 서열을 나타내 주는 변수를 따로 지정

    scanf("%d %d %d %d", &v1, &v2, &v3, &v4);  // 4개 숫자 읽어드리기

    n1 = v1;              // v1을 강제적으로 n1 (가장 큰 수라고 가정한다)

    if(n1 < v2)           // v2하고 비교해서 v2가 v1보다 크면
      n2=v1, n1=v2;       // 서열을 바꾼다
    else                  // 아니면 (즉, v1이 여전히 v2보다 크면)
      n2=v2, n1=v1;       // 원래 서열대로 한다

    if(n1 < v3)           // 세 번째 변수 v3와 비교
      n3=n2, n2=n1, n1=v3;
    else
      {
        if(n2 < v3)
          n3=n2, n2=v3;
        else
          n3=v3;
      }
                              // 여기까지 해서 v1, v2, v3의 서열은 이미 결정 됨
    if(n1 < v4)               // 마지막 변수 v4하고만 비교 하면 된다
      n4=n3, n3=n2, n2=n1, n1=v4; // v4가 서열 1위. 나머지는 하나씩 뒤로 밀림
    else
      {
        if(n2 < v4)                   // 서열 1위는 안되니까, 서열 2위하고 비교
          n4=n3, n3=n2, n2=v4;        // 크면 본인의 서열 n2가 되고
        else
          {
            if(n3 < v4)               // 서열 3위 n3하고 비교해서 크면
              n4=n3, n3=v4;           // 본인은 서열 3위가 된다
            else
              n4=v4;
          }
      }

```

```
42        printf("%d %d %d %d \n", n4, n3, n2, n1);
43
44        return 0;
45    }
```

⇨ 12~15번째 줄: v1, v2 모두 서열 1위 (n1)가 될 가능성이 있기 때문에 이것을 정해준다.

⇨ 17번째 줄: v3와 비교한다. 여기서 n1은 v1이 될 수도 있고, v2가 될 수도 있다.

⇨ 18번째 줄: v3가 가장 크기 때문에 서열 1위 (n1)가 된다. 기존의 서열은 하나씩 뒤로 밀린다. n1은 n2가 되고, n2는 n3가 된다.

⇨ 21~22번째 줄: v3가 서열 n1보다는 크지 않을 테니까, 두 번째 서열 n2하고 비교해야 한다. 그래서 크면, 서열 2하고 3위가 바뀐다.

⇨ 24번째 줄: 아니면, 그냥 v3가 세 변수 중에 서열이 가장 낮다 (n3).

⇨ 26번째 줄: 앞에서 v1, v2, v3의 서열이 결정되었고 그 정보가 그대로 여기로 넘어올 것이다. (예) v1 : v2 : v3 = 2 : 4 : 6

⇨ 27번째 줄: 여기서 서열 1위 n1은 v1, v2, v3 중 어느 것도 가능하다. 그런데, 마지막 변수 v4가 v1, v2, v3 누구보다 더 크니까 자동으로 v4가 서열 1위 n1이 된다.

⇨ 28번째 줄: v4가 가장 크니까 서열 1위 (n1)이 되고, 나머지는 서열이 하나씩 뒤로 밀린다.

⇨ 31번째 줄: v4가 서열 n1보다는 크지 않을 테니까, 서열 n2하고 비교해야 서로 격이 맞는다.

⇨ 32번째 줄: 그런데 기존 서열 2위 n2보다는 크면 v4 자신이 서열 2위가 된다. 나머지는 서열이 하나씩 뒤로 하나씩 밀린다. (예) 앞에서 결정된 순위가 2, 4, 6이고 v4가 3이라고 하자. v1 : v2 : v3 : v4 = 2 : 4 : 6 : 3

⇨ 35~36번째 줄: 크면 자기가 서열 3위 n3가 되고 나머지는 서열이 뒤로 하나씩 밀린다. (26번째 줄에서 정보가 넘어 올 때 n1, n2는 이미 앞에서 결정되었기 때문에 따로 고려할 필요가 없다)

⇨ 37~38번째 줄: 서열 3위보다도 작으면 v4 본인의 서열은 가장 낮다.

⇨ 42번째 줄: 순차적으로 화면에 서열 표시. (예) n4 : n3 : n2 : n1 = 2 : 3 : 4 : 6. 서열 3위에 해당한다.

■ 실행 결과 ⓪ (방법 5)

⇝ 예로 "4 2 8 1"을 입력하자.

```
#include <stdio.h>

int main()
```

```c
{
    int x, y, z, w;                                 // x y z w

    printf(" 정수 4개를 입력하시오.   ");          // 4 2 8 1
    scanf("%d %d %d %d", &x,&y,&z,&w);

    if (y<=x) {
      x = x + y;                                    // 6 = 4 + 2
      y = x - y;                                    // y = 6 - 2 = 4
      x = x - y;                                    // x = 6 - 4 = 2
    }                                               // 2 4 8 1

    if (z<=x) {
      x = x + z;
      z = x - z;
      x = x - z;
    }

    if (w<=x) {
      x = x + w;                                    // 3 = 2 + 1
      w = x - w;                                    // w = 3 - 1 - 2
      x = x - w;                                    // x = 3 - 2 = 1
    }                                               // 1 4 8 2

    if (z<=y) {
      y = y + z;
      z = y - z;
      y = y - z;
    }

    if (w<=y) {
      y = y + w;                                    // 6 = 4 + 2
      w = y - w;                                    // w = 6 - 2 = 4
      y = y - w;                                    // y = 6 - 4 = 2
    }                                               // 1 2 8 4

    if (w<=z) {
      z = z + w;                                    // 12 = 8 + 4
      w = z - w;                                    // w = 12 - 4
      z = z - w;                                    // z = 12 - 8
    }                                               // 1 2 4 8

    printf("내림차순 %d %d %d %d \n", w, z, y, x);  // 큰 수 → 작은 수 출력

    return 0;
}
```

✍ **(설명)**

⇨ 10~14번째 줄: y가 x보다 크거나 같다면 y는 x자리로 x는 y 자리로 간다. 즉, x하고 y의 위치가 교환 (=swap) 되었다.

⇨ 16~20번째 줄: 위와 같은 방식을 z에도 적용한다.

⇨ 22~26번째 줄: 이제 가장 작은 수가 왼쪽으로 온다. (x, w)값이 swap 되었다.

⇨ 34~38번째 줄: 그 다음 작은 수가 2번째로 왔다. (y, w)값이 swap 되었다.

⇨ 40~44번째 줄: 이제 마지막까지 정렬되었다. (z, w)값이 swap 되었다.

► **(실행 결과)**

내림차순이니까 (큰 수부터 불러와서 출력하면 된다)

w z y x 순으로 정렬

8 4 2 1

■ **실행 결과 ① (방법 1)**

✍ **(로직 예시)**

① 임의의 수 5개를 읽어드린다. (v1, v2, v3, v4, v5)
② 삼항연산자를 사용해 최대, 최소값을 구한다.
③ 최대, 최소값을 제외한 나머지 3개의 수를 새 변수에 지정한다. (a, b, c)
④ a, b, c의 순서를 정한다.
⑤ 최종적으로 5개의 순서를 내림차순으로 화면 출력한다.

```
#include <stdio.h>

#define MAX(a,b) (a>b) ? a : b
#define MIN(a,b)  (a<b) ? a : b

int main()
{
  int v1, v2, v3, v4, v5;
  int max, min;
  int a, b, c;
  int n1, n2, n3;                                  // 순서:  n1 > n2 > n3 가정

  printf("임의의 다른수 5개를 입력하시오!  ");
  scanf("%d %d %d %d %d", &v1, &v2, &v3, &v4, &v5);

  max = v1;                                        // 강제적으로 최대
  max = MAX(max, v2);
  max = MAX(max, v3);
  max = MAX(max, v4);
  max = MAX(max, v5);
```

```
   min = v1;                                         // 강제적으로 최소
   min = MIN(min, v2);
   min = MIN(min, v3);
   min = MIN(min, v4);
   min = MIN(min, v5);

   printf("최소값: 최대값은 %d : %d 입니다.  \n", min, max);

   if(max==v1 || min==v1)
       (max==v2 || min==v2) ? (a=v3,b=v4,c=v5) : (
         (max==v3 || min==v3) ? (a=v2,b=v4,c=v5) : (
           (max==v4 || min==v4) ? (a=v2,b=v3,c=v5) : (a=v2,b=v3,c=v4)));
   else if(max==v2 || min==v2)
       (max==v3 || min==v3) ? (a=v1,b=v4,c=v5) : (
         (max==v4 || min==v4) ? (a=v1,b=v3,c=v5) : (a=v1,b=v3,c=v4));
   else if(max=v3||min==v3)
       (max==v4 || min==v4) ? (a=v1,b=v2,c=v5) : (a=v1,b=v2,c=v4);
   else
     a=v1,b=v2,c=v3;

   printf("중간값 a:b:c는 %d:%d:%d입니다.  \n", a,b,c);

   n1 = a;                         // 3개의 수 a, b, c 중 강제적으로 최대라고 가정

   if(n1 < b)
     n2=a, n1=b;
   else
     n2=b, n1=a;

   if(n1 < c)
     n3=n2, n2=n1, n1=c;
   else
     {
       if(n2 < c)
         n3=n2, n2=c;
       else
         n3=c;
     }

   printf("내림차순: %d %d %d %d %d \n", max, n1, n2, n3, min);

   return 0;
}
```

```
임의의 다른수 5개를 입력하시오!  1 5 2 3 4
최소값: 최대값은 1 : 5 입니다.
중간값 a:b:c는 2:3:4입니다.
내림차순 5 4 3 2 1
```

■ 실행 결과 ① (방법 2)

```
#include <stdio.h>

int main()
```

```
{
  int v1, v2, v3, v4, v5;
  int n1, n2, n3, n4, n5;                          // 순서:  n1 < n2 < n3 < n4 < n5

  printf("임의의 다른수 5개를 입력하시오!  ");
  scanf("%d %d %d %d %d", &v1, &v2, &v3, &v4, &v5);

  n5 = (v1 > v2) ? v1 : v2;
  n5 = (n5 > v3) ? n5 : v3;
  n5 = (n5 > v4) ? n5 : v4;
  n5 = (n5 > v5) ? n5 : v5;

  n1 = (v1 < v2) ? v1 : v2;
  n1 = (n1 < v3) ? n1 : v3;
  n1 = (n1 < v4) ? n1 : v4;
  n1 = (n1 < v5) ? n1 : v5;

  printf("최소값: 최대값은 %d : %d 입니다.  \n", n1, n5);

  if(n5==v1 && n1==v2 || n5==v2 && n1==v1)
    goto A;
  if(n5==v1 && n1==v3 || n5==v3 && n1==v1)
    goto B;
  if(n5==v1 && n1==v4 || n5==v4 && n1==v1)
    goto C;
  if(n5==v1 && n1==v5 || n5==v5 && n1==v1)
    goto D;
  if(n5==v2 && n1==v3 || n5==v3 && n1==v2)
    goto E;
  if(n5==v2 && n1==v4 || n5==v4 && n1==v2)
    goto F;
  if(n5==v2 && n1==v5 || n5==v5 && n1==v2)
    goto G;
  if(n5==v3 && n1==v4 || n5==v4 && n1==v3)
    goto H;
  if(n5==v3 && n1==v5 || n5==v5 && n1==v3)
    goto I;
  if(n5==v4 && n1==v5 || n5==v5 && n1==v4)
    goto J;

  A:                  // 서열      n2 < n3 < n4
    n4 = v3;          // 3개의 수 v3, v4, v5 중 첫 번째 수를 강제적으로 최대라고 가정

    if(n4 < v4)
      n3=v3, n4=v4;
    else
      n3=v4, n4=v3;

    if(n4 < v5)
      n2=n3, n3=n4, n4=v5;
    else
     {
       if(n3 < v5)
         n2=n3, n3=v5;
       else
         n2=v5;
     }

   printf("A: %d %d %d %d %d \n", n5, n4, n3, n2, n1);

   return 0;
```

```
B:
  n4 = v2;

  if(n4 < v4)
    n3=v2, n4=v4;
  else
    n3=v4, n4=v2;

  if(n4 < v5)
    n2=n3, n3=n4, n4=v5;
  else
   {
     if(n3 < v5)
       n2=n3, n3=v5;
     else
       n2=v5;
   }

  printf("B: %d %d %d %d %d \n", n5, n4, n3, n2, n1);

  return 0;

C:
  n4 = v2;

  if(n4 < v3)
    n3=v2, n4=v3;
  else
    n3=v3, n4=v2;

  if(n4 < v5)
    n2=v3, n3=v4, n4=v5;
  else
   {
     if(n3 < v5)
       n2=n3, n3=v5;
     else
       n2=v5;
   }

  printf("C: %d %d %d %d %d \n", n5, n4, n3, n2, n1);

  return 0;

D:
  n4 = v2;

  if(n4 < v3)
    n3=v2, n4=v3;
  else
    n3=v3, n4=v2;

  if(n4 < v4)
    n2=n3, n3=n4, n4=v4;
  else
   {
     if(n3 < v4)
       n2=n3, n3=v4;
     else
       n2=v4;
```

```
    }

  printf("D: %d %d %d %d %d \n", n5, n4, n3, n2, n1);

  return 0;

E:
  n4 = v1;

  if(n4 < v4)
    n3=v1, n4=v4;
  else
    n3=v4, n4=v1;

  if(n4 < v5)
    n2=n3, n3=n4, n4=v5;
  else
   {
     if(n3 < v5)
       n2=n3, n3=v5;
     else
       n2=v5;
   }

  printf("E: %d %d %d %d %d \n", n5, n4, n3, n2, n1);

  return 0;

F:
  n4 = v1;

  if(n4 < v3)
    n3=v1, n4=v3;
  else
    n3=v3, n4=v1;

  if(n4 < v5)
    n2=n3, n3=n4, n4=v5;
  else
   {
     if(n3 < v5)
       n2=n3, n3=v5;
     else
       n2=v5;
   }

  printf("F: %d %d %d %d %d \n", n5, n4, n3, n2, n1);

  return 0;

G:
  n4 = v1;

  if(n4 < v3)
    n3=v1, n4=v3;
  else
    n3=v3, n4=v1;

  if(n4 < v4)
    n2=n3, n3=n4, n4=v4;
  else
```

```
    {
      if(n3 < v4)
        n2=n3, n3=v4;
      else
        n2=v4;
    }

  printf("G: %d %d %d %d %d \n", n5, n4, n3, n2, n1);

  return 0;

H:
  n4 = v1;

  if(n4 < v2)
    n3=v1, n4=v2;
  else
    n3=v2, n4=v1;

  if(n4 < v4)
    n2=n3, n3=n4, n4=v5;
  else
    {
      if(n3 < v5)
        n2=n3, n3=v5;
      else
        n2=v5;
    }

  printf("H: %d %d %d %d %d \n", n5, n4, n3, n2, n1);

  return 0;

I:
  n4 = v1;

  if(n4 < v2)
    n3=v1, n4=v2;
  else
    n3=v2, n4=v1;

  if(n4 < v4)
    n2=n3, n3=n4, n4=v4;
  else
    {
      if(n3 < v4)
        n2=n3, n3=v4;
      else
        n2=v4;
    }

  printf("I: %d %d %d %d %d \n", n5, n4, n3, n2, n1);

  return 0;

J:
  n4 = v1;

  if(n4 < v2)
    n3=v1, n4=v2;
  else
```

```
        n3=v2, n4=v1;

    if(n4 < v3)
        n2=n3, n3=n4, n4=v3;
    else
     {
        if(n3 < v3)
          n2=n3, n3=v3;
        else
          n2=v3;
     }

    printf("J: %d %d %d %d %d \n", n5, n4, n3, n2, n1);

    return 0;
}
```

3.6. | 전산물리 기초 연습 예제

☑ 계속 강조하지만 이제까지 배운 3장까지의 내용만을 사용해야 한다. (C 언어를 조금 안다고 해서 다른 명령어를 써서 하면 안 된다.)

■ 2차 방정식 그래프 그리기

■ **전산물리 실습** $y = 3x^2 + 2x - 8$의 그래프를 그리는 코드를 작성해 보고 엑셀을 사용해서 그래프 그려보기

(✓ 힌트) x축 구간을 [-4, 4]까지로 잡고 +1씩 증가시키면서 y값을 구해보자. 구간을 더 작게 쪼개면 그래프는 더욱더 매끄럽게 그려질 것이다. 그리고 #define과 매크로 함수를 사용해 보자.

```
#include <stdio.h>

#define f(x) printf("%6.3f, %6.3f \n", x, 3*x*x + 2*x - 8)

int main()
{
     f(-4.0);
 //  f(-3.5);                    // 구간을 더 조밀하게 쪼갤 수 있다
     f(-3.0);
 //  f(-2.5);
     f(-2.0);
 //  f(-1.5);
     f(-1.0);
```

```
//  f(-0.5);
    f(0.0);
//  f(0.5);
    f(1.0);
//  f(1.5);
    f(2.0);
//  f(2.5);
    f(3.0);
//  f(3.5);
    f(4.0);

    return 0;
}
```

실행 결과 값은 화면에 다음과 같이 나타난다.

```
-4.000, 32.000
-3.000, 13.000
-2.000,  0.000
-1.000, -7.000
 0.000, -8.000
 1.000, -3.000
 2.000,  8.000
 3.000, 25.000
 4.000, 48.000
```

위 결과 값을 가지고 엑셀을 사용하여 그래프를 그리면 다음과 같다.

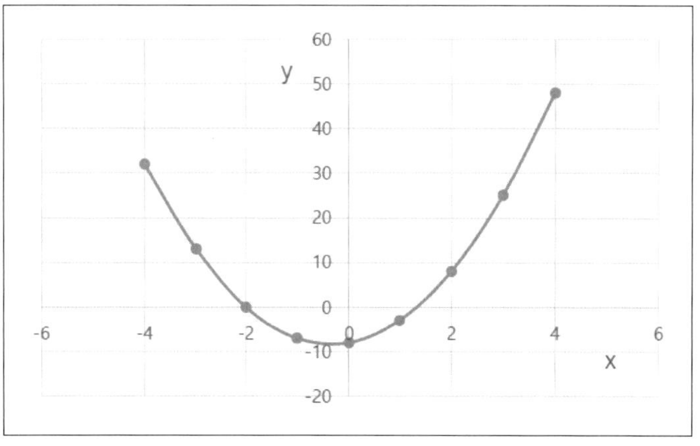

■ 전산물리 실습 $y = \log x$ 그래프 그리기

```c
#include <stdio.h>
#include <math.h>

int main()
{

  float x=0.001, y;

  A:
    y = log10(x);
    printf("%.1f, %f \n",x, y);
    x++;

    if(x < 1000) goto A;

  return 0;
}
```

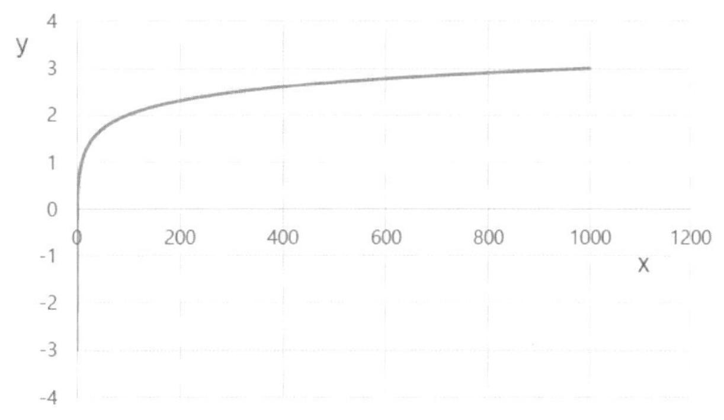

☑ **(중요 포인트)** $x = 0$에서 $y = \log x$값이 정의되지 않기 때문에 최대한 0에 가까운 값부터 조사해야 한다. 또한 $x \to \infty$일 때 수렴하는데, x가 어느 정도 되어야 하는지에 대한 생각도 해야 한다. 일단 x를 0.001에서 1000까지만 그렸다. 따라서 이런 물리 수학적 의미를 생각하지 않으면 말 그대로 코딩만 해 온다.

■ 델타함수(delta function) 값 구하고 그래프 그리기

■ 전산물리 실습 $\int_0^\infty \frac{\sin x}{x} dx$ 계산하기

(✓ 힌트)

① 구분구적분법을 사용하자. (즉, 개념적으로 x축 (=밑변)을 잘게 쪼개고, 이에 대한 y축 값 (=높이)을 구한 후, 직사각형의 면적 (= $x \times y$)을 계속 더해 주면 된다)

② $\frac{\sin x}{x}$를 Taylor series 전개를 해 보자.

$\frac{\sin x}{x} \sim \frac{1}{x}[x + \frac{1}{3!}x^3 + \cdot \cdot \cdot] \simeq 1 + \vartheta(\text{higher})$. x가 0일 때는 어떤 큰 값을 가지며, x가 클 경우는 분모가 커지므로 값은 작거나 0에 가까울 것으로 예측된다. 즉, 우리가 수리물리에서 배운 델타함수 형태를 가질 것으로 예상한다.

$$\therefore x = 0.01, \sin(0.01) = 0.00999983333 \to \frac{\sin x}{x} = \frac{0.00999983333}{0.01} \simeq 0.99998333341$$

③ 수리물리학 교과서

$$\int_0^\infty \frac{\sin x}{x} dx = \frac{\pi}{2} \sim 1.57$$

☑ **(중요 포인트)** 코딩은 물리나 수학을 몰라도 할 수 있다고 말하지만, 이런 곳에서 결국은 물리적 지식을 아는 사람이 코딩도 잘한다. 무조건 코딩만 한다고 답은 얻을 수는 있겠지만, 그것이 옳은 것인지 틀린 답인지를 판단하는 것이 더 중요하다.

```
#include <stdio.h>
#include <math.h>

int main()
{

  float x=0.0001, dx=0.01, y, sum=0.0;  // 시작 x값, 밑변 dx를 정해 줌

  REPEAT:
        y = (sin(x))/x;                 // 높이
        sum = sum + y*dx;               // 면적 = 밑변 x 높이
        x = x + 0.01;                   // x를 0.01씩 증가

        if(x < 100000)                  // x축은 0.0001~100000 이하까지만 계산
           goto REPEAT;
        else
           printf("적분값은 %f 입니다. \n", sum);

  return 0;
}
```

```
적분값은 1.575737 입니다.
```

∞ **(각자 그래프 그려보기)** 이제까지만 배운 지식으로만 활용한다.

```
#include <stdio.h>
#include <math.h>

int main()
{
  float x=0.0001, y;

  REPEAT:

      y = (sin(x))/x;
      x = x + 0.01;

      printf("%.3f, %f \n", x, y);
      if(x < 50) goto REPEAT;

  return 0;
}
```

x축을 50까지만 그리기

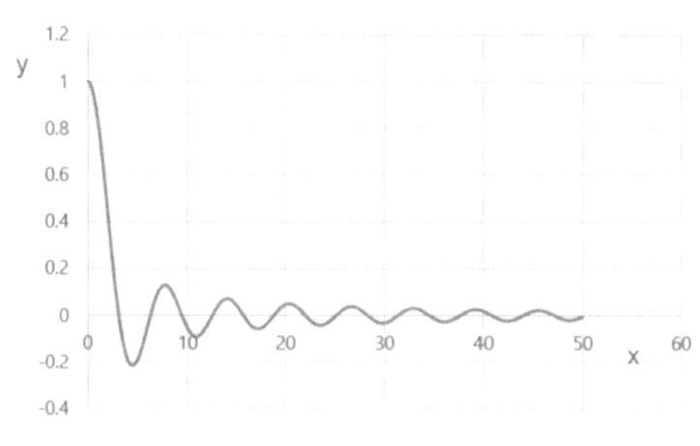

(✓ 주의) 엑셀에서 x축을 50이 아니라 큰 값 $(x \to \infty)$ 까지 그래프를 그릴 수 있으나, 0에 수렴하기 때문에 적당한 값을 선택해 그리는 것이 좋다. x간격도 각자 적당히 조절해 본다.

∞ **(각자 해보기)** 현재 x축의 단위는 라디안인데, 이것을 각도로 해서 그려 본다.

제4장

프로그램 흐름: 반복

4.0. | 반복문 설명

같은 처리를 되풀이하기 위해서 사용한다. 사용 목적에 따라 아래와 같이 3가지 종류로 나눌 수 있다.

✎ **(예)**

① while ( )

주어진 조건이 만족될 까지만 반복

② for ( )

주어진 횟수만큼 단순 반복

③ do • • • while ( )

매번 반복 후 조건을 루프의 끝에서 검사

☑ **(참고)** 위 3가지 반복문을 간단한 그림으로 보면 다음과 같다.

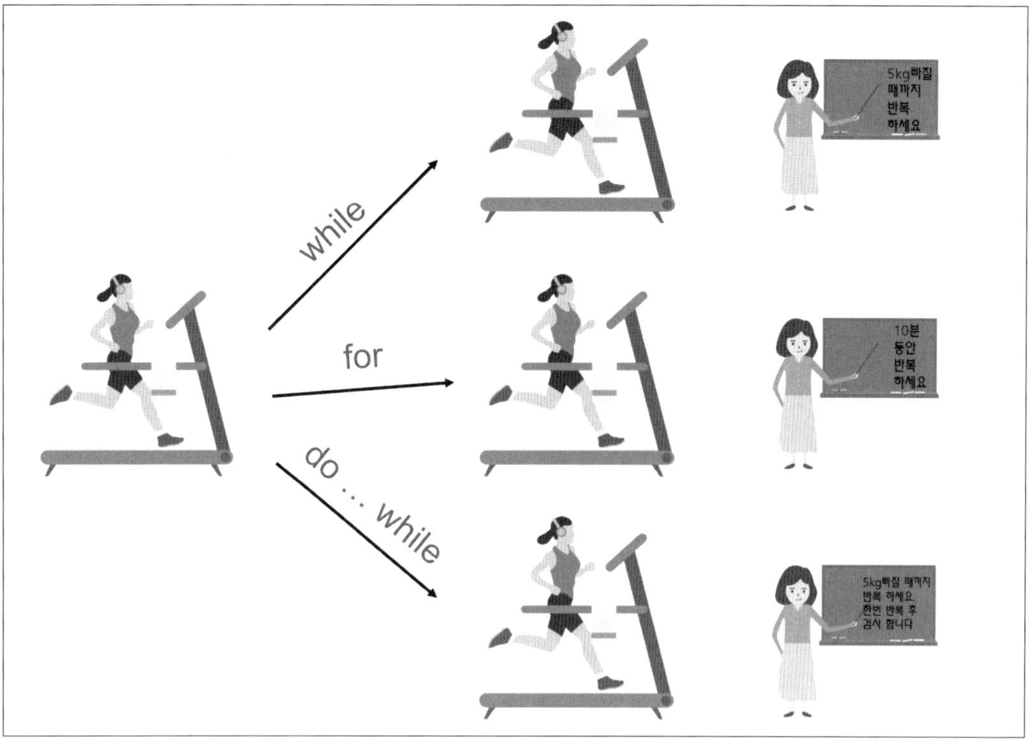

4.1. while 문

【사용법】

```
while (조건식)
{
    반복 내용 문장
}
```

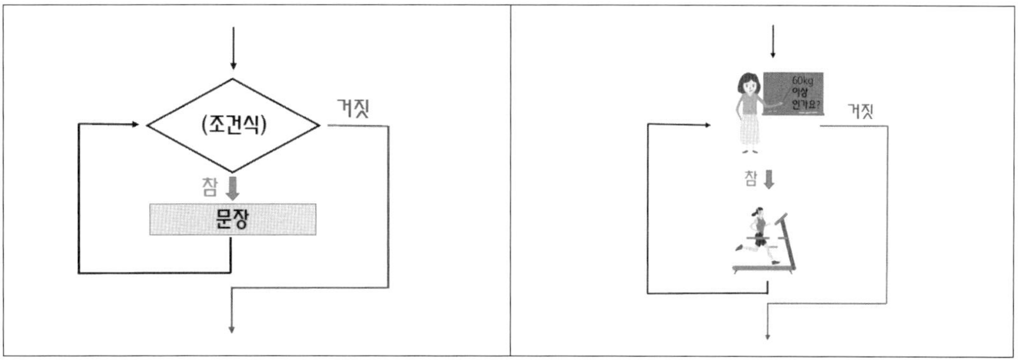

► 조건이 만족하면 (=참이면) 문장이 실행되고, 조건을 충족하지 못하면 (=거짓이면) 프로그램이 종료된다.

✎ **(사용 예시)** 거리의 단위인 마일 (mile)을 미터 (meter)로 환산하는 프로그램

```
#include <stdio.h>

int main()
{
  int i=0, m;        // i=0으로 초기화를 해야 한다. 그렇지 않으면 i값이 무엇인지 모른다

  while(i<3)
    {
      m = i * 1609;
      printf("%d 마일은 %d 미터입니다!  \n", i, m);
      i++;
    }

  return 0;
}
```

► **(실행 결과)**

```
0 마일은 0 미터입니다!
1 마일은 1609 미터입니다!
2 마일은 3218 미터입니다!
```

✍ **(설명)** 처음에 i=0은 while에 있는 조건식을 만나고 3보다 작으므로 { } 안으로 들어와 마일을 미터로 변환하고, printf를 수행한 후, i++에 의해 i가 하나 증가되어 1이 되고, 다시 while로 돌아가 조건식을 만나는데, 여전히 3보다 작으므로 다시 { } 안의 문장이 수행된다. 이 과정을 반복해, i가 2가 될 때까지 반복한다. 만약 i가 3이 되면 3이 3보다 큰 것 (3 〈 3)은 아니기 때문에, return으로 넘어가 프로그램이 종료된다.

(✓ 확인) while 반복문에서 몇 번을 반복했는지를 횟수를 아는 방법은 i++;를 사용한다.

■ **예제 4-1-0** 정수 1에서 10까지 합을 구하시오. (단, while 문을 사용할 것)

```
#include <stdio.h>

int main()
{
  int i, s;
  i = 0;            // 초기화
  s = 0;            // 초기화
```

```
#include <stdio.h>

int main()
{
  int i, s;
  i = 0;
  s = 0;
```

<pre>   while(i<=10)
    {
      s = s+i;
      printf("i=%d \t Sum=%d \n", i, s);
      i=i+1;
    }
 	
    return 0;
}</pre>
	<pre> while(i<11)
	    {
	      s = s+i;
	      printf("i=%d \t Sum=%d \n", i, s);
	      i++;
	    }
	
	    return 0;
	}</pre>

✍ **(설명)** 왼쪽과 오른쪽 프로그램은 동일한데, while의 조건식을 작거나 동일하게 (<=) 혹은 작게(<)를 사용한 것이다. 또한 프로그램을 만들 때, 계산 값을 미리 예측하는 것도 많은 도움이 된다. 즉, 1~10까지 더하면 우리는 이미 55가 나와야 한다는 것을 알고 있기 때문에, 프로그램을 실행했는데, 이 값을 얻지 못하면 어디가 잘못되었는지를 파악하기가 상대적으로 쉬워진다.

► 실행 결과 4-1-0

```
i = 0    Sum = 0
i = 1    Sum = 1
i = 2    Sum = 3
i = 3    Sum = 6
i = 4    Sum = 10
i = 5    Sum = 15
i = 6    Sum = 21
i = 7    Sum = 28
i = 8    Sum = 36
i = 9    Sum = 45
i = 10   Sum = 55
```

✍ **(설명)**

① printf문이 지금 while { } 내에 들어가 있기 때문에 매번 반복할 때마다 합산한 결과를 화면이 보여주고 있다. 만약 마지막 최종 결과 값 (=55) 만을 보고 싶다면 printf문을 while { } 밖 바로 뒷줄에 써 주면 된다.

② printf에서 \t 옵션을 사용했기 때문에 가로줄이 tab으로 정렬되어 있다.

③ 0에서 0을 더하면 0이라는 것이 자명하기 때문에, 맨 위 줄 (i = 0   Sum = 0)을 굳이 화면에 표시하지 않게 하고 싶다면, 어떻게 하면 되는가?

► 초기화 값: i = 0에서 시작하지 말고 i = 1 부터 시작하면 된다.

i = 0; → i = 1;

■ **실습 해보기**

① 1~1000까지 합: 5050

② 서로 다른 정수 2개를 입력해서, 둘 사이의 총합을 구하시오. (예, 2~5까지라면, 2+3+4+5=14을 보여준다)

③ 0을 입력하기 전까지 임의의 정수를 계속 입력받아서 합산하는 프로그램을 작성하시오.

(실행하기) ②

```
#include <stdio.h>

int main()
{
   int v1, v2, sum=0;
   int a;

   printf("임의의 두 정수를 입력하시오!  ");
   scanf("%d %d", &v1, &v2);

   a = v1;
   while(v1 <= v2)
   {
     sum = sum + v1;
     v1++;
   }
   printf("%d에서 %d까지 합은 %d입니다. \n", a, v2, sum);

   return 0;
}
```

► **(실행 결과)**

```
임의의 두 정수를 입력하시오!  2 5
2에서 5까지 합은 14입니다.
```

(실행하기) ③

```
#include <stdio.h>

int main()
{
  int v=1, sum=0;

  while(v!=0)
  {
    scanf("%d", &v);
    sum = sum + v;
  }
  printf("Sum = %d \n", sum);

  return 0;
}
```

```
linux] ./a.out
3
4
0
Sum = 7
```

(✓ 문제점) 입력 맨 마지막에 0이 오면 (3 → 4 → 0) 합산 후 프로그램이 종료되므로 문제가 없는데, 혹시 중간에 0이 오는 경우는 어떻게 해야 하는가? (예, 3 → 0 → 4)

(✓ 생각해보기) 100 미만의 정수만 사용하고 몇 개를 입력했는지를 표시하고, 마지막에 0이 오면 종료하는 프로그램을 작성하시오. (예, 6장 배열을 공부할 때 다시 코딩한다)

■ 예제 4-1-1 임의의 구구단이나 읽어서 화면에 출력하기 (while 문만 사용할 것)

```
#include <stdio.h>

int main ()
{
  int v1, m, i = 1;                                  // i=0으로 초기화하면 어떤지?

  printf("원하는  구구단을 입력 하시오! ");
  scanf("%d", &v1);
  printf("%d단을 계산합니다. \n", v1);

  while (i < 10)                                     // 구구단은 9단까지 이므로
    {
      m = v1 * i;
      printf("%d * %d = %d \n", v1, i, m);
      i++;
    }

  return 0;
}
```

► 실행 결과 4-1-1

```
원하는  구구단을 입력 하시오! 5
5단을 계산합니다.
5 * 1 = 5
5 * 2 = 10
5 * 3 = 15
5 * 4 = 20
5 * 5 = 25
5 * 6 = 30
5 * 7 = 35
5 * 8 = 40
5 * 9 = 45
```

■ 예제 4-1-2 임의의 구구단이나 읽어 화면에 역순으로 출력하기 (while 문만 사용할 것)

```
#include <stdio.h>

int main ()
{
```

```
    int v1, m, i;

    printf("원하는 구구단을 입력하시오! ");
    scanf("%d", &v1);
    printf("%d단을  역순으로 출력합니다. \n", v1);

    i = 9;                              // 역순으로 출력하기 위한 초기화

    while (i >= 1)                      // i가 9에서 1이 될 때까지 반복
      {
          m = v1 * i;
          printf("%d * %d = %d \n", v1, i, m);
          i--;                          // 9→8→7→ • • • →3→2→1 하나씩 감소
      }

    return 0;

}
```

► **실행 결과 4-1-2**

```
원하는 구구단을 입력하시오! 7
7단을  역순으로 출력합니다.
7 * 9 = 63
7 * 8 = 56
7 * 7 = 49
7 * 6 = 42
7 * 5 = 35
7 * 4 = 28
7 * 3 = 21
7 * 2 = 14
7 * 1 = 7
```

■ **예제 4-1-3** 구구단을 3단에서 4단까지 화면에 출력하기 (단, while 문만 사용할 것)

(방법 ①) 가장 간단한 방법

```
#include <stdio.h>

int main()
{
    int i, j;

    i=3;                        // 3단에서
    j=1;                                              // 각단의 1부터

    while(i<5)                  // 4단까지
     {
       while(j<10)                                    // 각단의 9까지
         {
           printf("%d * %d = %d \n", i, j, i*j);
           j++;
```

```
            }
          i++;
          j =1;
       }

    return 0;
}
```

(방법 ②)

```
#include <stdio.h>

int main()
{
    int m, v1, v2, i=1;

    printf("원하는 처음 구구단을 입력하시오! ");
    scanf("%d", &v1);
    printf("원하는 마지막 구구단을 입력하시오! ");
    scanf("%d", &v2);
    printf("%d단에서 %d단까지 구구단을 출력합니다. \n", v1, v2);

    while(v1 < v2+1)                // <= 로 하면 어떻게 되는가?
      {
        while(i < 10)               // 1~9까지 곱해야 하니까
          {
            m = v1 * i;
            printf("%d * %d = %d \n", v1, i, m);
            i++;                    // 1→2→3→ • • • →8→9 까지 증가
          }
        v1++;                       // 다음 단으로 넘어가라
        i = 1;                      // 다시 1~9까지 곱해야 하니까 초기화 필요
      }

    return 0;
}
```

✍ **(설명)** 중요한 점은 while 문을 2개 사용하였다는 것이다. (즉, while 문안에 다시 while 문이 있다) 논리적으로 3단에서 4단까지를 출력하려면, 일단 3단을 구해야 한다.

v1		i	v1 * i
3	×	1	3 × 1
3	×	2	3 × 2
3	×	3	3 × 3
• • •			
3	×	9	3 × 9

3단이 종료되었다. 그러나 여기까지 i는 9이므로, 이 값을 다시 초기화해야 4 × 1 부터 시작한다.

```
i = 1;                    // 초기화
```

v1		i	v1 * i
4	×	1	4 × 1
4	×	2	4 × 2
4	×	3	4 × 3
• • •			
4	×	9	4 × 9

우선 3단 (v1)을 고정해 놓고, i를 1→2→3→ • • • →8→9로 하나씩 증가시키면서 3단을 계산한다. 그 후 v1을 하나 증가시키면 4단이 된다. 그런데 여기까지 i는 9이므로, 이 값을 초기화한 후 i를 1→2→3→ • • • →8→9로 하나씩 증가시키면서 출력하면 된다. 즉, 프로그램을 크게 보면 v1이라는 while 문안에, i라는 while 문이 다시 들어가 있다.

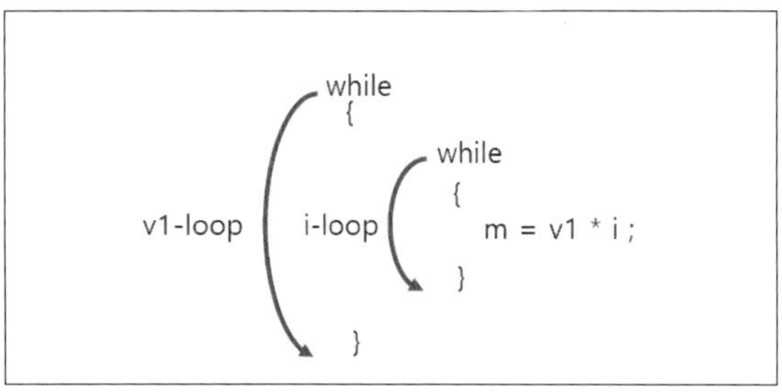

⇨ 13번째 줄: while은 14~23번째 줄까지 해당된다. (v1에 대한 while 문)

⇨ 15번째 줄: while은 16~20번째 줄이 해당된다. (i에 대한 while 문)

► 실행 결과 4-1-3

```
원하는 처음 구구단을 입력하시오! 3
원하는 마지막 구구단을 입력하시오! 4
3단에서 4단까지 구구단을 출력합니다.
3 * 1 = 3
3 * 2 = 6
3 * 3 = 9
3 * 4 = 12
3 * 5 = 15
```

```
3 * 6 = 18
3 * 7 = 21
3 * 8 = 24
3 * 9 = 27
4 * 1 = 4
4 * 2 = 8
4 * 3 = 12
4 * 4 = 16
4 * 5 = 20
4 * 6 = 24
4 * 7 = 28
4 * 8 = 32
4 * 9 = 36
```

⇴ **(해보기)** 화면 출력 시, 3단하고 4단 사이에 경계선 같은 것이 없어 서로 구분하기가 힘들다. 어떻게 하면 좀 더 시각적으로 보기 좋게 출력할 수 있을까?

⇨ 22번째 줄 다음에 아래 printf 문을 한 줄 넣어 준다.

printf("-----------\n");

▪ 실습 해보기 구구단 2개를 읽어드려 둘 사이의 구구단을 역순으로 출력하기

```
#include <stdio.h>

int main ()
{
    int m, v1, v2, i=1;

    printf("처음 구구단을 입력하시오! ");
    scanf("%d", &v1);
    printf("마지막 구구단을 입력하시오! ");
    scanf("%d", &v2);
    printf("%d단에서 %d단까지 계산합니다. \n", v1, v2);

    while(v1 >= v2)
      {
        i = 1;                // 다시 초기화 필요
        while(i <= 9)         // 1~9까지 곱해야 하니까
          {
            m = v1 * i;
            printf("%d * %d = %d \n", v1, i, m);
            i++;
          }
        v1--;                 // 아래 단으로 가라
      }

    return 0;
}
```

► **(실행 결과)**

```
처음 구구단을 입력하시오! 7
마지막 구구단을 입력하시오! 6
7단에서 6단까지 계산합니다.
7 * 1 = 7
7 * 2 = 14
7 * 3 = 21
7 * 4 = 28
7 * 5 = 35
7 * 6 = 42
7 * 7 = 49
7 * 8 = 56
7 * 9 = 63
6 * 1 = 6
6 * 2 = 12
6 * 3 = 18
6 * 4 = 24
6 * 5 = 30
6 * 6 = 36
6 * 7 = 42
6 * 8 = 48
6 * 9 = 54
```

(✓ 문제점) 이 코딩의 문제는 무엇인가?

처음에 2개의 숫자를 읽어드릴 때, 두 수의 서열을 고려하지 않았다. 즉, 만약 7→6 순서가 아니라 6→7 순서로 입력을 했다면 프로그램은 while 문 안에 들어가지를 못하므로 바로 종료되어 버린다. 따라서 사용자가 숫자를 순서와 관계없이 입력하더라도 프로그램이 알아서 순서를 정해주면서 실행할 수 있게 하면 더 좋은 프로그램이 될 것이다.

```c
#include <stdio.h>

int main ()
{
  int a, b, m, v1, v2, i;

   printf("처음 구구단을 입력하시오! ");
   scanf("%d", &a);
   printf("마지막 구구단을 입력하시오! ");
   scanf("%d", &b);

   if(a > b)                                  // 서열 정하기
     {
       v1 = a;
       v2 = b;
     }
   else
     {
       v1 = b;
       v2 = a;
```

```
    }

  printf("%d단에서 %d단까지 역순으로 출력합니다. \n", v1, v2);  // 서열 큰것→작은것

  while(v1 >= v2)
    {
      i = 1;                                    // 다시 초기화 필요
      while(i <= 9)                             // 1~9까지 곱해야 하니까
        {
          m = v1 * i;
          printf("%d * %d = %d \n", v1, i, m);
          i++;
        }
      v1--;                                     // 아래 단으로 이동
    }

  return 0;
}
```

(✓ 문제점) 여전히 문제점은 읽어드리는 수가 동일하면 어떻게 되는가이다. 이를 피해 가는 가장 쉬운 방법은 if문을 한 번 더 사용하면 된다.

```
if(a>b)
  {
    v1 = a;
    v2 = b;
  }
else if(a<b)
  {
    v1 = b;
    v2 = a;
  }
else
  {
    v1 = a;                    // a = b가 동일하기 때문에 어떤 수를 사용해도 무방
    v2 = b;
  }
```

■ **실습 해보기** 구구단 2개를 읽어드려 둘 사이의 구구단을 역순으로 또한 각 단도 내림차순으로 화면에 출력하는 프로그램을 작성하시오.

(상황) 예로 5단에서 2단까지라면, 5×9, 5×8, • • • 5×1, 4×9, 4×8, • • • 4×1, • • •, 2×9, 2×8, • • • 2×1과 같이 화면에 표시하고 싶다.

```
#include <stdio.h>

int main ()
{
  int m, v1, v2, i;
```

```
    printf("처음 구구단을 입력하시오! ");
    scanf("%d", &v1);
    printf("마지막 구구단을 입력하시오! ");
    scanf("%d", &v2);
    printf("%d단에서 %d단까지 계산합니다. \n", v1, v2);

    while(v1 >= v2)
    {
        i = 9;                          // 역순으로 초기화 필요
        while(i >= 1)                   // 9~1까지 내림차순으로 곱해야 하니까
          {
            m = v1 * i;
            printf("%d * %d = %d \n", v1, i, m);
            i--;                        // 9→8→7→ • • • →3→2→1 하나씩 감소
          }
        v1--;                           // 아래 단으로 이동
    }

    return 0;
}
```

■ **실습 해보기** 적분 공식을 이용하여 파이 구하는 프로그램을 작성하시오.

$4\sum_{n=1}^{\infty}\frac{(-1)^{n+1}}{2n-1}=\pi$를 이용한다.

```
#include <stdio.h>

int main()
{
  int n=0;
  double pi=0.0;

  while(n<10000)
  {
    ++n;
    if(n%2)
    {
       pi = pi + 4.0/(2.0 * n - 1.0);
    }
    else
    {
       pi = pi - 4.0/(2.0 * n - 1.0);
    }

    if(n%1000 == 0)                          // 1000개 마다 pi값 조사
     {
       printf("%10d          %f \n", n, pi);
     }
  }

  return 0;
}
```

► **(실행 결과)**

```
1000      3.140593
2000      3.141093
3000      3.141259
4000      3.141343
5000      3.141393
6000      3.141426
7000      3.141450
8000      3.141468
9000      3.141482
10000     3.141493
```

☑ **(체크하기)** 반복 회수를 많이 하면 할수록 π 값에 가까워진다.

4.2. | for 문

【사용법】

```
for (초기화; 조건식; 증감)
{
    반복하고자 하는 문장;
}
```

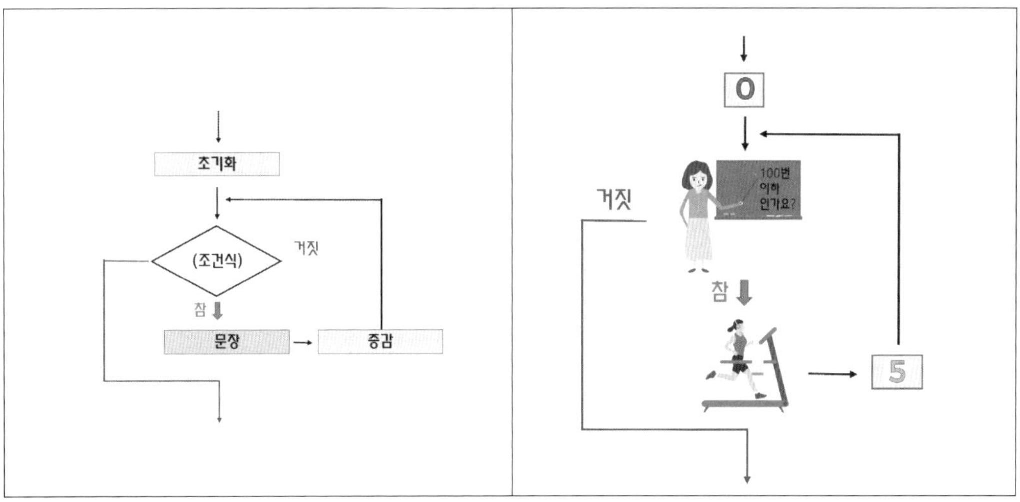

✎ **(사용 예시)** "Hello world!"를 10번 반복해서 출력하기. 기존 방법으로는 printf를 10번 사용해야 한다. 최악의 경우, 10번 정도는 반복해서 printf를 쓸 수 있지만 100만 번을 써야 하는 경우가 생길 때는, 좀 더 똑똑한 방법을 고안해야 한다.

for 문 사용

```c
#include <stdio.h>

int main ()
{
  int i;

  for(i=0; i<10; i++)
  {
    printf("%d, Hello world! \n", i+1);
  }

  return 0;
}
```

while 문 사용

```c
#include <stdio.h>

int main ()
{
  int i=1;

  while(i<=10)
  {
     printf("%d, Hello world! \n", i);
     i++;
  }

  return 0;
}
```

☑ **(강조)** C 언어는 0부터 시작하기 때문에, for 문 안의 초기 값은 i=0부터 시작한다. 만약 1부터 시작하고 싶다면 다음과 같이 하면 된다.

```c
for(i=1; i<11; i++)
{
  printf("%d, Hello world! \n", i);
}
```

(각자 실습해보기) 다음과 같이 화면에 출력하기

```
*****
*****
*****
*****
*****
```

(✓ 힌트) 위 프로그램에서 printf("Hello world! \n"); 대신 printf("***** \n");으로 수정하고 for loop 혹은 while loop을 5번 반복하면 된다.

```c
for (i=0; i<5; i++)
{
   printf("***** \n");
}
```

5번 loop을 돈다

printf("***** \n"); → loop을 돌 때 마다 화면 출력한다

■ 잘못된 사용법 (예시)

잘못된 사용법	올바른 사용법	이유
for(i>=1; i=10; i++)	for(i=1; i<=10; i++)	초기값 지정에 조건이 올 수 없다.

for(i=1; i<=10; i++, j=1; j<=10; j++)	for(i=1; i<=10; i++)
	{
	for(j=1; j<=10; j++)
	{
	
	}
	}
		for문 안에 i, j index를 동시에 2개씩 쓴다. i, j각각 index에 대해서 loop를 돌아야 한다.

for(i=1; i<=10; i++)
sum = sum + i;
	int sum=0;
	
	for(i=1; i<=10; i++)
	sum = sum + i;
		초기화 필요하다. 그렇지 않으면 loop안의 sum의 최초값이 무엇인지를 모른다.

int i=1, j=10, sum=0;
 	
for(i<=j; i++)
sum = sum + i;
	int i, j, sum=0;
	
	for(i=1; i<=10; i++)
	sum = sum + i;
		Loop을 10번 도는 경우

for(i=1; i<=10; i++) a*b = c;	for(i=1; i<=10; i++) c = a*b;	=의 의미는 항시 오른쪽 계산 한 것을 왼쪽 편에 놓는다.

for(i=1; i<=10; i++);
{
sum = sum + i;
}
	for(i=1; i<=10; i++)
	{
	sum = sum + i;
	}
		for문 끝에 세미콜론(;)이 오면, { } 내의 문장이 실행되는 것이 아니고, 바로 끝난다.

■ 예제 4-2-0 1에서 10까지 합을 구하시오 (단, for 문을 사용할 것)

```
#include <stdio.h>

int main ()
{
  int i, s=0;

  for(i=1; i<=10; i++)
  {
     s = s + i;
     printf("i = %d \t Sum = %d \n", i, s);
  }

  return 0;
}
```

⇨ **(각자 찾아보기)** 3장에서는 goto 문을 사용하여 구하였다.

► 실행 결과 4-2-0

```
i = 1    Sum = 1
i = 2    Sum = 3
i = 3    Sum = 6
i = 4    Sum = 10
i = 5    Sum = 15
i = 6    Sum = 21
i = 7    Sum = 28
i = 8    Sum = 36
i = 9    Sum = 45
i = 10   Sum = 55
```

☑ **(강조)** 이번 예제에서는 i=0이 아니라 i=1부터 시작하게 초기화 값을 정하였다.

⇨ **(해보기)** 10줄을 모두 화면 출력하는 것이 아니라, 최종값 55만 출력하고 싶을 때는 어떻게 해야 하는가?

(✓ 힌트) printf을 for loop 밖으로 빼서 { } 다음 줄에 써 주면 된다.

☑ **(참고)** 자주 사용하지는 않으나, 초기화를 for 문 안에서 한꺼번에 모두 할 수도 있다. 추천하지는 않는다.

```
#include <stdio.h>

int main()
{
  int i, s, n;
  for(s=0, n=0, i=1; i<=10; i++)
  {
     n++;
     s = s + i;
  }

  printf("# of loops = %d \n", n);
  printf("Total sum = %d \n", s);

  return 0;
}
```

■ 예제 4-2-1 for 문을 사용하여 10에서 1까지 역순으로 화면에 출력하기

```
#include <stdio.h>

int main ()
{
    int i;

    for(i=10; i>1; i--)          // 10→9→8→7→ • • • →3→2→1 까지 하나씩 감소

      printf(" i = %d  \n", i);

    return 0;
}
```

☑ **(중요 포인트)** for 문에서 증감만 되는 것이 아니라, 감소도 만들 수 있다!

► 실행 결과 4-2-1

```
i = 10
i = 9
i = 8
i = 7
i = 6
i = 5
i = 4
i = 3
i = 2
i = 1
```

■ 예제 4-2-2 1에서 10까지 합을 내림차순으로 구하시오. (단, for 문을 사용할 것)

```
#include <stdio.h>

int main( )
{
    int i, sum=0;

    for(i=10; i>=1; i--)
    {
      sum = sum + i;
      printf("i = %d \t Sum = %d \n", i, sum);
    }

    return 0;
}
```

► 실행 결과 4-2-2

```
i = 10    Sum = 10
i = 9     Sum = 19
```

```
i = 8     Sum = 27
i = 7     Sum = 34
i = 6     Sum = 40
i = 5     Sum = 45
i = 4     Sum = 49
i = 3     Sum = 52
i = 2     Sum = 54
i = 1     Sum = 55
```

■ **예제 4-2-3** 1에서 100까지 5의 배수를 구하고, 배수의 합은 얼마인가?

```
#include <stdio.h>

int main()
{
  int i, s=0;

  for(i=1; i<=100; i++)
    {
      if(i%5 == 0)
        {
          printf("%d는 5의 배수입니다. \n", i);
          s = s + i;
        }
      else
        printf("%d는 5의 배수가 아닙니다. \n", i);
    }

  printf("1-100까지 5의 배수의 합은 %d입니다. \n",s);

// 직접 계산
  printf("5+10+15+20+25+30+35+40+45+50+55+60+65+70+75+80+85+90+95+100 = %d \n",
        5+10+15+20+25+30+35+40+45+50+55+60+65+70+75+80+85+90+95+100);

  return 0;
}
```

☑ **(중요 포인트)** 반복문인 for 문/while 문과 if 조건문을 동시에 사용하면 매우 유용할 때가 많다.

✍ **(설명)** 마지막 printf 문은 직접 계산한 값으로, 프로그램을 짜서 얻은 결과하고 동일한 값을 주는지를 확인하기 위해 써준 것이다. 다시 강조하지만, 프로그램을 작성 후, 항시 결과 값이 맞는지를 예측하거나 검증하는 것이 필요하다. 프로그램이 만능이 아니라는 것을 항시 명심한다.

```
printf("5+10+15+20+25+30+35+40+45+50+55+60+65+70+75+80+85+90+95+100 = %d \n",
       5+10+15+20+25+30+35+40+45+50+55+60+65+70+75+80+85+90+95+100);
```

► 실행 결과 4-2-3

```
1는 5의 배수가 아닙니다.
2는 5의 배수가 아닙니다.
3는 5의 배수가 아닙니다.
4는 5의 배수가 아닙니다.
5는 5의 배수입니다.
6는 5의 배수가 아닙니다.
7는 5의 배수가 아닙니다.
8는 5의 배수가 아닙니다.
9는 5의 배수가 아닙니다.
10는 5의 배수입니다.
11는 5의 배수가 아닙니다.
12는 5의 배수가 아닙니다.
• • •
• • •

94는 5의 배수가 아닙니다.
95는 5의 배수입니다.
96는 5의 배수가 아닙니다.
97는 5의 배수가 아닙니다.
98는 5의 배수가 아닙니다.
99는 5의 배수가 아닙니다.
100는 5의 배수입니다.
1-100까지 5의 배수의 합은 1050입니다.
5+10+15+20+25+30+35+40+45+50+55+60+65+70+75+80+85+90+95+100 = 1050
```

■ **실습 해보기** 1-200까지 홀수와 짝수를 구별하는 프로그램을 작성하시오.

```
#include <stdio.h>

int main()
{
    int i;

    for(i=1; i<=200; i++)
    {
      if(i % 2 == 0)
        printf("%d -> 짝수\n", i);
      else
        printf("%d -> 홀수\n", i);
    }

    return 0;
}
```

■ **실습 해보기** sinθ를 -360도에서 360도까지 그래프를 그리시오.

【Re-visit】 예로 3장에서는 각도를 10도만큼 변경해 가면서 매번 printf를 써서 값을 구했다. 이번에는 for 문을 사용해 보자.

```
#include <stdio.h>
#include <math.h>

#define PI 3.1415926535
#define CF PI/180.0

int main()
{
    float x, y;

    for(x = -360; x<=360; x=x+10)     // x+=10  각도를 10도씩 증가
    {
        y = sin(CF * x);              // sin(x)에서 x는 각도가 아니라 라디안 값이다
        printf("%.1f  %.3f \n", x, y);
    }

    return 0;
}
```

✍ **(설명)** 각도를 10도씩 증가시키는 방법은 for 문 끝 증감에 아래 둘 중 어느 것을 사용해도 된다.

① x=x+10

② x+=10

(✓ 확인) 1씩 증가 (x++) 및 감소 (x--)

► **(실행 결과)**

```
-360.0  0.000
-350.0  0.174
-340.0  0.342
-330.0  0.500
 • • •
-200.0  0.342
-190.0  0.174
-180.0  -0.000
-170.0  -0.174
 • • •
-10.0  -0.174
  0.0   0.000
 10.0   0.174
 • • •
```

```
170.0  0.174
180.0  0.000
190.0  -0.174
• • •
340.0  -0.342
350.0  -0.174
360.0  -0.000
```

이것을 파일에 저장한 후, 엑셀에서 읽어드려 그래프를 그리면 된다. (파일 저장 방법이나 그래프 그리는 것은 0장이나 3장에 설명되어 있다)

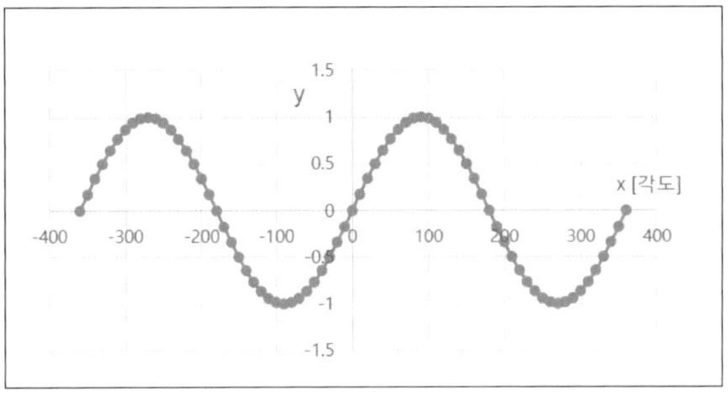

⇝ **(각자 그래프 그려보기)** $\cos\theta$를 그려 보시오.

■ **실습 해보기** $y = 3x^2 + 2x - 8$의 그래프를 그리시오.

【Re-visit】 3장에서는 각 x점에 대한 y값을 따로따로 printf를 사용했다. x축 간격을 0.5씩 증가시키면서 구해보자.

```
#include <stdio.h>

int main()
{
   float x, y;

   for(x=-4.0; x<=4.0; x=x+0.5)
   {
     y = 3*x*x + 2*x -8;
     printf("%.1f    %.3f \n", x, y);
   }

   return 0;
}
```

☒ 최종적으로 하고 싶은 것은, 예로, $y = 4x^2 + 3$의 그래프를 그려 보고 근 (root)을 구하는 것이다.

■ **실습 해보기** $\int_0^{\infty} \frac{\sin x}{x} dx$ 계산하고 그래프를 그려 보시오.

【Re-visit】 3장에서는 적분값만을 구하였는데, for 문을 사용하여 그래프도 그리고 적분값도 동시에 구해본다.

```
1   #include <stdio.h>
2   #include <math.h>
3
4   int main()
5   {
6       float x, y, area=0;
7
8       for(x=-10000.0; x<=10000.0; x+=0.01)
9       {
10          y = sin(x)/x;
11          area = area + y*0.01;
12          printf("%.4f   %.5f \n", x, y);
13      }
14
15      printf("적분값은 %.5f입니다. \n", area/2);
16
17      return 0;
18  }
```

✍ **(설명)**

⇨ 8번째 줄: 만약 그림을 그리기 위한 것이라면 x축을 너무 잘게 쪼갰기 때문에 구간이나 쪼개는 양을 변경해도 좋다. 예로, for(x=-20.0; x<=20.0; x+=0.05) 해도 그래프를 그리는 것은 아무런 문제가 없다. 적분값을 구하기 위해서는 우리는 이미 답이 이미 π라는 것을 알고 있기 때문에 구간이나 쪼개는 양을 적당히 잘 조절할 필요성이 있다.

(✓ 주의) 적분구간이 $[0, \infty]$으로 주어졌으나, 프로그램은 $[-\infty, \infty]$까지를 상정하고 작성한 것이다. 나중에 최종값이 나오면 1/2을 해야 문제에서 원하는 조건을 충족할 수 있다.

⇨ 12번째 줄: 그래프 그리기 위한 화면 출력

⇨ 15번째 줄: for loop을 돌면서 매번 적분값을 보는 것이 아니라 최종적으로 계산된 적분값만을 보고자 한다. 문제 조건에서 적분 구간이 $[0, \infty]$ 이므로 1/2로 나누어 주었다. 현 상태의 프로그램으로 1.57090을 얻는다.

► **(실행 결과)** 엑셀 사용해서 그래프 그리기 (예로, x축 구간은 [-20, 20]만을 사용하였다)

```
적분값은 1.57090입니다.
```

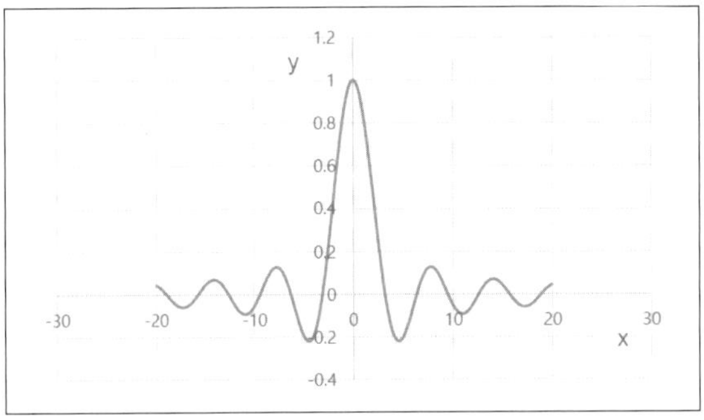

4.3. | 중첩 반복문

【Re-visit】 반복문 안에 다른 반복문이 존재한다. 이미 while 문을 배울 때 연습을 하였다.

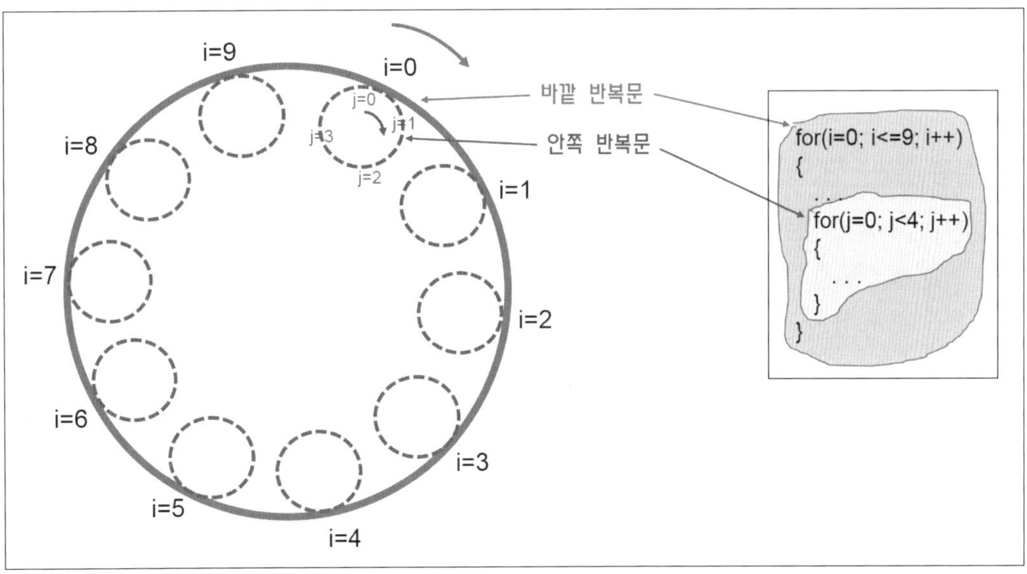

✎ **(사용 예시)** 학생 수가 5명인데, 국어, 영어, 수학, 물리 시험을 보았다. 각 학생의 총점과 평균값을 구하시오.

(✓ 힌트) 총 5명 학생 ($i = 1 \to 5$) 중에서 일단 처음 학생 ($i = 1$)의 국어, 영어, 수학, 물리 4과목 ($j = 1 \sim 4$)의 성적을 읽어 드린 후 합산과 평균을 구한다. 그런 후, 두 번째 학생 ($i = 2$)으로 가서 다시 국어, 영어, 수학, 물리 4과목 ($j = 1 \sim 4$)의 성적을 읽어드리는 과정을 마지막 학생까지 계속 반복하면 될 것이다.

```
#include <stdio.h>

int main()
{
  int i, j;
  float v, ave, tot;

  for(i=1; i<3; i++)        // 문제에서는 학생 수가 5명이지만 2명이라고 가정
    {
      tot = 0;              // 매 학생마다 성적을 초기화 해 주어야한다
      printf("%d번 학생의(1)국어,(2)영어,(3)수학,(4) 물리 점수를 입력하시오! \n", i);

      for (j=1; j<=4; j++)
        {
          printf("%d 번째 과목 성적: ", j);
          scanf("%f", &v);
          tot =  tot + v;
        }

      ave = tot/4.0;
      printf("(%d 번 학생) 총점 %.2f, 평균 %.2f 입니다. \n", i, tot, ave);
      printf(" \n");
    }

  return 0;
}
```

► **(실행 결과)** 위 프로그램에서는 2명만 실행하였다.

```
1번 학생의 (1)국어, (2)영어, (3)수학, (4) 물리 점수를 입력하시오!
1 번째 과목 성적: 1
2 번째 과목 성적: 2
3 번째 과목 성적: 3
4 번째 과목 성적: 4
(1 번 학생) 총점 10.00, 평균 2.50 입니다.

2번 학생의 (1)국어, (2)영어, (3)수학, (4) 물리 점수를 입력하시오!
1 번째 과목 성적: 4
2 번째 과목 성적: 5
3 번째 과목 성적: 6
4 번째 과목 성적: 7
(2 번 학생) 총점 22.00, 평균 5.50 입니다.
```

■ **예제 4-3-0** 구구단을 3단에서 5단까지 출력하시오.

for 문	while 문

<pre>#include <stdio.h>
 	
int main()
{
  int i, j;
 	
  for(i=3; i<=5; i++)   // 3단 ~ 5단
   {
    for (j=1; j<10; j++)
     {
       printf("%d*%d = %d \n", i, j, i*j);
     }
   }
 	
  return 0;
}</pre>
	<pre>#include <stdio.h>
	
	int main ()
	{
	  int m, v1=3, v2=5, i=1; // 3단 ~ 5단
	
	  while(v1 < v2+1)
	   {
	     while(i < 10)
	      {
	       m = v1 * i;
	       printf("%d*%d = %d \n", v1, i, m);
	       i++;
	      }
	
	     v1++;
	     i = 1;
	
	   }
	
	  return 0;
	}</pre>

■ **예제 4-3-1** 구구단을 6단에서 5단까지 그리고 각 단에서 순서도 역순으로 출력하시오. (예, 6단 → 5단, 6단 이면 6×9→8→7→ • • • →3→2→1 순으로)

```
#include <stdio.h>

int main()
{
  int i, j;

  for(i=6; i>=5; i--)                                    // 6단 → 5단으로 감소
    {
      printf("%d단 역순입니다. \n", i);
      for(j=9; j>=1; j--)                                // 9→8→7 • • • →2→1 순으로
        printf("%d * %d = %d \n", i, j, i*j);
    }

  return 0;
}
```

► **실행 결과 4-3-1**

```
6단 역순입니다.
6 * 9 = 54
6 * 8 = 48
```

```
6 * 7 = 42
6 * 6 = 36
6 * 5 = 30
6 * 4 = 24
6 * 3 = 18
6 * 2 = 12
6 * 1 = 6
5단 역순입니다.
5 * 9 = 45
5 * 8 = 40
5 * 7 = 35
5 * 6 = 30
5 * 5 = 25
5 * 4 = 20
5 * 3 = 15
5 * 2 = 10
5 * 1 = 5
```

■ **예제 4-3-2** 직각삼각형에서 빗면의 길이 (20) 이하를 만들 수 있는 가능한 모든 밑변과 높이를 구하면?

(✓ **힌트**) 직각삼각형이므로 변수가 3개 (i, j, k)가 필요하다.

```
#include <stdio.h>

int main()
{
  int i, j, k;

  for(i=1; i<=100; i++)
    for(j=1;j<=100; j++)
      for(k=1; k<=20; k++)
        if(i*i+j*j==k*k)
          printf("%d*%d + %d*%d = %d*%d \n",i,i,j,j,k,k);

  return 0;
}
```

► **실행 결과 4-3-2**

```
3*3 + 4*4 = 5*5
4*4 + 3*3 = 5*5
5*5 + 12*12 = 13*13
6*6 + 8*8 = 10*10
8*8 + 6*6 = 10*10
8*8 + 15*15 = 17*17
9*9 + 12*12 = 15*15
12*12 + 5*5 = 13*13
```

```
12*12 + 9*9 = 15*15
12*12 + 16*16 = 20*20
15*15 + 8*8 = 17*17
16*16 + 12*12 = 20*20
```

(✓ 생각해보기) 현재는 a와 b가 다르더라도 c는 동일한 값을 허용하게 double counting이 되었다. 만약 한 번만 허락한다면 어떻게 프로그램을 수정해야 하는가?

■ **예제 4-3-3** 임의의 구구단을 2개를 읽어서 출력하시오. (예, for 문 사용해 2단 ~ 5단)

```
#include <stdio.h>

int main ()
{
    int v1, v2, i, j;

    printf("시작 구구단을 입력하시오! ");
    scanf("%d", &v1);

    printf("끝 구구단을 입력하시오! ");
    scanf("%d", &v2);

    printf("%d단에서 %d단까지 계산합니다. \n", v1,v2);

    for(i = v1; i < v2+1; i++)
     {
      for(j = 1; j < 10; j++)
          printf("%d * %d = %d \n", i, j, i*j);
     }

    return 0;
}
```

☑ **(강조)** 위 예는 순서나 크기와 관계없이 가장 간단한 예시를 든 것이다. 즉, 시작 구구단이 끝 구구단 보다 크면 프로그램이 안 돌아간다. 따라서 순서도 고려하고, 동일 크기인지 아닌지도 구별하는 것을 미리 생각해서 프로그램을 작성해야 한다.

■ **예제 4-3-4** 주사위 2개를 던졌을 때 나올 수 있는 모든 경우는? (단, 두 주사위를 구별할 수 있는 경우)

```
#include <stdio.h>

int main ()
{
```

```
    int i, j;

    for(i=1; i<=6; i++)
      {
        for(j=i; j<=6; j++)                          // index j = i 동일하게 할 경우
          {
            printf("(%d, %d) \n ",i, j);
          }
        printf("--------- \n ");
      }

    return 0;
}
```

► 실행 결과 4-3-4

```
(1, 1)
(1, 2)
(1, 3)
(1, 4)
(1, 5)
(1, 6)
---------
(2, 2)
(2, 3)
(2, 4)
(2, 5)
(2, 6)
---------
(3, 3)
(3, 4)
(3, 5)
(3, 6)
---------
(4, 4)
(4, 5)
(4, 6)
---------
(5, 5)
(5, 6)
---------
(6, 6)
---------
```

(✓ 문제점) 두 주사위를 구별할 수 없는 경우처럼 나온다. 즉, 예로, (2, 3)이나 (3, 2)는 구별할 수 없다.

► (프로그램 수정)

```
#include <stdio.h>

int main ()
{
   int i, j;
```

```
    for(i=1; i<=6; i++)
      {
        for(j=1; j<=6; j++)                              // j = 1 부터 시작
        {
          printf("(%d, %d) \n ",i, j);
        }
        printf("--------- \n ");
      }

    return 0;
}
```

► **(실행 결과)** 두 주사위를 정확히 구별할 수 있기 때문에, 총 $6\times6=36$가지 경우의 수가 나온다.

```
(1, 1)
(1, 2)
(1, 3)
(1, 4)
(1, 5)
(1, 6)
---------
(2, 1)
(2, 2)
(2, 3)
(2, 4)
(2, 5)
(2, 6)
 • • •
 • • •
---------
(5, 1)
(5, 2)
(5, 3)
(5, 4)
(5, 5)
(5, 6)
---------
(6, 1)
(6, 2)
(6, 3)
(6, 4)
(6, 5)
(6, 6)
---------
```

4.4. | do . . . while 문

【사용법】

```
do
{
  반복 내용 문장;
} while (조건식);
```

► 뒤에 나오는 while (조건식)에 관계없이 { } 안의 반복 내용 문장이 먼저 수행된다.

✎ **(사용 예시)** 1~10까지를 화면에 출력하기

```
#include <stdio.h>

int main ()
{
  int i=1;

  do
  {
    printf("%d \n", i);
    i++;
  } while (i<11);  // 매번 검사를 해서 이 조건이 충족될 때까지 {  } 속 내용을 반복

  return 0;
}
```

► **(실행 결과)**

```
1
2
3
4
5
6
7
8
9
10
```

■ **예제 4-4-0** 임의의 구구단을 출력하시오.

```
#include <stdio.h>

int main ()
```

```
{
  int v1, i=1;
  printf("원하는 구구단을 입력하시오");
  scanf("%d", &v1);

  do
  {
    printf(" %d * %d = %d\n", v1, i, v1*i);
    i++;
  } while(i<10);

  return 0;
}
```

☑ (종합)

취향의 문제이겠지만, do • • • while 문은 특별한 경우를 제외하고는 별로 쓰지 않는다. 즉, 대부분의 경우 for 문이나 while 문으로 대체할 수 있다.

4.5. | 반복문 기초 연습관련 예제들

► 이제까지 배운 내용을 토대로 여러 가지 예제 프로그램을 작성해 보자. 여기까지만 알아도 물리 교과서에 나오는 대부분의 계산 값이나 그래프 등은 그릴 수 있을 것이다.

[Re-visit]

■ **실습 해보기** 1에서 10까지 합을 구하시오. (단, 올림차순)

<table>
<tr><th>while 문</th><th>for 문</th><th>do • • • while 문</th></tr>
<tr><td><pre>#include <stdio.h>

int main()
{
  int i,s;
  s=0;

  while(i<=10)
    {
      s = s + i;
      i++;
    }
  printf("sum = %d \n", s);

  return 0;
}</pre></td><td><pre>#include <stdio.h>

int main()
{
  int i, s=0;
  for(i=0; i<=10; i++)
    s = s + i;
  printf("sum = %d \n", s);

  return 0;
}</pre></td><td><pre>#include <stdio.h>

int main()
{
  int i=0, s=0;
  do
    {
      i++;
      s=s+i;
    } while (i<=9);

  printf("sum = %d \n", s);

  return 0;
}</pre></td></tr>
</table>

⇴ **(각자 해보기)** 1에서 10까지 합을 구하시오. (단, 내림차순)

【Re-visit】

■ **실습 해보기** 다음과 같은 패턴이 되도록 프로그램을 작성하시오.

```
**********

**********

**********

**********
```

1장

```
#include <stdio.h>

int main()
{
   printf("********** \n");
   printf("********** \n");
   printf("********** \n");
   printf("********** \n");

   return 0;
}
```

for 문 사용

```
#include <stdio.h>

int main()
{
   int i, j;

   for(i=1; i<=5; i++)
     {
      for(j=1; j<=10; j++)
        {
          printf("*");
        }
      printf(" \n");
     }

   return 0;
}
```

✍ **(로직 설명)** 1장에서는 동일한 printf문을 5번 사용해야 했다. 이제, 패턴을 보면 x축 (세로)으로 5줄이 있고, y축 (가로)으로는 별(*)이 10개가 있다. 따라서 for 문을 두 번 사용하면 된다. 일단, 세로축은 i=1~5까지, 가로축은 j=1~10까지 지정한다. 그런 후, 처음에 i=1인 경우에, j (가로축)는 1~10까지를 반복하면서 별(*) 그려준다. 다음 줄로 넘어가야 한다 ("\n"). 이제 i=2 (세로축 2번째 줄)에서, 다시 j에 대해 1~10까지를 반복한다. 이 작업을 i=5가 될 때까지 하면 최종적으로 원하면 패턴을 그릴 수 있다.

■ **예제 4-5-0** 다음과 같은 패턴이 만들어지는 프로그램을 작성하시오.

*****	*
****	**

*** ** *	*** **** *****

► 실행결과 4-5-0

```
#include <stdio.h>

int main ()
{
    int i, j;

    for(i=5; i>0; i--)
      {
        for(j = i; j>0; j--)
          {
            printf("*");
          }
        printf(" \n");
      }

   return 0;
}
```

```
#include <stdio.h>

int main()
{
   int i, j;

   for(i=1; i<6; i++)
     {
       for(j=1; j<=i; j++)
         {
           printf("*");
         }
       printf(" \n");
     }

   return 0;
}
```

■ 예제 4-5-1 다음과 같은 패턴이 만들어지는 프로그램을 작성하시오.

```
*******
 *****
  ***
   *
```

► 실행결과 4-5-1

```
#include <stdio.h>

int main()
{
   int i, j, k;

   for(i=3; i>=0; i--)                        // 세로 4줄
     {
      for(j=3-i; j>0; j--)                    // 제일 왼쪽 끝을 기준으로 빈칸이 생김
          printf(" ");
      for(k=i*2+1; k>0; k--)                  // 가로로 별이 7→5→3→1개 생성
        {
          printf("*");
        }
      printf(" \n");
     }

   return 0;
}
```

■ 예제 4-5-2 다음과 같은 패턴이 만들어지는 프로그램을 작성하시오.

```
* * * * * * * * * *
O * * * * * * * * *
O O * * * * * * * *
O O O * * * * * * *
O O O O * * * * * *
O O O O O * * * * *
O O O O O O * * * *
O O O O O O O * * *
O O O O O O O O * *
O O O O O O O O O O
```

```
*
O*
OO*
OOO*
OOOO*
OOOOO*
OOOOOO*
```

► 실행 결과 4-5-2

```
#include <stdio.h>

int main()
{
   int i, j, k;

   for(i=1; i<=10; i++)
     {
       for(j=0; j<i-1; j++)
         {
           printf("O");
         }
       for(k=10-i; k>0; k--)
         {
           printf("*");
         }
       printf(" \n");
     }

   return 0;
}
```

```
#include <stdio.h>

int main()
{
   int i=0, j=0;

   while(i<7)
     {
       while(j<i)
         {
           printf("O");
           j++;
         }
       j=0;
       printf("* \n");
       i++;
     }

   return 0;
}
```

■ 예제 4-5-3 다음과 같은 패턴이 만들어지는 프로그램을 작성하시오.

```
* * * * * * * * * O
* * * * * * * * O O
* * * * * * * O O O
* * * * * * O O O O
* * * * * O O O O O
* * * * O O O O O O
* * * O O O O O O O
* * O O O O O O O O
* O O O O O O O O O
O O O O O O O O O O
```

► 실행 결과 4-5-3

```
#include <stdio.h>

int main()
{
   int i, j, k;

   for(i=1; i<=10; i++)
     {
       for(j=10-i; j>0; j--)
        {
          printf("*");
        }
       for(k=0; k<i; k++)
        {
          printf("O");
        }
       printf("\n");   // 다음 줄로 넘어가라
     }

   return 0;
}
```

■ **예제 4-5-4** 다음과 같은 패턴이 만들어지는 프로그램을 작성하시오.

```
         O
        OOO
       OOOOO
      OOOOOOO
     OOOOOOOOO
    OOOOOOOOOOO
   OOOOOOOOOOOOO
  OOOOOOOOOOOOOOO
 OOOOOOOOOOOOOOOOO
OOOOOOOOOOOOOOOOOOO
```

► 실행 결과 4-5-4

(✓ 힌트)

(방법 ①)

앞의 패턴 중 두 개를 적절히 합하면 우리가 원하는 패턴을 얻을 수 있다. 별표 (*) 대신에 빈 공간으로 하면 될 것이다.

* * * * * * * * * O	* * * * * * * * *
* * * * * * * * O O	O * * * * * * * *
* * * * * * * O O O	O O * * * * * * *
* * * * * * O O O O	O O O * * * * * *
* * * * * O O O O O	O O O O * * * * *
* * * * O O O O O O	O O O O O * * * *

```
* * * O O O O O O O     O O O O O O * * *
* * O O O O O O O O     O O O O O O O * *
* O O O O O O O O O     O O O O O O O O *
O O O O O O O O O O     O O O O O O O O O
```

```
#include <stdio.h>

int main()
{
  int i, j, k;

  for(i=1; i<=10; i++)
     {
//      예제 4-5-3 패턴
        for(j=10-i; j>0; j--)
          {
            printf(" ");
          }
        for(k=0; k<i; k++)
          {
            printf("O");
          }

//      예제 4-5-2 패턴
        for(j=0; j<i-1; j++)
           {
             printf("O");
           }
        for(k=10-i; k>0; k--)
           {
             printf(" ");
           }

//      다음 줄로 넘어가야 하니까
        printf(" \n");

     }

  return 0;
}
```

(방법 ②) 앞 예제에서 역삼각형 패턴이 있으므로 이것을 활용해서 그릴 수 있다.

```
    *
   ***
  *****
 *******
*********
```

```
#include <stdio.h>

int main()
{
  int i;
```

```
    for(i=0;i<5;i++)                    // 세로 5줄
    {
        for(int j=4;j>i;j--)            // 가운데 중심선에서 좌우로 4개씩 대칭임
        {
            printf(" ");
        }

        for(int j=0;j<2*i+1;j++)
        {
            printf("*");
        }

        printf("\n");
    }

    return 0;
}
```

■ 예제 4-5-5 다이아몬드

	(방법 ①)	(방법 ②)
* *** ***** ******* ********* ******* ***** *** *	* *** 삼각형 ***** ******* ********* ******* ***** 역삼각형 *** *	1영역 2영역 * *** ***** ******* ********* ******* ***** *** * 3영역 4영역

► 실행 결과 4-5-5

(방법 ①) 앞에서 따로따로 그린 삼각형과 역삼각형을 서로 붙이면 다이아몬드 형태를 만들 수 있다.

```
#include <stdio.h>

int main()
{
    int i, j, v1=5;             // 세로로 총 9층 다이아몬드

    for(i=0;i<v1;i++)           // 위쪽 삼각형 그리기 (예, 세로  5층)
    {
        for(j=v1-1;j>i;j--)
        {
            printf(" ");
```

```
            }

         for(j=0;j<2*i+1;j++)
            {
               printf("*");
            }
         printf("\n");
      }

   for(i=1;i<v1;i++)        // 아래쪽 역삼각형 그리기 (가로 중심선 제외하고 밑으로 4층)
      {
         for(j=0;j<i;j++)
            {
               printf(" ");
            }

         for(j=2*v1-1;j>2*i;j--)
            {
               printf("*");
            }
         printf("\n");
      }

   return 0;
}
```

(방법 ②)

(✓ 힌트) 다이아몬드 형태를 4영역으로 나누고, 절반을 중심으로 위쪽 (1, 2영역)은 위의 예제에서 그렸으므로, 아래쪽 (3, 4영역)을 작성하는 프로그램을 만든 후 모두 합치면 된다.

```
#include <stdio.h>

int main()
{
   int i, j, k;
   for(i=1; i<=5; i++)              // 위쪽 5층
      {
         for(j=5-i; j>0; j--)       // 예제 4-5-3 패턴    (1영역)
          {
             printf(" ");
          }
         for(k=0; k<i; k++)
          {
             printf("O");
          }

         for(j=0; j<i-1; j++)       // 예제 4-5-2 패턴    (2영역)
            {
               printf("O");
            }
         for(k=5-i; k>0; k--)
            {
               printf(" ");
            }

         printf(" \n");             // 한 줄 그리고 다음 줄로 넘어감
```

```
    }

  for(i=1; i<=5; i++)              // 아래로는 4층
    {
      for(j=0; j<i; j++)           // 3영역은 2영역에서 가져와서 수정
        {
          printf(" ");
        }
      for(k=5-i; k>1; k--)
        {
          printf("O");
        }

      for(j=5-i; j>0; j--)         // 4영역은 1영역에서 가져와서 수정
        {
          printf("O");
        }
      for(k=0; k<i; k++)
        {
          printf(" ");
        }

      printf("\n");                // 한 줄 그리고 다음 줄로 넘어감
    }

  return 0;
}
```

⚮ **(각자 그려보기)**

① 모래시계	② 별	③ 하트

`*********`
`*******`
`*****`
`***`
`*`
`***`
`*****`
`*******`
`*********`
	(각자 별 모양을 생각해서 코딩해 본다)	(각자 하트 모양을 생각해서 코딩해 본다)

■ **예제 4-5-6** 임의의 수를 읽어드려 n!을 계산하는 프로그램을 작성하시오. (예, 6!)

(방법 ①)	(방법 ②)

`#include<stdio.h>`
 	
`int main(void)`
`{`
 	
`  int i, v1, fac=1;`
 	
`  printf("임의를 숫자를 입력하시오! ");`
`  scanf("%d", &v1);`
	`#include<stdio.h>`
	
	`int main(void)`
	`{`
	
	`  int i, v1, fac=1;`
	
	`  printf("임의를 숫자를 입력하시오! ");`
	`  scanf("%d", &v1);`

for(i=1; i<=v1; i++)
  {
    fac = fac * i;
    printf("%d! = %d \n",i, fac);
  }
 	
  return 0;
}
	for(i=2; i<=v1; i++)
	  {
	    fac = fac * i;
	    printf("%d! = %d \n",i, fac);
	  }
	
	  return 0;
	}

► **실행 결과 4-5-6**

(방법 ①)	(방법 ②)
임의를 숫자를 입력하시오! 6 1! = 1 2! = 2 3! = 6 4! = 24 5! = 120 6! = 720	임의를 숫자를 입력하시오! 6 2! = 2 3! = 6 4! = 24 5! = 120 6! = 720

☑ **(체크하기)** 1! = 1이므로 for 반복문에서 i=2부터 시작해도 상관없다.

■ **예제 4-5-7** 2^n승 계산하기 (예, 2^{10} 혹은 3^5 등)

```
#include<stdio.h>

int main()
{
  int i, p=1;

  for(i=1; i<=5; i++)                    // i++ 사용
    {
      p *= 3;                            // p =  p * 3;        예로, 3의 멱수의 의미
      printf(" 3^%d = %d \n", i, p);
    }

  return 0;
}
```

(✓ 확인) for 문 { } 안에 index i 관련 실행 문장이 굳이 없어도 loop을 돌아가면서 연산 (p *= 3)이 계속된다.

► **실행 결과 4-5-7**

```
3^1 = 3
3^2 = 9
```

```
3^3 = 27
3^4 = 81
3^5 = 243
```

(다른 방법 해보기) 2^{10}승 계산하기

(방법 ①) for 문 사용

```
#include <stdio.h>

int main()
{
  int i=2, j=10, k=1;
  int sum = 0;

  for(j; j>0; j--)              // j-- 사용
    {
      k = k*i;                  // 2^10계산
      printf("%d \t %d \n", 11-j,k);
    }
  printf("--------------- \n");
  printf("%d^%d = \t %d \n",i, j+10, k);

  return 0;
}
```

```
1        2
2        4
3        8
4        16
5        32
6        64
7        128
8        256
9        512
10       1024
---------------
2^10 =   1024
```

(방법 ②) while 문 사용

```
#include <stdio.h>

int main ()
{
  int i, p;
  i = 0;
  p = 1;

  while(++i <=10)
    printf("2^%d \t %d \n", i, p = p*2);

  return 0;
}
```

```
2^1      2
2^2      4
2^3      8
2^4      16
2^5      32
2^6      64
2^7      128
2^8      256
2^9      512
2^10     1024
```

(방법 ③) math.h 사용 (가장 쉬운 방법이기는 하나, 이 장에서는 반복문을 연습하는 것이 주목적임을 상기한다)

```
#include <stdio.h>
#include <math.h>

int main()
{
  printf("2^10 = %.0f \n", pow(2,10));

  return 0;
}
```

■ **예제 4-5-8** 임의의 수를 읽어서 약수를 구하는 프로그램을 작성하시오.

while 문	for 문

`#include <stdio.h>`
 	
`int main ()`
`{`
`  int i=1, v1;`
 	
`  printf("임의의 수를 입력하시오! ");`
`  scanf("%d", &v1);`
 	
`  printf("약수는 다음과 같습니다! \n");`
`  while(i <= v1)`
`    {`
`      if (v1%i == 0)`
`        printf("%d \n", i);`
`        i++;`
`    }`
 	
`  return 0;`
`}`
	`#include <stdio.h>`
	
	`int main ()`
	`{`
	`  int i=1, v1;`
	
	`  printf("임의의 수를 입력 하시오! ");`
	`  scanf("%d", &v1);`
	
	`  printf("약수는 다음과 같습니다! \n");`
	`  for(i=1; i<=v1; i++)`
	`    {`
	`      if (v1%i == 0)`
	`      printf("%d \n", i);`
	`    }`
	
	`  return 0;`
	`}`

► **실행 결과 4-5-8**

```
임의의 수를 입력하시오! 20
약수는 다음과 같습니다!
1
2
4
5
10
20
```

■ **예제 4-5-9** 100까지 7의 배수를 역순 (내림차순)으로 출력

```
#include <stdio.h>

int main ()
{
  int i;

  for(i=100; i>=1; i--)              // 내림차순
   {
     if(i%7 == 0)                    // 7의 배수
        printf("%d  ", i);
   }
  printf("\n");                      // 7의 배수 다 찾은 후 다음 줄로 넘어가라

  return 0;
}
```

▶ **실행 결과 4-5-9**

```
98 91 84 77 70 63 56 49 42 35 28 21 14 7
```

■ **예제 4-5-10** 두 수의 공약수를 구하시오.

```
#include <stdio.h>

int main ()
{
   int a, b, v1, v2, i;

   printf("두 수를 입력하시오!  ");
   scanf("%d %d", &a, &b);

   if(a > b)                        // 서열 정하기: v1 보다 v2를 더 크게
     {
       v1 = b;
       v2 = a;
     }
   else
     {
       v1 = a;
       v2 = b;
     }

   printf("%d와 %d의 공약수: ", v1, v2);

   for(i=1; i<=v2; i++)             // 작은 수 (v1) 까지만 돌아가면 되지만 v2도 상관 없다
    {
      if(v1%i + v2%i == 0)
        printf("%d \t", i);
    }
   printf("\n");

   return 0;
}
```

✍ **(설명)**

① 임의의 두수를 읽어드릴 때 (예, 12 → 30 혹은 30 → 20), 어느 것이 더 크고 작은지를 모르기 때문에 서열을 정해주는 것이 편리하고 더 좋은 프로그램이다. 만약 처음부터 강제적으로 순차적으로 입력하라고 한다면 (예, 12 → 30), if ~ else 까지 문장은 굳이 필요는 없다.

② for(i=1; i〈=v2; i++)로 되어 있는데, for(i=1; i〈=v1; i++)로 해도 문제는 없다. 공통을 찾는 것이므로, v2 (큰 수)로 해도 loop은 작은 쪽 (v1)까지만 돌아갈 것이다.

③ 공약수를 구하는 부분에서 for 문 대신에 while 문을 사용할 수도 있다.

```
int i=1, v1, v2;            // 초기화 필요

while(i <= v2)
  {
    if(v1%i + v2%i == 0)
      printf("공약수: %d \n",i);
    i++;
  }
```

► 실행 결과 4-5-10

```
두 수를 입력하시오!  12 30
12와 30의공약수: 1        2        3        6
```

(✓ 확인)

약수: 어떤 수를 나누었을 때 나머지가 0이 되는 수로 나누어떨어지는 수

공약수: 두 개 이상 자연수의 공통인 약수

12의 약수: 1, 2, 3, 4, 6, 12

30의 약수: 1, 2, 3, 5, 6, 10, 15, 30

12와 30의 공통인 약수 (= 공약수): 1, 2, 3, 6

12와 30의 가장 큰 약수 (= 최대 공약수): 6

☑ **(참고)** 삼항 연산자 사용 예

```
#include <stdio.h>

int main()
{
  int i, v1, v2, max, min;

  printf("두 수를 입력하시오!  ");
  scanf("%d %d", &v1, &v2);

  max = (v1>v2) ? v1 : v2;
  min = (v1<v2) ? v1 : v2;

  printf("%d와(과) %d의 공약수: ", min, max);

  for(i=1; i<=min && i<=max; i++)              // for 문을 이렇게 사용해도 된다
//for(i=1; i<=min; i++)                        // 일반적인 for 문 사용법
    {
      if(v1%i + v2%i == 0)
        printf("%d \t", i);
    }
  printf("\n");

  return 0;
}
```

(✓ 확인) 논리 연산자

x && y : AND 연산. x와 y가 모두 참 (true)이면 참, 그렇지 않으면 거짓 (false)

【Re-visit】 3장 확인문제

■ **예제 4-5-11** 4개의 수를 읽어드려 내림차순으로 출력하시오. (큰 수 → 작은 수)

```
#include <stdio.h>

int main()
{
    int i, tmp;
    int v1, v2, v3, v4;

    printf("임의의 4개의 수를 입력하시오!  ");
    scanf("%d %d %d %d", &v1, &v2, &v3, &v4);

    for(i=0; i<3; i++)
      {
        if(v1<v2)
          {
              tmp = v2;
               v2 = v1;
               v1 = tmp;
          }

        if(v2<v3)
          {
              tmp = v3;
               v3 = v2;
               v2 = tmp;
          }

        if(v3<v4)
          {
              tmp = v4;
               v4 = v3;
               v3 = tmp;
          }
      }
    printf("%d %d %d %d \n", v1, v2, v3, v4);

    return 0;
}
```

(✓ 힌트) 내림차순이므로 작은 것을 무조건 오른쪽으로 보내야 한다.

☑ **(중요 포인트)** 3장에서 공부한 순서 바꾸기 (swap)의 개념을 다시 상기한다.

☑ **(체크하기)**

입력한 순서	2 4 5 6
처음 loop을 돈 후	4 5 6 2
두 번째 loop을 돈 후	5 6 4 2
세 번째 loop을 돈 후	6 5 4 2

► 실행 결과 4-5-11

```
임의의 정수 4개를 입력하시오!  2 4 5 6
6 5 4 2
```

【Re-visit】

■ 예제 4-5-12 5개의 수를 읽어드려 최대값을 찾으시오.

```
#include <stdio.h>

int main(void)
{
  int i=1, v1, max;

  printf("5개 정수를 입력하시오!  ");
  scanf("%d", &v1);

  max = v1;            // 처음 읽어드린 첫 번째 값을 강제적으로 최대라고 가정한다

  while(i<=4)
    {
      scanf("%d", &v1);
      max = (v1 > max) ? v1 : max; // while 문을 4번 돌면서 서로 비교해 최대 찾음
      i++;
    }
  printf("최대값은 %d 입니다. \n", max);

  return 0;
}
```

☑ **(점검)**

① 3장에서는 if 문 (혹은 삼항 연산자)을 사용하여서 프로그램을 작성하였다.

② 최종적으로 우리가 하고 싶은 것은 n개의 수를 읽어서 이들을 순차적으로 (오름차순, 내림차순) 배열하고 싶다. 이것은 다시 배열 (array) 나올 때, 다시 공부한다.

► 실행 결과 4-5-12

```
5개 정수를 입력하시오!  5  8 -12 6  6
최대값은 8 입니다.
```

■ **예제 4-5-13** 1에서 10까지 홀수와 짝수의 합을 각각 구하시오.

```
#include <stdio.h>

int main()
{
  int i, s1=0, s2=0;

  for(i=1; i<=10; i++)
    {
      if(i%2 == 1)
        {
          s1 = s1 + i;
        }
      else
        {
          s2 = s2 + i;
        }
    }

  printf("홀수 총합은 %d입니다. \n", s1);
  printf("짝수 총합은 %d입니다. \n", s2);

  return 0;
}
```

► **실행 결과 4-5-13**

```
홀수 총합은 25입니다.
짝수 총합은 30입니다.
```

(다른 방법 해보기)

```
#include <stdio.h>

int main()
{
  int i=0, s=0;

  while(i<=10)
    {
      s = s + i;
      printf("i = %d \t Sum = %d \n", i, s);
      i = i + 2;                              // 짝수는 2씩 증가
    }
  printf("짝수 총합은 %d입니다. \n", s);

  return 0;
}
```

(설명) 짝수는 이미 2씩 증가하기 때문에 매번 판별할 필요가 없다.

► (실행 결과)

```
i = 0    Sum = 0
i = 2    Sum = 2
i = 4    Sum = 6
i = 6    Sum = 12
i = 8    Sum = 20
i = 10   Sum = 30
짝수 총합은 30입니다.
```

■ **예제 4-5-14** 임의의 숫자를 읽어드려 거기까지 짝수를 모두 출력하시오.

```
#include <stdio.h>

int main()
{
  int i, v1;

  printf("임의의정수를 입력하시오!  ");
  scanf("%d", &v1);

  printf("%d 까지 짝수를 출력합니다. \n", v1);
  for(i=1; i<=v1; i++)
    {
      if(i % 2 == 0)
        printf("%d   ", i);                    // 3칸씩 띄우면서 출력하기
    }
  printf("\n");

  return 0;
}
```

► **실행 결과 4-5-14**

```
임의의정수를 입력하시오!  23
23 까지 짝수를 출력합니다.
2   4   6   8   10   12   14   16   18   20   22
```

■ **예제 4-5-15** 임의의 숫자를 읽어드려 역순으로 보이게 출력하시오.

```
#include <stdio.h>

int main()
{
  int v;

  printf("임의의 정수를 입력하시오!   ");
  scanf("%d", &v);

  printf("역순으로 출력하면 다음과 같습니다.  ");
  while(v)
```

```
    {
      printf("%d", v%10);
      v = v/10;
    }

  printf("\n");

  return 0;
}
```

► 실행 결과 4-5-15

```
임의의 정수를 입력하시오!   34567
역순으로 출력하면 다음과 같습니다.  76543
```

☑ **(참고)** 예로, 34567을 숫자로 간주하지 않고, 문자열 (string)로 취급해서 코딩을 할 수 있는데 이것은 6장 (배열)에서 다시 배운다.

■ **실습 해보기** 두 개의 정수를 읽어드려 두 값 사이에 존재하는 3의 배수와 5의 배수를 찾는다. 그런 후 3의 배수와 5의 배수의 각 합을 계산하여 어떤 값이 더 큰지를 판단하여 출력하라.

```
#include <stdio.h>

int main()
{
  int i, start, end, v1, v2, S1=0, S2=0;
  scanf("%d %d", &v1, &v2);

  if(v1<v2)                                  // 누가 더 큰지 서열 정하기
    {
      start=v1;
      end=v2;
    }
  else
    {
      start=v2;
      end=v1;
    }

  for(i=start; i<=end; i++)                  // 서열 사이 loop 돌면서 각 배수 합산하기

    {
      if(i%3==0) S1=S1+i;
      if(i%5==0) S2=S2+i;
    }

  // 두 수 v1과 v2 사이의
  printf("3의 배수합=%d \n", S1);
```

```
    printf("5의 배수합=%d \n", S2);

    if(S1>S2)                                   // 합이 누가 더 큰지를 비교하기
        printf("3의 배수합이 크다 =%d \n", S1);
     else
        printf("5의 배수합이 크다 =%d \n", S2);

    return 0;
}
```

4.6. | break 문

【사용법】 (예)

```
while(1)
{
    .....
    if (x < 0)
      break;
}
printf( "  x = %d “, x);
```

바로 탈출

► break를 만나면 프로그램에서 문장이 바로 중지되고 다음으로 넘어간다. 일종의 보조 제어문에 속한다.

✎ **(사용 예시)** 다음 결과를 예상하시오.

```
#include <stdio.h>

int main()
{
   int i, s=0;

   for(i=0; i<=100; i++)
     {
       s+=i;
       break;
       printf("i = %d \t Sum = %d \n", i, sum);
     }

   printf("Total sum = %d \n", sum);

   return 0;
}
```

⇨ 10번째 줄: 프로그램이 break를 만나기 때문에 10번째 줄에서 바로 중지되고, { }을 빠져나가서 "Total sum = 0"이 화면에 출력된다. 그래서 만약 10번째 줄을 // (주석처리) 하면 1~100까지 합산을 하는 문제이므로 5050이 출력될 것이다.

■ **예제 4-6-0** 1에서 부터 계속 하나씩 더해 나갈 때, 합이 5000이 넘으면 중지한다. 그럼 5000을 넘기 전 몇까지 더해야만 하는지 그 숫자를 보여주는 프로그램을 작성하시오.

```
#include <stdio.h>

int main()
{
  int i = 0 , s = 0;

  while(1)                          // 무한 반복
    {
      s = s + i;
      if(s > 5000)
        break;
      i++;
    }

  printf("i = %d \t Sum = %d \n", i, s);
  printf("%d 까지 더하면 합이 %d 입니다. \n", i-1, s-i);

  return 0;
}
```

► **실행 결과 4-6-0**

```
i = 100          Sum = 5050
99 까지 더하면 합이 4950 입니다.
```

☑ (참고) 무한반복

위 예제에서 while(1)이 있는데, 이것의 의미는 무반 반복 (loop)을 의미한다. while(2)해도 같은 의미이다. 또 다른 방법은 아래와 같다.

① for(; ;)

② for(i=0; 1; i++)

③ for(i=0; ; i++)

☑ (참고) sleep

무한반복 (loop)을 실행하면 화면이 너무 빨리 지나가서 잘 볼 수가 없다. 화면을 확인할 필요가 있을 때, sleep을 쓸 수 있다.

``
#include <stdio.h>
#include <unistd.h>
 	
int main()
{
  while(1)
  {
    sleep(10); // 10초마다 다음 문장 실행
    printf("Hi world! \n");
  }
 	
  return 0;
}
``
	linux] ./a.out
	Hi world!
	Hi world!
	• • •
	• • •

```
#include <stdio.h>
#include <unistd.h>

int main()
{
  while(1)
  {
    sleep(10); // 10초마다 다음 문장 실행
    printf("Hi world! \n");
  }

  return 0;
}
```

```
linux] ./a.out
Hi world!
Hi world!
• • •
• • •
```

⚯ (해보기)

```
#include <stdio.h>

int main()
{
  int i;

  for( ; ; )                    // 무한반복
  for(i=0; ; i++)
    printf("***** \n");

  return 0;
}
```

■ **예제 4-6-1** 임의의 숫자를 입력해서 거기까지 도달하면 합산하고 종료하는 프로그램을 작성하시오.

```
#include <stdio.h>

int main()
{
  int v1, i, s=0;

  printf("임의의 숫자를 입력하시오! ");
  scanf("%d", &v1);

  for(i=0; i<=v1; i++)
    {
      s = s + i;
      if( i == v1)
        break;
    }
```

```
    printf("i= %d Sum = %d \n", i, s);

    return 0;
}
```

► 실행 결과 4-6-1

```
임의의 숫자를 입력하시오! 10
i = 10    Sum = 55
```

■ 예제 4-6-2 임의의 "문자"를 입력해서 만약 그 문자가 q이면 종료하는 프로그램을 작성하시오.

```
#include <stdio.h>

int main()
{
    int i;
    char v1;

    printf("임의의 문자를 입력하시오! ");
    scanf("%c", &v1);

    for(i=0; ; i++)
      {
        if(v1 == 'q')
          {
            printf("입력문자가 q이므로 종료합니다.\n");
            break;
          }
      }

    return 0;
}
```

► 실행 결과 4-6-2

```
임의의 문자를 입력하시오! d
d
f
q
^C
```

(✓ 문제점)

처음에 q가 오면 프로그램 바로 종료된다. 하지만 아니면 절대 끝나지 않는다. 심지어 q가 중간에 와도 안 끝난다. 그래서 강제 종료하기 위해 ^C (control +C)를 누른 것이다.

✎ **(프로그램 수정)**

```
#include <stdio.h>

int main()
{
  char v1;

  printf("임의의 문자를 입력하시오! ");

  for( ; ; )
    {
      scanf("%c", &v1);

      if(v1 == 'q')
        {
          printf("입력문자가 q이므로 종료합니다.\n");
          break;
        }
    }

  return 0;
}
```

(✓ 힌트) 무한 반복문 안에 scanf가 있어서, loop을 한 번 돈 후, 문자를 읽어드리고 판단하고, 다시 loop을 돌면서 읽어드려 판단하며, 이 과정을 'q'가 올 때까지 반복한다.

■ **예제 4-6-3** 임의의 수를 읽어드려서 소수인지를 판별하시오.

```
#include <stdio.h>

int main()
{
  int i, v1, flag = 1;                  // 모든 수를 소수라고 가정하는 초기화
  printf("1이 아닌 임의의 정수를 입력하시오!  ");
  scanf("%d", &v1);

  for(i=2; i<v1; i++)
    {
      if(v1%i == 0)
        {
          flag = 0;                     // 소수가 아니면 마치 깃발을 내리는 것으로 간주
          break;
        }
    }

  if(flag == 1)
     printf("%d 은(는) 소수입니다.  \n", v1);
  else
     printf("%d 은(는) 소수가 아닙니다.  \n", v1);

  return 0;
}
```

✍ **(설명)** 기본 로직

모든 수를 소수라고 가정하는 초기화 (예, flag = 1)를 한다. 그런 후, 소수가 아니면 마치 깃발을 내리는 것으로 처리하여 (예, flag = 0), flag가 0 혹은 1에 따라 소수를 판별한다.

■ 예제 4-6-4 임의의 수를 읽어드려서 거기까지 소수를 찾으시오.

```
1   #include <stdio.h>
2
3   int main()
4   {
5       int i, j, v1;
6
7       printf("1이 아닌 임의의 정수를 입력하시오!  ");
8       scanf("%d", &v1);
9
10      for(i=2; i<=v1; i++)
11        {
12          for(j=2; j<=i; j++)
13            {
14              if(i % j == 0)
15                break;
16            }
17
18          if(i==j)                 // 맨 마지막 자기 자신하고만 나누어 지면 소수
19            printf("%d \n", j);
20        }
21
22      return 0;
23  }
```

► 실행 결과 4-6-4

⇨ 7번째 줄: 1은 입력부터 제외하자.

⇨ 12~14번째 줄: 2부터 입력된 수까지 계속 하나씩 증가하면서 입력 수가 나누어지면 소수가 아니다. 즉, break문에 걸리면 소수가 아니다.

⇨ 18번째 줄: 자기 자신으로만 나누어지면 소수이다.

```
1이 아닌 임의의 정수를 입력하시오!  16
2
3
5
7
11
13
```

(✓ 로직 설명) 예, 입력된 정수가 6이라고 하자. i를 입력된 수(=6)까지 계속 하나씩 증가시키면서 한 번이라도 중간에 나누어지면 소수가 아니기 때문에 바로 break하고, 맨 마지막인 자기 자신하고만 나누어지면 소수이다.

i	j>=2	i % j	설명
2	2	2 % 2	
3	2	3 % 2	
	3	3 % 3	
4	2	4 % 2	여기서 걸리기 때문에 소수 아님. 바로 중지(break) 된다
	3	4 % 3	실행 안됨 (×)
	4	4 % 4	실행 안됨 (×)
5	2	5 % 2	
	3	5 % 3	
	4	5 % 4	
	5	5 % 5	
6	2	6 % 2	여기서 걸리기 때문에 소수 아님. 바로 중지(break) 된다
	3	6 % 3	실행 안 됨 (×)
	4	6 % 4	실행 안 됨 (×)
	5	6 % 5	실행 안 됨 (×)
	6	6 % 6	실행 안 됨 (×)

⇴ **(다른 방법 해보기)** goto 문 사용

```
#include <stdio.h>

int main()
{
    int i, j, v1;

    printf("1이 아닌 임의의 정수를 입력하시오!  ");
    scanf("%d", &v1);

    for(i=2; i<=v1; i++)
      {
        for(j=2; j<=i; j++)
          {
            if(i % j == 0)
              goto A;
          }
```

```
        A:
        if(i==j)
          printf("%d \n", j);
      }

    return 0;
}
```

4.7. | continue 문

【사용법】 (예)

```
while(1)
{
      .....
      if (x < 0)
        continue;
}
printf( "  x = %d “, x);
```

계속 반복

► continue를 만나면 프로그램에서 조건이 충족되는 한 계속 반복된다 (= 만족되면 잘하고 있으니까 계속 반복하라는 의미). 일종의 보조 제어문에 속한다.

✎ **(사용 예시)** 다음 결과를 예상하시오.

```
#include <stdio.h>

int main()
{
  int v1, i;

  printf("임의의 숫자를 입력 하시오! ");
  scanf("%d", &v1);

  for (i = 0; i <= v1; i++)
    {
      if (i%2 == 0)
        continue;
      printf("%d  \n", i);
    }

  return 0;
}
```

✍ **(설명)**

i=0 → 나머지 0이므로 만족하니까 continue로 가고, 다음 줄 printf로 안 간다.

i=1 → 나머지 0이 아니므로 continue로 가는 것이 아니라 다음 줄 printf로 간다.

• • •

(위 과정을 입력한 숫자까지 반복하면서 홀수만 출력한다.)

► **(실행 결과)**

```
임의의 숫자를 입력 하시오!  9
1
3
5
7
9
```

■ **예제 4-7-0** 임의의 수를 읽어서 거기까지 짝수만 출력하시오.

```
1   #include <stdio.h>
2
3   int main()
4   {
5       int i, v1;
6
7       printf("임의의 숫자를 입력하시오!  ");
8       scanf("%d", &v1);
9
10      for(i=0; i<=v1; i++)
11        {
12          if(i % 2 == 1)
13              continue;
14          printf("%d \n", i);
15        }
16
17      return 0;
18  }
```

✍ **(설명)**

i가 홀수이면 계속 for loop을 돌고, 짝수이면 continue 다음 줄 printf를 한다. 즉, 결국 짝수 i만 계속 출력한다.

∞ **(다른 방법)**

⇨ 12~14번째 줄: 다음과 같이 변경해도 된다.

```
if(i % 2 != 0)
  continue;
printf("%d \n", i);
```

☑ **(복습)** 예로, 임의의 수까지 짝수 혹은 홀수 판별하는 가장 일반적인 방법

```
#include <stdio.h>

int main()
{
  int i, v1;

  scanf("%d", &v1);

  for(i=1; i<=v1; i++)
    {
      if(i % 2 == 0)
        printf("%d 은(는) 짝수이다. \n", i);
      else
        printf("%d 은(는) 홀수이다. \n", i);
    }

  return 0;
}
```

▪ **예제 4-7-1** 구구단 중 짝수단에서 2단은 2x2까지, 4단은 4x4까지, 6단은 6x6까지, 8단은 8x8까지 출력하기. (단 continue와 break를 모두 사용할 것)

(방법 ①)

```
#include <stdio.h>

int main()
{
  int i, j;

  for(i=2; i<=8; i+=2)
  {
    printf("-----------\n");
    for(j=1; j<=8; j++)
    {
      if(j<=i)
        printf("%d x %d = %d \n", i, j, i*j);
        continue;

      if(j>i)
        break;
    }
  }
  return 0;
}
```

(방법 ②)

```
#include <stdio.h>

int main()
{
  int i, j;
 for(i=1; i<=9; i++)
  {

    if(i%2 == 1)
      continue;

    printf("-----------\n");
    for(j=1; j<=9; j++)
    {
      printf("%d x %d = %d \n", i, j, i*j);
      if(j==i)
        break;
    }

  }

  return 0;
}
```

► 실행 결과 4-7-1

```
-----------
2 x 1 = 2
2 x 2 = 4
-----------
4 x 1 = 4
4 x 2 = 8
4 x 3 = 12
4 x 4 = 16
-----------
6 x 1 = 6
6 x 2 = 12
6 x 3 = 18
6 x 4 = 24
6 x 5 = 30
6 x 6 = 36
-----------
8 x 1 = 8
8 x 2 = 16
8 x 3 = 24
8 x 4 = 32
8 x 5 = 40
8 x 6 = 48
8 x 7 = 56
8 x 8 = 64
```

4.8. 전산물리 기초 연습 예제

■ **전산물리 실습 $\int_0^{\frac{\pi}{2}} \sin x\, dx$ 의 적분값, 그래프, 오차에 대해서 논의하시오.**

► (직접 적분하기) $\int_0^{\frac{\pi}{2}} \sin x\, dx = -\cos x|_0^{\frac{\pi}{2}} = -(\cos\frac{\pi}{2} - \cos 0) = 1$

```
#include <stdio.h>
#include <math.h>

int main()
{
  float x, y, area=0, dx=0.001;

  for(x=0; x<=1.570; x=x+dx)                    // π/2 ~ 1.570
    {
      area = area + sin(x)*dx;                  // 직사각형법 넓이
      printf("x = %f, Area = %f \n", x, area);
```

```
    }

  return 0;
}
```

► **(실행 결과)**

```
  • • •
x = 1.566017, Area = 0.995701
x = 1.567017, Area = 0.996701
x = 1.568017, Area = 0.997701
x = 1.569017, Area = 0.998701
```

☑ **(점검)**

직접 적분한 값은 1인데, 프로그램으로 얻은 값은 0.998701으로 1에 수렴은 하지만 정확히 1은 아니다. 따라서, 직사각형을 더 잘게 혹은 크게 쪼개면서 결과가 얼마나 달라지는지를 각자 꼭 확인해 보자.

■ 전산물리 실습 $\int_{-\infty}^{\infty} \frac{\sin^2 x}{x^2} dx$ 값을 구하고 그래프를 그려 보시오.

```
#include <stdio.h>
#include <math.h>

int main()
{
   float x, y, area=0;

   for(x=-1000.0; x<=1000.0; x+=0.01)
     {
        y = (sin(x)*sin(x))/(x*x);
        area = area + y*0.01;
    // printf("%.4f   %.5f \n", x, y);
     }

   printf("적분값은 %.5f입니다.  \n", area);

   return 0;
 }
```

► **(실행 결과)**

```
적분값은 3.13922입니다.
```

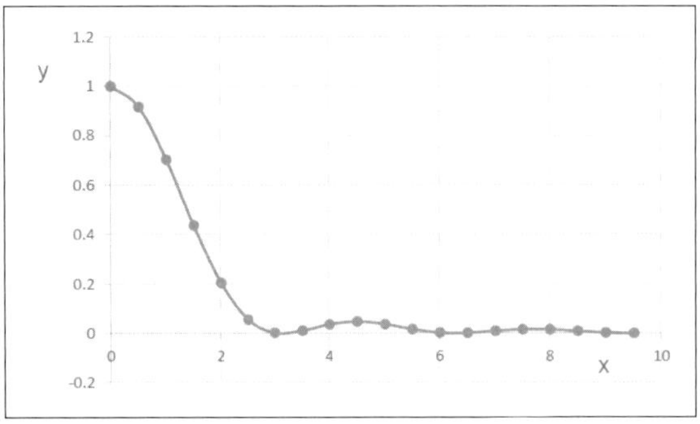

✍ **(설명)**

① 이 함수는 물리학에서 일종의 δ-함수이다. 즉, 0 근처에서만 값을 가지고 그 외에서는 0을 가진다. 그래프 구간을 [0, 10]까지만 그려서 δ-함수처럼 안 보일 뿐이지, $[-\infty, +\infty]$까지 그려보면 δ-함수처럼 보인다.

② 그래프를 그리기 위해 $\frac{\sin^2 x}{x^2}$가 우함수이므로 $x > 0$ 쪽에서만 그리고, $x < 0$인 부분은 y-축에 대칭인 형태이다.

③ $x = 0$인 지점에서는 $\frac{\sin^2 x}{x^2} \sim \frac{0}{0}$인 형태이므로, 실제 그래프를 그릴 때, $x \neq 0$인 지점 (예, 0.01)에서부터 그래프를 그려야 한다. 또한 $x > 10$ 이상인 x값에 대해서 y값은 거의 0이므로 굳이 따지지 않아도 된다.

④ 실제 계산 (Wolfram alpha)

$$\int_{-\infty}^{\infty} \frac{\sin^2 x}{x^2} dx = \pi$$

⑤ x구간 [-20, 20] 까지 그래프로 그려 본다.

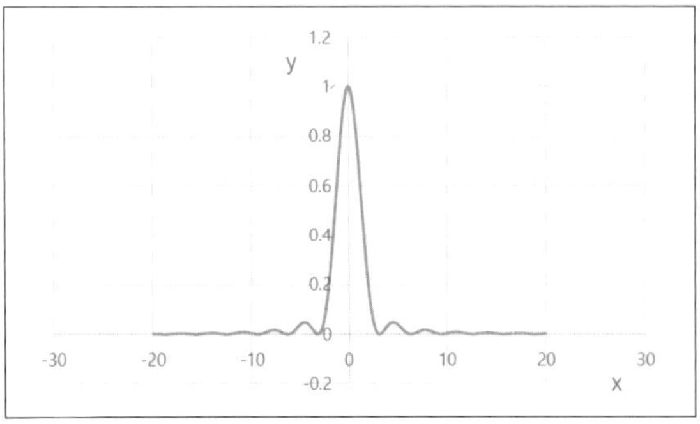

■ 전산물리 실습 $\sin\left(\frac{1}{x}\right)$ 그래프를 [-1, 1] 구간에서 그려 보시오.

```
#include <stdio.h>
#include <math.h>

int main()
{
    float x, y;

    for(x=-1; x<=1; x+=0.001)
      {
        y = sin(1/x);
        printf("%.4f  %.5f \n", x, y);
      }

    return 0;
}
```

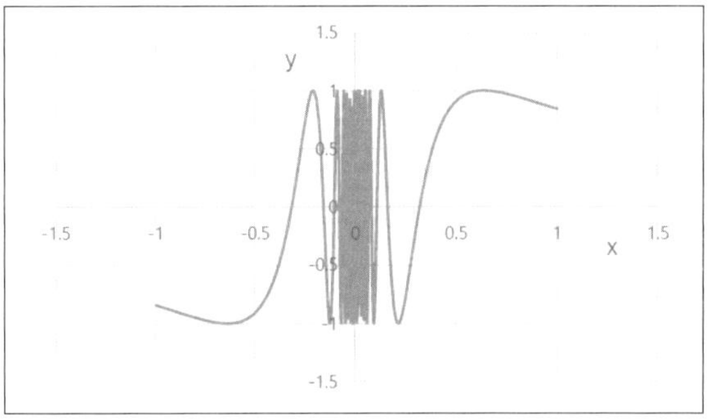

✍ **(설명)**

① sin 함수이므로 -1~1 사이의 값을 가지고 기함수이며, oscillation한다.

② $x \to \pm\infty$로 갈 때, $\sin\left(\frac{1}{x}\right) = \sin\left(\frac{1}{\infty}\right) \to 0$에 수렴한다.

③ $x \to 0$일 때, $\lim_{x\to 0}\sin\left(\frac{1}{x}\right) \to$ indefinite (but bounded), 즉 극한값을 가지지는 않지만, sin함수이므로 -1과 1사이 있다. $x \to 0$에서의 극한값은 매우 유명한 문제이다.

■ 전산물리 실습 $\int_{-1}^{1}\sin^2\left(\frac{1}{x}\right)$의 적분값을 구하고 그래프를 그려 보시오.

```
#include <stdio.h>
#include <math.h>

int main()
```

```
{
    float x, y, area=0;

    for(x=-1; x<=1; x+=0.01)
      {
        y = pow(sin(1/x),2);
        area = area + y*0.01;
        printf("%.4f  %.5f \n", x, y);
      }

   printf("적분값은 %.5f입니다.  \n", area);

   return 0;
}
```

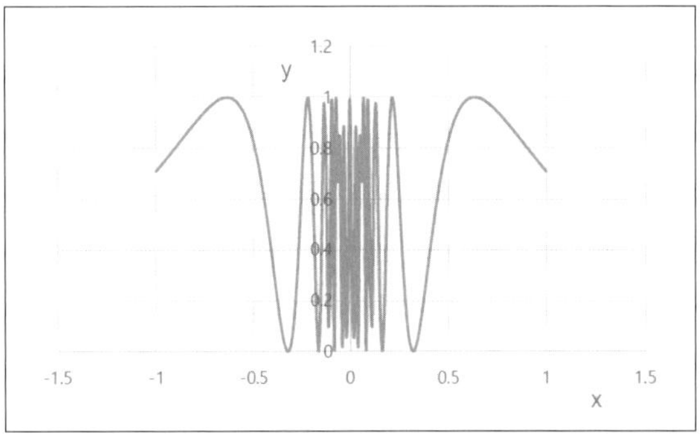

► **(실행 결과)**

```
적분값은 1.35815입니다.
```

(✓ 확인) 이론값: 1.346914

■ 전산물리 실습　현대물리학 교과서에 나오는 Rayleigh-Jeans 복사 공식과 플랑크(Planck) 복사 공식에 의한 곡선을 그려 보시오.

☑ **(참고)** 현대물리학, Arthur Beiser, 장준성, 이재형 공역, 교보문고, 6판. P74. 그림 2.8. Rayleigh-Jeans 공식과 플랑크 복사 공식을 참고한다. (단, 필요한 물리 상수값들은 각자 찾아본다)

```
#include <stdio.h>
#include <math.h>

#define PI 3.141592
#define h  6.626*pow(10,-34)
```

```
#define kb 1.381*pow(10,-23)
#define c  3.0*pow(10,8)
#define e  2.71

int main()
{
  int T1=1000, T2=3000, T3=5000;
  double f, RJ1, RJ2, RJ3;
  double PL1, PL2, PL3;


  for(f=0.1; f <= 6*pow(10,14); f+=pow(10,13))
   {
     RJ1  = 8*PI*kb*T1*f*f / pow(c,3);
     RJ2  = 8*PI*kb*T2*f*f / pow(c,3);
     RJ3  = 8*PI*kb*T3*f*f / pow(c,3);
     printf("%e     %e     %e     %e     \n", f,RJ1,RJ2,RJ3);
   }

  for(f=0.1; f <= 8*pow(10,14); f+=pow(10,13))
   {
     PL1 = (8*PI*h / pow(c,3))* (f*f*f) / (pow(e,(h*f)/(kb*T1)) -1);
     PL2 = (8*PI*h / pow(c,3))* (f*f*f) / (pow(e,(h*f)/(kb*T2)) -1);
     PL3 = (8*PI*h / pow(c,3))* (f*f*f) / (pow(e,(h*f)/(kb*T3)) -1);
     printf("%e     %e     %e     %e     \n", f, PL1, PL2, PL3);
   }

  return 0;
}
```

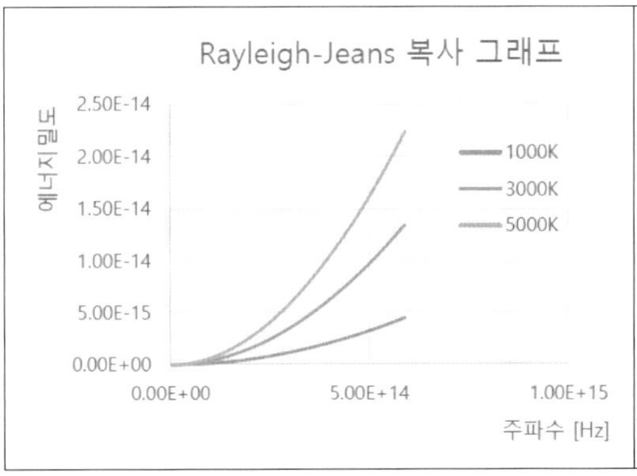

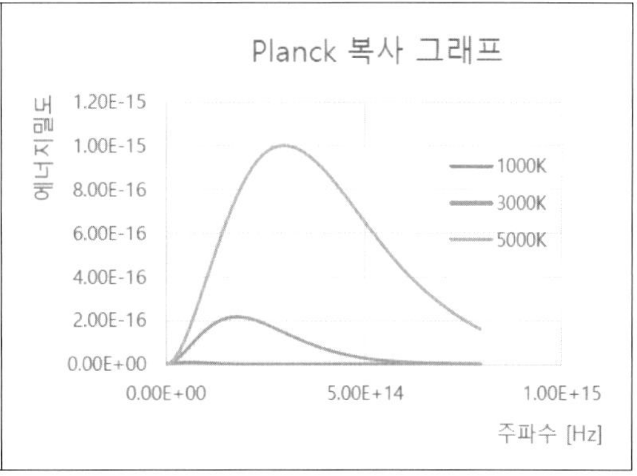

(참고: 그래프에서 아래에서부터 위쪽 순서로 1000, 3000, 5000 K이다)

✍ **(설명)**

① 에너지 밀도 $u(\nu) = \dfrac{8\pi k_B T \nu^2}{c^3}$ (Rayleigh-Jeans)

② 에너지 밀도 $u(\nu) = \frac{8\pi h}{c^3}\frac{\nu^3}{e^{\frac{h\nu}{k_B T}} - 1}$ (Planck radiation law)

☑ **(참고)** Reyleigh-Jeans formular란?
흑체복사 스펙트럼에 대해 고전물리가 말해 주는 모든 것을 포함한다. 이들은 전자기학에 대한 고전이론과 열역학을 이용하여 흑체복사 스펙트럼의 분포를 계산하였다.

(문제점) 실제 실험을 해 보니, 진동수가 작은 쪽 (=파장이 긴 쪽)에서는 맞는데, 진동수가 큰 쪽 (=파장이 짧은 쪽)에서는 심하게 맞지 않았다. 이것을 자외선 파탄 (ultraviolet catastrophe)이라고 한다. 실험 결과를 설명하기 위해 플랑크는 "양자 (quantum)"라는 개념을 도입하였고 Planck radiation law에 의해 해결하였는데, 양자역학의 탄생을 알리는 시초가 되었다.

■ 전산물리 실습 지구 질량을 M, 반경을 R 이라고 할 때, 거리 (r)에 따른 중력가속도 (g)의 크기를 나타내보면?

[해설]
($r > R$ 인 경우)

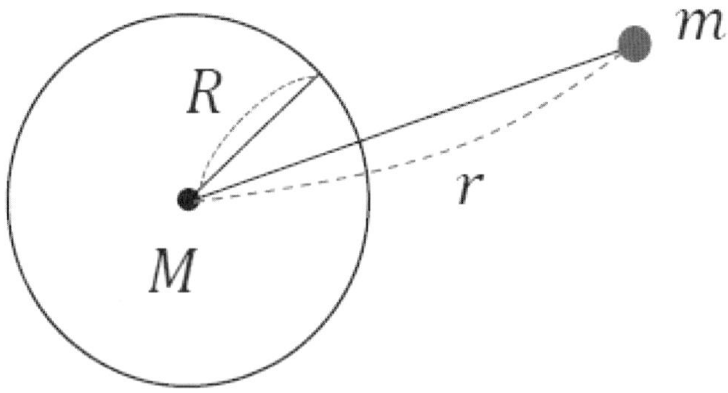

지구 전체 질량 (M)이 지구 중심에 모여 있다고 생각하고 지구 중심에서 거리 (r)만큼 떨어진 곳의 중력은 만유인력 법칙에 의해 다음과 같다.

$$F = G\frac{Mm}{r^2} = mg$$

$$\therefore g = \frac{GM}{r^2}$$

따라서 중력가속도 값은 상수가 아니라 거리의 함수임에 주목해야 한다. (→ 거리 제곱에 반비례)

$$\therefore g = g(r)$$

만약, 지구반경 6370 km, 지구 질량 5.97×10^{24} kg을 이용해서 계산하면,

$$\rightarrow g = \frac{GM}{r^2} = \frac{(6.67 \times 10^{-11}\mathrm{N} \cdot \mathrm{m}^2/\mathrm{kg}^2)(5.97 \times 10^{24}\mathrm{kg})}{(6.37 \times 10^3 \mathrm{km})^2} = 9.81\,\mathrm{m/s^2}$$

이므로, 지표면 근처에서 중력가속도 값은 9.8 m/s^{2}로 일정하다고 가정하며, 이 값이 우리가 일반적으로 이야기하는 중력가속도 상수 값이다.

[Note] $g = 9.81\,\mathrm{m/s^2} = 32\mathrm{ft/s^2}$

($r < R$ 인 경우)

지구 내부의 경우 지구 중심에서 거리가 r일 때까지의 지구 질량을 m'이라고 하자. 지구의 밀도 분포가 일정하다고 가정한다.

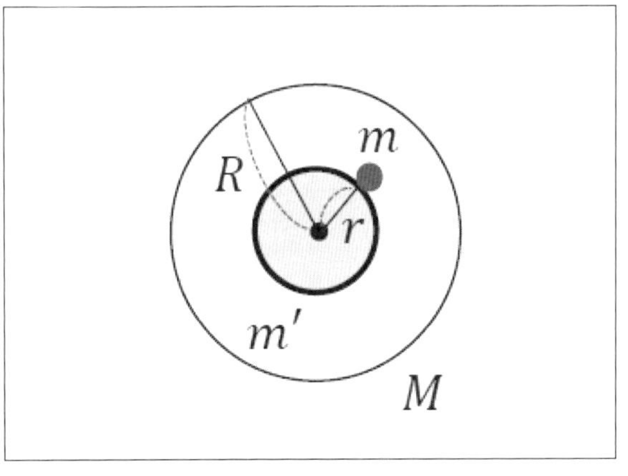

만유인력 $$G\frac{m'm}{r^2} = mg$$

$$\therefore g = G\frac{m'}{r^2}$$

밀도 정의 $$\rho \equiv \frac{M}{V} = \frac{M}{(4/3)\pi R^3}$$

$$\to \rho = \frac{m'}{\frac{4}{3}\pi r^3}$$

$$m' = \rho \frac{4}{3}\pi r^3 = \frac{M}{\frac{4}{3}\pi R^3} \cdot \frac{4}{3}\pi r^3 = M\left(\frac{r}{R}\right)^3$$

따라서

$$\therefore\ g = G\frac{m'}{r^2} = G\frac{M\left(\frac{r}{R}\right)^3}{r^2} = \left(\frac{GM}{R^3}\right)r = (\text{상수})r$$

이므로 지구 내부의 경우 중력가속도 값은 거리에 비례함을 알 수 있다. 두 상황을 종합하면 다음 그림과 같다.

지구 내부 $(r < R)$ $\quad g \propto r$

지구 외부 $(r > R)$ $\quad g \propto \frac{1}{r^2}$

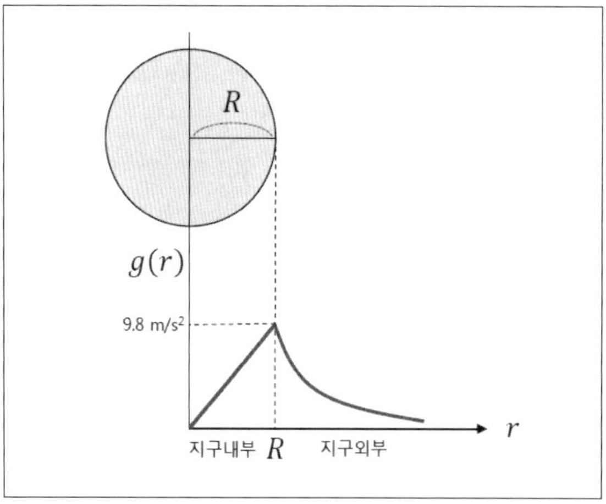

(요약)

- 중력가속도 (g) 값은 상수가 아니라 거리 (r)의 함수이다. 일반적으로 말하는 9.8 m/s²로 일정하다는 것은 지표면 근처의 값으로 지표면에서는 동일하다고 가정해 문제를 푼다.
- 대부분의 경우 문제 풀이 시에는 계산의 간편함을 위해 10 m/s²로 주어진다.

```
#include <stdio.h>
#include <math.h>

#define G  6.67*pow(10,-11)
#define ME 5.97*pow(10,24)
#define RE 6.37*pow(10,6)

int main()
{
  double g, r;

  for(r=0; r<6*RE; r+=pow(10,5))
  {
    if(r <= RE)
    {
      g = ((G*ME)/pow(RE,3))*r;
      printf("%.2f    %.3f \n",r, g);
    }
    else
    {
      g = G*ME/(r*r);
      printf("%.2f    %.3f \n",r, g);
    }
  }

  return 0;
}
```

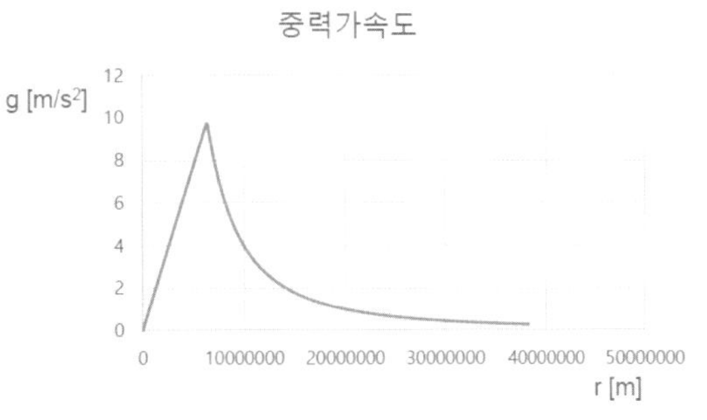

■ 전산물리 실습 이차원 등방성 조화진동자 (2D isotropic harmonic oscillator)의 Lissajous (리사쥬) 그래프를 그려라.

[해설] 아래 그림과 같이 isotropic harmonic oscillator이므로 $k_x = k_y \equiv k$라고 하자.

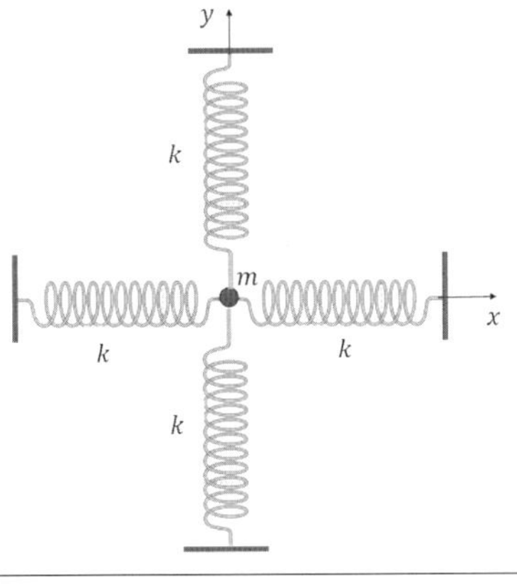

운동방정식

$$x\text{축}: \quad m\ddot{x} = -kx \quad \rightarrow \quad \ddot{x} + w^2 x = 0 \quad (w^2 \equiv \frac{k}{m})$$

$$y\text{축}: \quad m\ddot{y} = -ky \quad \rightarrow \quad \ddot{y} + w^2 y = 0$$

2차 미분방정식 일반해 (solution)

$$x(t) = A\cos(wt + \phi_x)$$
$$y(t) = B\cos(wt + \phi_y)$$

A와 B는 진폭이고, ϕ_x와 ϕ_y는 x축과 y축 위상이다. 이제 x에 대한 y의 방정식을 구해보자.

$$\begin{aligned}\frac{y}{B} &= \cos(wt + \phi_y) = \cos[wt + \phi_x + (\phi_y - \phi_x)] \\ &= \cos(wt + \phi_x)\cos(\phi_y - \phi_x) - \sin(wt + \phi_x)\sin(\phi_y - \phi_x) \\ &= \frac{x}{A}\cos(\phi_y - \phi_x) \mp \sqrt{1 - \left(\frac{x}{A}\right)^2}\sin(\phi_y - \phi_x) \\ &= \frac{x}{A}\cos\delta \mp \sqrt{1 - \left(\frac{x}{A}\right)^2}\sin\delta \qquad (\because \delta \equiv \phi_y - \phi_x)\end{aligned}$$

$$\therefore \frac{y}{B} - \frac{x}{A}\cos\delta = \mp\sqrt{1 - \left(\frac{x}{A}\right)^2}\sin\delta$$

양변 제곱

$$\left(\frac{y}{B}\right)^2 - \frac{2xy}{AB}\cos\delta + \left(\frac{x}{A}\right)^2\cos^2\delta = \left(1 - \left(\frac{x}{A}\right)^2\right)\sin^2\delta$$

$$\therefore \left(\frac{x}{A}\right)^2 + \left(\frac{y}{B}\right)^2 - \frac{2xy}{AB}\cos\delta - \sin^2\delta = 0 \tag{1}$$

- 위상차가 0°일 때 ($\delta \equiv \phi_y - \phi_x = 0$)

$$\left(\frac{x}{A}\right)^2 + \left(\frac{y}{B}\right)^2 - \frac{2xy}{AB}\cos 0 - \sin^2 0 = 0$$

$$\left(\frac{x}{A}\right)^2 + \left(\frac{y}{B}\right)^2 - \frac{2xy}{AB} = 0 \quad \rightarrow \quad Bx^2 + Ay^2 - 2xyAB = 0$$

$$(Ay - Bx)^2 = 0 \quad \rightarrow \quad y = \pm\frac{B}{A}x \qquad (\text{직선 방정식})$$

- 위상차가 90°일 때 $(\delta \equiv \phi_y - \phi_x = \frac{\pi}{2})$

$$\left(\frac{x}{A}\right)^2 + \left(\frac{y}{B}\right)^2 - \frac{2xy}{AB}\cos\frac{\pi}{2} - \sin^2\frac{\pi}{2} = 0$$

$$\rightarrow \left(\frac{x}{A}\right)^2 + \left(\frac{y}{B}\right)^2 = 1 \qquad \text{(타원 방정식)}$$

(계산의 편의를 위해) $A = B \equiv 1$이면 $x^2 + y^2 = 1$ (원 방정식)

(일반화) $ax^2 + bxy + cy^2 + dx + ey + f = 0$ 의 해

$$cy^2 + (bx + e)y + ax^2 + dx + f = 0 \qquad (2)$$

$$\therefore y = \frac{-(bx+e) \pm \sqrt{(bx+e)^2 - 4c(ax^2 + dx + f)}}{2c}$$

(1)식 ($A = B \equiv 1$ 인 경우)

$$\left(\frac{x}{1}\right)^2 + \left(\frac{y}{1}\right)^2 - \frac{2xy}{1\times 1}\cos\delta - \sin^2\delta = 0$$

$$\rightarrow x^2 + y^2 - 2xy\cos\delta - \sin^2\delta = 0$$

$$y^2 - 2x\cos\delta\, y + x^2 - \sin^2\delta = 0 \qquad (3)$$

(2)식과 (3)식 비교

$a = 1, b = -2\cos\delta, c = 1, d = 0, e = 0, f = -\sin^2\delta$

$$y = \frac{-(-2x\cos\delta) \pm \sqrt{4\cos^2\delta x^2 - 4(x^2 - \sin^2\delta)}}{2\times 1}$$

$$= \frac{2x\cos\delta \pm \sqrt{4\cos^2\delta x^2 - 4x^2 + 4\sin^2\delta}}{2}$$

$$= x\cos\delta \pm \sqrt{\cos^2\delta x^2 - x^2 + \sin^2\delta} = x\cos\delta \pm \sqrt{(1-\sin^2\delta)x^2 - x^2 + \sin^2\delta}$$

$$= x\cos\delta \pm \sqrt{(\sin^2\delta(1-x^2)}$$

(검증)

- 위상차가 0°일 때 $(\delta \equiv \phi_y - \phi_x = 0)$

$$y = x\cos\delta \pm \sqrt{\sin^2\delta(1-x^2)} = x\cos 0 \pm \sqrt{\sin^2 0(1-x^2)} = x \qquad \text{(직선 방정식)}$$

- 위상차가 90°일 때 ($\delta \equiv \phi_y - \phi_x = \frac{\pi}{2}$)

$$y = x\cos\delta \pm \sqrt{\sin^2\delta(1-x^2)} = x\cos\frac{\pi}{2} \pm \sqrt{\sin^2\frac{\pi}{2}(1-x^2)} = \pm\sqrt{1-x^2}$$

$$y^2 = 1-x^2 \quad \rightarrow \quad x^2 + y^2 = 1 \qquad \text{(원 방정식)}$$

(해보기) $y = x\cos\delta \pm \sqrt{(\sin^2\delta\,(1-x^2)}$ 프로그램 작성 ($A = B \equiv 1$인 경우)

```
#include <stdio.h>
#include <math.h>

#define PI 3.1415926535
#define CF PI/180.0

int main()
{

  float x, y1,y2, delta;
  printf("임의의 각도를 입력하시오!  ");
  scanf("%f",&delta);

  for(x=-1.0; x<=1.0; x=x+0.01)
  {
    y1 = cos(CF*delta)*x + sqrt( sin(CF*delta)*sin(CF*delta)*(1-x*x) );
    y2 = cos(CF*delta)*x - sqrt( sin(CF*delta)*sin(CF*delta)*(1-x*x) );
    printf("%f \t %f \t %f \n", x, y1, y2);
  }

  return 0;
}
```

► **(실행 결과)**

δ = 0도	δ = 45도
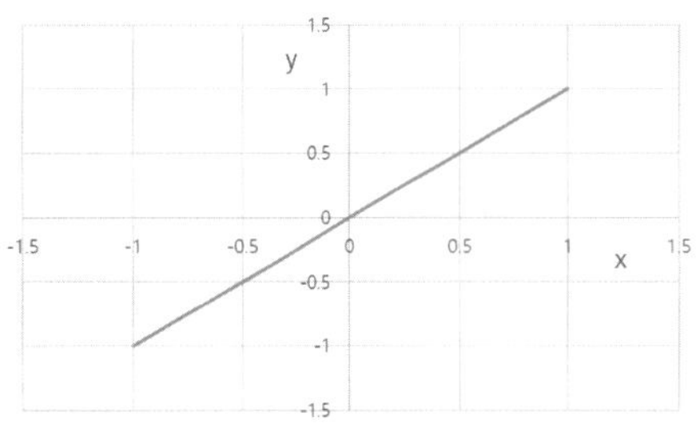	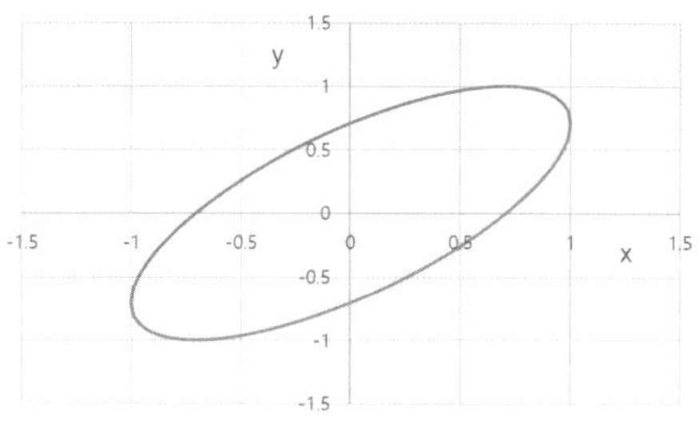

$\delta = 90$도	$\delta = 135$도
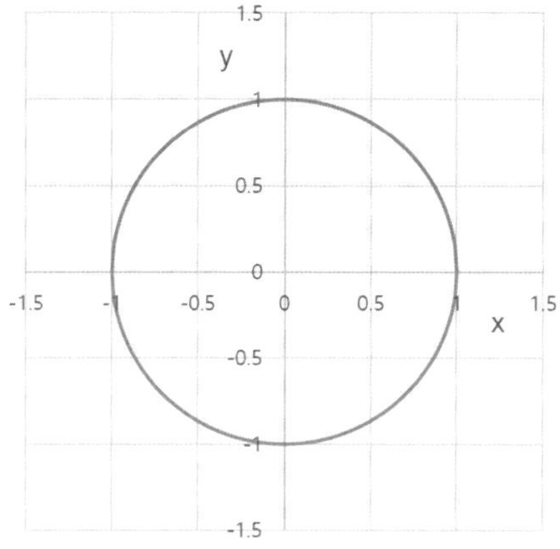	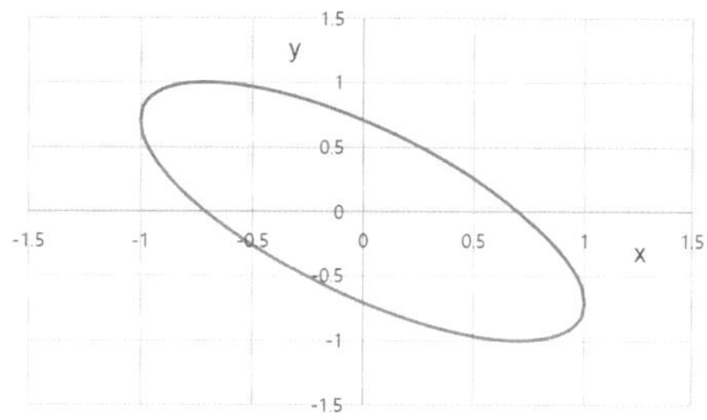

⊸ **(각자 해보기)**

① k_x**와** k_y가 다른 경우

② A와 B가 다르고 1이 아닌 경우

제5장

함수 (function)

5.0. | 함수

함수 (function)는 C 언어에서 핵심적인 내용 중의 하나이며, 물론 사람에 따라 포인터 (pointer)라고 할 수도 있겠지만, 필자 개인적으로는 가장 중요하다고 생각한다. 이제까지 배운 모든 내용은 함수를 사용해서 다시 프로그램을 작성할 수 있다. (학부 수준의 전산물리학에서는 굳이 포인터를 사용하지 않아도 프로그램이 가능하기 때문이다)

📖 (의미알기)

```
1   int main (void)      // 함수 헤더 (function header)
2   {
3
4   }
```

⇨ 1번째 줄: int로 쓰여 있는 부분은 "반환의 형태"를 나타낸다. 즉 여기에서는 int (정수) 형태로 결과값을 반환한다는 의미이다.

⇨ 1번째 줄: main이라고 쓰여 있는 부분은 "함수의 이름"을 나타낸다. 즉 이름이 main이라는 함수이다.

⇨ 1번째 줄: void이라고 쓰여 있는 부분은 "입력의 형태"를 나타낸다. void는 입력해 주는 값이 없다는 것을 의미한다.

⇨ 2~4번째 줄: "함수의 본체 (function body)"를 나타낸다. 원하는 C 코딩 작업을 이 안에서 하면 된다.

✎ **(예)**

```
int ADD(int i, int j)
{
    int sum = i + j;
    return sum;
}
```

"함수의 이름은 ADD이고 입력 변수 2개 (i, j)를 받아들여 함수의 본체에서 계산을 한 후, 반환 (return) 값을 정수로 한다"라는 것을 의미한다.

✎ **(사용 예시)**

	(예시 1)	(예시 2)
1	#include <stdio.h>	#include <stdio.h>
2		
3	int ADD(int i, int j)	int ADD(int i, int j); // 함수의 원형 선언
4	{	
5	int sum = i + j;	int main()
6		{
7	return sum;	printf(" %d \n", ADD(3, 4));
8	}	
9		return 0;
10	int main()	}
11	{	
12	int s;	
13	s = ADD(3, 4)	int ADD(int i, int j)
14	printf("%d \n", s);	{
15		int sum = i + j;
16	return 0;	
17	}	return sum;
18		}

✍ **(설명)**

① C 언어에서 프로그램의 흐름은 무조건 위쪽에서부터 아래쪽이다. (위 예제에서는, 1번에서 18번 순서로 진행된다)

② C 언어에서 프로그램을 호출해서 통제 (control)하는 것은 main 함수이다. 따라서 main함수를 보면 전체적으로 프로그램이 어떻게 진행되는지를 알 수 있다. (예시 1)과 (예시 2)의 주요 차이점 중의 하나는 ADD라는 (일종의) 보조 함수가 main 함수 앞에 혹은 뒤에 사용되었느냐 하는 것이다.

(예시 1)

⇨ 3~8번째 줄: ADD라는 함수가 먼저 나온다. ADD의 역할은 입력 변수 (i, j)를 받아들여, 둘을 합산한 후에 결과를 정수로 반환하는 역할이다.

⇨ 7번째 줄: sum을 정수 값으로 반환한다.

⇨ 10번째 줄: main 함수가 여기에 나온다.

⇨ 13번째 줄: main함수 내에서 ADD함수를 부른다.

⇨ 14번째 줄: 13번째 줄에서 부른 출력값을 화면에 보여준다.

(예시 2)

⇨ 3번째 줄: "함수의 원형 선언"이라고 하는데, ADD의 세부 내용은 main함수 뒤, 나중 (13~18번째 줄)에 다시 나오고 여기에서는 골격 (혹은 뼈대)만 정의해 준다.

⇨ 7번째 줄: ADD 함수를 부른다.

⇨ 13~18번째 줄: ADD 함수의 구체적인 내용이 나온다.

(✓ 확인) 3번째 줄을 주석 처리하면 컴파일 에러 나온다. ADD 함수에 대한 간단한 정의 (="함수의 원형 선언")가 main 함수보다 앞에 나와야 한다. 즉, 정의를 먼저하고 사용하라는 의미이다. 미리 정의를 하지 않고 main 함수 내에서 ADD를 부르면, 이것이 무엇인지를 알 길이 없다.

☑ (중요 포인트)

C 언어 프로그램 흐름상 (**예시** 1)번처럼 하는 것이 논리적으로 타당하다. 또한 현 예시는 프로그램의 길이도 그리 길지 않다, 하지만, 만약 main 함수 앞에 정의되는 (보조) 함수의 길이가 엄청나게 길어진다면, (개인적인 취향의 문제이지만) 프로그램을 통제하고 제어하는 것은 여전히 main 함수이므로 전체적으로 코딩 자체를 파악하는 것이 쉽지 않을 수도 있다. 그래서 "함수 원형 선언"을 먼저 해 놓고, 정확한 사용 내용은 main 함수 뒤에 하자는 것이다.

✎ (사용 예시)

```
① void hello(void);
② SUM(char a);
③ int add(int v1, int v2);
④ double MEAN(int, float, double, double);
```

① 아무 인자도 받지 않고 반환도 없는 함수 (예, 인자를 가지지 않는 함수 호출)
② 반환 형태가 미 지정 (이럴 땐, 기본적으로 int 임)
③ 2개를 정수를 받아서, 정수를 반환하는 함수 (예, 인자를 가지는 함수 호출)

(✓ 주의) int add(int v1, v2) // 사용법이 틀림
int v1, v2; // 정수 정의할 때 이렇게 하는 것하고는 다름

④ 1개 정수, 3개 실수를 받아서 실수를 반환하는 함수. 함수 원형 선언에서 변수 이름 (예, v1, v2, v3, v4)이 반드시 필요한 것은 아니며 생략 가능

【Re-visit】 예제 1-2-0

■ **예제 5-0-0** "Hello World!"를 함수를 사용하여 출력하시오.

<table>
<tr><th>예제 1-2-0</th><th>함수 사용</th></tr>
<tr><td><pre>#include <stdio.h>

int main (void)
{
  printf("Hello World! \n");
  printf("How are you? \n");

  return 0;
}</pre></td><td><pre>#include <stdio.h>

void hello (void);   // 함수 원형 선언

int main(void)
{
    hello( );

    return 0;
}

void hello(void)
{
  printf("Hello World! \n ");
  printf("How are you? \n ");
}</pre></td></tr>
</table>

(✓ 생각해보기)
아직까지 머리에 떠오르는 생각은 2줄 쓰면 그냥 main 함수에 타이핑 (typing) 하면 되지 도대체 뭐가 문제라서 함수를 쓰는 것일까?

∞ **(해보기)** 1,000줄인 경우 프로그램을 작성하시오. (예, "Hello World!")

```
#include <stdio.h>

int main (void)
{
  printf("Hello World! \n");
```

```
    printf("Hello World! \n");
    printf("Hello World! \n");
    printf("Hello World! \n");

    • • •

    printf("Hello World! \n");

    return 0;
}
```

이렇게 1,000줄을 기입할 수도 있다. 하지만 지금 프로그램을 배우는 목적 중의 하나가, 이런 단순 작업을 피하려고 하는 것이다.

■ **예제 5-0-1** "Hello World!"를 함수를 사용하여 임의 번 출력하시오. (예, 10000번)

(예시 1)

```
#include <stdio.h>

void hello (int n);

int main (void)
{
    int v1;

    printf("회수를 입력하시오! ");
    scanf("%d", &v1);

    hello(v1);

    return 0;
}

void hello(int n)
{
   while(n>0)
      {
         printf("Hello World! \n");
         n--;
      }
}
```

(예시 2)

```
#include <stdio.h>

void hello ( );

int main (void)
{
   hello( );

   return 0;
}

void hello( )
{
   int i, v1;

   printf("회수를 입력하시오! ");
   scanf("%d", &v1);

   for(i=0; i<v1; i++)
     {
       printf("Hello World! \n");
     }
}
```

☑ **(강조)** 결론적으로 프로그램을 작성해서 쓰는 것이 더 효율적이다.

■ **실습 해보기** 1에서 10까지 합산을 한 출력 화면이 아래와 같이 되게 함수를 사용하여 프로그램을 작성하시오.

```
Input number: 10
--------------------
Total = 55.0
--------------------
```

```
#include <stdio.h>

void INOUT_Line();
float SUM(float);

int main()
{
   float v1, total;
   printf("Input number: ");
   scanf("%f", &v1);

   INOUT_Line();
   total = SUM(v1);
   printf("Total = %.1f \n", total);
   INOUT_Line();

   return 0;
}

void INOUT_Line()
{
   printf("-------------------- \n");
}

float SUM(float v1)
{
   float i, s=0;
   for(i=1; i<=v1; i++)
     s = s + i;

   return s;
}
```

✎ **(예)** 4장에서 기초 연습으로 한 $y = 3x^2 + 2x - 8$의 그래프를 그리시오.

```
#include "stdio.h"

#define f(x) printf("%f %f \n", x, 3*x*x+2*x-8)

int main()
{
  f(-4.0);
  f(-2.0);
  f(0.0);
  f(2.0);
  f(4.0);

  return 0;
}
```

✍ **(설명)**

3장에서는 아직 반복문 (while, for, do...while)을 안 배웠기 때문에, 가장 원시적인 방법으로 각 x에 대한 y값을 구했다. 또한 함수를 몰라도 이미 macro 함수 사용해서 구해보았다.

■ **실습 해보기**

(예시 1)

```
#include "stdio.h"

void F();

int main()
{
    F();

    return 0;
}

void F()
{
    float x, y;

    for (x=-4; x<=4; x++)
     {
        y = 3*x*x + 2*x -8;
        printf("%.1f %.3f \n", x, y);
     }
}
```

(예시 2)

```
#include "stdio.h"

float F(float);

int main()
{
    float x, y;
    for (x=-4; x<=4; x++)
     {
        y = F(x);
        printf("%.1f %.3f \n", x, y);
     }

    return 0;
}

float F(float x)
{
    float y;
    y = 3*x*x + 2*x -8;

    return y;

}
```

5.1. | 전역변수와 지역변수

► **전역변수**: 함수 밖에 선언된 변수로, 프로그램 전체에 적용된다.

► **지역변수**: 특정 함수 안에서 선언된 변수로, 사용 범위는 그 함수 내에서만 가능하며 제한된다.

(✓ 비유) 전역변수는 전국구 국회의원으로서 대한민국 (전국) 어디에나 활동 가능하지만, 시도 의원은 그 시 혹은 도 (즉, 그 지역) 에서만 활동이 가능하다. 아무런 조건이 없을 때는 전국구 말을 들어야 하지만, 내 지역구에서는 지역 의원에게 우선권이 있다.

✎ **(사용 예시)** 실행 결과 예측하기

```
#include <stdio.h>

int v = 20;
void ADD(void);

```

```
6   int main()
7   {
8       printf("%d \n", v);
9       v = 10;
10      printf("%d \n", v);
11      ADD( );
12      printf("%d \n", v);
13
14      return 0;
15  }
16
17  void ADD(void)
18  {
19      int v = 30;
20      printf("%d \n", v);
21      v++;
22      printf("%d \n", v);
23  }
```

✍ **(설명)**

⇨ 3번째 줄: "전역 변수"이다. 이제까지 변수를 정의할 때는 main 함수 내에서 했는데, 이것은 처음부터 정의되었고 함수 전체에 적용된다는 것을 의미한다.

⇨ 4번째 줄: "함수 원형 선언"

⇨ 8번째 줄: v를 정수로 출력하는데, main 함수 안 8번째 줄 이전에는 v에 대한 특별한 조건이 없기 때문에, 3번째 줄에 지정된 전역변수의 영향 아래 있기 때문에, 20을 출력한다.

⇨ 10번째 줄: 9번째 줄에 v를 10이므로 지정했기 때문에 10을 화면에 출력한다.

⇨ 11번째 줄: ADD함수를 호출하면, 17번째 줄로 가는데, 19번째 줄에 v가 30으로 "지역변수"로 지정되어 있어서, 20번째 줄에서 v는 30을 출력한다. 그 후 21번째 줄에서 v가 하나 증가되면 31이 되고, 이것을 22번째 줄에서 출력한다. 즉 ADD 안에 있는 v는 지역변수로 지정되었기 때문에 3번째 줄에서 지정된 전역 변수 v=20의 영향을 전혀 받지 않는다.

⇨ 12번째 줄: 11번째 줄 ADD 함수는 아무것도 반환하는 함수가 아니다. 따라서 10번째 줄에 해당하는 v값 10을 출력한다.

► **(실행 결과)**

```
20
10
30
31
10
```

■ **예제 5-1-0** 임의의 숫자를 읽어서 함수의 입력으로 주고 그 값까지 합산하는 결과값을 출력으로 반환하는 프로그램을 작성하시오.

```
#include <stdio.h>

int sum(int n);

int main(void)
{
    int r, v1;
    printf("임의 숫자를 입력하시오!  ");
    scanf("%d", &v1);

    r=sum(v1);
    printf("%d \n",r);

    return 0;
}

int sum(int n)
{
    int i, s = 0;
    for(i=1; i<=n; i++)
    s = s+i;

    return s;
}
```

✍ **(설명)**

sum 함수는 정수의 형태로 입력 (n) 받아서 정수의 형태로 반환 (s)한다.

► **실행 결과 5-1-0**

```
임의 숫자를 입력하시오!  10
55
```

5.2. | return 문

① 매개변수 명

함수의 원형 선언할 때 변수의 이름이 함수에서의 변수 이름과 굳이 같을 필요는 없지만 동일 데이터 형을 사용하는 것은 중요하다.

■ **예제 5-2-0** 함수를 사용하여 임의의 두 수를 실수형으로 읽어서 평균을 소수점 2자리까지 구하는 프로그램을 작성하시오.

```
1   #include <stdio.h>
2
3   float MEAN(float a, float b);
4
5   int main()
6   {
7      float v1, v2, M;
8
9      printf("두수를 입력하시오!  ");
10     scanf("%f %f", &v1, &v2);
11
12     M = MEAN(v1, v2);
13     printf("평균값은 %.2f 입니다. \n", M);
14
15     return 0;
16  }
17
18  float MEAN(float i, float j)        // float MEAN(float a, float b)로 해도 됨
19  {
20     float average;
21     average = (i + j)/2.0;           // average = (a + b)/2.0;  로 변경해야 함
22
23     return average;
24  }
```

⇨ 3번째 줄: 3번째 줄은 함수의 원형 선언으로 MEAN(float a, float b)이고 18번째 줄은 함수로 MEAN(float i, float j)이다. 여기서 변수명 a는 i에 해당하고 b는 j에 해당한다. 즉, 이들 두 개의 변수명을 동일하게 사용할 필요는 없다.

⇨ 18번째 줄: 3번째 줄에서 float MEAN(float a, float b)로 선언을 했는데, 만약 18번째 줄을 int MEAN(float i, float j)로 했다고 하면, 에러가 발생한다. 즉, 데이터 형은 항시 같아야 한다.

► 실행 결과 5-2-0

```
두수를 입력하시오!  4 7
평균값은 5.50 입니다.
```

② return 문

2가지 기능을 가지고 있다. 함수에서 값을 반환한다는 의미와 함수를 종료하라는 의미이다.

✎ **(사용 예시)**

```
#include <stdio.h>

int main()
{
    return ;                  // 반환 할 것이 없으니 그냥 main() 함수를 종료

    return 0;                 // 0을 정수형태로 반환하고 main() 함수를 종료

    return (999);             // 중괄호 ( ) 있어도 됨

    return 999;

    return 3.14159;

    return a+b+c;

    return (a-b);

    return sqrt(a);
}
```

(✓ 생각해보기) 1개 이상의 값을 반환하고 싶을 때는 어떻게 해야 하는가? (8장에서 포인터를 사용해서 메모리 주소에 접근하는 call by address 방식으로 효과를 거둘 수는 있다)

【Re-visit】 예제 3-0-1

■ **예제 5-2-1** 함수를 사용하고, 두 정수를 읽어서 작은 쪽을 반환하는 프로그램을 작성하시오.

(방법 ①)

```
#include <stdio.h>

int min(int a, int b);

int main(void)
{
    int v1, v2, R;

    printf("두수를 입력하시오!  ");
    scanf("%d %d", &v1, &v2);

    R = min(v1, v2);
    printf("%d", R);

    return 0;
}

int min(int i, int j)
{
    if(i>j)
```

```
        return j;
    else
        return i;
}
```

(방법 ②) 삼항 연산자 사용 return에서 바로 반환

```
#include <stdio.h>

int min(int a, int b);

int main()
{
    int v1, v2;

    printf("두수를 입력하시오!    ");
    scanf("%d %d", &v1, &v2);


    printf("%d 와 %d중 작은 쪽은 %d 입니다. \n", v1, v2, min(v1, v2));

    return 0;
}

int min(int i, int j)
{
    return (i < j) ? i : j;
}
```

► **(실행 결과)**

```
두수를 입력하시오!   6 1
6 와 1중 작은 쪽은 1입니다.
두수를 입력하시오!   2 8
2 와 8중 작은 쪽은 2 입니다.
```

【Re-visit】 예제 3-1-0

■ **예제 5-2-2** 함수를 사용하고, 임의 실수를 읽어서 제곱근을 소수점 7자리까지 구하는 프로그램을 작성하시오.

```
#include <stdio.h>
#include <math.h>                                   // sqrt 사용 위해서 필요

float ROOT(float);

int main()
{
    float v1, r;
    printf("임의의 수를 입력하시오!    ");
    scanf("%f", &v1);
```

```
    r=ROOT(v1);

    printf("%.7f\n", r);                          // 소수점 7자리

    return 0;
}

float ROOT(float a)                               // 실수를 입력받아서 실수값을 반환
{
    float sr;
    sr=sqrt(a);

    return sr;
}
```

⚯ **(각자 해보기)** 일반물리 전자기학 부분에서 나온 RLC 회로의 임피던스 (Z)를 구하는 프로그램을 작성하시오. (단, $Z = \sqrt{R^2 + (X_L - X_C)^2}$ 이다)

【Re-visit】 예제 4-5-6

■ **예제 5-2-3** 함수를 사용하고, 아래와 같이 화면 출력되는 프로그램을 작성하시오.

```
    임의의 수를 입력하시오!  5
    **********************
            1! = 1
            2! = 2
            3! = 6
            4! = 24
            5! = 120
    **********************
```

☑ **(복습)** 5! 값을 구하라.

```
#include <stdio.h>
void FAC(int);

int main()
{
    int v;
    printf("임의의 수를 입력하시오!    ");
    scanf("%d", &v);

    FAC(v);

    return 0;
}

void FAC(int a)
{
    int i, fac=1;
```

```
    for(i=1; i<=a; i++)
      fac = fac * i;

    printf("%d! = %d \n", a, fac);
}
```

► **(실행 결과)**

```
임의의 수를 입력하시오!    5
5! = 120
```

<table>
<tr><th>(방법 1)</th><th>(방법 2)</th></tr>
<tr><td>

```
#include <stdio.h>

void print_FL_line();
int FAC(int);

int main()
{
    int i, v, r;

    printf("임의의 수를 입력하시오!  ");
    scanf("%d", &v);

    print_FL_line();

    for (i=1; i<=v; i++)
    {
        r = FAC(i);
        printf("\t %d! = %d \n", i, r);
    }

    print_FL_line();

    return 0;
}

int FAC(int a)
{
    int i, fac=1;

    for(i=1; i<=a; i++)
      fac = fac * i;

    return fac;
}

void print_FL_line()
{
    printf("********************** \n");
}
```

</td><td>

```
#incldue <stdio.h>
void FAC(int);

int main()
{
   int v;
   printf("임의의 수를 입력하시오!   ");
   scanf("%d", &v);

   printf("********************** \n");
   FAC(v);
   printf("********************** \n");

   return 0;
}

void FAC(int a)
{
   int i, fac=1;

   for(i=1; i<=a; i++)
    {
      fac = fac * i;
      printf("%d! = %d \n", i, fac);
    }
}
```

</td></tr>
</table>

【Re-visit】 예제 4-6-3, 예제 4-6-4

■ 예제 5-2-4 함수를 사용하고, 임의의 수를 읽어드려 소수인지 아닌지 판별하시오.

```
#include <stdio.h>

int PRIME(int a);

int main()
{
  int v1, r;

  printf("임의의 수를 입력하시오!  ");
  scanf("%d", &v1);

  r = PRIME(v1);

  if(r==1)
    printf("%d 는(은) 소수입니다. \n", v1);
  else
    printf("%d 는(은) 소수가 아닙니다. \n", v1);

  return 0;
}

int PRIME(int a)
{
  int i;

  for(i=2; i<a-1; i++)        // 확인 요망 for(i=2; i<a; i++)로 할 경우
    {
     if(a%i == 0)
      {
       printf("%d / %d == 0 나누어집니다. \n", a, i);  //하나라도 나누어지면 바로 반환
       return 0;
      }
    }
  return 1;
}
```

► 실행 결과 5-2-4

임의의 수를 입력하시오! 8 8 / 2 == 0 나누어집니다. 8 는(은) 소수가 아닙니다.	임의의 수를 입력하시오! 5 5 는(은) 소수입니다.

(✓ 문제점) 여전히 0, 1을 입력하면 어떤 결과를 얻는가? 프로그램을 수정하시오.

■ 예제 5-2-5 함수를 사용하고, 임의의 수를 읽어드려 거기까지 소수를 모두 구하는 프로그램을 작성하시오.

(방법 ①) 함수 미사용

```
#include "stdio.h"

int main()
{
    int v1,i,j, count;

    printf("1이 아닌 임의의 수를 입력하시오!    ");
    scanf("%d",&v1);

    printf("%d 까지 소수는 아래와 같습니다.  \n", v1);

    for(i=1; i<=v1; i++)
    {
        count=0;                // 숫자 하나씩 증가될 때 마다 초기화해서 다시 시작
        for(j=1; j<=v1; j++)
        {
            if(i%j==0)
                count++;
        }

        if(count==2)            // 1로 나눌 때와 자기 자신으로만 나누어질 때 2가 된다
            printf("%d \n",i);
    }

    return 0;
}
```

✍ **(로직 설명)** 최종 count가 2가 되는 수가 소수에 해당한다. (즉, 처음에 1로 나누면 모든 수가 나누어지니까, count가 1이 되고, 중간에 한 번이라도 나누어떨어지면 count가 1이 더 증가되고, 최종적으로 자기 자신과 나눌 때, 또 1번 count가 증가될 것이다. 따라서 중간에 나누어떨어지는 것을 제외하면, 처음 1하고 나눌 때와 자기 자신과 나누어떨어질 경우만 해당되는 것이 소수이므로 최종 count가 2인 숫자가 바로 소수에 해당한다)

v1=3 인 경우			v1=4 인 경우			v1=5 인 경우		
i	i/j	count	i	i/j	count	i	i/j	count
i=1	1/1	1	i=1	1/1	1	i=1	1/1	1
	1/2	0		1/2	0		1/2	0
	1/3	0		1/3	0		1/3	0
i=2	2/1	1		1/4	0		1/4	0
	2/2	2	i=2	2/1	1		1/5	0
	2/3	0		2/2	2	i=2	2/1	1
i=3	3/1	1		2/3	0		2/2	2
	3/2	0		2/4	0		2/3	0
	3/3	2	i=3	3/1	1		2/4	0
i=2, 3 소수				3/2	0		2/5	0

v1=3 인 경우	v1=4 인 경우			v1=5 인 경우		
		3/3	2	i=3	3/1	1
		3/4	0		3/2	0
	i=4	4/1	1		3/3	2
		4/2	2		3/4	0
		4/3	0		3/5	0
		4/4	3	i=4	4/1	1
					4/2	2
					4/3	0
					4/4	3
					4/5	0
	i=2, 3 소수			i=5	5/1	1
					5/2	0
					5/3	0
					5/4	0
					5/5	2
				i=2, 3, 5 소수		

(방법 ②) 함수 사용 (위 결과를 함수 사용해 단순 변경시킨 것)

```
#include "stdio.h"

void PRIME(int);

int main()
{
    int v1;

    printf("1이 아닌 임의의 수를 입력하시오!  ");
    scanf("%d",&v1);

    printf("%d 까지 소수는 아래와 같습니다.  \n", v1);
    PRIME(v1);

    return 0;
}

void PRIME(int v1)
{
  int i, j, count;
    for(i=1; i<=v1; i++)
    {
        count=0;
        for(j=1; j<=v1; j++)
        {
            if(i%j==0)
               count++;
        }
```

```
        if(count==2)
            printf("%d \n",i);
    }
}
```

■ **예제 5-2-6** 함수를 사용하고, 임의의 두 수 (v1, v2)를 읽어드려 두 수 사이의 소수를 모두 구하는 프로그램을 작성하시오.

```
#include <stdio.h>

int PN(int n);

int main()
{
    int v1, v2, n1, n2, i, flag;

    printf("임의의 두 정수를 입력하시오!  ");
    scanf("%d %d", &v1, &v2);

    n1 = (v1 < v2) ? v1 : v2;                // 순서에 관계없이 서열 정하기
    n2 = (v1 > v2) ? v1 : v2;

    printf("%d (과)와 %d 사이의 소수는 다음과 같습니다.  \n", n1, n2);

    for(i=n1; i<=n2; ++i)
    {
        flag = PN(i);   // 하나씩 계속 돌아가면서 함수 호출 후 판별

        if(flag == 1)
            printf("%d \n",i);
    }

    return 0;
}

int PN(int n)
{
    int j, flag = 1;        // 초기화로 모두 소수라고 가정

    for(j=2; j <= n; ++j)
    {
        if (n%j == 0)
        {
          flag = 0;     // 나누어서 하나라도 걸리면 소수가 아니다. Flag down 시킨다
          break;
        }
    }

    return flag;
}
```

(✓ 문제점) 0, 1을 제외한 어떤 두 수를 입력해도 원하는 결과는 출력되는 것처럼 보인다. 하지만, 0, 1을 입력하면 여전히 소수라고 판정한다.

✎ **(프로그램 수정)**

```
printf("0을 제외한 임의의 두 정수를 입력하시오!  ");    // 0을 처음부터 제외

for(i=n1+1; i<=n2; ++i)                              // 1을 입력할 경우 피해가기
{

}
```

그러나, 위 방법은 여전히 좋지 못하다. 그래서 0과 1은 제외하는 것이 더 바람직하다.

```
int PN(int n)
{
    int j, flag = 1;          // 초기화로 모두 소수라고 가정

    if(n<=1)                  // 0, 1 은 flag down으로 소수에서 제외시킨다
    {
      flag = 0;
      return flag;
    }

    for(j=2; j < n; ++j)
    {
        if (n%j == 0)
        {
          flag =0;            // 나누어서 하나라도 걸리면 소수가 아니다. Flag down
          break;
        }
    }

    return flag;
}
```

► **(실행 결과)**

임의의 두 정수를 입력하시오! 1 8 1 (과)와 8 사이의 소수는 다음과 같습니다. 2 3 5 7	임의의 두 정수를 입력하시오! 0 8 0 (과)와 8 사이의 소수는 다음과 같습니다. 2 3 5 7

5.3. | 재귀호출(recursion) 함수

🕮 **(의미)** 일반적으로 함수는 다른 함수를 호출하는데, 재귀호출은 자기 자신을 호출하는 것을 의미한다.

✎ **(사용 예시)**

```
#include <stdio.h>

int main(void)
{
  printf("Hello! \n");

  main();                          // 재귀호출

  printf("Please finish!!");

  return 0;
}
```

► **(실행 결과)**

```
Hello!
Hello!
Hello!
…
…
Hello!
Hello!
Hello!
Hello!
Segmentation fault (core dumped)
```

✍ **(설명)**

main() 함수가 자기 자신인 main() 함수를 계속 호출하고 있다. 따라서 마지막 줄에 있는 printf("Please finish!!"); 문은 결코 실행되지 못하고, 메모리 용량 때문에 무한 호출은 안 일어나고 프로그램이 어느 정도 돌아가다가 중지 (core dumped)되어 버린다.

【Re-visit】

■ **예제 5-3-0** 재귀호출을 사용하여 1에서 10까지 합산하는 프로그램을 작성하시오.

(방법 ①) main() 함수가 main() 함수를 다시 호출해서 푸는 방법

```
#include <stdio.h>

int sum = 0, i = 1;                                    // 전역 변수

int main()
{
  sum = sum + i;
  i++;

  printf("Sum =  %d \n", sum);

  if(i<=10)
    main();
  else
    return 0;
}
```

(✓ 힌트) 전역변수를 사용해야 한다.

► 실행 결과 5-3-0

```
Sum =  1
Sum =  3
Sum =  6
Sum =  10
Sum =  15
Sum =  21
Sum =  28
Sum =  36
Sum =  45
Sum =  55
```

(방법 ②)

```
#include <stdio.h>

int ADD(int n);

int main(void)
{
  int v1, s;

  printf("임의의 수를 입력하시오!  ");
  scanf("%d", &v1);

  s = ADD(v1);
  printf("%d 까지의 합은 %d 입니다. \n", v1, s);

  return 0;
}

int ADD(int n)
{
```

```
  if(n<=1)
    return n;
  else
    return (n + ADD(n-1));                                    // 재귀호출
}
```

► **(실행 결과)**

```
임의의 수를 입력하시오!  10
10 까지의 합은 55 입니다.
```

✍ **(설명)**

ADD 함수를 보면 함수 내에서 호출되는 순서를 다음과 같다. 처음에 10을 입력했다고 하자.

(10+ADD(10-1)) =10+ADD(9) → 10+(9+ADD(9-1)) = 10+(9+ADD(8))
→ 10+9+(8+ADD(8-1)) = 10+9+8+ADD(7) → • • •
→ 10+9+8+7+6+5+4+3+(2+ADD(2-1))
→ 10+9+8+7+6+5+4+3+2+1 = 55

즉, 내림차순으로 (10 → 1) 더해지고 있다. 오름차순 (for 문 사용)으로 하려면 다음과 같이 수정하면 된다.

```
int ADD(int n)
{
  int i;

  for(i=n; i>=1; i--)
    return (i + ADD(i-1));
}
```

■ **실습 해보기** 재귀호출을 사용하여 1에서 10까지 합산하는 프로그램을 작성하시오. (단, 변수는 전역변수로 지정하시오)

```
#include <stdio.h>

int s=0, v1, r, i=0;                                        // 전역 변수
int sum(int);

int main()
{
    printf("임의의 수를 입력하시오!  ");
    scanf("%d",&v1);
```

```
    r=sum(v1);
    printf("%d 까지의 합은 %d 입니다. \n", v1, r);

    return 0;
}

int sum(int n)
{
    i++;                    // 전역변수에서 이미 정의했으므로 사용하기만 하면 된다
    s+=i;

    if(n>i)
      sum(n);               // 재귀호출: n=10일 때 i=9가 될 때까지 계속 호출한다

    return s;
}
```

■ **실습 해보기** 재귀호출을 사용하여 5!를 구하는 프로그램을 작성하시오.

```
#include <stdio.h>

int FAC(int);

int main()
{
  int f, v1;

  printf("임의의 수를 입력하시오!  ");
  scanf("%d", &v1);

  f = FAC(v1);
  printf("%d!의 값은 %d 입니다.  \n", v1, f);

  return 0;
}

int FAC(int n)
{
  if(n<=1)
    return n;
  else
     return (n * FAC(n-1));                        // 재귀호출
}
```

(✓ **확인)** 다음 프로그램은 재귀호출처럼 보이지만 재귀호출 방법이 아니다. 단순히 반복문을 실행한 것이다.

```
#include <stdio.h>

int i, j, v1, n, m;
int factorial(int);

int main()
```

```
{
    printf("임의의 수를 입력하시오!  ");
    scanf("%d",&v1);

    for(i=1;i<=v1;i++)
      printf("%d! = %d\n", i, factorial(i));

    return 0;
}

int factorial(int m)
{
    n=1;

    for(j=1;j<=m;j++)
       n*=j;

    return n;
}
```

■ **실습 해보기** 위 프로그램을 재귀호출을 사용한 프로그램으로 수정 작성하시오.

```
#include <stdio.h>

int r, n=1, v1, i=0;
int factorial(int);

int main()
{
    printf("임의의 수를 입력하시오!  ");
    scanf("%d", &v1);

    r=factorial(v1);
    printf("%d! = %d\n", v1, r);

    return 0;
}

int factorial(int v1)
{
    i++;
    n*=i;

    if(v1>i)
      factorial(v1);

    return n;
}
```

■ **실습 해보기** 2^{10}승을 재귀호출을 사용한 프로그램을 작성하시오.

<table>
<tr><th>(방법 ①)</th><th>(방법 ②)</th></tr>
<tr><td>

```
#include<stdio.h>

int POW(int);

int main()
{
   int n,r;

   printf("2^n 승에서 n을 입력하시오!  ");
   scanf("%d",&n);

   r=POW(n);

   printf("2^%d = %d \n",n,r);

   return 0;
}

int POW(int n)
{
   if (n==0)
     return 1;
   else
     return 2*POW(--n);
}
```

</td><td>

```
#include <stdio.h>
#include <math.h>

int POW(int);

int main()
{
   int n,r;

   printf("2^n 승에서 n을 입력하시오!  ");
   scanf("%d",&n);

   r=POW(n);

   printf("2^%d = %d \n",n,r);

   return 0;
}

int POW(int v)
{
  int R;

  if(v>=0)
   {
     R = pow(2, v);
     v--;
     POW(v);
   }

  return R;
}
```

</td></tr>
<tr><td colspan="2">

```
2^n 승에서 n을 입력하시오!  10
2^10 = 1024
```

</td></tr>
</table>

■ **실습 해보기** 123과 456의 2개 숫자를 읽어드려서, 둘 사이의 합을 구하는 프로그램을 작성하시오. (단, 함수를 사용하고 입력 변수는 2개 줄 것. 재귀호출 사용하고 오름차순과 내림차순 둘 다 한다)

<table>
<tr><th>올림차순</th><th>내림차순</th></tr>
<tr><td>

```
#include <stdio.h>

int SUM(int, int);

int main()
{
  int s, v1, v2;
```

</td><td>

```
int #include <stdio.h>

int SUM(int, int);

int main()
{
  int s, v1, v2;
```

</td></tr>
</table>

```
    printf("두개의 정수를 입력하시오!  ");
    scanf("%d %d", &v1, &v2);

    s = SUM(v1, v2);

    printf("둘 사이의 합: \n", v1, v2, s);

    return 0;
}

int SUM(int a, int b)
{
    int i;

    for(i=a; i<b; i++)
        return (i + SUM(i+1, b));
}
```

```
    printf("두개의 정수를 입력하시오!  ");
    scanf("%d %d", &v1, &v2);

    s = SUM(v1, v2);

    printf("둘 사이의 합: \n", v1, v2, s);

    return 0;
}

SUM(int a, int b)
{
    if(a == b)
        return a;
    else
        return (b + SUM(a, b-1));
}
```

5.4. | 진법 변환

(해보기) 10진수를 2진수로 변환하기

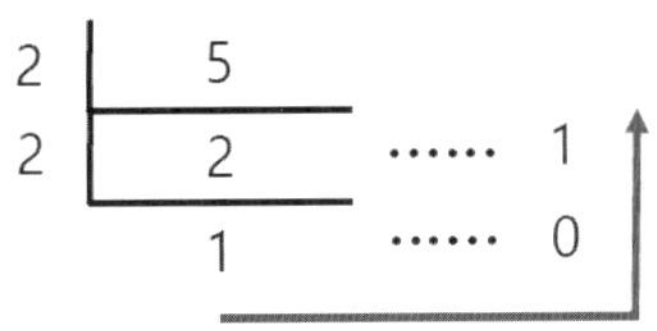 	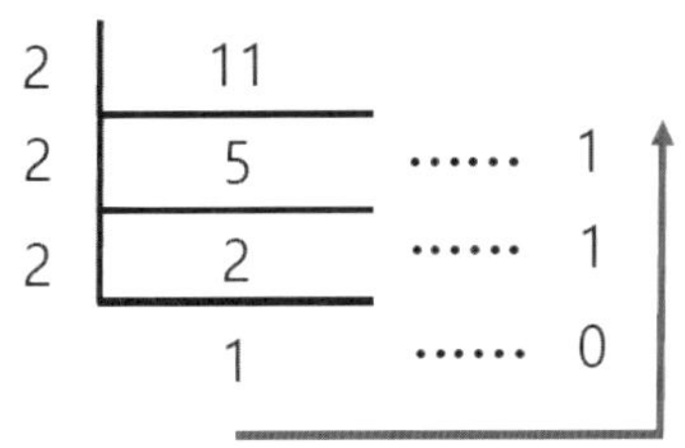
▸ $1 \times 2^2 + 0 \times 2^1 + 1 \times 2^0$ ▸ $(5)_{10} = (101)_2$	▸ $1 \times 2^3 + 0 \times 2^2 + 1 \times 2^1 + 1 \times 2^0$ ▸ $(11)_{10} = (1011)_2$

(각자 해보기) 26

☞ **(해보기)** 10진수를 8진수로 변환하기

```
8 | 682
8 | 85    ······ 2  ↑
8 | 10    ······ 5  |
     1    ······ 2  |
```

▸ $1 \times 8^3 + 2 \times 8^2 + 5 \times 8^1 + 2 \times 8^0$
$= 512 + 128 + 40 + 2$
$= 682$

▸ $(682)_{10} = (1252)_8$

☞ **(각자 해보기)** 337

☞ **(해보기)** 10진수를 16진수로 변환하기

```
16 | 687
16 | 42    ······ 15  ↑
      2    ······ 10  |
```

10: A
11: B
12: C
13: D
14: E
15: F

▸ 2 10 15
= 2 A F

▸ $(687)_{10} = (2AF)_{16}$

✎ **(정리)** C 언어에서 진법 표현하기

예로, 5, 11... 과 같은 표기는 10진수인지 8진수 구분을 할 수 없다. 수학에서는 $(5)_8$, $(11)_8$등과 같이 밑수를 써서 구분할 수 있으나, C 언어에서는 밑수를 표기할 수 없다. 그래서 8진수는 숫자 앞에 0을, 16진수는 0x를 붙여 구분한다.

10진수	0	1	2	3	4	5	6	7	8	9	10	11	12	13	14	15
8진수	00	01	02	03	04	05	06	07	010	011	012	013	014	015	016	017
16진수	0x0	0x1	0x2	0x3	0x4	0x5	0x6	0x7	0x8	0x9	0xa	0xb	0xc	0xd	0xe	0xf

■ **예제 5-4-0** 임의의 10진수를 2진수로 변환하는 프로그램을 작성하시오.

```
#include <stdio.h>

int main()
```

```
{
  int v, i=1, bin, sum=0;

  printf("임의의 10진수를 입력하시오!  ");
  scanf("%d", &v);

  while(v>0)
   {
     bin = v%2;                 // 나머지는 0 아니면 1이다.
     sum  = sum + bin*i;
     v=v/2;
     i = i*10;                  // 1, 10, 100, 1000 등 자리수 표시. 즉, pow(10, i)
   }

  printf("2진수로는 %d 입니다. \n", sum);

  return 0;
}
```

✍ **(로직 설명)**

예) $5 = (101)_2 \Rightarrow 1\times100 + 0\times10 + 1\times10^0$

$= 100 + 1$

$= 101$

$11 = (1011)_2 \Rightarrow 1\times1000 + 0\times100 + 1\times10 + 1\times10^0$

$= 1000 + 10 + 1$

$= 1011$

즉, 변수 bin(=나머지)랑 자리수를 곱해주면 된다. (원래 10진수 숫자가 아니라, 2진수로 변환된 숫자를 보면 규칙성을 발견할 수 있다) 위 코딩은 논리적으로는 별로이지만, 숫자를 나누어서 실제 보이는 규칙대로만 코딩을 한 것이라고 볼 수 있다.

■ **예제 5-4-1** 임의의 10진수를 2진수로 변환하는 프로그램을 작성하시오.

```
#include <stdio.h>

int main()
{
    int v,r0,r1,r2,r3,r4,r5,r6,r7,r8,r9;
    int y = 2;

    printf("임의의 10진수를 입력하시오!   ");
    scanf("%d", &v);

    r0 = v % y;               // 2진법의 첫번째 자리
    v = v/y;
    r1 = v % y;               //          2 번째 자리
```

```
    v = v/y;
    r2 = v % y;

    v = v/y;
    r3 = v % y;

    v = v/y;
    r4 = v % y;

    v = v/y;
    r5 = v % y;

    v = v/y;
    r6 = v % y;

    v = v/y;
    r7 = v % y;

    v = v/y;
    r8 = v % y;

    v = v/y;
    r9 = v % y;            //          10번째 자리까지만 구하자

    printf("%d%d%d%d%d%d%d%d%d%d(2)\n",r9,r8,r7,r6,r5,r4,r3,r2,r1,r0);

    return 0;
}
```

(✓ 힌트)

① 10진수를 2진수로 배열, 함수, 반복문 없이 구하는 프로그램이다.

② 나누는 것이 화면에 보이는 대로 기계적으로 작성된 프로그램이다.

► 실행 결과 5-4-1

```
임의의 10진수를 입력하시오!   5
0000000101(2)
```

■ 예제 5-4-2 재귀호출을 사용하여 임의의 10진수를 2진수로 변환하는 프로그램을 작성하시오.

(방법 ①)

```
#include <stdio.h>

void D2B(int);

int main()
```

```
{
  int v1;

  printf("임의의 10진수를 입력하시오!  ");
  scanf("%d", &v1);

  printf("2진수:  ");
  D2B(v1);

  printf("\n");

  return 0;
}

void D2B(int n)
{
  if(n>1)
    D2B(n/2);

    printf("%d", n%2);              //  \n이 없으므로 계속해서 밀려서 화면에 출력
}
```

✍ (로직 설명)

10진수	예시	2진수
2	D2B(2); D2B(2/2)=D2B(1)를 계산한 것 → 1%2 = 1 위 재귀실행 후 최종적으로 마지막 줄 출력 → 2%2 0	10
3	D2B(3); D2B(3/2)=D2B(1)를 계산한 것 → 1%2 = 1 위 재귀실행 후 최종적으로 마지막 줄 출력 → 3%2 1	11
4	D2B(4); (설명 ①) D2B(4/2)=D2B(2) → D2B(2/2)=D2B(1) → 1%2 = 1 D2B(2)에 해당하는 마지막 출력 → 2%2 0 위 재귀실행 후 최종적으로 마지막 줄 출력 → 4%2 0 (설명 ②) D2B(4/2)=D2B(2) → 위 D2B(2) 결과에 의해 10 위 재귀실행 후 최종적으로 마지막 줄 출력 → 4%2 0	100

10진수	예시	2진수
5	D2B(5); D2B(5/2)=D2B(2) → 위 D2B(2) 결과에 의해 10 위 재귀실행 후 최종적으로 마지막 줄 출력 → 5%2 1	101
6	D2B(6); D2B(6/2) =D2B(3) → 위 D2B(3) 결과에 의해 11 위 재귀실행 후 최종적으로 마지막 줄 출력 → 6%2 0	110

(방법 ②)

```
#include <stdio.h>

void D2B(int);

int main()
{
    int v;

    printf("임의의 10진수를 입력하시오!    ");
    scanf("%d", &v);

    printf("2진수:  ");
    D2B(v);

    printf("\n");

    return 0;
}

void D2B(int n)
{
    if(n<2)
     {
        printf("%d", n);
     }
    else
     {
        D2B(n/2);
        printf("%d", n%2);
     }
}
```

■ 예제 5-4-3 임의의 2진수를 10진수로 변환하는 프로그램을 작성하시오.

(방법 ①)

```
#include <stdio.h>

int main()
{
    int  v, Deci = 0, B = 1, R;

    printf("임의의 2진수를 입력하시오!      ");
    scanf("%d", &v);

    while (v > 0)
     {
       R = v % 10;
       Deci = Deci + R * B;
       v = v / 10 ;
       B = B * 2;
     }

    printf("10진수로는 %d 입니다. \n", Deci);

    return 0;
}
```

✍ **(로직 설명)**

(예) $(101)_2 = (5)_{10}$

(Loop 1번 돌 때)

R = 101%10 → 1

Deci = 0 + 1 × 2^0 = 0 + 1 × 1 = 1

v = 101/10 = 10

B = 1 × 2 → 2 (=2^1)

(Loop 2번 돌 때)

R = 10%10 → 0

Deci = 1 + 0 × 2^1 = 1 + 0 × 2 = 1

v = 10/10 = 1

B = 2 × 2 → 4 (=2^2)

(Loop 3번 돌 때)

R = 1%10 → 1

Deci = 1 + 1 × 2^2 = 1 + 1 × 4 = 5

v = 1/10 = 0

B = 4 × 2 → 8 (=2^3)

☑ **(핵심)** $(101)_2$에서 loop을 한번 돌 때 마다 101 숫자의 뒤쪽에서부터 앞쪽으로 나머지(R)를 구하고, $2^0, 2^1, 2^2, \ldots$ 순서대로 곱해주면 된다.

(방법 ②)

	pow (2, i) 사용

<pre>#include <stdio.h>
#include <math.h>
 	
int r, sum=0, B=1;
int B_2_T(int);
 	
int main()
{
  int v;
 	
  printf("임의의 2진수를 입력하시오! ");
  scanf("%d", &v);
 	
  r = B_2_T(v);
  printf("%d \n", r);
 	
  return 0;
}
 	
int B_2_T(int v)
{
  sum = sum + (v%10) * B;
  B = B * 2;
 	
  if(v>1)
    B_2_T(v/10);
 	
  return sum;
}</pre>
	<pre>#include <stdio.h>
	#include <math.h>
	
	int r, i=0, sum=0, B=1; // i=0 초기화 필요
	int B_2_T(int);
	
	int main()
	{
	  int v;
	
	  printf("임의의 2진수를 입력하시오! ");
	  scanf("%d", &v);
	
	  r = B_2_T(v);
	  printf("%d \n", r);
	
	  return 0;
	}
	
	int B_2_T(int v)
	{
	  sum = sum + (v%10) * pow(2,i);
	  i++;
	
	  if(v>1)
	    B_2_T(v/10);
	
	  return sum;
	}</pre>

✍ **(로직 설명)**

```
이진수 101를 십진수로 간주

- 일의자리 추출  101%10 = 1, 1 * 2^0 = 1
- 십의자리 추출  101/10 = 10, 10%10 = 0, 0 * 2^1 = 0
- 백의자리 추출  101/10 = 1,  1%10 = 1, 1 * 2^2 = 4

최종적으로 위 값을 모두 더한다. (1 + 0 + 4 = 5)
```

5.5. | 전산물리 기초 연습 예제

■ 전산물리 실습 AMT (automated teller machine) 기계 프로그램 작성해보기 (입금, 출금, 잔액 조회 기능 포함)

```
#include <stdio.h>
#include <stdlib.h>
#define PASS 1                             // 비밀번호 일치
#define FAIL 0                             // 비밀번호 불일치

void display_menu();                       // 서비스 목록
int  check_PW();                           // 비밀번호
void check_balance(int balance);           // 잔액 조회
int  deposit(int balance);                 // 입금 후, main의 잔액 수정 후 잔액 반환
int  withdraw(int balance);                // 출금 후, main의 잔액 수정 후 잔액 반환

int main()
{
    int balance = 0;                       // 계좌 현재 잔액 저장 지역 변수
    int service;                           // 고객이 원하는 서비스 번호

    printf("\n저희 은행을 방문해 주셔서 감사합니다.");

    do
    {
        display_menu();
        printf("원하는 서비스 번호를 선택하세요. ");
        scanf("%d", &service);                         // 서비스 번호 입력받기

        switch (service)
        {
            case 1: check_balance(balance); break;          // 잔액 조회
            case 2: balance = deposit(balance); break;      // 입금, 잔액(지역변수)을 수정
            case 3: balance = withdraw(balance); break;     // 출금, 잔액(지역변수)을 수정
            case 4: exit(0);                                // 프로그램 종료
        }
        printf("\n계속 서비스를 원하시면 아무키나 누르세요.");

    } while (service != 4);               // case 4를 선택하지 않는 한 계속 반복하기

    return 0;
}

void display_menu()
{
    printf("\n\n");
    printf("======================\n");
    printf("=== 1. 잔액 조회      ===\n");
    printf("=== 2. 입금 서비스    ===\n");
    printf("=== 3. 출금 서비스    ===\n");
    printf("=== 4. 나가기         ===\n");
    printf("======================\n");
}

void check_balance(int balance)
{
    if (check_PW() == PASS)
```

```
        printf("\n현재 통장 잔액: %d원 \n", balance);
}

// 입금 함수, 수정된 잔액을 반환해야 함
int deposit(int balance)
{
    int amount;

    printf("\n입금하실 금액은? "); scanf("%d", &amount);

    balance += amount;
    printf("\n입금 후 현재 통장 잔액: %d원\n", balance);

    return balance;
}

// 출금 함수, 수정된 잔액을 반환해야 함
int withdraw(int balance)
{
    int amount;

    if (check_PW() == PASS)
    {
       printf("출금하실 금액은? "); scanf("%d", &amount);
       if (balance < amount)
             printf("\n잔액이 부족합니다. 현 통장 잔액 %d원 \n", balance);
       else
       {
          balance -= amount;
          printf("\n출금 후 현재 통장 잔액: %d원 \n", balance);
       }
    }

    return balance;
}

int check_PW()
{
    static int count = 0;              // 비밀번호 오류 횟수
    int system_PW = 1111;              // 정해진 비밀번호
    int limit = 3;                     // 비밀번호 오류 제한 횟수
    int input_PW;                      // 고객이 입력한 비밀번호

    printf("\n계좌 비밀번호를 입력하세요.  ");
    scanf("%d", &input_PW);

    if (input_PW == system_PW)         // 비밀번호 올바른 경우
       return PASS;
    else                               // 비밀번호 틀린 경우
    {
       count++;                        // 비밀번호 오류 발생 횟수 1증가
       if (count == limit)             // 비밀번호 오류 3회 발생 경우
       {
          printf("비밀번호 오류 3회 발생! \n");
          printf("신분증을 가지고 창구를 직접 방문하세요! \n");
          exit(0);                     // 프로그램 실행 종료
       }
       else                            // 비밀번호 오류 발생 3회 미만 경우
       {
          printf("비밀번호가 일치하지 않습니다. 총 %d회 오류!\n", count);
```

```
            }
        }
}
```

► **(실행 결과)**

```
저희 은행을 방문해 주셔서 감사합니다.

======================
===    1. 잔액 조회     ===
===    2. 입금 서비스  ===
===    3. 출금 서비스  ===
===    4. 나가기         ===
======================
원하는 서비스 번호를 선택하세요. 1

계좌 비밀번호를 입력하세요.  1111

현재 통장 잔액: 0원

계속 서비스를 원하시면 아무키나 누르세요.

======================
===    1. 잔액 조회     ===
===    2. 입금 서비스  ===
===    3. 출금 서비스  ===
===    4. 나가기         ===
======================
원하는 서비스 번호를 선택하세요.
```

(각자 해보기) 위 프로그램을 기초로 좀 더 향상된 내용의 프로그램을 작성하기

▪ 전산물리 실습 반경이 r인 원의 면적을 구하는 프로그램을 함수를 사용해 작성하시오.

```
#include <stdio.h>
#define PI 3.1415926535
float CircleArea(float);

int main()
{
    float v1, area;
    printf("원의 반경(cm)을 입력하시오!  ");
    scanf("%f", &v1);

    area = CircleArea(v1);
    printf("반경 %.2f인 원의 면적은 %.4f (cm^2)입니다. \n", v1, area);
```

```
    return 0;
}

float CircleArea(float r)
{
    float area;
    area = PI*r*r;

    return area;
}
```

► **(실행 결과)**

```
원의 반경(cm)을 입력하시오!  10
반경 10.00인 원의 면적은 314.1593 (cm^2)입니다.
```

■ **전산물리 실습 　C 언어 내장함수 sin(x)와 Taylor 급수로 전개한 식 $\sin(x) \sim x - \frac{1}{3!}x^3 + \frac{1}{5!}x^5 - \frac{1}{7!}x^7 + \cdots$ 으로부터 n번째 항까지 계산한 값을 서로 비교하시오.**

```
#include <stdio.h>
#include <math.h>

#define PI 3.1415926535
#define CF PI/180.0

double Taylor(double, int);
long factorial(int);

int main()
{
   int n;
   double theta, x, r1, r2;

   printf("각도와 n번째 항을 입력하시오!  ");
   scanf("%lf %d", &theta, &n);

   r1 = sin(CF  * theta);
   x  = CF * theta;                         // radian
   r2 = Taylor(x, n);

   printf("sin(%.1f): %f, Taylor: %f, 차이:  %.3e \n", theta,r1,r2,r1-r2);

   return 0;
}

double Taylor(double x, int n)
{
   int i;
   double s = 0;

   for(i=1; i<=n; i++)
   {
```

```
        s = s + pow(-1, i+1) * pow(x, 2*i-1)/factorial(2*i-1);
    }

    return s;
}

long factorial(int n)
{
    int i;
    long fac = 1;

    for(i=1; i<=n; i++)
    {
        fac = fac*i;
    }

    return fac;
}
```

► **(실행 결과)**

```
각도와 n번째 항을 입력하시오!  50 5
sin(50.0): 0.766044, Taylor: 0.766044, 차이:  -5.572e-09
```

■ **전산물리 실습　원자로에서 방출된 중성미자는 거리 L를 진행하면서 다른 종류의 중성미자로 변환하는데, 중성미자가 그대로 남아있을 확률의 진동형태는**

$$P(\overline{\nu_e}\rightarrow\overline{\nu_e}) \cong 1-\sin^2(2\theta_{13})\sin^2\left(\frac{1.27\Delta m_{31}^2 \mathrm{L}}{\mathrm{E}}\right)+\cos^4\theta_{13}\sin^2 2\theta_{12}\sin^2\left(\frac{1.27\Delta m_{21}^2 \mathrm{L}}{\mathrm{E}}\right)$$

로 표현됨을 보이고, 이를 그래프로 그려라.

☑ **(참고)** 중성미자 진동변환 (neutrino oscillation) 상수 θ_{13}의 측정

D. J. Griffiths, "Introduction to Quantum Mechanics", 2nd edition, p120

중성미자는 핵붕괴에서 보존되지 않는 에너지와 운동량을 설명하기 위해 1931년 이론물리 학자인 파울리에 의해 도입되었고 1956년 라이네스와 코완이 원자력발전소에서 나오는 반 전자중성미자 ($\overline{\nu_e}$)를 검출함으로써 입자의 존재가 확인되었다. 핵붕괴나 태양의 핵융합 과정 에서 방출되는 입자인데, 우주에 무수히 많이 분포하고 있다. 하지만, 전하도 없고 질량도 거의 없으며 물질과의 상호작용이 거의 없어 관측하기가 매우 힘든 입자이기 때문에 유령 입자로 불린다. 현재까지 3종류 (ν_e, ν_μ, ν_τ)의 중성미자가 존재한다. 세 종류의 중성미자는 시간이 지남에 따라 입자의 파동적 성질에 의해 서로 다른 종류로 변환됨을 반복하는데 이들 사이의 진동변환 세기는 섞임 각도 (θ_{12}, θ_{23}, θ_{13})로 표현된다.

만일 중성미자가 유한한 질량을 갖는다면 세 종류의 중성미자들 ν_e, ν_μ, ν_τ 사이의 혼합된 상태가 있을 수 있다. 우선, ν_e와 ν_μ 사이의 변화만 생각하자. 질량 고유상태 (mass eigenstate)를 $|\nu_1(m_1)>$ 과 $|\nu_2(m_2)>$ 라 하고, 약한 상호작용 고유상태 (flavor eigenstate 혹은 weak eigenstate)를 $|\nu_e>$와 $|\nu_\mu>$라고 할 때, 질량 고유 상태는 약한 상호작용 고유상태와 동일하지 않다.

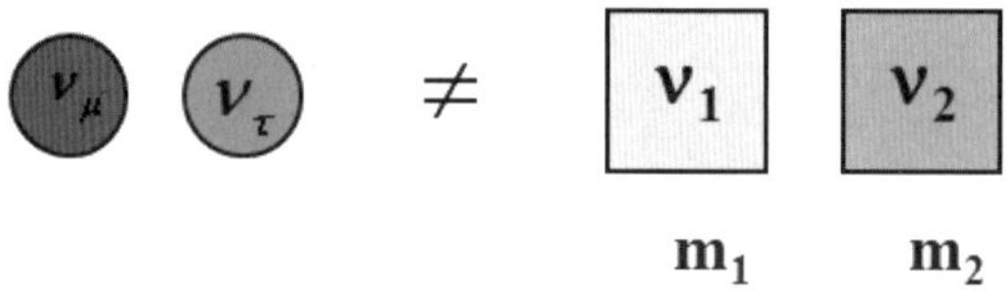

그럼, 양자역학 "중첩의 원리"에 의해 약한 상호작용 고유상태는 질량 고유상태의 선형결합으로 나타낼 수 있고, 이때 섞임의 정도를 각도 (mixing angle, θ)로 나타낼 수 있다.

$$\begin{pmatrix} \nu_e \\ \nu_\mu \end{pmatrix} = \begin{pmatrix} \cos\theta & \sin\theta \\ -\sin\theta & \cos\theta \end{pmatrix} \begin{pmatrix} \nu_1 \\ \nu_2 \end{pmatrix}$$

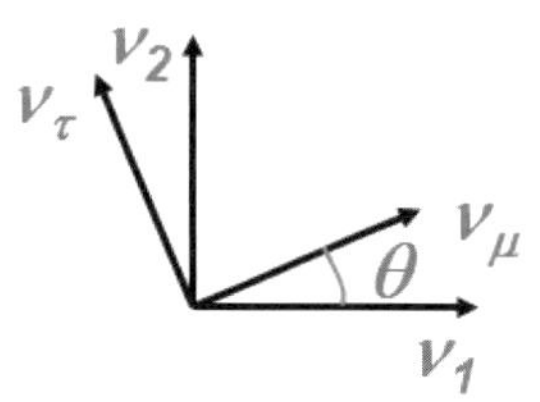

파동함수의 시간 전개식은 다음과 같다.

$$|\nu_e(t)> = \cos\theta|\nu_1(t)> + \sin\theta|\nu_2(t)>$$
$$|\nu_\mu(t)> = -\sin\theta|\nu_1(t)> + \cos\theta|\nu_2(t)>$$
$$|\nu_\alpha(t)\rangle = e^{-iHt}|\nu_\alpha(0)> \ , \ \alpha = 1, 2$$
$$= e^{-iE_\alpha t}|\nu_\alpha(0)>$$
$$<\nu_1|\nu_1> = <\nu_2|\nu_2> = 1, \ <\nu_1|\nu_2> = 0 \quad \text{(직교, orthogonal)}$$

다시 정리하면

$$|\nu_e(t)> = \cos\theta\, e^{-iE_1 t}|\nu_1(0)> + \sin\theta\, e^{-iE_2 t}|\nu_2(0)> \qquad Ⓐ$$

$$|\nu_\mu(t)> \;=\; -\sin\theta\, e^{-iE_1 t}|\nu_1(0)> + \cos\theta\, e^{-iE_2 t}|\nu_2(0)> \qquad \text{Ⓑ}$$

한 고유상태에서 다른 고유상태로 진동할 수 있는 확률 $P_{\nu_\mu \to \nu_e}$

한 고유상태에서 다른 고유상태로 진동하지 않을 확률 $P_{\nu_\mu \to \nu_\mu}$

$$\rightarrow \; P_{\nu_\mu \to \nu_e}(t) = \left| <\nu_e|e^{-iHt}|\nu_\mu> \right|^2$$

$$P_{\nu_\mu \to \nu_\mu}(t) = \left| <\nu_\mu|e^{-iHt}|\nu_\mu> \right|^2$$

Ⓐ와 Ⓑ 이용

$$<\nu_e|e^{-iHt}|\nu_\mu> \;=\; <\nu_e|e^{-iE_\alpha t}|\nu_\mu>$$

$$= -\sin\theta\cos\theta < \nu_1(0)\,|\,e^{-iE_1 t}\,|\,\nu_1(0)> + \sin\theta\cos\theta < \nu_2(0)\,|\,e^{-iE_2 t}\,|\,\nu_2(0)>$$

$$= \sin\theta\cos\theta\,(e^{-iE_2 t} - e^{-iE_1 t})$$

$$P_{\nu_\mu \to \nu_e}(t) = \left| <\nu_e|e^{-iHt}|\nu_\mu> \right|^2$$

$$= \sin^2\theta\cos^2\theta\,(e^{-i(E_2-E_1)t} - e^{i(E_2-E_1)t})$$

$$= \sin^2 2\theta \sin^2\frac{(E_2-E_1)t}{2}$$

한편,

$$E_1 = \sqrt{p^2c^2 + m_1^2c^4} = \sqrt{p^2 + m_1^2} \qquad (\because\ c = 1)$$

$$E_2 = \sqrt{p^2c^2 + m_2^2c^4} = \sqrt{p^2 + m_2^2}$$

만약 $p \gg m_\alpha$

$$\sqrt{p^2 + m_\alpha^2} = p\left(1 + \frac{m_\alpha^2}{p^2}\right)^{\frac{1}{2}} \simeq p\left(1 + \frac{1}{2}\frac{m_\alpha^2}{p^2} + \ldots\right) = p + \frac{m_\alpha^2}{2p}$$

$$\rightarrow E_2 - E_1 = p + \frac{m_2^2}{2p} - p - \frac{m_1^2}{2p} = \frac{m_2^2 - m_1^2}{2p}$$

$$P_{\nu_\mu \to \nu_e}(t) = \sin^2 2\theta \sin^2\frac{(E_2-E_1)t}{2} = \sin^2 2\theta \sin^2\frac{\frac{m_2^2-m_1^2}{2p}t}{2} = \sin^2 2\theta \sin^2\frac{\Delta m^2}{4p}t$$

$$\Delta m^2 \equiv m_2^2 - m_1^2$$

중성미자의 속력을 광속도 (c)로 보면, 시간 변수는 거리 변수($ct=\mathrm{L}$)로 대치될 수 있다. 또한 우리는 $\hbar = c = 1$로 놓고 계산한 것이다. 단위환산까지 정확히 적용하면 다음과 같다. 즉, 광속도 c를 식에 도입하면

$$\frac{\Delta m^2 t}{4p} = \frac{\Delta m^2 t}{4p} \times \frac{c}{c} = \frac{\Delta m^2 \mathrm{L}}{4pc}$$

$$\frac{\Delta m^2 \mathrm{L}}{4pc} = \frac{1.27\,(\Delta m^2/\mathrm{eV}^2)\,(\mathrm{L}/\mathrm{meter})}{(\mathrm{E}/\mathrm{MeV})}$$

로 표현되고, 이 식을 이용하면 다음의 식이 만들어진다.

$$P_{\nu_e \to \nu_\mu}(t) = \sin^2 2\theta \sin^2\left(\frac{1.27\,\Delta m^2[\mathrm{eV}^2]\,\mathrm{L}[\mathrm{km}]}{\mathrm{E}[\mathrm{GeV}]}\right)$$

$$P_{\nu_e \to \nu_e}(t) = 1 - \sin^2 2\theta \sin^2\left(\frac{1.27\,\Delta m^2[\mathrm{eV}^2]\,\mathrm{L}[\mathrm{km}]}{\mathrm{E}[\mathrm{GeV}]}\right)$$

Δm^2은 두 중성미자의 질량 고유상태 사이의 질량 제곱 차로서 eV^2의 단위이다. L은 중성미자가 발생한 곳으로부터 중성미자 진동이 검출되는 곳까지의 거리로서 m (혹은 km) 단위이며 E는 중성미자의 에너지로 MeV (혹은 GeV) 단위이다. 최종적으로 3종류의 중성미자를 모두 포함한 이들의 진동변환 세기는 처음 문제에서 주어진 식을 유도할 수 있다.

$$\therefore P(\overline{\nu_e} \to \overline{\nu_e}) \cong 1 - \sin^2(2\theta_{13})\sin^2\left(\frac{1.27\Delta m_{31}^2 \mathrm{L}}{\mathrm{E}}\right) + \cos^4\theta_{13}\sin^2 2\theta_{12}\sin^2\left(\frac{1.27\Delta m_{21}^2 \mathrm{L}}{\mathrm{E}}\right)$$

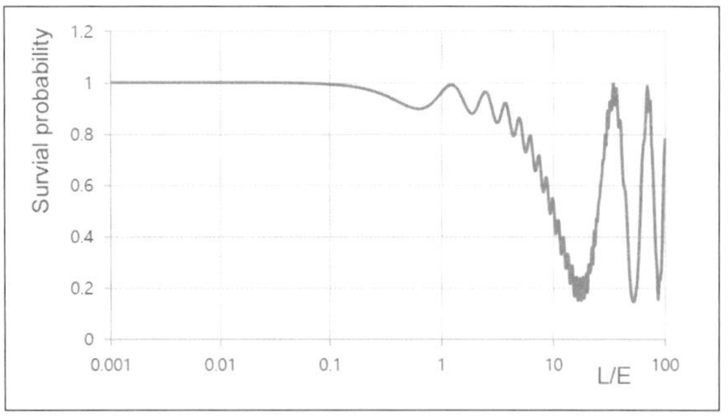

✍ **(설명)**

여기서 $\Delta m_{21}^2 = 7\times10^{-5}\,\mathrm{eV}^2$, $\Delta m_{31}^2 = 2\times10^{-3}\,\mathrm{eV}^2$, $\sin^2 2\theta_{12} = 0.8$, $\sin^2 2\theta_{13} = 0.1$을 사용하였다. (이 값들은 Particle Data Group, http://pdg.lbl.gov/ 에서 가져온 것이다)

$\cos^4\theta = \left(\frac{1+\sqrt{1-\sin^2 2\theta}}{2}\right)^2$를 사용하였다. x축 ($\equiv$ L/E)은 로그 스케일로 그렸다.

(방법 ①)

```
#include <stdio.h>
#include <math.h>

void Oscillation(double, double, double);

int main()
{
    double S13=0.1, S12=0.8, C13_4;
    C13_4 = pow((1 + sqrt(1-0.1))/2, 2);
    Oscillation(S12, S13, C13_4);

}

void Oscillation(double S12, double S13, double C13_4)
{
    double SP;
    double L_E;
    double SIN12, SIN13;

    for(double i=-3;i<2;i+=0.01)
     {
        L_E=(pow(10,i));
        SIN13=pow((sin(((0.002)*(1.27))*L_E*1000)),2);
        SIN12=pow((sin(((0.00007)*(1.27))*L_E*1000)),2);

        SP=1-(((S13)*(SIN13))+(((C13_4*S12)*(SIN12))));

        printf("%lf %lf \n",pow(10,i),SP);

     }
}
```

(방법 ②) 계산할 수 있는 것은 미리 해 놓으면 좀 더 간단하게 코딩을 할 수 있다.

```
#include <stdio.h>
#include <math.h>

int main()
{
    double SP;              // Survial probability (생존 확률)
    double x;               // 식의 L/E=x로 표시
    double AA,BB;
    double SIN_1;
    double SIN_2;

    AA=(0.1);               // sin(2*theta_13)^2
    BB=(0.95)*(0.8);        // cos(theta_13)^4 * sin(2*theta_12)^2

    for(double i=-3; i<2; i+=0.01)    // x[0.001 ~ 100] km
    {
        x = (pow(10,i));
```

```
        SIN_1 = pow((sin(((0.002)*(1.27))*x*1000)),2);
        SIN_2 = pow((sin(((0.00007)*(1.27))*x*1000)),2);

        SP = 1-(((AA)*(SIN_1))+(((BB)*(SIN_2))));

        printf("%lf %lf \n", pow(10,i),SP);

    }

    return 0;
}
```

제6장

배열 (array)

6.0. 배열 (array)

같은 이름의 변수를 사용하여 같은 형식의 여러 개의 데이터를 표현할 수 있다.

(필요성) "학교 전교생이 500명인데, 각자에게 국어, 영어, 수학, 과학, 사회 과목 성적처리를 하고 싶다." 기존의 방법은 각 학생에 해당하는 변수 5개를 먼저 정의한 후, 총 500명이므로 5×500=2,500개의 변수가 필요하다.

(예) student1-1, student1-2, student1-3, student1-4, student1-5,
student2-1, student2-2, student2-3, student2-4, student2-5,
• • •
student500-1, student500-2, student500-3, student500-4, student500-5

조금은 귀찮지만 2,500개까지는 위와 같이 할 수 있다고 하자. 그런데 만약 5만 명의 우리 동네 사람들에게 세금을 부과한다고 할 때, 위와 같이 한다면 생각만 해도 끔찍하다.

	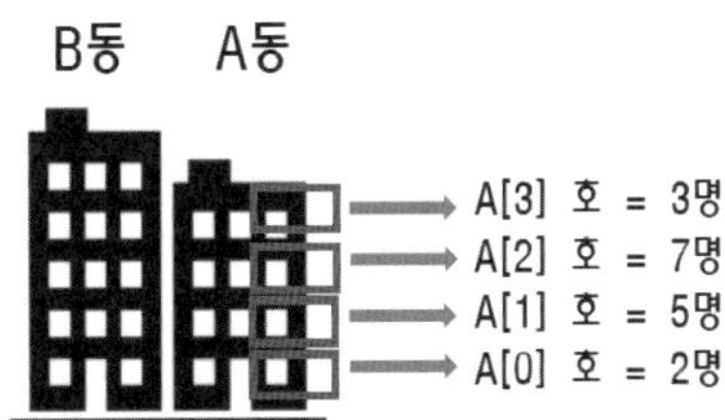
단독주택: 1세대밖에 표시 못 함	아파트: 여러 세대와 각 세대에 거주하는 사람 수 까지 표시 가능

따라서 위 그림 오른쪽처럼 표시할 수 있다면 좀 더 편리하게 처리할 수 있을 것이다. 이럴 경우 배열 (array)을 사용하면 좋다.

【사용법】 데이터 형태 배열이름[크기];

① 대괄호 ([ ]) 사용 ② **(✓ 주의)** 크기: 배열 원소의 개수로 첨자 (index)가 0부터 시작함. 예로, 배열의 크기(size)가 30이라면, index 범위는 [0 ~29]까지 임!

✎ **(사용 예)**

int student[30];	student[0], student[1], …, student[29]까지 (0~29)까지 총 30개가 생성됨. 모두 정수로 생성
#define MAX 1000; double student[MAX];	1,000개를 double로 생성
double data[ ];	(에러!) 크기가 없는 배열은 선언 불가능!
double data[ ] = {1.0, 2.3, 4.0, 7.7};	자동으로 크기가 배정 (assign)되어 가능
int data[5]; data[2] = 4; data[4] = 15.23 data[10] = 36	▪ data[2] = 4; → data라는 배열의 3번째에 4를 배정한다(=집어넣어라) ▪ data[4] = 15.23 → data 배열이 int이므로, 15.23이 아니라 15가 배정된다 ▪ data[10] = 36 → (에러!) 배열을 5개만 만들었는데, 10번째에 36을 배정하라고 함 ☞ (해보기) compile error나는지 확인 요망! 아마도 에러는 나지 않으나, 계산 결과는 엉터리일 것임!

☑ **(강조)** 배열을 사용할 경우, 각 배열에 구체적인 값을 배정 (assign) 해 주어야 한다. 그렇지 않으면, 배열만 정의된 것이지, 각 배열에 무엇이 있는지를 알 수가 없다. (비유: 아파트 A동 층수들만 정의했지, 101호, 201호, 301호, 401호 • • • 에 각각 몇 명씩이 사는지를 알 수가 없다)

6.1. | 변수와 메모리 관계

► 비트 (bit): 컴퓨터가 나타내는 데이터의 최소 단위. 2진수 (0, 1)를 저장할 수 있는 메모리 공간

► 바이트 (byte): bit가 8개 모여서 1 byte가 된다. ($2 \times 2 \times 2 \times 2 \times 2 \times 2 \times 2 \times 2 = 2^8 = 256$가지 정보를 표현할 수 있다)

► (일반화) n bit를 가지고 표현할 수 있는 데이터 수는 2^n

✎ **(예)** 1 byte = 8 bits

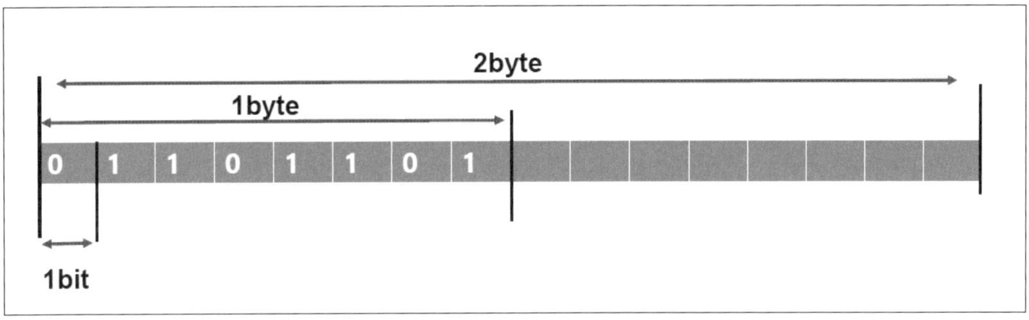

✎ **(예)** 공간 할당

- 문자형 (char): 1 byte
- 정수형 (int), 실수형 (float): 4 byte (=32 bits)
- double: 8 byte

(예) int a = 12; → (2진법 변환) $1 \times 2^3 + 1 \times 2^2 + 0 \times 2^1 + 0 \times 2^0$

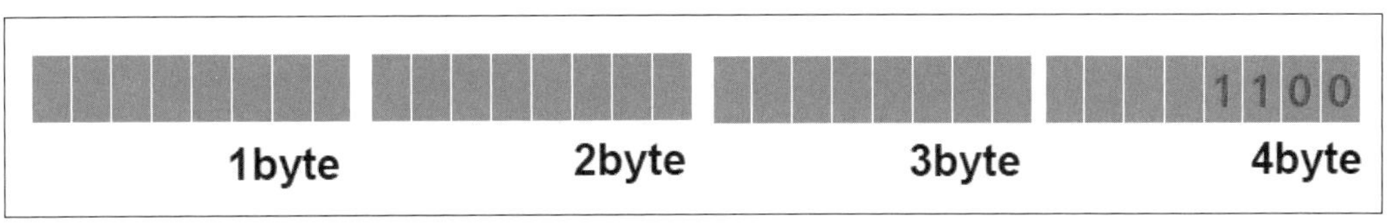

정수형 변수: 4바이트(= 32비트) 공간 할당했다는 의미이다. (예, 십진수 12의 경우, 1,100만 채워지고 나머지는 빈 공간으로 가지고 있다)

【Re-visit】 sizeof 연산자

자료형	byte
sizeof(char)	1
sizeof(short)	2
sizeof(int)	4
sizeof(float)	4
sizeof(double)	8
sizeof(long)	8
sizeof(long long)	8
sizeof(long int)	8
sizeof(long double)	16

【Re-visit】

자료형	메모리 크기 (byte)	데이터 표현 범위
char	1 byte (8bits)	-128 ~ +127
short	2 byte (16bits)	32768 ~ +32767
int	4 byte (32bits)	-2147483648 ~ 2147483647
long	4 byte (32bits) 혹은 8 byte (64bits)	-2147483648 ~ 2147483647

(공식) -2^{n-1} **(최소값)** ~ $+2^{n-1}-1$ **(최대값)**

(-1이 있는 이유는 0이 있기 때문에)

(예) n=8 bit

최소값 $-2^{8-1}=2^{7}=-128$

최대값 $+2^{8-1}-1=2^{7}-1=128-1=127$

(예) 왜 최소값, 최대값이 대칭이 아닌가?

n = 8 bit, 2^{8} = 256 가지

256/2 = 128

0이 있기 때문에 음수 쪽에서는 128 그대로 하고, 양수 쪽에서는 128-1 = 127로 하나 줄인다.

그래서 [-128 ~ -1], 0, [1 ~ 127]로 총 256은 변함없다.

⚯ **(각자 찾아보기)** 메르센소수

이십일억 사천칠백사십팔만 삼천육백사십칠

【사용법】 배열의 초기화 및 메모리 주소

✎ **(사용 예)**

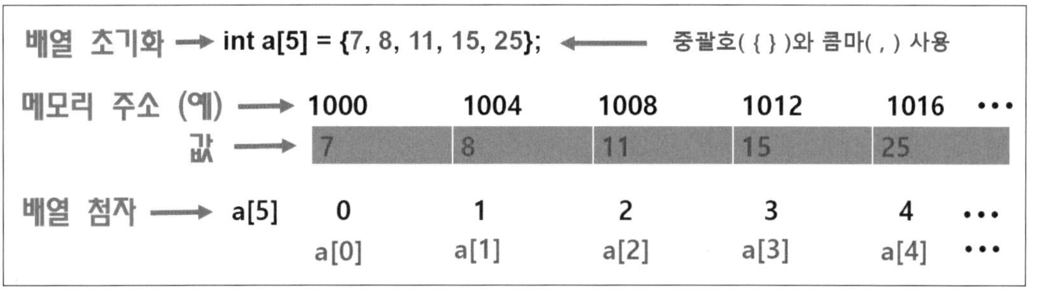

(의미) a[0]가 정수이므로 4 byte를 배정했고, a[1]도 4 byte를 배정했고, • • • 등등, 그래서 메모리 주소가 4씩 증가하고 있다 (예, 1000 → 1004 → 1008 • • • 으로 증가)

⇨ **(해보기)**

```
#include <stdio.h>

int main()
{
    int a[100] = {2147483647,10,20,30,40};
    int b[100] = {2147483648,1,2,3,4};

    printf("%d  \n", a[0]);
    printf("%d  \n", a[4]);
    printf("%d  \n", a[99]);
    printf("%d  \n", b[0]);
    printf("%d  \n", b[99]);

    return 0;
}
```

► **(실행 결과)**

```
error: narrowing conversion of '2147483648' from 'long int' to 'int' inside { }
[-Wnarrowing]
int b[100] = {2147483648,1,2,3,4};
```

✍ **(설명)**

변수 b의 "2147483648"값은 정수로 표현 가능한 숫자 변위를 벗어나기 때문에 컴파일 단계에서 에러가 발생한다.

✎ **(사용 예)**

배열 초기화	설명

int a[5] = {7, 8, 11, 15, 25};	[다른 초기화 방법]
	
	int a[5];
	a[0]=7;
	a[1] =8;
	a[2]=11;
	a[3]=15;
	a[4]=25;

int a[5] = {7, 8, 11, 15, 25, 666, 777};	(✓ 에러) 배열의 크기는 5개인데, 실제 원소의 개수는 7개로 compile error 발생 (즉, 첨자 범위 내에서 사용해야 한다!)
int b[4] = {7, 8};	나머지 2개는 0이 자동 배정되고 저장됨 (즉, 배열 4개를 할당해 놓고 2개만 사용하고 2개는 사용하지 않음)
int c[ ] = {7, 8, 40, 50};	초기화 시 크기를 지정하지 않아도 원소 개수만큼 자동 배정됨
int d[ ];	(✓ 에러) 앞에서 배열이 뭔지 정의되어 있지 않은 상태에서 이런 식의 값을 주지 않는 초기화는 에러 발생
int F[10] = {7};	F[0] 첫 번째 배열만 7이 배정되고 나머지 배열은 0임 (비유) 1층만 7명 살고 2층부터 9층까지는 0명이므로 아무도 안 살고 있음

(✓ 주의) 배열 사용 시 첨자의 범위 내에서는 문제가 없지만 벗어날 경우 컴파일 에러가 발생한다.

■ 예제 6-1-0

예전 방식	배열 사용

#include <stdio.h>
 	
int main()
{
  double total,v0,v1,v2,v3,v4;
	#include <stdio.h>
	
	int main()
	{
	  double total, v[5];

v0 = 1.1;
v1 = 2.2;
v2 = 3.3;
v3 = 4.4;
v4 = 5.5;
 	
total = v0+v1+v2+v3+v4;
printf("총합 = %4.2f \n", total);
printf("평균값 = %4.2f \n", total/5);
 	
return 0;
}
	v[0] = 1.1;
	v[1] = 2.2;
	v[2] = 3.3;
	v[3] = 4.4;
	v[4] = 5.5;
	
	total = v[0]+v[1]+v[2]+v[3]+v[4];
	printf("총합 = %4.2f \n", total);
	printf("평균값 = %4.2f \n", total/5);
	
	return 0;
	}

► **(실행 결과)**

```
총합 = 14.30
평균값 = 2.86
```

【Re-visit】 예제 4-1-0, 예제 4-2-0

■ **예제 6-1-1** 배열을 사용하여 1에서 10까지 합산하는 프로그램을 작성하시오.

(방법 ①)

```
#include <stdio.h>

int main(void)
{
  int i, sum=0, s[10];

  for(i=0; i<=9; i++)
    {
      s[i] = i + 1 ;
      sum = sum + s[i];
      printf("i = %d \t Sum = %d \n", s[i], sum);
    }

  return 0;
}
```

► **(실행 결과)**

```
i = 1    Sum = 1
i = 2    Sum = 3
i = 3    Sum = 6
i = 4    Sum = 10
i = 5    Sum = 15
i = 6    Sum = 21
i = 7    Sum = 28
i = 8    Sum = 36
```

```
i = 9     Sum = 45
i = 10    Sum = 55
```

(방법 ②) 배열에 1~10까지를 각각 배정한 후, 배열을 합산하기

예전 방식	배열 사용

#include <stdio.h>
 	
int main(void)
{
  int i, sum=0;
 	
  for(i=1; i<=10; i++)
   {
     sum = sum + i;
     printf("i= %d, Sum=%d \n",i,sum);
   }
 	
  return 0;
}
	#include <stdio.h>
	
	int main(void)
	{
	  int i, sum=0, s[10];
	
	  for(i=0; i<=9; i++)
	   {
	     s[i] = i+1;
	   }
	
	  for(i=0; i<=9; i++)
	   {
	    sum = sum + s[i];
	    printf("s[%d] = %d \t Sum=%d \n",i+1,s[i],sum);
	   }
	
	  return 0;
	}

► **(실행 결과)**

```
s[1] = 1        Sum = 1
s[2] = 2        Sum = 3
s[3] = 3        Sum = 6
s[4] = 4        Sum = 10
s[5] = 5        Sum = 15
s[6] = 6        Sum = 21
s[7] = 7        Sum = 28
s[8] = 8        Sum = 36
s[9] = 9        Sum = 45
s[10] = 10      Sum = 55
```

(방법 ③) 1~10까지 배열과 함수 사용하여 합산하기

```
#include <stdio.h>

int SUM(int n);

int main()
{
  int r, v1;

  printf("임의의 정수를 입력하시오!  ");
```

```
  scanf("%d", &v1);

  r = SUM(v1);
  printf("%d 까지의 총합은 %d 입니다.  \n", v1, r);

  return 0;
}

int SUM(int a)
{
  int i, sum, s[a];
  sum = 0;

  for(i=1; i<=a; i++)
    {
      s[i] = i;
      sum = sum + s[i];
      printf("i = %d \t s[%d]   =   %d \n", s[i], i, sum);

    }

  return sum;
}
```

► **(실행 결과)**

```
임의의 정수를 입력하시오!  10
i = 1     s[1]   =  1
i = 2     s[2]   =  3
i = 3     s[3]   =  6
i = 4     s[4]   =  10
i = 5     s[5]   =  15
i = 6     s[6]   =  21
i = 7     s[7]   =  28
i = 8     s[8]   =  36
i = 9     s[9]   =  45
i = 10    s[10]  =  55
10 까지의 총합은 55 입니다.
```

【Re-visit】 4장 while 문

(해보기) 100 미만의 정수만 사용하고 몇 개를 입력했는지를 표시하고, 마지막에 0이 오면 종료하는 프로그램을 작성하시오.

```
#include <stdio.h>

int main()
{
  int i, v[100]={0}, num=0, sum=0;

  for(i=0; i<101; i++)
  {
```

```
    scanf("%d", &v[i]);

    if(v[i] < 0 || v[i] > 100)
    {
      printf("1~100까지 숫자만 다시 입력해 주세요! \n");
      scanf("%d", &v[i]);
    }
    else if(v[i] == 0)
    {
      num = i;          // 0 전에 몇개를 입력했는가? 거기까지가 갯수
      break;
    }
  }

  printf("0 제외 100미만 입력한 갯수:  %d \n", num);
  for(i=0; i<num; i++)
  {
     sum = sum + v[i];
     printf("v[%d] = %d, Sum = %d  \n", i, v[i], sum);
  }

  return 0;
}
```

► **(실행 결과)**

``` 1 2 3 0 0 제외 100미만 입력한 갯수: 3 v[0] = 1, Sum = 1 v[1] = 2, Sum = 3 v[2] = 3, Sum = 6 ```	``` 1 2 120 1~100까지 숫자만 다시 입력해 주세요! 3 0 0 제외 100미만 입력한 갯수: 3 v[0] = 1, Sum = 1 v[1] = 2, Sum = 3 v[2] = 3, Sum = 6 ```

■ **예제 6-1-2** 주어진 1차원 배열을 역순으로 화면에 출력하는 프로그램을 작성하시오. ("10, 22, 3, -5, 7")

(방법 ①)

```
#include <stdio.h>

int main()
{
  int A[5] = {10, 22, 3, -5, 7};
  int i, B[5];

  printf("A \t B \n");
  printf("-------------\n");
```

```
  for(i=0; i<5; i++)
    {
      B[i] = A[4-i];
      printf("%d \t %d \n", A[i], B[i]);
    }

  return 0;
}
```

► 실행 결과 6-1-2

```
A          B
-------------
10         7
22         -5
3          3
-5         22
7          10
```

(✓ 문제점) 1차원 배열의 개수가 5개임을 미리 알 경우, 위와 같이 가장 간단하게 할 수 있다. 하지만 매번 이 숫자가 변한다면 어떻게 해야 할지를 각자 생각해보기를 바란다. 이에 대한 예제는 아래에 계속 기술하였다.

(방법 ②) 가장 단순한 방법 (권장하지 않음)

```
#include <stdio.h>

int main()
{
  int i, v[5];

  for(i=0; i<5; i++)
    {
      scanf("%d", &v[i]);
    }

  for(i=0; i<5; i++)
    {
      printf("%d ", v[4-i]);
    }

  printf("\n");

  return 0;
}
```

(✓ 생각해보기) 5개의 수를 읽어드리고 역순으로 단순 출력하는 방식으로 하려면 굳이 어려운 코딩을 배울 이유가 크게 없다고 생각한다. 단지 참고만 한다.

(방법 ③)

```
#include <stdio.h>

int main()
{
   int i, v[5], tmp;

   printf("임의의 정수 5개를 입력하시오!  ");
   for(i=0; i<5; i++)
    {
      scanf("%d", &v[i]);
    }

   for(i=0; i<2; i++)
    {
      tmp = v[4-i];                    //  ①
      v[4-i] = v[i];                   //  ②
      v[i] = tmp;                      //  ③
    }

   printf("역순은 다음과 같습니다. ");
   for(i=0; i<5; i++)
    {
      printf("%d ",v[i]);
    }
   printf("\n");

   return 0;
}
```

► **(실행 결과)**

```
임의의 정수 5개를 입력하시오!  1 2 3 4 5
역순은 다음과 같습니다.         5 4 3 2 1
```

✍ **(로직 설명)**

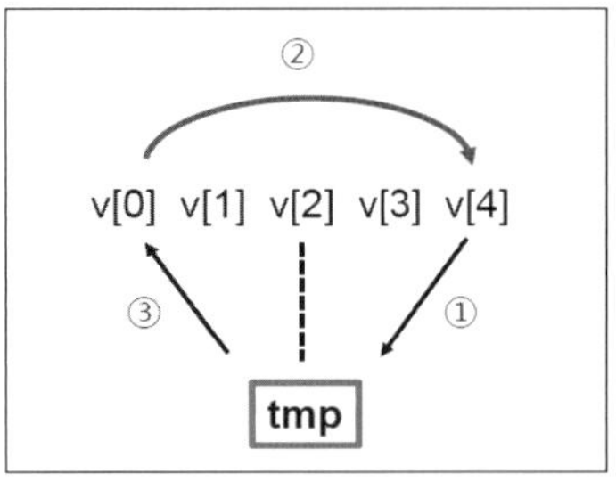

v[2]를 기준으로 좌우대칭이다. 일단 임시저장소 (temporary, tmp)를 하나 만든다.

① v[4]를 tmp에 넣는다.

② v[0]를 v[4]를 넣는다.

③ tmp에 현재 있는 값 (v[4])을 v[0]에 넣는다. 최종적으로 v[0]와 v[4]의 순서가 반전되었다.

위 과정을 v[3]하고 v[1]에 대해 동일하게 한다.

☑ **(강조)** 모든 프로그램에 정답이란 것은 없다. 단지 본인들의 로직만이 있을 뿐이다. 따라서 문제가 주어졌을 때 어떤 로직을 가지고 풀어나갈지에 대한 고민을 항시해야 한다.

☑ **(복습)** 2개의 수를 읽어서 역순으로 출력하기

```
#include <stdio.h>

int main()
{
  int i, tmp, v[10];

  for(i=0; i<2; i++)
   {
     scanf("%d", &v[i]);
   }

  for(i=0; i<1; i++)
   {
     tmp    = v[1-i];
     v[1-i] = v[i];
     v[i]   = tmp;
   }

  for(i=0; i<2; i++)
   {
     printf("%d ",v[i]);
   }
  printf("\n");

  return 0;
}
```

(방법 ④) 조금 더 일반화시킨 프로그램으로 #define N에 읽어드릴 정수 개수만 변경하고 다시 컴파일한 후 실행하면 된다. (예, 4개의 정수를 읽어드림)

```
#include <stdio.h>
#define N 4

int main()
{
   int i, tmp, v[100];          // 다 사용하지 않아도 v[100] 으로 크게 잡아 놓는다.

   printf("임의의 정수 %d개를 입력하시오!  ", );
   for(i=0; i< N; i++)
    {
      scanf("%d", &v[i]);
    }
```

```
    for(i=0; i< N/2; i++)
     {
        tmp = v[N-i-1];
        v[N-i-1] = v[i];
        v[i] = tmp;
     }

    printf("역순은 다음과 같습니다. ");
    for(i=0; i<N; i++)
     {
        printf("%d ",v[i]);
     }
    printf("\n");

    return 0;
}
```

(✓ 개선점) 여전히 입력할 개수를 미리 정해 주어야 하는데, 정하지 않고, 자동으로 아는 방법은 없는가? 숫자가 아닌 문자인 경우, 이것은 6.3절 문자열을 배울 때 다시 해결한다.

(방법 ⑤)

```
#include <stdio.h>

int main()
{
    int V[100];
    int i, N;

    printf("입력할 정수의 개수는 몇 개인가?  ");
    scanf("%d",&N);

    printf("임의의 정수 %d개를 입력하시오! ", N);
    for(i = 0; i < N; i++)
     {
       scanf("%d", &V[i]);
     }

    printf("역순으로 출력합니다. ");
    while (N > 0)
     {
       N--;
       printf("%d ", V[N]);
     }

    printf("\n");

    return 0;
}
```

► **(실행 결과)**

```
입력할 정수의 개수는 몇 개인가? 3
임의의 정수 3개를 입력하시오! 2 4 6
역순으로 출력합니다. 6 4 2
```

(방법 ⑥)

✍ **(로직 설명)** 예로 1 3 5 7의 순서를 역순으로 한다고 하자.

0단계	1 3 5 7을 자판기에서 입력한다.	1 3 5 7
1단계	1을 제일 뒤로 보낸다.	3 5 7 1
2단계	제일 뒤에 있는 1은 그대로 두고, 3을 뒤쪽으로 보낸다.	5 7 3 1
3단계	1, 3은 그대로 두고, 5를 뒤로 보낸다.	7 5 3 1

위 로직대로 프로그램을 작성해 본다.

```
#include <stdio.h>

int main()
{
  int i, j, v[50], N, tmp;

  printf("입력할 갯수:  ");
  scanf("%d", &N);

  printf("수를 입력하시오! \n");
  for(i=0; i<N; i++)
  {
    scanf("%d", &v[i]);
  }

  for(j=N-1; j>0; j--)
  {
    for(i=0; i<j; i++)
    {
      tmp   = v[i];
      v[i]    = v[i+1];
      v[i+1] = tmp;
    }
    printf("---------\n");

    for(i=0; i<N; i++)
    {
      printf("%d ",v[i]);
    }
    printf("\n");
  }

  printf("\n");

  return 0;
}
```

► **(실행 결과)**

```
입력할 갯수:  4
수를 입력하시오!
1 3 5 7
---------
3 5 7 1
---------
5 7 3 1
---------
7 5 3 1
```

【Re-visit】 예제 4-5-12

■ **예제 6-1-3** 배열을 사용하고 임의의 5개의 수를 읽어서 최대값을 찾는 프로그램을 작성하시오.

```
#include <stdio.h>

int main(void)
{
  int i, a[5], max;
  printf("정수 5개를 입력하시오!  ");

  for (i=0; i<=4; i++)
    scanf("%d", &a[i]);

  max = a[0];

  for(i=1; i<=4; i++)
    {
      max = (a[i] > max) ? a[i] : max ;
    }

  printf("이중 최대값은 %d 입니다. \n", max);

  return 0;
}
```

► **실행 결과 6-1-3**

```
정수 5개를 입력하시오!  -10 3 7 2 1
이중 최대값은 7 입니다.
```

【Re-visit】 예제 4-5-11

■ **예제 6-1-4** 임의의 정수 5개를 읽어서 오름차순으로 출력하는 프로그램을 작성하시오.

```
#include <stdio.h>

int main()
{
    int i,j,k,v[5],tmp;
    printf("정수 5개 입력하시오!      ");

    for (i=0; i<5; i++)
     {
      for(k=0; k<4; k++)
       {
        if(v[k] > v[k+1])
         {
           tmp    = v[k];
           v[k]    = v[k+1];
           v[k+1] = tmp;
         }
       }
     }

    for (i=0; i<5; i++)
     {
       if(i == 0)
         {
           printf("%d → ", v[i]);
         }
       else if(i==4)
         {
           printf("%d \n", v[i]);
         }
       else
           printf("%d → ", v[i]);
     }

    return 0;
}
```

【Re-visit】 3장에서 나온 swap의 개념을 다시 확인한다.

⇨ 12~17번째 줄: 2개를 서로 비교해서 순서 변경한다.

순서 바꾸기 기본 개념

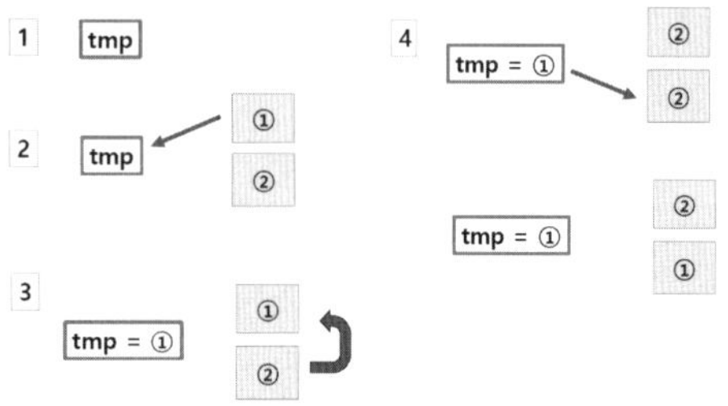

1. tmp (temporary, 임시저장소) 변수를 하나 만든다.
2. ①을 tmp에 덮어 (overwriting) 쓴다.
3. ②를 ①에 덮어 (overwriting) 쓴다.
4. ②에 tmp(=①)을 (overwriting) 쓴다. → 결국 ①번 ②번의 순서가 변경되었다.

⇨ 21~33번째 줄: for 문 사용해 간단히 할 수 있다.

```
for(i=0; i<5; i++)
  {
    printf("%d ", v[i]);
  }
```

► 실행 결과 6-1-4

```
정수 5개 입력하시오!   4  12  -22  0  9
-22 → 0 → 4 → 9 → 12
```

■ 예제 6-1-5 배열 크기 10이고, 배열 각각에 "46,39,90,45,28,89,54,76,100,66"이 배정되었다고 할 때 배열의 순위를 결정하는 프로그램을 작성하시오.

```
#include "stdio.h"

int main()
{
  int R[]= {46,39,90,45,28,89,54,76,100,66};
  int i, j, k, S[10];

  for(i=0; i<10; i++)
  {
    k=1;                                    // 초기 1등이라고 가정
    for(j=0; j<10; j++)
      if(R[i] <  R[j])                      // 더 큰 수가 들어오면
        k = k+1;                            // 순위가 하나씩 뒤로 밀린다

    S[i] = k;                               // 최종 순위
```

```
    }

    for(i=0; i<10; i++)
      printf("%2d %3d  %2d \n", i+1, R[i], S[i]);

    return 0;
}
```

⇴ **(각자 해보기)** 임의의 정수를 10개 읽어드리고, 이것의 순위를 표시하는 프로그램을 작성하시오.

```
#include "stdio.h"

int main()
{
    int V[10];
    int i, j, k, S[10];

    printf("임의의 정수 10개를 입력하시오!    ");
    for(i=0; i<=9; i++)
      scanf("%d", &V[i]);

    for(i=0; i<10; i++)
    {
      k=1;
      for(j=0; j<10; j++)
        if(V[i] <  V[j])
          k = k+1;

      S[i] = k;
    }

    printf("\n");
    printf(" i \t 입력값 \t 순위 \n");
    printf(" ----------------------------\n");

    for(i=0; i<10; i++)
      printf("%2d \t %3d \t\t %2d \n", i+1, V[i], S[i]);

    return 0;
}
```

► **(실행 결과)**

```
임의의 정수 10개를 입력하시오!   30 2 -20 -10 0 5 44 2 9 22

 i          입력값          순위
 ----------------------------
 1           30              2
 2            2              6
 3          -20             10
 4          -10              9
 5            0              8
 6            5              5
 7           44              1
```

8	2	6
9	9	4
10	22	3

⚮ **(각자 해보기)** 임의의 정수를 10개 읽어드리고, 순위를 표시하고 큰 순서부터 낮은 순으로 보여주는 프로그램을 작성하시오.

```
#include "stdio.h"

int main()
{
  int V[10], R[10], tmp;
  int i, j, k, S[10];

  printf("임의의 정수 10개를 입력하시오!    ");
  for(i=0; i<=9; i++)
    scanf("%d", &V[i]);

  for(i=0; i<=9; i++)
    R[i] = V[i];                  // 순서를 정하기 위해 새로 지정

  for(i=0; i<10; i++)
  {
    k=1;
    for(j=0; j<10; j++)
      if(V[i] <  V[j])
        k = k+1;

    S[i] = k;
  }

  for (i=0; i<10; i++)            // 큰 순서부터 낮은 순서로
  {
    for(k=0; k<9; k++)
    {
      if(R[k] > R[k+1])
        {
          tmp    = R[k];
          R[k]   = R[k+1];
          R[k+1] = tmp;
        }
    }
  }
  printf("\n");
  printf(" i \t 입력값 \t 순위 \t 순서 \n");
  printf(" ----------------------------------------\n");

  for(i=0; i<10; i++)
    printf("%2d \t %3d \t\t %2d \t %3d \n", i+1, V[i], S[i], R[9-i]);


  return 0;
}
```

► **(실행 결과)**

```
임의의 정수 10개를 입력하시오!   30 2 -20 -10 0 5 44 2 9 22
 i         입력값           순위     순서
 ---------------------------------------
 1          30              2        44
 2           2              6        30
 3         -20             10        22
 4         -10              9         9
 5           0              8         5
 6           5              5         2
 7          44              1         2
 8           2              6         0
 9           9              4       -10
10          22              3       -20
```

■ **예제 6-1-6** 평균, 표준편차 구하기. 표준편차 (standard deviation)

$$= \sqrt{\sum_{i=1}^{n} \frac{(x_i - m)^2}{n}}$$

```
#include <stdio.h>
#include <math.h>

int main()
{
  int i, v[5];
  float sum=0.0, m, s=0.0, std;

  printf("임의의 정수 5개를 입력하시오!  ");
  for(i=0; i<5; i++)
  {
    scanf("%d",&v[i]);
  }

  for(i=0; i<5; i++)
  {
    printf("v[%d] = %d \n", i, v[i]);
  }
  printf("\n");

  for(i=0; i<5; i++)
  {
    sum = sum + v[i];
  }
  m = sum/5.0;
  printf("평균값:    %.1lf \n", m);

  for(i=0; i<5; i++)
  {
    s = s + pow(v[i] - m,2);
  }
  std = sqrt(s/5.0);
  printf("표준편차: %.1lf \n", std);

  return 0;
}
```

► 실행 결과 6-1-6

```
임의의 정수 5개를 입력하시오!  54 22 30 45 17
v[0] = 54
v[1] = 22
v[2] = 30
v[3] = 45
v[4] = 17

평균값:    33.6
표준편차: 13.9
```

■ 예제 6-1-7 함수에서 배열을 매개변수로 전달하기

```c
#include <stdio.h>

void array(int AR[], int count)
{
  int i;

  printf("%d %d %d \n", AR[0],AR[1],AR[2]);          // 3개만 출력해 보기

  for(i=0; i<count; i++)
   {
     printf("%d  ", AR[i]);
   }

  printf("\n");
}

int main()
{
  int N[10]= {1,2,3,4,5,6,7,8,9,10};

  printf("배열의 크기(byte) = %d \n", sizeof(N));
  printf("정수의 크기(byte) = %d \n", sizeof(int));
  printf("배열의 갯수 = %d \n", sizeof(N)/sizeof(int));

  array(N, sizeof(N)/sizeof(int));

  return 0;
}
```

☑ **(핵심)** 함수에서 배열을 매개변수로 사용할 때 매개변수 이름 뒤에 [ ]만 붙이면 된다.

(✓ 확인) 배열의 개수를 알아내는 방법으로 sizeof(N)/sizeof(int)를 사용할 수 있다.

► 실행 결과 6-1-7

```
배열의 크기(byte) = 40
정수의 크기(byte) = 4
```

```
배열의 갯수 = 10
1 2 3
1  2  3  4  5  6  7  8  9  10
```

【Re-visit】 진법 변환 (5장 다시 확인할 것)

■ **예제 6-1-8** 배열을 사용하여 임의의 10진수를 2진수로 변환하는 프로그램을 작성하시오. (다시 보기: 5.4 진법 변환)

```
1   #include <stdio.h>
2
3   void D2B(int n)
4   {
5      int i=0, j, BN[32];
6
7      while(n>0)
8      {
9         BN[i] = n % 2;
10        n = n / 2;
11        i++;
12     }
13
14     printf("2진수:  ");
15     for(j=i-1;j>=0;j--)
16        printf("%d", BN[j]);
17  }
18
19  int main()
20  {
21     int v1;
22
23     printf("임의의 10진수를 입력하시오!  ");
24     scanf("%d", &v1);
25
26     D2B(v1);
27     printf("\n");
28
29     return 0;
30  }
```

✍ **(설명)**

⇨ 5번째 줄: 정수는 4 byte=32 bit까지 확보한다.

⇨ 9번째 줄: 나머지 값을 보관한다.

⇨ 11번째 줄: 2로 나누었을 때 몇 번까지 가능한지를 기억한다.

⇨ 15번째 줄: 역순으로 출력한다.

⇨ 16번째 줄: 나머지 값을 출력할 때 다음 줄에 하는 것이 아니라 계속해서 쓰면 그것이 바로 2진수를 나타낸다.

✎ **(정리)** 위 방법은 논리적으로 매우 깔끔하다.

6.2. | 2차원 배열

【사용법】

1차원 int A[3] = {7, 8, 11}; 2차원 int B[5][3]; 3차원 int C[5][3][1];	→ 1차원 배열 → 5행 3열, 2차원 배열 → 3차원 배열

✎ **(5×3, 5행 3열, 2차원 배열)**

	0 column, 열	1 column, 열	2 column, 열	세로 열 (column, 기둥)
0 row, 행	B[0][0]	B[0][1]	B[0][2]	
1 row, 행	B[1][0]	B[1][1]	B[1][2]	
2 row, 행	B[2][0]	B[2][1]	B[2][2]	
3 row, 행	B[3][0]	B[3][1]	B[3][2]	
4 row, 행	B[4][0]	B[4][1]	B[4][2]	
가로 행 (row)				

📖 **(의미알기)** column (기둥, 열)의 영어 의미. 기둥이란 뜻을 가지고 있다. 그리스 신전(예, 파르테논 신전)의 기둥들이 바로 column에 해당한다.

✍ **(설명)** 실제 메모리 공간 저장 방법

2차원 (5×3 행렬)으로 저장되는 것이 아니라, 1차원 배열로 이해하고 저장된다. 기계어(=컴파일러)는 사람이 이해하는 행렬 방식의 ①번 뒤에 ②번이 따라오고, ②번 뒤에 ③번이 뒤 따라오고 • • • , 최종적으로 1차원으로 길게 한 줄로 배열된 것으로 저장한다.

사람 보기에 편한 방법	기계어가 배열을 이해하는 방법
① [0][0] [0][1] [0][3] ② [1][0] [1][1] [1][3] ③ [2][0] [2][1] [2][2] ④ [3][0] [3][1] [3][2] ⑤ [4][0] [4][1] [4][3]	→ [0][0] [0][1] [0][3] (①) [1][0] [1][1] [1][3] (②) [2][0] [2][1] [2][2] (③) [3][0] [3][1] [3][2] (④) [4][0] [4][1] [4][3] (⑤)

✎ (사용 예시)

```
#include <stdio.h>

int main(void)
{
  int i, j;
  int arr[2][3] = { {1,2,3}, {4,5,6} };

  for(i=0; i<2; i++)
    {
      for(j=0; j<3; j++)
        {
          printf("arr[%d][%d] = %d \n", i, j, arr[i][j]);
        }
      printf(" \n");
    }

  return 0;
}
```

► (실행 결과)

```
arr[0][0] = 1
arr[0][1] = 2
arr[0][2] = 3
arr[1][0] = 4
arr[1][1] = 5
arr[1][2] = 6
```

결과는 출력되었으나, 우리가 의도한 대로 (2×3) 행렬식으로 표현을 하면 더 좋을 것 같다. 그럼 위 프로그램에서 printf를 수정하면 된다.

```
printf("arr[%d][%d] = %d \t", i, j, arr[i][j]);
```

► (실행 결과)

```
arr[0][0] = 1    arr[0][1] = 2    arr[0][2] = 3
arr[1][0] = 4    arr[1][1] = 5    arr[1][2] = 6
```

■ **예제 6-2-0** 2차원 배열을 사용해서 구구단 2~3단을 출력하는 프로그램을 작성하시오.

```
1   #include <stdio.h>
2
3   int main()
4   {
5       int i, j, m, arr[2][9];
6
7       for(i=0; i<2; i++)
8        {
9         for(j=0; j<9; j++)
10         {
11           arr[i][j] = (i+2) * (j+1);
12           printf("[%d][%d]      ",i, j);
13         }
14        printf(" \n");
15       }
16
17      printf("구구단 %d ~ %d 단을 출력합니다.\n", i, i+1);
18      for(i=0; i<2; i++)
19       {
20         for(j=0; j<9; j++)
21         printf("[%d][%d]=%d   ",i+2, j+1, arr[i][j]);
22         printf(" \n");
23       }
24
25      return 0;
26  }
```

⇨ 7~15번째 줄: 먼저 배열에 구구단 값을 배정 (assign) 한다.

⇨ 18~23번째 줄: 배열에 있는 값을 불러와서 출력한다.

► 실행 결과 6-2-0

```
[0][0]  [0][1]  [0][2]  [0][3]  [0][4]  [0][5]  [0][6]  [0][7]  [0][8]
[1][0]  [1][1]  [1][2]  [1][3]  [1][4]  [1][5]  [1][6]  [1][7]  [1][8]
구구단 2 ~ 3 단을 출력합니다.
[2][1]=2  [2][2]=4  [2][3]=6  [2][4]=8  [2][5]=10  [2][6]=12  [2][7]=14  [2][8]=16  [2][9]=18
[3][1]=3  [3][2]=6  [3][3]=9  [3][4]=12 [3][5]=15  [3][6]=18  [3][7]=21  [3][8]=24  [3][9]=27
```

(✓ 확인) C 언어에서 2차원 배열은 [0][0]부터 시작한다.

■ **예제 6-2-1** 배열을 사용하여 구구단이 아래와 같이 화면에 출력되는 프로그램을 작성하시오.

```
1  2  3  4  5  6  7  8  9
2  4  6  8 10 12 14 16 18
3  6  9 12 15 18 21 24 27
4  8 12 16 20 24 28 32 36
5 10 15 20 25 30 35 40 45
6 12 18 24 30 36 42 48 54
7 14 21 28 35 42 49 56 63
8 16 24 32 40 48 56 64 72
9 18 27 36 45 54 63 72 81
```

(방법 ①)

```
#include <stdio.h>

int main()
{
  int i, j, A[10][10];

  for(i=1; i<=9; i++)
  {
    for(j=1; j<=9; j++)
    {
      A[i][j] = i * j;
      printf(" %2d", A[i][j]);
    }
    printf("\n");
  }

  return 0;
}
```

(방법 ②)

```
#include <stdio.h>

int main()
{
  int i, j, A[9][9];

  for(i=0; i<9; i++)
  {
    for(j=0; j<9; j++)
    {
      A[i][j] = (i+1) * (j+1);
      printf(" %2d", A[i][j]);
    }
    printf("\n");
  }

  return 0;
}
```

■ **예제 6-2-2** 배열을 사용하여 아래와 같이 출력되는 프로그램을 작성하시오.

```
1  0  0  0  0
1  1  0  0  0
1  1  1  0  0
1  1  1  1  0
1  1  1  1  1
```

```
#include <stdio.h>

int main()
{
   int i, j, D[5][5];

   for(i=0; i<5; i++)
   {
      for(j=0; j<5; j++)
      {
         if(i >= j)
            D[i][j] = 1;
         else
            D[i][j] = 0;
      }
   }

   for(i=0; i<5; i++)
   {
      for(j=0; j<5; j++)
       {
          printf("%3d", D[i][j]);
       }
      printf("\n");
   }

   return 0;
}
```

(실습 해보기)

1	2	3	4	5
2	3	4	5	1
3	4	5	1	2
4	5	1	2	3
5	1	2	3	4

(방법 ①) 가장 단순한 방법 (눈에 보이는 대로 코딩을 한 것으로, 권장하지는 않음. 만약 20 × 20 행렬이라면 별로 효율적이지 못함)

```
#include <stdio.h>

int main()
{
   int T[5][5]= {  {1,2,3,4,5 },
                   {2,3,4,5,1 },
```

```
                 {3,4,5,1,2 },
                 {4,5,1,2,3 },
                 {5,1,2,3,4 }  };

    int i=0, j=0;

    for(i=0; i<5; i++)
     {
      for(j=0; j<5; j++)
        {
          printf("%d   ", T[i][j]);
        }
        printf(" \n");
     }

    return 0;
}
```

(방법 ②) 1차원 배열 사용

<table>
<tr><th>첫 번째 행의 값을 지정한 경우</th><th>첫 번째 행의 값을 미지정한 경우</th></tr>
<tr><td>

```
#include <stdio.h>

int main()
{
  int i, j;
  int v[5] = {1,2,3,4,5};

  for(i=0; i<5; i++)
   {
     for(j=0; j<5; j++)
      {
        if(v[j] > 5)
          v[j] = v[j] - 5;

        printf("%3d", v[j]);
        v[j] = v[j] + 1;          // v[j]++;
      }
     printf("\n");
   }

  return 0;
}
```

</td><td>

```
#include <stdio.h>

int main()
{
  int i, j;
  int v[5];

  for(i=0; i<5; i++)
   {
     v[i] = i+1;
     for(j=0; j<5; j++)
      {
        if(v[i] > 5)
          v[i] = v[i] - 5;
        printf("%3d", v[i]);
        v[i] = v[i] + 1;
      }
     printf("\n");
   }
  return 0;
}
```

</td></tr>
</table>

(방법 ③) 2차원 배열 사용

<table>
<tr><td>

```
#include <stdio.h>

int main()
{
  int i, j, n, A[5][5];
```

</td><td>

```
#include <stdio.h>

int main()
{
  int i, j, n, A[5][5];
```

</td></tr>
</table>

```
   for(i=0; i<5; i++)
    {
      for(j=0; j<5; j++)
       {
         n = i+j+1;
         if(n>5)
           A[i][j] = n-5;
         else
           A[i][j] = n;
       }
    }

   for(i=0; i<5; i++)
    {
      for(j=0; j<5; j++)
       {
         printf("%3d", A[i][j]);
       }
      printf("\n");
    }

   return 0;
 }
```

```
   for(i=0; i<5; i++)
    {
      n = i;
      for(j=0; j<5; j++)
       {
         n = n+1;
         if(n>5)
           n = n-5;
         A[i][j] = n;
       }
    }

   for(i=0; i<5; i++)
    {
      for(j=0; j<5; j++)
       {
         printf("%3d", A[i][j]);
       }
      printf("\n");
    }

   return 0;
 }
```

(방법 ④)

```
#include <stdio.h>

int main()
{
   int i, j, v[10], tmp;

   printf("5개의 숫자를 입력하시오!  ");
   for(i=0;i<5;i++)
   {
     scanf("%d",&v[i]);
   }

   for(i=4;i>0;i--)                  // for(i=0;i<4;i++)    이렇게 해도 됨
   {
      for(j=0;j<4;j++)
      {
          tmp = v[j];
          v[j]= v[j+1];
          v[j+1] = tmp;
      }

      for(j=0;j<5;j++)
      {
          printf("%d ",v[j]);
      }
      printf("\n");
```

```
    }

    return 0;
}
```

✍ **(로직 설명)**

루프 (loop)를 한번 돌 때마다, 맨 처음 오는 숫자를 제일 뒤로 보낸다.

► **(실행 결과)**

```
5개의 숫자를 입력하시오!  1 2 3 4 5
2 3 4 5 1
3 4 5 1 2
4 5 1 2 3
5 1 2 3 4
```

6.3. | char형 배열 선언, 초기화 및 NULL (\0) 문자

■ char형 배열 선언 및 초기화

【사용법】 (예시)

```
char word[100];
word[0] = 'H';
word[1] ='e';
word[2] = 'l';
word[3] ='l';
word[4] ='o';
word[5] ='\0';                    // 마지막 문자는 항시 NULL (\0) 문자로 종료됨
```

```
⓪ char word[4]  = {'H', 'e', 'l', 'l', 'o' };              // 에러 발생
① char word[5]  = {'H', 'e', 'l', 'l', 'o' };              // 결과 이상해 짐
② char word[6]  = {'H', 'e', 'l', 'l', 'o' };              // 사용 권장
③ char word[ ]  = {'H', 'e', 'l', 'l', 'o' };              // 크기 자동 배정

④ char word[5]  = {'H', 'e', 'l', 'l', 'o', '\0' };        // 에러 발생
⑤ char word[6]  = {'H', 'e', 'l', 'l', 'o', '\0' };        // 사용 무난함
⑥ char word[ ]  = {'H', 'e', 'l', 'l', 'o', '\0' };        // 크기 자동 배정

⑦ char word[5]  = "Hello";                                  // 에러 발생
⑧ char word[6]  = "Hello";                                  // 사용 무난함
⑨ char word[ ]  = "Hello";                                  // 크기 자동 배정
⑩ char word[10] = "Hello";                                  // 사용 가능
```

⓪ 문자 개수가 5개인데 word[4]로 초기화했으므로 에러 발생한다.
① 문자 개수가 5개인데 word[5]로 초기화해서, 컴파일 에러는 안 나오나, 실행 시 결과가 이상해진다. 즉, 문자가 어디서 끝나는지를 모르기 때문이다.
② 문자 개수가 5개인데 word[6]로 초기화했기 때문에, C 컴파일러가 마지막에 특수문자인 NULL (\0)을 자동으로 넣어준다. 그래서 만약에 배열의 크기를 지정해 주려면 NULL까지 고려해서 +1개가 더 크게 잡아야 한다.
③ 배열의 크기를 지정해 주지 않아도 되면 이럴 경우 C 컴파일러가 자동으로 배정해준다.
④ NULL 문자 (\0)까지 포함해 문자 개수가 6개인데 word[5]로 초기화 했으므로 에러 발생한다.
⑤ 문자 개수가 6개인데 word[6]이고 마지막에 NULL 문자가 왔으므로, C 컴파일러가 문자열이 여기서 종료됨을 인식한다. 무난한 사용법이다.
⑥ 배열의 크기가 지정되지 않았기 때문에 자동으로 배정된다.
⑦ 문자열 (string)을 일반적으로 사용하는 방법은 " " 안에 쓰고 싶은 말을 쓰면 된다. 문자열의 마지막에는 NULL이 오기 때문에, Hello의 5개 문자에 NULL 문자 1개를 포함해 최종 크기는 6개가 되어야 한다. 따라서 에러 발생한다.
⑧ Hello의 5개 문자에 NULL 문자 1개를 포함해서 6이므로, 가장 무난한 사용법이다.
⑨ 배열의 크기가 지정되지 않았기 때문에 자동으로 배정된다.
⑩ word 배열은 5개까지 Hello가 차지하고 나머지는 NULL로 채워진다. 따라서 최종적으로 word 배열은 'H', 'e', 'l', 'l', 'o', '\0', '\0', '\0', '\0', '\0'으로 초기화된다.

■ NULL (\0) 문자의 필요성

(상황) 우리가 처리해야 하는 데이터에 어떤 규칙성이 있으면 코딩을 하는 것이 그리 어렵지 않을 수도 있다. 만약 어떤 규칙성이 있는 것도 아니고, 문장 어디서 끊어야 할지를 모를 상황이 발생할 수도 있다.

✎ **(예)**

규칙성이 있는 경우	규칙성이 없는 경우
1234 678 this test 3451 856 Nice Work 2222 345 good days • • •	"아버지가방에들어가신다"

문자열 (string)을 어디서 끊어서 읽어야 하는지는 중요하다.

☑ **(체크하기)**

► 문자 상수는 ' ' (작은따옴표) 사용. 예) m='a';

► 문자열(string) 상수는 " " (큰따옴표) 사용. 예) m="abcde";

⚯ **(각자 해보기)**

```
#include <stdio.h>

int main()
{
  char w0[5] = {'H','e','l','l','o'};
  char w1[6] = {'H','e','l','l','o'};

  printf("%s\n", w0);
  printf("%s\n", w1);

  return 0;
}
```

```
linux] ./a.out
HelloHello
Hello
```

✍ **(설명)** Hello의 문자는 5개인데, w0[5]로 하면 컴파일 에러는 발생하지 않지만, 결과를 출력해 보면, 틀린 결과를 얻는다. 이는 문자열 끝에는 항시 NULL 문자가 와야 문자열이 끝나는 것을 알기 때문에, +1을 해 주어야 한다.

☑ **(강조)** 문자열 (string)을 저장하기 위한 문자열 배열의 크기는 반드시 필요한 문자 개수보다 1만큼 커야 함

▪ 예제 6-3-0

```
#include <stdio.h>

int main()
{
   char A[ ]="BTSFIRST";

   printf("%c%c%c\n", 'B','T','S');
   printf("%s \n", "BTSFIRST");
   printf("%s \n", A);

   printf("%s \n", "BTS\0FIRST");
   printf("%s \n", "BTS\0 4321");
   printf("%s \n", "BTS\04321");
   printf("%s \n", "BTS4 \0321");

   return 0;
}
```

► 실행 결과 6-3-0

```
7   BTS
8   BTSFIRST
9   BTSFIRST
11  BTS
12  BTS
13  BTS#21
14  BTS4 1
```

✍ **(설명)**

⇨ 11번째 줄: BTS 다음에 NULL (\0)이 왔으므로 여기서 끝난다.

⇨ 12번째 줄: BTS 다음에 NULL (\0)이 왔으므로 여기서 끝난다.

⇨ 13번째 줄: BTS 다음에 NULL (\0)이 왔는데, 숫자를 계속 붙여서 쓸 경우 예상 결과와 다를 수가 있으므로 조심해야 한다.

⇨ 14번째 줄: BTS4 다음에 빈공간이 하나 있고 NULL (\0)이 오고, 숫자를 계속 붙여서 쓸 경우 예상 결과와 다를 수가 있으므로 조심해야 한다. 여러 경우를 해 보기를 권장한다.

✎ **(예)** 문자

1장에서 문자 사용

```c
#include <stdio.h>
int main()
{
    char a, b, c, d, e, f;
    a='H', b='e', c='l', d='l', e='o', f='!';

    printf("%c%c%c%c%c%c \ n",a,b,c,d,e,f);

    return 0;
}
```

문자열, 배열 사용

```c
#include <stdio.h>

int main()
{
  char W[20];
  W[0]= 'H';
  W[1]= 'e';
  W[2]= 'l';
  W[3]= 'l';
  W[4]= 'o';
  W[5]= '!';

  printf("%c%c%c%c%c%c\n",
         W[0],W[1],W[2],W[3],W[4],W[5]);
  printf("%s\n", W);

  return 0;
}
```

✍ **(설명)**

① 배열 사용의 경우, 문자가 6개이므로 최소한 W[6] 이상은 되어야 한다. 20개 중 사용하지 않고 남은 것들은 모두 NULL로 채워진다.

② %c를 6개 사용해서 Hello를 나타낼 수 있고, %s를 1번만 사용해서 나타낼 수도 있다.

✎ **(예) 문자열**

과일 주스를 파는 카페에서 손님들로부터 주문을 받아 선택된 메뉴가 출력되게 하는 프로그램을 작성하시오. (예, Apple, Orange, Banana, Peach, Grape, Melon)

```
#include <stdio.h>

int main()
{
  char v[20];

  printf("Apple, Orange, Banana, Peach, Grape, Melon \n");
  printf("메뉴를 선택하시오!  ");
  scanf("%s",v);
  printf("주문하신 메뉴는 %s 입니다. \n", v);

  return 0;
}
```

■ 예제 6-3-1

```
#include <stdio.h>

 int main()
 {
    char W0[5] = {'H','e','l','l','o'};
    char W1[6] = {'H','e','l','l','o'};
    char W2[6] = {'H','e','l','l','o','\0'};
    char W3[7] = {'H','e','l','l','o','\0'};
    char W4[7] = "Hello";

    printf("%c%c%c%c%c \n", W0[0],W0[1],W0[2],W0[3],W0[4]);
    printf("%c%c%c%c%c \n", W1[0],W1[1],W1[2],W1[3],W1[4]);
    printf("%c%c%c%c%c%c \n", W2[0],W2[1],W2[2],W2[3],W2[4],W2[5]);
    printf("%c%c%c%c%c%c \n", W3[0],W3[1],W3[2],W3[3],W3[4],W3[5]);
    printf("%c%c%c%c%c%c \n", W4[0],W4[1],W4[2],W4[3],W4[4],W4[5]);

    printf("\n");

    printf("%s \n",W0);
    printf("%s \n",W1);
    printf("%s \n",W2);
    printf("%s \n",W3);
    printf("%s \n",W4);

    return 0;
 }
```

✍ **(설명)**

⇨ 5, 6 번째 줄: Hello는 5개 문자인데, 배열의 크기를 5개 혹은 6개로 정의해 보자.

⇨ 7, 8 번째 줄: 마지막 NULL의 개수까지 포함해서 배열의 크기를 6개 혹은 7개로 정의해 보자.

⇨ 6, 12, 20 번째 줄: Hello 결과를 준다.

⇨ 7, 13, 21 번째 줄: Hello 결과를 준다.

☑ **(체크하기)**

⇨ 5, 11, 19 번째 줄: 11번째 줄 결과는 Hello이고, 19번째 결과는 HelloHello로 서로 다르다. Hello는 5개 문자인데, 배열의 크기를 5개로 정하고, %s로 출력하라고 했으므로, 문자열의 끝이 어디인지를 몰라 결과가 이상함에 주의한다.

► 실행 결과 6-3-1

11	Hello
12	Hello
13	Hello
14	Hello
15	Hello
17	
19	HelloHello
20	Hello
21	Hello
22	Hello
23	Hello

■ 예제 6-3-2

```
#include <stdio.h>

int main()
{
   char s[10] = "ABCDEFGHI";

   printf("%s \n", s);              /*  ① 그대로 출력 */
   printf("%.5s \n", s);            /*  ②  5자리까지만 */
   printf("%15s \n", s);            /*  ③ 최소 15자리 확보 우측 정렬 */
   printf("%-15s \n", s);           /*  ④ 최소 15자리 확보 좌측 정렬 */
   printf("%15.5s \n", s);          /*  ⑤ 최소 15자리 확보 우측 정렬하고 5자리만  */
   printf("%-15.5s \n ", s);        /*  ⑥ 최소 15자리 확보 좌측 정렬하고 5자리만  */

   return 0;
}
```

► 실행 결과 6-3-2

자리수	1	2	3	4	5	6	7	8	9	10	11	12	13	14	15
①	A	B	C	D	E	F	G	H	I						
②	A	B	C	D	E										
③							A	B	C	D	E	F	G	H	I
④	A	B	C	D	E	F	G	H	I						
⑤											A	B	C	D	E
⑥	A	B	C	D	E										

■ 예제 6-3-3

```
#include <stdio.h>

int main (void)
{
  char v[  ] = "Chonnam";
  char r[  ] = "CNU PHY";
  char t[  ] = "P H Y";
  char s[  ] = "Chonnam National University";

  printf("%c%c%c%c%c%c%c \n", v[0],v[1],v[2],v[3],v[4],v[5],v[6]);
  printf("%s \n", v);
  printf("%s \n", r);
  printf("%s \n", t);
  printf("%s \n", s);
  printf("%c%c%c \n", t[0], t[1], t[2]);
  printf("%c%c%c \n", t[0], t[2], t[4]);
  printf("%c %c %c \n", t[0], t[2], t[4]);

  return 0;
}
```

► 실행결과 6-3-3

```
Chonnam
Chonnam
CNU PHY
P H Y
Chonnam National University
P H
PHY
P H Y
```

∞ (각자 실습해보기)

```
printf("%c%c%c \n", v[0],v[1],v[2]);
printf("%c %c %c \n", v[0],v[1],v[2]);
```

```
printf("%c  %c  %c \n", v[0],v[1],v[2]);
printf("%c%c%c \n", v[0],v[4],v[6]);
```

► **(실행 결과)**

```
Cho
C h o
C  h  o
Cnm
```

■ **예제 6-3-4** scanf를 이용한 문자열 입력

```
#include <stdio.h>

int main(void)
{
  char str[40];

  printf("문자열을 입력하시오!  ");
  scanf("%s", str);
  printf("%s", str);
  printf("\n");

  return 0;
}
```

```
#include <stdio.h>

int main(void)
{
  char str1[40], str2[40];

  printf("문자열 2개를 입력하시오!  ");
  scanf("%s %s", str1, str2);
  printf("%s %s \n ", str1, str2);
  printf("%s%s \n ", str1, str2);

  return 0;
}
```

► **실행 결과 6-3-4**

```
문자열을 입력하시오!  Hello Kim
Hello
```

```
문자열 2개를 입력하시오!  Hello Kim
Hello Kim
HelloKim
```

✍ **(설명)**

왼쪽은 "Hello Kim" 2개의 문자열을 입력했는데, 앞쪽만 출력이 된다. 그래서 이 문제를 보완하기 위해서 오른쪽 예시에서는 배열을 2개 설정하였다.

(✓ 주의) 문자열을 입력할 때, 공백 문자가 나오기 전까지만 하나의 문자열로 인식한다. 출력할 때 printf("%s%s \n ", str1, str2);에서 %s%s 사이에 빈 공간을 두지 않으면, 출력 화면이 HelloKim처럼 서로 붙어 보인다.

☑ **(강조)** 문자열을 입력 받을 경우 scanf에 &을 사용하지 않는다.

```
scanf ("%d", &v1);
scanf ("%f", &v1);
scanf ("%c", &v1);
scanf ("%s", v1);
```

■ 예제 6-3-5 "Mr. Kim 2 + 3 = 5" 입력하고 화면에 출력하는 프로그램을 작성하시오.

(방법 ①)

```
1   #include <stdio.h>
2
3   int main()
4   {
5      int i, v1=2, v2=3, sum;
6      char str[]="Mr. Kim 2 + 3 = 5";
7      char str1[] = "Mr. Kim";
8      char str2[] = "2 + 3 = 5";
9      char str3[10];
10
11     printf("%s \n", str);
12     printf("%s %s \n", str1, str2);
13     puts("Mr. Kim 2 + 3 = 5");
14     printf("Mr. Kim 2 + 3 = 5");
15     printf("\n");
16
17     printf("Mr. Kim 2 + 3 = 5(를)을 입력하시오!     ");
18     for(i=0; i<=7; i++)
19      {
20        scanf("%c", &str3[i]);
21      }
22     printf("%s%d + %d = %d\n", str3, v1, v2, v1+v2);
23
24     return 0;
25  }
```

► 실행 결과 6-3-5

11번째 줄	Mr. Kim 2 + 3 = 5
12번째 줄	Mr. Kim 2 + 3 = 5
13번째 줄	Mr. Kim 2 + 3 = 5
14번째 줄	Mr. Kim 2 + 3 = 5
15번째 줄	
17번째 줄	Mr. Kim 2 + 3 = 5(를)을 입력하시오! Mr. Kim 2 + 3 = 5
22번째 줄	Mr. Kim 2 + 3 = 5

✍ **(설명)**

⇨ 11~14번째 줄: 그냥 화면 출력

⇨ 18~21번째 줄: “Mr. Kim”이 빈칸 포함해서 7개 문자이므로 NULL까지는 총 8자리가 필요하다. for문이 0부터 7까지이므로 총 8자리이다.

⇨ 22번째 줄: %s는 “Mr. Kim”을 출력하고, %d + %d = %d 부분은 “2 + 3 = 5”을 출력해서 전체적으로 “Mr. Kim 2 + 3 = 5”가 화면에 출력된다.

(방법 ②)

```
#include <stdio.h>

int main()
{
  int i=0;
  char c[100];

  printf("문자열을 입력하시오!  ");

  while(1)
  {
    scanf("%c", &c[i]);
    if(c[i] == '\n')
      break;
    i++;
  }

  printf("입력한 문자열: %s", c);

  return 0;
}
```

■ **예제 6-3-6** 5개의 문자를 입력하여 거꾸로 화면에 출력하는 프로그램을 작성하시오. (예, Hello)

(방법 ①) 가장 간단한 방법. 강제적으로 뒤쪽부터 화면에 출력

```
#include <stdio.h>

int main()
{
  int i;
  char v[6];
  printf("임의의 5개 문자를 연속해서 입력하시오!  ");

  for(i=0; i<5; i++)
   {
       scanf("%c", &v[i]);
   }
```

```
  printf("%c%c%c%c%c \n",v[0],v[1],v[2],v[3],v[4]);
  printf("%s\n", v);
  printf("%c%c%c%c%c \n",v[4],v[3],v[2],v[1],v[0]);

  return 0;
}
```

► **(실행 결과)**

```
임의의 5개 문자를 연속해서 입력하시오!  Hello
Hello
Hello
olleH
```

(✓ 확인) Hello는 5개 문자이지만 NULL문자까지 포함하니까, v[6]로 하면 좋다. 또한 char v[5]; 로 한다고 해도 큰 문제는 발생하지 않는다.

(✓ 주의) char v[4]; 로 하면 다음과 같은 에러 발생한다.

```
임의의 5개 문자를 연속해서 입력하시오!  Hello
Hello
Hello▒▒@▒?V
olleH
*** stack smashing detected ***: <unknown> terminated
Aborted (core dumped)
```

☑ **(체크하기)** scanf에서"%c"로 읽어드렸으므로, 먼저 5개의 문자 (Hello)를 입력 후에 끝에 enter key를 쳐야 하는데, enter key도 한 개로 간주하기 때문에 printf("%s\n", v); 로 하면 %s에 의해 Hello가 화면 출력되고, \n에 의해 다음 줄에 빈 줄이 1개 생긴다.

```
#include <stdio.h>

int main()
{
  int i;
  char v[6];
  printf("임의의 5개 문자를 연속해서 입력하시오!  ");

  for(i=0; i<6; i++)
   {
     scanf("%c", &v[i]);
   }

  printf("%c%c%c%c%c\n",v[0],v[1],v[2],v[3],v[4]);
  printf("%s\n", v);
  printf("%c%c%c%c%c\n",v[4],v[3],v[2],v[1],v[0]);

  return 0;
}
```

```
► (실행 결과)

임의의 5개 문자를 연속해서 입력하시오!  Hello
Hello
Hello

olleH
```

(방법 ②) 앞 코딩에서 for문 사용

```c
#include <stdio.h>

int main()
{
  char v[6];
  int i;

  printf("임의의 5개 문자를 연속해서 입력하시오!  ");
  for(i=0; i<=5; i++)
    {
      scanf("%c", &v[i]);
    }

  for(i=0; i<=5; i++)
    {
      printf("%c", v[5-i]);
    }

   printf("\n");

  return 0;
}
```

(방법 ③) swap의 개념을 사용하여 코딩

```c
#include <stdio.h>

int main()
{
  int i;
  char ch, v[6];

  printf("임의의 5개 문자를 연속해서 입력하시오!  ");
  for(i=0; i<=5; i++)
    {
      scanf("%c", &v[i]);
    }

  for(i=0; i<3; i++)
    {
      ch = v[4-i];
      v[4-i]   =  v[i];
      v[i] = ch;
    }
      printf("%s", v);
```

```
    return 0;
}
```

► **실행 결과 6-3-6**

```
임의의 5개 문자를 연속해서 입력하시오!  Hello
olleH
```

(✓ 문제점) 입력해야 하는 문자의 개수를 5개로 이미 알고 있다. 만약 개수를 모른다면 어떻게 해야 하는가?

■ **예제 6-3-7** 임의의 문자를 입력하여 거꾸로 화면에 출력하는 프로그램을 작성하시오.

(방법 ①)

```
#include <stdio.h>

int main()
{
    char tmp, str[30];
    int i, len=0;

    printf("연속된 문자열을 입력하시오!  ");
    scanf("%s", str);

    while(str[len] != '\0')
      len++;

    printf("입력된 문자의 갯수는 %d개 입니다. \n", len);

    for(i=0; i<len/2; i++)
      {
        tmp = str[i];
        str[i] = str[len-i-1];
        str[len-i-1] = tmp;
      }
    printf("역순으로 출력하면 %s 입니다. \n", str);

    return 0;
}
```

✍ **(설명)**

```
while(str[len] != '\0')
  len++;
```

입력한 문자의 개수를 알 수 있다.

☑ **(참고)** 6.4절의 "sizeof 연산자", "strlen 함수"

(방법 ②)

```
#include <stdio.h>

int main()
{
  char tmp, str[30];                    // str[100] = {'\0'}; 의미로 초기화도 가능
  int i, len=0;

  printf("연속된 문자열을 입력하시오!  ");
  scanf("%s", str);

  while(1)
    {
      if(str[len] != '\0')
        len++;
      if(str[len] == '\0')
        break;
    }

  printf("입력된 문자의 갯수는 %d개 입니다. \n", len);

  for(i=0; i<len/2; i++)
    {
      tmp = str[i];
      str[i] = str[len-i-1];
      str[len-i-1] = tmp;
    }
  printf("역순으로 출력하면 %s 입니다. \n", str);

  return 0;
}
```

✍ **(설명)**

```
while(1)
 {
   if(str[len] != '\0')
     len++;
   if(str[len] == '\0')
     break;
 }
```

입력한 문자의 개수를 알 수 있다.

(방법 ③) 임의의 문자열을 입력해도 무방

```
#include<stdio.h>

int main()
{
  int i, len=0;
  char tmp, str[30];

  printf("연속된 문자열을 입력하시오!  ");
  while(1)
  {
    scanf("%c", &str[len]);
    if(str[len] =='\n')
      break;
    len++;
  }

  printf("입력된 문자의 갯수는 %d개 입니다. \n", len);

  for(i=0;i<len/2;i++)
    {
      tmp = str[i];
      str[i]=str[len-1-i];
      str[len-1-i]=tmp;
    }
  printf("역순으로 출력:  %s", str);

  return 0;
}
```

► **실행 결과 6-3-7**

1개의 문자열	임의의 문자열
연속된 문자열을 입력하시오! Vacation 입력된 문자의 갯수는 8개 입니다. 역순으로 출력: noitacaV	연속된 문자열을 입력하시오! This so good 입력된 문자의 갯수는 12개 입니다. 역순으로 출력: doog os sihT

(✓ 확인) scanf에서"%c"로 읽어드렸으므로, 마지막 enter key도 한 개로 간주하기 때문에 printf("%s \n", v); 로 변경하면 다음 줄에 빈 줄이 1개 생긴다.

(✓ 개선점) 만약에 숫자를 입력해도, char로 읽어드리기 때문에, 입력한 숫자들을 가지고 사칙연산을 할 수 없다. 이 문제는 어떻게 해결해야 하는가? 이것은 **예제 6-4-2**에서 살펴본다.

6.4. | 문자열 처리 함수

표준 C 라이브러리는 다양한 문자열 처리 함수를 제공한다.

■ puts, printf

puts vs printf

```
1   #include <stdio.h>
2
3   int main()
4   {
5       char word[ ] = "Chonnam National University";
6
7       puts(word);
8       puts("Chonnam National University");
9       printf("Chonnam National University\n");
10
11      return 0;
12  }
```

✍ **(설명)**

⇨ 8번째 줄하고 9번째 줄 하고는 동일 표현이라고 생각해고 무방하다.

① printf("Chonnam National University \n");

② puts("Chonnam National University");

puts는 printf와 거의 같은 동작을 한다. printf의 경우 다음 줄로 넘어가기 위해서는 줄 바꿈 문자(backslash, '\n')를 문장 맨 끝에 지정해야 하지만, puts의 경우는 하지 않아도 자동으로 다음으로 넘어가는 표준 C 라이브러리 함수이다. 의미를 아는 사람은 앞으로 puts를 써도 좋다.

► **(실행 결과)**

```
Chonnam National University
Chonnam National University
Chonnam National University
```

■ gets

<table>
<tr><th>gets</th><th>실행결과</th></tr>
<tr><td>

```
#include <stdio.h>

int main(void)
{
    char str[100];

    printf("문자열을 입력하라");
    gets(str);
    printf("%s", str);
    puts(str);

    return 0;
}
```

</td><td>

```
error: 'gets' was not declared in this scope
    gets(str);
    ^~~~
```

</td></tr>
</table>

✍ (설명) C 라이브러리에서 이제는 더 이상 지원되지 않아서 사용할 수 없다.

■ getchar, putchar

<table>
<tr><th>getchar, putchar</th><th></th></tr>
<tr><td>

```
#include <stdio.h>

int main()
{
   char ch;

   ch = getchar();
   putchar(ch);
   printf("\n");

   return 0;
}
```

</td><td>

```
#include <stdio.h>

int main()
{
   char ch;

   while((ch = getchar()) != 'E')
   putchar(ch);

   printf("\n");

   return 0;
}
```

</td></tr>
</table>

► (실행 결과)

<table>
<tr><td>

```
This is a test
T
```

</td><td>

```
This is a test
This is a test
Hi there
Hi there
e
e
E
```

</td></tr>
</table>

✍ (설명)

왼쪽 결과는 "This is a test"라는 문장을 입력했는데, 화면에는 단지 "T"만 보여준다. 그래서 오른쪽과 같이 계속 while 문을 돌아가면서 입력하면 바로 출력하게 코딩을 변경하였다. 그런데 이 코딩의 문제는 "E"를 입력하기 전에는 결코 프로그램이 끝나지 않는다.

☞ **(각자 해보기)** 앞 코딩에서 자판기"E"를 입력하기 전에는 프로그램이 끝나지 않는데, 임의의 문자열을 입력하고 "Enter"를 치면 바로 끝나는 코딩으로 변경하시오.

<table>
<tr>
<td>

```
#include <stdio.h>

int main()
{
  char ch;

  while((ch = getchar()) != '\n')
  putchar(ch);

  printf("\n");

  return 0;
}
```

</td>
<td>

```
linux] ./a,out
This is a test!
This is a test!
```

</td>
</tr>
</table>

✍ **(설명)** '\n'을 사용하면 간단히 할 수 있다.

☞ **(각자 해보기)**

```
#include <stdio.h>

int main(void)
{
  printf("문자를 입력하시오!    ");
  printf("%c \n", getchar());
  printf("%c \n", getchar());
  printf("%c \n", getchar());
  printf("\n");

  printf("%c \n", 'K');
  putchar('K');                    //  printf("%c", 'K');와 동일 기능
  putchar('I');
  putchar('M');
  putchar('\n');

  return 0;
}
```

► **(실행 결과)**

```
문자를 입력하시오!    Hello
H
e
l
K
KIM
```

✍ **(설명)**

"Hello" 5개의 문자를 입력했지만, printf 문 안에 getchar가 3개 있으므로, 각 getchar는 Hello에서 앞의 3개만 획득 (=get)하고 이를 화면에 출력한다.

■ sizeof 연산자, strlen 함수

sizeof 연산자	strlen 함수

#include <stdio.h>
 	
int main()
{
  int size;
  char V[]="Hello";
 	
  size = sizeof(V);
 	
  printf("배열 V의 크기는 %d byte
        입니다.\n", size);
 	
  return 0;
}
	#include <stdio.h>
	#include <string.h>
	
	int main()
	{
	  int len;
	  char V[]="Hello";
	
	  len = strlen(V);
	
	  printf("배열 V의 길이는 %d byte
	        입니다.\n", len);
	
	  return 0;
	}

► **(실행 결과)**

```
배열 V의 크기는 6 byte 입니다.
배열 V의 길이는 5 byte 입니다.
```

✍ **(설명)**

① sizeof 연산자는 NULL (\0)문자를 포함한 메모리의 할당 크기 (size)를 바이트 단위로 구한다.

② strlen는 NULL (\0) 문자를 제외하고 순수하게 문자열의 길이 (length)만을 구하는 함수이다. strlen를 사용하기 위해서는 〈string.h〉 헤더 파일이 필요하다.

☑ **(복습)**

```
int N[10]= {1,2,3,4,5,6,7,8,9,10};
printf("배열의 크기(byte) = %d \n", sizeof(N));
배열의 크기(byte) = 40
```

☑ **(체크하기)** 문자열의 크기를 초기에 50으로 고정해 놓고 scanf 전후의 sizeof, strlen를 비교해 보자.

<pre>#include <stdio.h>
#include <string.h>
 	
int main()
{
  int len0, len1, len2, len3;
  char str[50];
 	
  len0 = sizeof(str);   // 50
  len1 = strlen(str);   // 1
 	
  printf("임의의 문자열을 입력하시오! ");
  scanf("%s", str);   // Hello
 	
  len2 = sizeof(str);   // 50
  len3 = strlen(str);   // 5
 	
  printf("%d \n", len0);
  printf("%d \n", len1);
  printf("%d \n", len2);
  printf("%d \n", len3);
 	
  printf("%s \n", str);
 	
  return 0;
}</pre>
	<pre>linux] ./a.out
	임의의 문자열을 입력하시오! Hello
	50
	1
	50
	5
	Hello</pre>

✍ **(설명)**

① sizeof은 scanf 전후에 관계없이 50으로 고정되어 있다.

② strlen는 scanf에 의해 읽어드린 개수만큼 크기가 정해지므로, Hello의 경우 문자열의 길이는 5이다.

☑ **(참고)** fgets를 stdin으로 자판기에서 읽어드리면 마지막 enter key도 1개 더 추가된다.

【Re-visit】 예제 6-3-7

```
#include <stdio.h>
#include <string.h>

int main()
{
  char tmp, str[100];
  int i, len;

  printf("연속된 문자열을 입력하시오!  ");
  scanf("%s", str);

  len = strlen(str);
  printf("입력된 문자의 길이는 %d 입니다. \n", len);

  for(i=0; i<len/2; i++)
    {
```

```
        tmp = str[i];
        str[i] = str[len-i-1];
        str[len-i-1] = tmp;
    }
    printf("역순으로 출력하면 %s 입니다. \n", str);

    return 0;
}
```

► **(실행 결과)**

```
연속된 문자열을 입력하시오!  Vacation
입력된 문자의 길이는 8 입니다.
역순으로 출력하면 noitacaV 입니다.
```

■ **예제 6-4-0** 문자열을 읽어서 대문자는 소문자로 소문자는 대문자로 변환하는 프로그램을 작성하시오.

<pre>#include <stdio.h>
#include <string.h>
 	
int main()
{
    int i;
    char str[50];
 	
    scanf("%s",str);
 	
    for(i=0; i<strlen(str); i++)
     {
        if(str[i] >= 'A' && str[i] <= 'Z')
         {
            str[i] = str[i] + 32;
         }
        else if(str[i] >= 'a' && str[i] <= 'z')
         {
            str[i] = str[i] - 32;
         }
     }
 	
    printf("%s \n", str);
 	
    return 0;
}</pre>
	<pre>linux] ./a.out
	Hello
	hELLO</pre>

☑ **(체크하기)** CH1의 ascii 코드 규약

A(65) ~ Z(90), a(97) ~ z(122)이다. 즉, 대문자와 소문자는 32 차이가 난다.

(✓ 생각해보기) 위의 예제는 한 단어 (한 문자열)에 대해 대소문자를 변환하였는데, 만약

문장 (즉, 여러 개의 문자열)이 온다고 했을 때는 어떻게 할 것인가?

① CH8 포인터 (pointer) 배울 때, 다시 공부한다.

② CH9 fgets을 배울 때, "stdin"을 공부하면서 해결한다.

☑ (참고) tolower, toupper

<table>
<tr>
<td>
<pre>
#include <stdio.h>
#include <ctype.h>

int main()
{
  char ch;

  while((ch = getchar()) != '\n')
  {
    putchar(tolower(ch));
  }
  printf("\n");

  return 0;
}
</pre>
</td>
<td>
<pre>
#include <stdio.h>
#include <ctype.h>

 int main()
 {
   char ch;

   while((ch = getchar()) != '\n')
   {
     putchar(toupper(ch));
   }
  printf("\n");

  return 0;
}
</pre>
</td>
</tr>
<tr>
<td>
<pre>
linux] ./a.out
This is a Test
this is a test
</pre>
</td>
<td>
<pre>
linux] ./a.out
hi world
HI WORLD
</pre>
</td>
</tr>
</table>

■ **예제 6-4-1** 문자열을 입력 받아서, 문자열에 포함된 문자의 개수 계산하시오. 또한 대소문자 변경한 문자열 출력하고 입력된 문자열을 역순으로 출력하시오.

```
#include <stdio.h>

int main()
{
  int i, len=0, cnt=0;
  char str[100];

  printf("임의의 문자열을 입력하시오!  ");

  while(1)
  {
    scanf("%c", &str[len]);
    if(str[len] == '\n')
      break;
    len++;
  }

  printf("빈칸 포함 입력한 문자열 길이:  %d\n", len);

  printf("역순으로 출력:     ");
  for(i=len-1; i>=0; i--)
    printf("%c", str[i]);
  printf("\n");
```

```
    printf("대소문자 변경 출력:    ");
    for(i=0; i<len; i++)
    {
        if(str[i] >= 'A' && str[i] <= 'Z')
        {
            str[i] = str[i] + 32;
            cnt++;
        }
        else if(str[i] >= 'a' && str[i] <= 'z')
        {
            str[i] = str[i] - 32;
            cnt++;
        }
        printf("%c", str[i]);
    }

    printf("\n");
    printf("문자의 갯수:  %d \n", cnt);

    return 0;
}
```

► 실행 결과 6-4-1

```
linux] ./a.out
임의의 문자열을 입력하시오!  3 Days!
빈칸 포함 입력한 문자열 길이:  7
역순으로 출력:    !syaD 3
대소문자 변경 출력:    3 dAYS!
문자의 갯수:  4
```

■ **예제 6-4-2** 임의의 문자열을 입력 받는다. 그런 후 그 안에 들어 있는 숫자들만의 총합을 구하라.(예, adFrc34de1d4cf7이라면 3+4+1+4+7=19)

(방법 ①)	(방법 ②)

#include <stdio.h>
 	
int main()
{
  int i=0, j, n, sum=0;
  char str[100];
 	
  printf("문자열을 입력하시오! ");
  scanf("%s", str);
 	
  while(str[i] != '\0')
    i++;
 	
  for(j=0; j<i; j++)
  {
	#include <stdio.h>
	#include <string.h>
	
	int main()
	{
	  int i, n, sum=0, len;
	  char str[100];
	
	  printf("문자열을 입력하시오! ");
	  scanf("%s", str);
	
	  len = strlen(str);
	
	  for(i=0; i<len; i++)
	  {

```
    if(str[j] >= '0' && str[j] <= '9')
    {
      printf("문자열 속 숫자: %c \n", str[j]);
     n = str[j] - 48; // 문자를 숫자로 변경
     sum = sum + n;
    }
  }
  printf("숫자만의 총합: %d \n", sum);

  return 0;
}
```

```
    if(str[i] >= '0' && str[i] <= '9')
    {
      printf("문자열 속 숫자: %c \n", str[i]);
      n = str[i] - 48;
      sum = sum + n;
    }
  }
  printf("숫자만의 총합: %d \n", sum);

  return 0;
}
```

(방법 ③)

```
#include <stdio.h>

int main()
{
  int i=0, j=0, n, sum=0, len;
  char str[100];

  printf("문자열을 입력하시오!  ");
  while(1)
  {
    scanf("%c", &str[i]);
    if(str[i] == '\n') break;
    i++;
  }

  for(j=0; j<i; j++)
  {
    if(str[j] >= '0' && str[j] <= '9')
    {
      printf("문자열 속 숫자: %c \n", str[j]);
      n = str[j] - 48;
      sum = sum + n;
    }
  }
  printf("숫자만의 총합: %d \n", sum);

  return 0;
}
```

(방법 ④)

```
#include <stdio.h>

int main()
{
  int i=0, j=0, n, sum=0;
  char str[100];

  printf("문자열을 입력하시오!  ");
  while(1)
  {
    scanf("%c", &str[i]);
    if(str[i] == '\n') break;
    i++;
  }

  while(str[j] != '\0')
  {
    if(str[j] >= '0' && str[j] <= '9')
    {
      printf("문자열 속 숫자: %c \n", str[j]);
      n = str[j] - 48;
      sum = sum + n;
    }
    j++;
  }
  printf("숫자만의 총합: %d \n", sum);

  return 0;
}
```

► 실행 결과 6-4-2

```
문자열을 입력하시오!  adFrc34de1d4cf7
문자열 속 숫자: 3
문자열 속 숫자: 4
문자열 속 숫자: 1
문자열 속 숫자: 4
문자열 속 숫자: 7
숫자만의 총합: 19
```

☑ **(핵심)** 자판기에서 문자열로 읽어드렸으므로, 숫자로 보이지만 실제로는 연산이 가능한 숫자가 아니다. 따라서 ascii 코드 규칙에 의해 변환을 해 주어야 한다. 문자 0은 아라비아

숫자로 49이고 문자 9는 아라비아 숫자로 57이다. 따라서 48을 빼주면 된다.

■ EOF (=end of file)

☑ (참고)

① EOF is defined in stdio.h (and is usually -1).

② Linux에서는 Ctrl+D를 할 때 (Window에서는 Ctrl+Z), EOF을 반환한다. (즉, 프로그램을 끝내려고 Ctrl+D를 치면 된다)

EOF

```
#include <stdio.h>

int main()
{
  printf("EOF is %d \n", EOF);

  return 0;
}
```

► (실행 결과)

```
EOF is -1
```

(예) 두 프로그램은 기본적으로 동일한 프로그램이다. 끝내려면 Ctrl+D를 입력하면 된다.

```
#include <stdio.h>

int main()
{
  int ch;

  while(1)
   {
      ch = getchar();
      if(ch == EOF)
          break;
      putchar(ch);
   }
  printf("\n");

  return 0;
}
```

```
#include <stdio.h>

int main()
{
  int ch;

  while(ch != EOF)
    {
      ch = getchar();
      putchar(ch);
    }

  printf("\n");

  return 0;
}
```

► (실행 결과)

```
This is a test
This is a test
▒              ⇐  Ctrl+D
```

⚯ **(각자 찾아보기)**

fgets (9장 참고) fputs (9장 참고) fgetc (9장 참고) fputc (9장 참고) strcat strcpy strcmp atoi arof

■ strcmp

문자열을 비교해주는 기본 함수로써 비교 기준은 각 문자의 ascii 코드이다.

☑ **(참고)** strcmp(str1, str2)

- str1이 str2보다 크면 양수 (+1) 반환
- str1이 str2보다 작으면 음수 (-1) 반환
- str1이 str2과 같으면 0 반환

✎ **(예)**

```
#include <stdio.h>
#include <string.h>

int main()                                    // aaa는 ASCII 코드로 97 97 97
{                                             // aab는 ASCII 코드로 97 97 98
  printf("%d\n", strcmp("aaa", "aaa"));       // aac는 ASCII 코드로 97 97 99
  printf("%d\n", strcmp("aab", "aaa"));
  printf("%d\n", strcmp("aab", "aac"));

 return 0;
}
```

► **(실행 결과)**

```
0     //  0: aaa와 aaa는 같으므로 0
1     //  1: aab와 aaa 중에서 aab가 크므로 1
-1    // -1: aab와 aac 중에서 aac가 크므로 -1
```

☞ **(해보기)** strcat, strcpy, strcmp

`#include <stdio.h>`
`#include <string.h>`
 	
`int main()`
`{`
`  char s1[] = "This is ";`
`  char s2[] = "a test!";`
`  char s3[30];`
 	
`  printf("%s \n", strcat(s1,s2));`
`  printf("%d \n", strcmp("jello", "hello"));`
`  printf("%s \n", strcpy(s3, "Test OK!"));`
`  printf("%d \n", strlen(s3));`
 	
`  return 0;`
`}`
	
	This is a test! // s1과 s2를 서로 연결
	1
	Test OK! // "Test OK!"를 s3에 복사
	8

■ **예제 6-4-3** 문자열을 2개 입력 받아서 두 개가 대소문자를 구분하지 않고 비교해서 같은지를 판단하는 프로그램 작성하시오. (예, 한 단어의 경우, HeLLo, hello는 동일하다)

(방법 ①)

```
#include "stdio.h"
#include "string.h"

int main()
{
    int i, R, len1, len2;
    char str1[30], str2[30];

    printf("첫번째 문자열을 입력하시오!  ");
    scanf("%s", str1);

    printf("두번째 문자열을 입력하시오!  ");
    scanf("%s", str2);

    len1 = strlen(str1);
    len2 = strlen(str2);

    if(len1 != len2)
     {
        printf("두 문자열의 길이가 다르다. \n");
        return 0;
     }

    for(i=0; i<len1; i++)              // len1 = len2 이므로 어떤 것을 써도 상관없다
     {
      if(str1[i] >= 'A' && str1[i] <= 'Z')
          str1[i] = str1[i] + 32;
      if(str2[i] >= 'A' && str2[i] <= 'Z')
          str2[i] = str2[i] + 32;
    }
```

```
    R = strcmp(str1, str2);

    if (R == 0)
      printf("두 문자열은 같다. \n");
    else
      printf("두 문자열은 다르다. \n");

    return 0;
}
```

► **실행 결과 6-4-3**

```
linux] ./a.out
첫번째 문자열을 입력하시오!  HELLO
두번째 문자열을 입력하시오!  Hi
두 문자열의 길이가 다르다.

linux]  ./a.out
첫번째 문자열을 입력하시오!  HeLLo
두번째 문자열을 입력하시오!  hello
두 문자열은 같다.

linux]  ./a.out
첫번째 문자열을 입력하시오!  The
두번째 문자열을 입력하시오!  she
두 문자열은 다르다.
```

(✓ 생각해보기) 이 예제 역시 한 단어 (한 개의 문자열)의 경우인데, 만약 문장 (즉, 여러 개의 문자열)이 온다고 했을 때는 CH9 fgets을 배울 때, 다시 해결하자.

(방법 ②) %s로 읽어드리니까, 빈칸이 오면 거기까지밖에 읽어드리지 못한다. 따라서 %c로 해서 빈칸까지 읽어드릴 수가 있다.

```
#include <stdio.h>

int main()
{
  int i=0, len1=0, len2=0;
  char str1[30]= {0}, str2[30]= {0};

  printf("첫번째 문자열을 입력하시오! ");
  while(str1[len1-1] != '\n')
  {
    scanf("%c", &str1[len1]);
    len1++;
  }

  printf("두번째 문자열을 입력하시오! ");
  while(str2[len2-1] != '\n')
```

```
    {
      scanf("%c", &str2[len2]);
      len2++;
    }

    if(len1 != len2)
    {
      printf("두 문자열의 길이가 다르다. \n");
      return 0;
    }

    while(1)
    {
      if(str1[i] != str2[i])
      {
        if(str1[i] >= 'A' && str1[i] <= 'Z')
        {
          str1[i] = str1[i] + 32;                    // 대문자이면 소문자로 변환
          if(str1[i] != str2[i])
          {
            printf("두 문자열은 다르다. \n");
            return 0;
          }
        }
        else if(str1[i] >= 'a' && str1[i] <= 'z')    // 소문자이면 대문자로 변환
        {
          str1[i] = str1[i] - 32;
          if(str1[i] != str2[i])
          {
            printf("두 문자열은 다르다. \n");
            return 0;
          }
        }
        else
          i++;                                       // 숫자일 수도 있으므로 다음 문자로 이동
      }
      else
        i++;                                         // 같은 문자이면 다음 문자로

      if(i == len1)                                  // 최종 판결
      {
         printf("두 문자열은 같다. \n");
         break;
      }
    }

    return 0;
}
```

► **(실행 결과)**

```
linux] ./a.out
첫번째 문자열을 입력하시오! HI
두번째 문자열을 입력하시오! hello
두 문자열의 길이가 다르다.

linux] ./a.out
첫번째 문자열을 입력하시오! this
```

```
두번째 문자열을 입력하시오! ThiS
두 문자열은 같다.

linux] ./a.out
첫번째 문자열을 입력하시오! Good day
두번째 문자열을 입력하시오! GOOD DAY
두 문자열은 같다.
```

6.5. 전산물리 기초 연습 예제

■ **전산물리 실습** 임의의 날짜를 입력받고 다음 날짜를 계산하는 프로그램을 작성하시오.

(✓ 확인) 달력 관련 내용을 프로그램하려면 3장에서 나온 윤년을 다시 한번 복습하자.

① 1년이 365일이 아닌 366일로 2월 29일까지 존재한다.

② 4로 나누어떨어지면 윤년이다. (즉, 4년마다. 예, 2004)

③ 100으로 나누어떨어지지 않는다. (즉, 100년 단위일 때는 윤년에 해당하지 않는다)

④ 해를 400으로 나누어떨어지면 무조건 윤년이다.

(✓ 힌트)

- 1,3,5,7,8,10,12월은 31일까지, 4,6,9,11월은 30일까지, 2월은 28일까지 있다.
- 각 달의 마지막 날을 입력 받으면 다음 달 1일로 넘어가야 한다.
- 12월 31일 입력 받으면 다음 연도 1월 1일로 넘어간다.
- 위 2가지를 제외하고는 입력받은 날짜에서 일 (day)에 +1만 해 주면 된다.

(방법 ①)

```
#include <stdio.h>

int main()
{
  int y, m, d, last_day;
  int ny, nm, nd;

  printf("임의의 년 월 일을 입력하시오!  ");
  scanf("%d %d %d", &y, &m, &d);

  if(m < 1 || m > 12 || d < 1 || d > 31)
   {
     printf("입력한 월/달이 범위를 벗어납니다! \n");
     return 0;
```

```
    }

   switch(m)                                        // 달에 따라 마지막 날짜 수를 결정
    {
     case 1: case 3: case 5: case 7: case 8: case 10: case 12:
       last_day = 31;
       break;

     case 4: case 6: case 9: case 11:
       last_day = 30;
       break;

     case 2:                                        // 2월은 윤년인지 아닌지를 판명
       if(y%4 == 0 && y%100 != 0 || y%400==0)
        {
         last_day = 29;                             // 윤년은 29일까지
         break;
        }
       else
        {
         last_day = 28;                             // 윤년이 아니면 28일까지
         break;
        }
   }

   if(d < last_day)
    {
     nm = m;
     nd = d+1;
    }

   if(d == last_day)
    {
     nm = m+1;
     nd = 1;
    }

   if(d == last_day)
    {
     nm = m+1;
     nd = 1;
    }

   if(m==12 && d==31)
    {
     ny = y+1;
     nm = 1;
     nd = 1;
    }
   else
    {
     ny = y;
    }

   printf("다음날은 %d년 %d월 %d일 입니다. \n", ny, nm, nd);

   return 0;
 }
```

(방법 ②)

```
#include <stdio.h>

void CALENDAR(int, int, int);

int main()
{
  int year, month, day;

  printf("임의의 년 월 일을 입력하시오!  ");
  scanf("%d %d %d", &year, &month, &day);

  if(month < 1 || month > 12 || day < 1 || day > 31)
     printf("입력한 월/달이 범위를 벗어납니다! \n");
  else
    CALENDAR(year, month, day);

  return 0;
}

void CALENDAR(int y, int m, int d)
{
  int last_days[]={31,28,31,30,31,30,31,31,30,31,30,31};

  if(y%4 == 0 && y%100 != 0 || y%400==0)  // 윤년일 때 2월은 29일로 강제 조정
   {
     last_days[1]=29;
   }

  if(last_days[m-1] == d)                 // 매달 마지막 날
   {
     m++;                                 // 다음 달로 이동
     d = 1;                               // 매달 1일이 됨

     if(m == 13)                          // 달이 13이면
      {
        y++;                              // 년도 다음년도가 됨 (즉, 새해)
        m = 1;                            // 1월이 됨
      }
   }
  else
   {
     d++;                                 // 날짜만 다음날로 감
   }

  printf("다음날은 %d년 %d월 %d일 입니다. \n", y, m, d);
}
```

► **(실행 결과)**

```
linux] ./a.out
임의의 년 월 일을 입력하시오!  2020 35 1
입력한 월/달이 범위를 벗어납니다!

linux] ./a.out
임의의 년 월 일을 입력하시오!  2020 12 31
```

```
다음날은 2021년 1월 1일 입니다.

linux] ./a.out
임의의 년 월 일을 입력하시오!  2020 2 29
다음날은 2020년 3월 1일 입니다.
```

■ **전산물리 실습** 2020년 달력을 출력하는 프로그램을 작성하시오.

(방법 ①)

```c
#include <stdio.h>

int main()
{
   int i, j, k;
   int days[12]={31,29,31,30,31,30,31,31,30,31,30,31};
   int weekday=4;

   printf("\n\n       < 2020 Calender >\t");

   for(i=0;i<12;i++)
   {
     printf("\n\n  [%d]월 \n Sun Mon Tue Wed Thu Fri Sat\n ",i+1);

     for(j=1;j<weekday;j++)
       printf("    ");                    // 4칸 띄운다

     for(k=1;k<=days[i];k++)
     {
        if(weekday==8)
        {
          printf("\n ");
          weekday=1;
        }

        if(k<10)
          printf("%d   ",k);             // 1~9일까지는 3칸 띄운다
        else
          printf("%d  ",k);              // 10일부터 말일까지는 2칸 띄운다

        weekday++;
     }
   }
   printf("\n\n");

   return 0;
}
```

(✓ 힌트) 1월1일이 어떤 요일부터 시작하는지를 알면, 그다음부터 매달의 총수 (31,29,31,30,31,30,31,31,30,31,30,31) 만큼 그냥 숫자를 써 내려가면 된다. 단지, 한 자리수 (예, 3)와 두 자리수 (예, 23)가 있으므로, 출력 시 줄을 맞추기 위해 띄어쓰기에 주의를 해서 출력한다.

☑ **(핵심)** 달력 만들기의 핵심은 원하는 달이 무슨 요일부터 시작하는지를 알아내는 것이다.

⇨ 6번째 줄: 2020년은 윤년이므로, 2월이 29일까지 있음에 주의한다. 윤년이 아닌 경우는 2월을 28일로 수정한다.

⇨ 7번째 줄: 2020년은 수요일부터 시작하므로, 4 (일/월/화/수)로 초기화한다.

⇨ 11번째 줄: 1월부터 12월까지 반복한다.

⇨ 16번째 줄: 4칸의 빈칸을 준다. 즉, 영문으로 Sun은 3칸이고 빈칸 1개 이후 Mon이 오니까, 총 4칸에 모든 숫자를 쓰고자 한다.

⇨ 18번째 줄: 6번째 줄에 정의한 대로 매달 말일까지 반복된다.

⇨ 20~31번째 줄: 수요일 (4)부터 시작했으므로, 5(목), 6(금), 7(토)까지 27번째 줄에 의해 계속 쓰면 31번째 줄에 의해 weekday=8이 된다. 그러면 20번째 줄에 의해 다음 줄로 넘어가서 계속 쓴다.

⇨ 20~22번째 줄: 한주가 토요일까지 합산되면 다음 줄로 넘어가고, 요일을 일요일 (weekday =1)로 초기화한다.

⇨ 27번째 줄: 1일부터 9일까지는 한 자리수이므로 요일을 쓰고 3칸을 띄운다.

⇨ 29번째 줄: 10일부터 말일까지는 두 자리수이므로 요일을 쓰고 2칸을 띄운다.

► **(실행 결과)**

```
      < 2020 Calender >

 [1]월
Sun Mon Tue Wed Thu Fri Sat
                1   2   3   4
5   6   7   8   9   10  11
12  13  14  15  16  17  18
19  20  21  22  23  24  25
26  27  28  29  30  31

 [2]월
Sun Mon Tue Wed Thu Fri Sat
                            1
2   3   4   5   6   7   8
9   10  11  12  13  14  15
16  17  18  19  20  21  22
23  24  25  26  27  28  29
```

```
            ・・・
            ・・・
            ・・・

 [11]월
Sun  Mon  Tue  Wed  Thu  Fri  Sat

  1    2    3    4    5    6    7
  8    9   10   11   12   13   14
 15   16   17   18   19   20   21
 22   23   24   25   26   27   28
 29   30

 [12]월
Sun  Mon  Tue  Wed  Thu  Fri  Sat
            1    2    3    4    5
  6    7    8    9   10   11   12
 13   14   15   16   17   18   19
 20   21   22   23   24   25   26
 27   28   29   30   31
```

(방법 ②)

```
#include <stdio.h>

int main()
{
 int days[]={31,29,31,30,31,30,31,31,30,31,30,31};
 int D=3;                          // 2020년 시작 수요일부터
 int d=0, m=0, day;

 for(m=0; m<12; m++)
 {
   printf("\t\t[%d월]\t\t\n", m+1);
   printf("  Sun  Mon  Tue  Wed  Thu  Fri  Sat\n");

   for(d=0; d<D; d++)
   {
     if(d<=D)
       printf("     ");           // 5칸 띄기 (숫자에 3칸, 요일 사이 2칸 확보)
   }

   for(d=1; d<=days[m]; d++)
   {
     printf("%5d",d);             // 날짜 출력 (1부터 5칸 사이에 쓰기 시작)
     if((D+d)%7 == 0)             // D(=3)+4 =7이므로 다음 줄로 넘어감
       printf("\n");              // 시작일이 D만큼
   }

   D=(D+days[m])%7;               // D(=3)+31 = 34%7 = 6이 다음 달 시작일로 초기화
   printf("\n\n");
 }

 return 0;
}
```

☞ **(각자 해보기)** 2021년 달력 만들기

```
int days[]={31,28,31,30,31,30,31,31,30,31,30,31};     // 2월은 28일까지만
int D=5;                                               // 2021년 시작은 금요일부터
```

→ 앞 프로그램에서 위 2 줄만 변경해 주면 된다.

■ **전산물리 실습** 임의의 연도를 입력하면 달력을 출력하는 프로그램을 작성하시오.

```
#include <stdio.h>

// (방법 ①) 윤년 (leap year) 구하기
int LY(int i)
{
  if (i%4==0)
  {
    if (i%100==0)
    {
      if (i%400==0)
        return 2;       // 윤년
      else
        return 1;
    }
    else
      return 2;        // 윤년
  }
  else
    return 1;
}

//(방법 ②) 윤년 (leap year) 구하기
/*
int LY(int i)  //function to calculate leap_year (윤년?)
{
  if((i%4 == 00) && (i%100 != 0) || (i%400 == 0))
    return 2;
  else
    return 1;
}
*/

int main(){

  int days[12]={31,0,31,30,31,30,31,31,30,31,30,31};
  int year,cal_year;

  printf("원하는 연도(Year)를 입력하시오!     ");
  scanf("%d",&year);

  if(year == 0)                           // 0년은 없다!
  { printf("0년은 존재하지 않습니다! \n");
    return 0;
  }

  if(LY(year)==1)                         // 2월달 날짜 수 결정
```

```
    days[1]=28;                              // 윤년이 아니면 28일까지
  else if(LY(year)==2)
    days[1]=29;                              // 윤년이면 29일 까지
  else
    printf("ERROR");

   int addweek=0;
   for(int i=0;i<(year-1);i++)               // 0년은 없으니까
   {
     cal_year=1+i;                           // 1년부터 시작함
     addweek+=LY(cal_year);                  // +1 (윤년 아님), +2 (윤년)가 더해 짐
  }

  int weekday=((2+addweek)%7);               // 1년 1월 1일은 월요일부터 시작함

                                             // 여기서 부터는 화면 출력 부분
  printf("\n\n        < %d Calender >\t",year);

  for(int i=0;i<12;i++)   //roop for month
  {
    printf("\n\n   [%d]   \n Sun Mon Tue Wed Thu Fri Sat\n ",i+1);

    for(int k=1;k<weekday;k++)
      printf("    ");                        // 4칸 띄운다

    for(int j=1;j<=days[i];j++)
    {

      if(weekday==8)
      {
         printf("\n ");
         weekday=1;
      }

      if(j<10)   // display days for month
         printf("%d   ",j);                          // 3칸 띄운다
      else
         printf("%d  ",j);                           // 2칸 띄운다

      weekday++;  // add a day for count week day
    }

  }
  printf("\n\n");

  return 0;
}
```

■ **전산물리 실습** (2×2) 행렬의 합을 계산하여 화면에 보여주는 프로그램을 작성하시오.

단, $A = \begin{pmatrix} 1 & 2 \\ 3 & 4 \end{pmatrix}$, $B = \begin{pmatrix} 5 & 6 \\ 7 & 8 \end{pmatrix}$이다.

(방법 ①) 가장 간단한 방법은 눈에 보이는 대로 직접 연산한다.

```
#include <stdio.h>

int main()
{
   int A[2][2]={ {1, 2}, {3, 4} };
   int B[2][2]={ {5, 6}, {7, 8} };

   printf("%d \t %d \n", A[0][0]+B[0][0], A[0][1]+B[0][1]);
   printf("%d \t %d \n", A[1][0]+B[1][0], A[1][1]+B[1][1]);

   return 0;
}
```

(✓ 문제점) 만약 (5×5) 행렬만 해도 위와 같은 방법은 그다지 매력적이지 않다.

► **(실행 결과)**

```
 6        8
 10       12
```

(방법 ②)

```
#include <stdio.h>

int main()
{
   int i, j;
   int A[2][2]={ {1, 2}, {3, 4} };
   int B[2][2]={ {5, 6}, {7, 8} };
   int C[2][2];

   printf("행렬 A는 다음과 같습니다. \n");
   for(i=0; i<2; i++)
    {
     for(j=0; j<2; j++)
       {
         printf("%d\t", A[i][j]);
       }
     printf("\n");
    }

   printf("\n행렬 B는 다음과 같습니다. \n");
   for(i=0; i<2; i++)
    {
     for(j=0; j<2; j++)
       {
         printf("%d\t", B[i][j]);
       }
     printf("\n");
    }

   printf("\n행렬 A와 B의 합은 다음과 같습니다. \n");
   for(i=0; i<2; i++)
    {
     for(j=0; j<2; j++)
```

```
        {
          C[i][j] = A[i][j] + B[i][j];
          printf("%d\t", C[i][j]);
        }
      printf("\n");
    }

  return 0;
}
```

► **(실행 결과)**

```
행렬 A는 다음과 같습니다.
1       2
3       4

행렬 B는 다음과 같습니다.
5       6
7       8

행렬 A와 B의 합은 다음과 같습니다.
6       8
10      12
```

(방법 ③) 함수를 사용하고 함수에서 2차원 배열을 매개 함수로 주고받는 법

```
#include <stdio.h>

void SUM(int C[][2]);                    // 함수에서 2차원 배열 매개변수 주고받기

int main()
{
  int i, j;
  int A[2][2]={{1,2}, {3,4}};
  int B[2][2]={{5,6}, {7,8}};
  int C[2][2];

  for(i=0; i<2; i++)
  {
    for(j=0; j<2; j++)
    {
      C[i][j] = A[i][j] + B[i][j];
    }
  }

  SUM(C);

  return 0;
}

void SUM(int C[][2])
{
    int i, j;
```

```
        for(i=0; i<2; i++)
        {
          for(j=0; j<2; j++)
          {
            printf("%d\t", C[i][j]);
          }
        printf("\n");
        }
}
```

(방법 ④) 행렬 요소를 scanf로 읽어드리기

```
#include <stdio.h>

int main()
{
  int i, j;
  int A[2][2], B[2][2], C[2][2];

  printf("행렬 A(2*2) 요소를 입력하시오! \n");
  for(i=0; i<2; i++)
   {
    for(j=0; j<2; j++)
    {
      scanf("%d", &A[i][j]);
    }
   }

  printf("행렬 B(2*2) 요소를 입력하시오! \n");
  for(i=0; i<2; i++)
   {
    for(j=0; j<2; j++)
    {
      scanf("%d", &B[i][j]);
    }
   }

  printf("\n");
  printf("A(2*2) - B(2*2)는 다음과 같습니다.\n");
  for(i=0; i<2; i++)
   {
    for(j=0; j<2; j++)
    {
      C[i][j] = A[i][j] - B[i][j];
      printf("%d ", C[i][j]);
    }
    printf("\n");
   }

  return 0;
}
```

► **(실행 결과)**

```
행렬 A(2*2) 요소를 입력하시오!
8 9
```

```
3 5
행렬 B(2*2) 요소를 입력하시오!
2 5
5 7

A(2*2) - B(2*2)는 다음과 같습니다.
6      4
-2     -2
```

⚮ **(각자 실습 해보기)** (3×3) 행렬의 차를 계산하는 프로그램을 작성하시오.

$$\begin{pmatrix} a_1\, a_2\, a_3 \\ a_4\, a_5\, a_6 \\ a_7\, a_8\, a_9 \end{pmatrix} - \begin{pmatrix} b_1\, b_2\, b_3 \\ b_4\, b_5\, b_6 \\ b_7\, b_8\, b_9 \end{pmatrix} = \begin{pmatrix} a_1 - b_1\; a_2 - b_2\; a_3 - b_3 \\ a_4 - b_4\; a_5 - b_5\; a_6 - b_6 \\ a_7 - b_7\; a_8 - b_8\; a_9 - b_9 \end{pmatrix}$$

■ **전산물리 실습** (4×3) 행렬과 (3×4) 행렬의 곱을 계산하는 프로그램을 작성하시오.

단, $A = \begin{pmatrix} 1\,2\,3 \\ 4\,5\,6 \\ 7\,8\,9 \\ 1\,2\,3 \end{pmatrix}$, $B = \begin{pmatrix} 1\,2\,3\,4 \\ 5\,6\,7\,8 \\ 1\,2\,3\,4 \end{pmatrix}$이다.

✍ **(설명)**

$A = \begin{pmatrix} a11\; a12\; a13 \\ a21\; a22\; a23 \\ a31\; a32\; a33 \\ a41\; a42\; a43 \end{pmatrix}$, $B = \begin{pmatrix} b11\; b12\; b13\; b14 \\ b21\; b22\; b23\; b24 \\ b31\; b32\; b33\; b34 \end{pmatrix}$ 이고 $C \equiv A \times B$ 일 때, 행렬 C를 이루는 행렬 A와 행렬 B의 각 성분을 살펴보자.

i = 1, j = 1, k = 1/2/3　　c11 = a11 × b11 + a12 × b21 + a13 × b31

　　　j = 2, k = 1/2/3　　c12 = a11 × b12 + a12 × b22 + a13 × b32

　　　j = 3, k = 1/2/3　　c13 = a11 × b13 + a12 × b23 + a13 × b33

　　　j = 4, k = 1/2/3　　c14 = a11 × b14 + a12 × b24 + a13 × b34

i = 2, • • •

i = 3, • • •

i = 4, • • •

여기서 (i, j, k) index를 잘 살펴보면 일정한 규칙성을 발견할 수 있고 이것을 일반화하면 다음과 같다.

∴ C[i][j] = A[i][k] × B[k][j]

(방법 ①) (A × B) 계산 결과를 C[i][j]에 넣어 준 후, 이 값을 화면에 출력하기

```
#include <stdio.h>

int main()
{
  int i, j, k;
  int A[4][3] = { {1,2,3},{4,5,6},{7,8,9},{1,2,3} };
  int B[3][4] = { {1,2,3,4},{5,6,7,8},{1,2,3,4} };
  int C[4][4];

  for(i=0; i<4; i++)
   {
    for(j=0; j<4; j++)
     {
       C[i][j] =0;              // i가 다음 줄로 넘어간 후 j에 대해 초기화 필요
       for(k=0; k<3; k++)
        {
          C[i][j]= C[i][j] + A[i][k]*B[k][j];   // 배열 C[i][j]에 계산 결과 집어넣기
        }
     }
   }

  for(i=0; i<4; i++)
    {
     for(j=0; j<4; j++)
      {
        printf("%d\t", C[i][j]);                // 배열 C[i][j]에 있는 값을 화면에 출력하기
      }
     printf("\n");
    }

  return 0;
}
```

► **(실행 결과)**

```
14    20    26    32
35    50    65    80
56    80    104   128
14    20    26    32
```

(방법 ②) (i, j, k) loop를 돌면서 바로 화면에 출력하기

```
#include <stdio.h>

int main()
```

```
{
  int i, j, k;
  int A[4][3] = { {1,2,3},{4,5,6},{7,8,9},{1,2,3} };
  int B[3][4] = { {1,2,3,4},{5,6,7,8},{1,2,3,4} };
  int C[4][4];

  for(i=0; i<4; i++)
   {
    for(j=0; j<4; j++)
     {
       C[i][j] =0;
       for(k=0; k<3; k++)
        {
          C[i][j]= C[i][j] + A[i][k]*B[k][j];
        }
       printf("%d\t", C[i][j]);
     }
    printf("\n");
   }

  return 0;
}
```

⇨ **(실습 해보기)** 행렬 연산 일반화 해보기

■ **전산물리 실습** 임의의 (4×3) 행렬과 (3×4) 행렬의 곱을 계산하는 프로그램을 작성하시오. (예) $A = \begin{pmatrix} 1\,2\,3 \\ 4\,5\,6 \\ 7\,8\,9 \\ 1\,2\,3 \end{pmatrix}$, $B = \begin{pmatrix} 1\,2\,3\,4 \\ 5\,6\,7\,8 \\ 1\,2\,3\,4 \end{pmatrix}$ 이다.

```
#include <stdio.h>

int main()
{
  int i, j, k;
  int A[4][3];
  int B[3][4];
  int C[4][4];

  for(i=0; i<4; i++)
   for(j=0; j<3; j++)
    {
      printf("A[%d][%d]: ", i, j);
      scanf("%d", &A[i][j]);
    }

  for(i=0; i<3; i++)
   for(j=0; j<4; j++)
    {
      printf("B[%d][%d]: ", i, j);
      scanf("%d", &B[i][j]);
    }

  for(i=0; i<4; i++)
   {
```

```
      for(j=0; j<4; j++)
       {
          C[i][j] =0;
          for(k=0; k<3; k++)
           {
              C[i][j]= C[i][j] + A[i][k]*B[k][j];
           }
           printf("%d\t", C[i][j]);
       }
       printf("\n");
    }

  return 0;
}
```

► **(실행 결과)**

```
A[0][0]: 1
A[0][1]: 2
A[0][2]: 3
A[1][0]: 4
A[1][1]: 5
A[1][2]: 6
A[2][0]: 7
A[2][1]: 8
A[2][2]: 9
A[3][0]: 1
A[3][1]: 2
A[3][2]: 3
B[0][0]: 1
B[0][1]: 2
B[0][2]: 3
B[0][3]: 4
B[1][0]: 5
B[1][1]: 6
B[1][2]: 7
B[1][3]: 8
B[2][0]: 1
B[2][1]: 2
B[2][2]: 3
B[2][3]: 4
14      20      26      32
35      50      65      80
56      80      104     128
14      20      26      32
```

제7장

C 언어로 작성하는 전산물리 관련 몇 가지 내용

7.0. | 버림 오차

(✓ 생각해보기) "아래와 같은 문제를 코딩하시오."라고 해 보자.

① $y = 3x^2 + 2x - 8$의 그래프 그리기

② $\int_{-\infty}^{\infty} \frac{\sin^2 x}{x^2} dx$ 계산하기

③ $\int_{0}^{\infty} x^{-\frac{1}{2}} e^{-x} dx$ 계산하기

④ $\int_{0}^{\frac{\pi}{2}} \sin x \, dx$ 적분하기 등

많은 학생들의 경우, **"구간을 더욱더 잘게 쪼개면 좀 더 정확한 결과를 얻을 것이다"**라는 막연한 말로 끝내는 경우가 대부분이다. (물론, 이론적으로 우리가 예측할 수 있는 생각은 맞을 수도 있다) 하지만, 이것은 전혀 물리적이지도 않고 분석적이지도 않다. 또한, 프로그램을 배우는 목적하고도 맞지 않는다. 이렇게 하려면 계산기를 사용하거나 적분 표를 이용하지 왜 힘들게 코딩을 배울 필요가 있을까? 한다.

☑ **(체크하기)** 다음과 같은 프로그램의 결과가 어떻게 될지를 예측해 보면?
변수 두 개가 반복을 1000 회 동일하게 했으므로 단순히 1000이 더해질 것으로 예상한다.

```c
#include <stdio.h>

int main()
{
  int i;
  float   Fsum = 100000000;
  double Dsum = 100000000;

  for(i=0; i<1000; i++)
    {
      Fsum = Fsum + 1;
      Dsum = Dsum + 1;
    }

  printf("Fsum = %f \n", Fsum);
  printf("Dsum = %f \n", Dsum);

  return 0;
}
```

⇨ (실행하기)

예상	실행 결과
Fsum = 100001000.000000 Dsum = 100001000.000000	Fsum = 100000000.000000 Dsum = 100001000.000000

☑ (체크하기)

결과 달라짐 ⇦ ⇨ 결과 동일

자리수	9	8	7	6	5	4	3	2	1
			1	0	0	0	0	0	0
		1	0	0	0	0	0	0	0
	1	0	0	0	0	0	0	0	0

자리수가 한계 영역인 8 혹은 9에서는 변수 선언 시 매우 조심해야 한다. 어떻게 처리하는가에 따라 버림 오차가 발생할 수 있다.

7.1. | 직사각형 근사법(rectangular approximation, 구분구적법)

■ **예제 7-1-0** 반경이 1인 원의 면적을 구분구적법을 사용하여 구하시오.

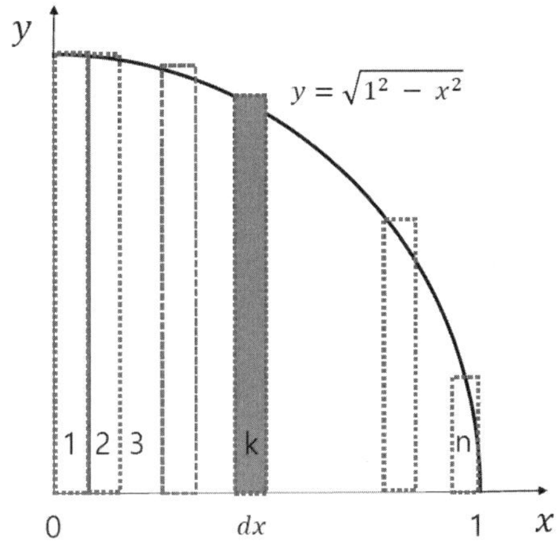	우선, 원의 $\frac{1}{4}$만 살펴보자. 원을 직사각형으로 잘게 쪼갠 (1, 2, 3, • • • , k, • • • , n) 후, 이것을 다 더하면 원의 면적에 근사한 값을 얻을 것이다. ∴ 직사각형의 면적=밑변 (dx) × 높이 (y)
계산 개요도	(원의) 면적 $= \pi r^2 = \pi \times 1^2 = 3.14159$

```
#include <stdio.h>
#include <math.h>

int main()
{
   int i;
   float x, dx, A, S;

   for(i=-1; i>=-7; i--)              // 밑변 (dx)을 작게 줄여 나가보자 (10^-1 ~ 10^-7)
     {
       dx = pow(10.0, i);
       S = 0;

       for(x=0; x<=1; x=x+dx)
         {
           S = S + sqrt(1.0-x*x)*dx;
         }
       A = 4.0 * S;                   // 전체면적은 현 1/4의 4배
       printf("10^%d, 면적 = %f \n", i, A);
     }

   return 0;
}
```

► 실행 결과 7-1-0

```
dx = 10^-1, 면적 = 3.304518
dx = 10^-2, 면적 = 3.160464
dx = 10^-3, 면적 = 3.143597
dx = 10^-4, 면적 = 3.141695
dx = 10^-5, 면적 = 3.138808
dx = 10^-6, 면적 = 3.114177
dx = 10^-7, 면적 = 2.908630
```

(✓ 확인)

밑변 (dx)이 작을수록 계산 결과의 정밀도가 높아질 것으로 예상하였으나, 실제 결과는 그렇지 못하다. 10^{-4} 정도일 때가 이론값에 가장 근사하게 접근한다.

☑ **(핵심)** 직사각형을 만들 때 밑변을 너무 안 썰어도 문제이지만, 반대로 너무 잘게 썰어도 틀린 결과를 얻을 수 있다.

■ 예제 7-1-1 $\int_0^{\frac{\pi}{2}} \sin x\,dx$ 를 적분하시오.

```c
#include <stdio.h>
#include <math.h>

int main()
{
  float x, y, area=0, dx=0.001;

  for(x=0; x<=1.570; x=x+dx)
    {
      area = area + sin(x)*dx;              // 면적 = 밑변 (dx) × 높이 (sinx)
      printf("x = %f, 면적 = %f \n", x, area);
    }

  return 0;
}
```

► 실행 결과 7-1-1

프로그램 실행 결과	실제 적분
• • • x = 1.567017, 면적 = 0.996701 x = 1.568017, 면적 = 0.997701 x = 1.569017, 면적 = 0.998701	$\int_0^{\frac{\pi}{2}} \sin x\,dx = (-)\,\lvert \cos x \rvert_0^{\frac{\pi}{2}}$ $= (-)\left\{\cos\frac{\pi}{2} - \cos 0\right\} = (-)(0-1) = 1$

참값 (=1)하고 프로그램 실행 결과 값하고는 1-0.998701=0.001299이므로, 현 프로그램으로는 0.1% 정도의 오차를 가지고 있다. 이 결과가 현재 하고 있는 본인의 연구 결과나 숙제 등에 받아들일 수 있는 수준인지에 대한 것들은 본인 상황에 맞게 각자 판단해야 한다.

☞ **(각자 해보기)** 밑변의 길이를 조절하면서 오차를 어느 정도까지 줄일 수 있는지를 확인해 본다.

【Re-visit】 4장에 나온 $\int_{-\infty}^{\infty} \frac{\sin^2 x}{x^2} dx$ 값을 다시 한번 구해보고 오차에 대해 논의하시오.

7.2. | 사다리꼴 공식 (trapezoidal formula)

■ **예제 7-2-0** $\int_0^{10} x^2 dx$ 를 사다리꼴 공식을 이용하여 구하시오.

☑ **(복습)** 사다리꼴 (=한 쌍의 대변이 평행한 사각형) 넓이

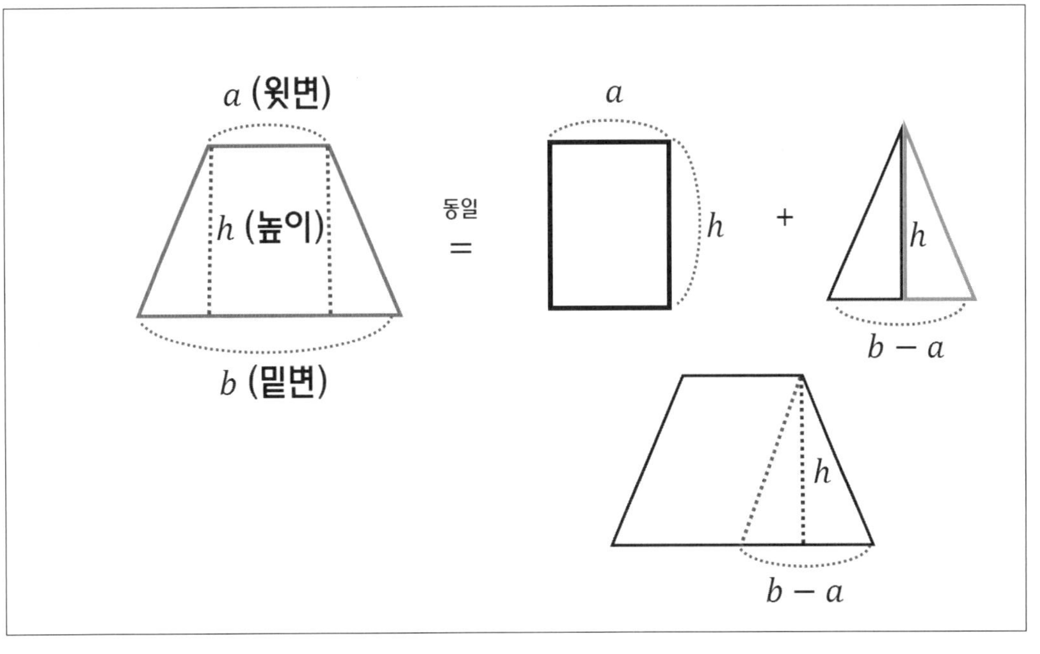

위 그림에서 총면적은 $(a \times h) + \frac{1}{2} \times (b-a) \times h = \frac{1}{2}ah + \frac{1}{2}bh = \frac{1}{2}(a+b)h$ 이다.

$\therefore$ 사다리꼴 면적 $= \frac{1}{2} \times$ (밑변 + 윗변) $= \frac{1}{2}(a+b)h$

(상황) 구간 [a, b]를 n등분하고, 함수가 $y = f(x)$일 때, 사다리꼴 공식을 이용한 정적분의 근사값 구하기

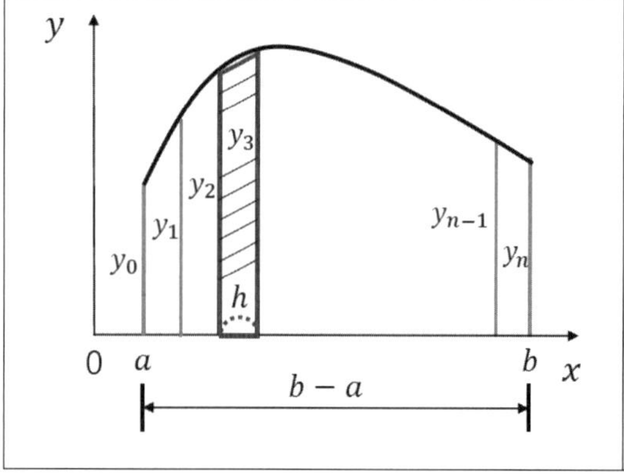

(예) 옆 그림에서 빗금을 친 사다리꼴은 윗변이 y_2, 밑변이 y_3, 높이가 h이고, 근사적인 면적은 $\frac{1}{2}h(y_2 + y_3)$이다.

구간 $[a, b]$를 n등분하였으므로, 소 구간의 길이는 $h = \frac{(b-a)}{n}$이다. $y_0, y_1, y_2, \cdots, y_{n-1}, y_n$은 각 분할점에서 곡선 $y = f(x)$ 까지의 높이에 해당한다. 곡선과 각 분할점을 지나는 수직선과의 교점을 차례로 직선으로 연결하여 n개의 사다리꼴을 만들 수 있는데, 이들 면적의 합은 다음과 같다.

$$\frac{1}{2}h(y_0 + y_1) + \frac{1}{2}h(y_1 + y_2) + \frac{1}{2}h(y_2 + y_3) + \cdots + \frac{1}{2}h(y_{n-1} + y_n)$$
$$= h(\frac{1}{2}y_0 + y_1 + y_2 + \cdots + y_{n-1} + \frac{1}{2}y_n)$$

따라서 함수 $y = f(x)$를 구간 $[a, b]$ 까지, 적분한 근사값은

$$\int_a^b f(x)dx \approx h(\frac{1}{2}y_0 + y_1 + y_2 + \cdots + y_{n-1} + \frac{1}{2}y_n)$$

인데, 이것을 사다리꼴 공식 (trapezoidal formular)이라 부른다.

(✓ 생각해보기) 일반적으로 구간의 수가 많을수록 사다리꼴 공식은 참값에 보다 가까운 근사값을 얻을 수 있음은 기하학적으로 자명하다.

☑ **(참고)** 사다리꼴 공식을 보면, y_0와 y_n에는 $\frac{1}{2}$이 붙어 있고, 그 나머지는 $(y_1, y_2, \cdots, y_{n-1})$

에는 없는데, 이를 코딩 할 때 활용할 수 있다.

⊸ **(해보기)** 구간(=높이)을 10개로 나누었을 때의 사다리꼴 방식 코딩의 예시

```
#include <stdio.h>

int main()
{
  float x, Area1=0, Area2=0, Area3=0, Total;
  float dx = 1;                    // dx = (10-0)/10 = 1, 즉 구간(=높이)을 10개로 나눔

  for(x=0; x<=10; x=x+dx)
    {
      if(x==0)                                         // y0값
        {
          Area1 = Area1 + dx*(0.5*x*x);
          printf("x= %.4f, Area1 = %.4f \n", x, Area1);
        }
      else if(x==1 ||  x < 10)                         // y1 ~ y9값
        {
          Area2 = Area2 + (x*x)*dx;
          printf("x= %.4f, Area2 = %.4f \n", x, Area2);
        }
      else if(x==10)                                   // y10값
        {
          Area3 =  Area3 + dx*(0.5*x*x);
          printf("x= %.4f, Area3 = %.4f \n", x, Area3);
        }
    }

  Total = Area1 + Area2 + Area3;
  printf("Total Area = %.4f \n", Total);

  return 0;
}
```

⊸ **(해보기)** 구간(=높이)을 20개로 나누었을 때의 직사각형 방식 코딩의 예시

(방법 ①) 직접 코딩

```
#include <stdio.h>

int main()
{
  float x, Area0=0;
  float dx = 0.5;                  // dx = (10-0)/20 = 0.5, 즉 구간 (n)을 20개로 나눔

  for (x=0; x<=10; x=x+dx)
    {
      Area0 = Area0 + (x*x)*dx;                          // 직사각형법
    }
      printf("x= %.4f, Area0 = %.4f \n", x, Area0);

 return 0;
}
```

(방법 ②) 함수 사용

```
#include <stdio.h>

float Rectangular (float i, float f, float n);

float F(float x)
{
  return (x*x);
}

int main()
{
  float i, f, n;

  printf("입력하시오: i, f, n  =  ");
  scanf("%f %f %f", &i, &f, &n);

  Rectangular (i, f, n);

  return 0;
}

float Rectangular (float i, float f, float n)
{
  float x, Area0=0;
  float dx;

  dx = (f-i)/n;

  for (x=i; x<=f; x=x+dx)
    {
      Area0 = Area0 + F(x)*dx;
    }
  printf("x= %.4f, Area0 = %.4f \n", x, Area0);

  return 0;
}
```

► 직접적분 = $\int_0^{10} x^2\,dx = \frac{1}{3}x^3|_0^{10} = \frac{1}{3}(10^3) = \frac{1000}{3} \sim 333.333333$

☑ (종합 정리)

[0, 10] 구간나누기 (n)	사다리꼴 높이 ($h = dx$)	직사각형법	사다리꼴 방식	직접 적분한 값
100	0.1	328.3497	328.3497	333.3333
20	0.5	358.7500	333.7500	
10	1	385.0000	335.0000	
2	5	625.0000	375.0000	

☑ **(강조)** 사다리꼴 방식 역시 너무 안 썰어도 문제이지만, 반대로 너무 잘게 썰어도 틀린 결과를 얻을 수 있다.

7.3. | Simpson 공식

☑ **(중요 포인트)** 사다리꼴 공식은 곡선과 각 분할점을 지나는 수직선과의 교점을 차례로 직선으로 연결하였는데, 직선 대신 포물선 호로 연결하면 더욱 참값에 가까운 근사값을 구할 수 있을 것이다.

✎ **(정리)** Prismoidal 정리

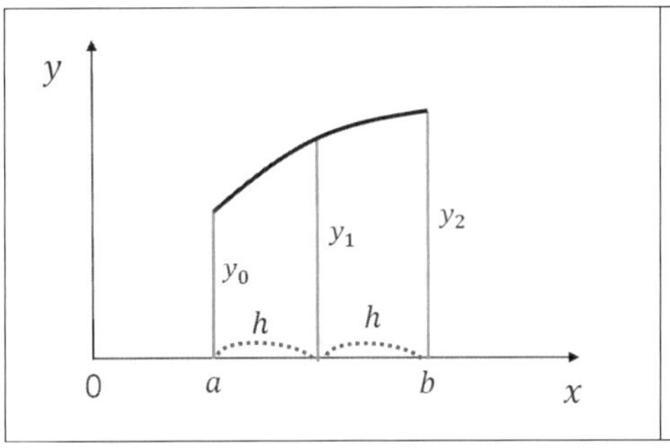

y_0, y_1, y_2는 $x_0 = a, x_1 = \frac{1}{2}(a+b), x_2 = b$에서의 그 포물선까지의 높이이고, $h = \frac{1}{2}(b-a)$이다.

∞ **(각자 찾아보기)** $x = a$에서 $x = b$까지 포물선과 x축 사이 부분의 면적은

$$K = \frac{1}{3}h(y_0 + 4y_1 + y_2)$$

이다.

이제 구간 [a, b]를 n등분 (짝수 등분)하고, 함수가 $y = f(x)$일 때, Prismoidal 정리를 적용하여 정적분의 근사값을 구해보자.

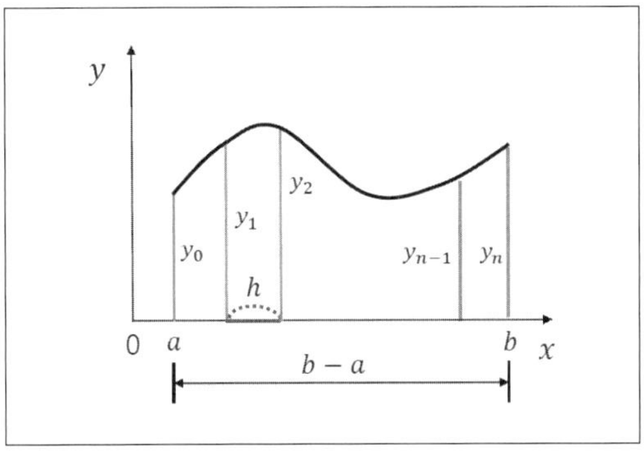

$$\int_a^b f(x)dx \cong \frac{1}{3}h(y_0 + 4y_1 + y_2) + \frac{1}{3}h(y_2 + 4y_3 + y_4) + \cdot\cdot\cdot + \frac{1}{3}h(y_{n-2} + 4y_{n-1} + y_n)$$

$$\approx \frac{1}{3}h(y_0 + 4y_1 + 2y_2 + 4y_3 + 2y_4 + \cdot\cdot\cdot + 2y_{n-2} + 4y_{n-1} + y_n)$$

☑ **(참고)** Simpson 공식을 보면, 일정한 패턴을 발견할 수 있는데, 첫째 항과 마지막 항은 따로 계산하고, 홀수 항에는 앞에 숫자 4가 오고, 짝수 항에는 앞에 숫자 2가 오고 있으므로, 이것을 코딩할 때 활용할 수 있다.

■ **예제 7-3-0** $\int_0^2 \sqrt{1+x^3}\,dx$ 의 근사값을 Simpson 공식을 이용하여 구하시오. (단, $n=4$일 때를 구해보자)

(방법 ①)

```
#include <stdio.h>
#include <math.h>

int main()
{
  float i=0, f=2, n=4, x, Area0=0, Area1=0, Area2=0, Area3=0;
  float dx = (f-i)/n;                        // (2-0)/4 = 0.5로 n=4로 나눔

  for(x=i; x<=f; x=x+dx)

      if(x==i)                               // 1st point 따로 계산
        {
          Area0=Area0 + sqrt(1+pow(x,3));
          printf("x=%f, Area0=%f \n", x, Area0);
        }
      if(x==f)                               // Last point 따로 계산
        {
          Area3=Area3 + sqrt(1+pow(x,3));
          printf("x=%f, Area3=%f \n", x, Area3);
        }
    }

  for(x=i+dx; x<f; x=x+2*dx)                 // 1,3,5,7..(홀수)points로 4* series 모음
    {
      Area1=Area1+ 4*sqrt(1+pow(x,3));
      printf("x=%f, Area1=%f \n", x, Area1);
    }

  for(x=i+2*dx; x<f; x=x+2*dx)               // 2,4,6,8..(짝수) points로 2* series 모음
    {
      Area2=Area2+ 2*sqrt(1+pow(x,3));
      printf("x=%f, Area2=%f \n", x, Area2);
    }

  printf("Total area = %f \n", (dx/3)*(Area0+Area1+Area2+Area3));

return 0;
}
```

(방법 ②)

```
#include <stdio.h>
#include <math.h>

int main()
{
  float i=0.0, f=2.0, x, Area0=0, Area1=0, Area2=0, Area3=0;
  float dx = (f-i)/4;  //(2-0)/4 = 0.5로n=4로 나눔

  for(x=i; x<=f; x=x+dx)
    {
      if(x==i)
        {
          Area0=Area0 + sqrt(1+pow(x,3));
          printf("x=%f, Area0=%f \n", x, Area0);
        }
      else if(x==0.5 || x==1.5)
        {
          Area1=Area1+ 4*sqrt(1+pow(x,3));
          printf("x=%f, Area1=%f \n", x, Area1);
        }

      else if(x==1)
        {
          Area2=Area2+ 2*sqrt(1+pow(x,3));
          printf("x=%f, Area2=%f \n", x, Area2);
        }
      else if(x==f)
        {
          Area3=Area3 + sqrt(1+pow(x,3));
          printf("x=%f, Area3=%f \n", x, Area3);
        }
    }
  printf("Total area = %f \n", (dx/3) * (Area0+Area1+Area2+Area3));

return 0;
}
```

► 실행 결과 7-3-0

```
x=0.000000, Area0=1.000000
x=2.000000, Area3=3.000000
x=0.500000, Area1=4.242640
x=1.500000, Area1=12.609241
x=1.000000, Area2=2.828427
Total area = 3.239611
```

☑ (점검)

① 사다리꼴 공식

► $n=4$ 인 경우 ($h=\dfrac{2-0}{4}=0.5$)

x	0	$\frac{1}{2}$	1	$\frac{3}{2}$	2
y	1	1.061	1.414	2.092	3

$$\int_0^2 \sqrt{1+x^3}\, dx \simeq \frac{1}{2}(0.5+1.061+1.414+2.092+1.5) = 3.284$$

► $n = 20$ 인 경우 ($h = \frac{2-0}{20} = 0.1$)

$$\int_0^2 \sqrt{1+x^3}\, dx \simeq 3.243$$

② Simpson 공식

► $n = 4$ 인 경우 (앞 코딩 결과에 의해)

$$\int_0^2 \sqrt{1+x^3}\, dx \simeq 3.239611 \sim 3.240$$

$$\sim \frac{0.5}{3}(1 + 4.244 + 2.828 + 8.368 + 3) = 3.240$$

► $n = 20$ 인 경우

$$\int_0^2 \sqrt{1+x^3}\, dx \simeq 3.241$$

【Re-visit】 예제 7-2-0

■ **예제 7-3-1** $\int_0^{10} x^2\, dx$ 를 Simpson 공식을 이용하여 구하시오. (함수 사용)

```
#include <stdio.h>

float Simpson(float, float, float);

float F(float x)
{
  return (x*x);
}

int main()
{
```

```
    float i, f, n;

    printf("입력하시오: i, f, n  =  ");
    scanf("%f %f %f", &i, &f, &n);

    Simpson(i, f, n);

    return 0;
}

float Simpson(float i, float f, float n)
{
    float x, Area0=0, Area1=0, Area2=0, Area3=0;
    float dx;

    dx = (f-i)/n;


    for(x=i; x<=f; x=x+dx)
      {
        if(x==i)
          {
            Area0=Area0 + F(x);
            printf("x=%f, Area0=%f \n", x, Area0);
          }
        if(x==f)
          {
            Area3=Area3 + F(x);
            printf("x=%f, Area3=%f \n", x, Area3);
          }
      }

    for(x=i+dx; x<f; x=x+2*dx)
      {
        Area1=Area1+ 4*F(x);
        printf("x=%f, Area1=%f \n", x, Area1);
      }

    for(x=i+2*dx; x<f; x=x+2*dx)
      {
        Area2=Area2+ 2*F(x);
        printf("x=%f, Area2=%f \n", x, Area2);
      }

    printf("Total area = %f \n", (dx/3)*(Area0+Area1+Area2+Area3));

    return 0;
}
```

► 실행 결과 7-3-1

[0, 10] 구간나누기 (n)	($h = dx$)	직사각형법	사다리꼴 방식	Simpson	직접적분
100	0.1	328.3497	328.3497	336.666443	333.3333

[0, 10] 구간나누기 (n)	($h = dx$)	직사각형법	사다리꼴 방식	Simpson	직접적분
20	0.5	358.7500	333.7500	333.333344	333.3333
10	1	385.0000	335.0000	333.333344	
2	5	625.0000	375.0000	333.333313	

7.4. | Euler 방법

✍ **(로직 설명)** 미분방정식을 푸는 가장 간단한 방법이다. 아래 그림에서 보듯이, x_n에서 미분하면 기울기 값을 안다 (A점). 이 직선을 x_{n+1}까지 연장하면 B점의 값을 구할 수 있다. 그러나 $y = f(x)$ 그래프의 실제값 (true value)는 C점에 해당한다. 따라서 B점과 C점 사이의 거리가 실제 값하고 차이가 난다.

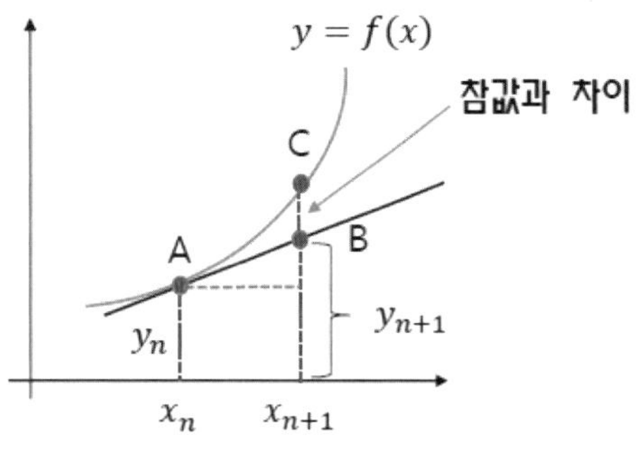

(x_n, y_n)에서 기울기 값이 일정하다고 가정한다.

$$\text{기울기} \equiv f(x_n, y_n) = \frac{\Delta y}{\Delta x}$$

$$= \frac{y_{n+1} - y_n}{x_{n+1} - x_n} = \frac{y_{n+1} - y_n}{\Delta x}$$

$$\therefore\ y_{n+1} = y_n + f(x_n, y_n)\Delta x$$

(의미) 초기조건이 주어질 때, x_n에서 기울기를 가지고 x_{n+1} 지점의 y_{n+1} 값을 알 수 있다. 물론, 실제값하고 차이가 날 수 있지만, 구간을 잘 쪼개서 조정하면서 이 오차를 줄어야 한다.

■ **예제 7-4-0** $\frac{dy}{dx} = x + y$ 미분방정식에서 $x = 1$에서의 값을 구하시오. (단, $x = 0$일 때 $y = 1$이다)

✍ **(각자 해보기)** 실제 적분해 보기

(해) $y = -(x+1) + 2e^x$

$x = 1$에서의 값은 $y_{x=1} = -(1+1) + 2e^1 = -2 + 2 \times 2.271828 = 3.43656$

```
#include <stdio.h>

int main()
{
  float dx=0.1;                              // [0, 1] 사이 구간 나누기
  float x, y=1.0;                            // 초기조건 (0, 1)

  for(x=0; x<=1; x=x+dx)
    {
      y = y + (x+y)*dx;
      printf("%.2f %.4f \n", x+0.1, y);      // 0.1 증가된 지점에서 y값
    }

  return 0;
}
```

► 실행 결과 7-4-0

```
0.10 1.1000
0.20 1.2200
0.30 1.3620
0.40 1.5282
0.50 1.7210
0.60 1.9431
0.70 2.1974
0.80 2.4872
0.90 2.8159
1.00 3.1875
```

∴ (실제값 - Euler 방법으로 구한 값) 차이 = 3.4365 - 3.1875 = 0.249

따라서 둘 사이에는 약 25% 차이가 남을 알 수 있다.

■ **예제 7-4-1** $\frac{dy}{dx} = y$ 미분방정식에서 $x=1$에서의 값을 구하고 직접 계산 값하고 비교하시오. (단, $x=0$일 때 $y=1$이다)

✍ **(적분)**

$$\frac{dy}{dx} = y \rightarrow \int \frac{dy}{y} = \int dx$$

$\ln y = x + C \quad \rightarrow \quad y = e^{x+C} = e^{C}e^{x} \equiv Ce^{x}$

초기조건 $(0,\ 1)$ $\quad Ce^{0} = 1 \quad \rightarrow \quad C = 1$

$\therefore\ y = e^{x}$

```
#include "stdio.h"
#include "math.h"

int main ()
{
  float dx=0.1;                              // [0, 1]구간을 0.1씩 나눔
  float x, y=1.0;                            // 초기조건 (0, 1)
  float y1=1.0, y2=1.0;

  printf("Euler 방법\n");
  printf("-------------------- \n");
  for(x=0; x<=1; x=x+dx)
    {
      y = y + dx * y;
      printf("%.2f %.5f \n", x+0.1, y);      // x가 0.1증가된 곳에서의 y값
    }

  printf("Analytic value (직접 계산값)\n");
  printf("-------------------- \n");
  for(x=0; x<=1; x=x+dx)
    {
      y = exp(x+0.1);                        // x가 0.1증가된 곳에서의 y값
      printf("%.2f %.5f \n", x+0.1, y);
    }

  printf("두 방법의 차이 \n");
  printf("-------------------- \n");
  for(x=0; x<=1; x=x+dx)
    {
      y1 = y1 + dx * y1;
      y2 = exp(x+0.1);

      printf("%.2f %.5f \n", x+0.1, y2-y1);
    }

  return 0;
}
```

► 실행 결과 7-4-1

```
Euler 방법
---------------------
0.10 1.10000
0.20 1.21000
0.30 1.33100
0.40 1.46410
0.50 1.61051
0.60 1.77156
0.70 1.94872
0.80 2.14359
```

```
0.90 2.35795
1.00 2.59374

Analytic value (직접 계산값)
--------------------
0.10 1.10517
0.20 1.22140
0.30 1.34986
0.40 1.49182
0.50 1.64872
0.60 1.82212
0.70 2.01375
0.80 2.22554
0.90 2.45960
1.00 2.71828

두 방법의 차이
--------------------
0.10 0.00517
0.20 0.01140
0.30 0.01886
0.40 0.02772
0.50 0.03821
0.60 0.05056
0.70 0.06504
0.80 0.08195
0.90 0.10166
1.00 0.12454
```

(✓ 생각해보기)

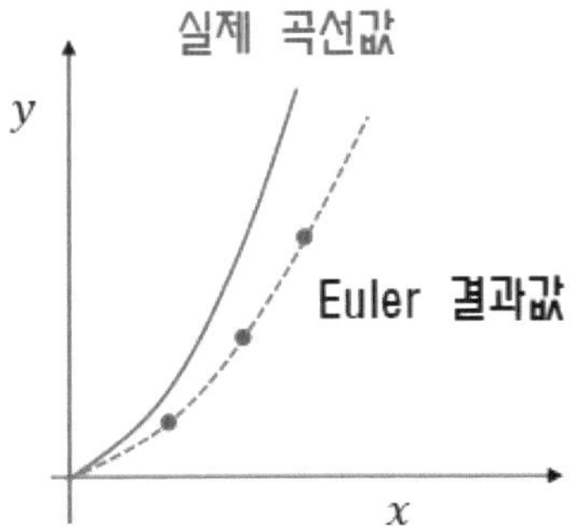

소구간의 크기 Δx를 반으로 줄이면 오차도 대략 $\sim \frac{1}{2}$으로 줄어들 것 같다.

■ **예제 7-4-2** 어떤 방사성 원소가 붕괴를 시작한다. 시간에 따른 남아 있는 양의 그래프를 그려 보시오. (단, 처음 양은 100 g, 최종 남는 양은 20 g, 붕괴상수는 0.07이라고 가정한다)

☑ **(참고)** 현대물리학 (Concepts of Modern Physcis), Beiser, 6th Edition, section 12.2 반감기, 식 (12.5), p.542. 그래프를 그려 보기

방사선 붕괴는 확률적이고 통계적으로 진행되는 과정이다. 즉, N개의 원자핵이 dt동안 방사선 붕괴로 감소된 수 dN은 N에 비례한다.

$$\frac{dN}{dt} \propto N \quad \rightarrow \quad \frac{dN}{dt} = -\lambda N$$

(시간에 따라 N이 감소하므로 음수(-)를 붙였고, 비례상수인 붕괴상수를 λ라고 하였다)

$$\int_{N_0}^{N} \frac{dN}{N} = -\int_0^t \lambda dt \quad \rightarrow \quad \ln N|_{N_0}^{N} = -\lambda t|_0^t$$

$$\ln N - \ln N_0 = \ln \frac{N}{N_0} = -\lambda t$$

$$\therefore N = N_0 e^{-\lambda t}$$

즉, 임의의 시간에서 원자핵은 지수적으로 감소한다. 만약 최종적으로 남는 양이 N_R이라고 하면 다음과 같은 일반식으로 확장할 수 있다. $\frac{dN}{dt} \propto (N - N_R)$

$$\therefore N = N_R + (N_0 - N_R)\, e^{-\lambda t}$$

```
#include <stdio.h>
#include "math.h"

int main()
{
  float N, t, dt=10;                      // 변수 및 시간 간격
  float N0=100.0, NR=20.0;                // 초기 및 최종값
  float k = 0.07;
  float N1=100.0;                         // Euler 방식 초기값 (0, 100)

  printf("직접 계산값\n");                 // 직접 계산값
  printf("----------------- \n");
  for(t=0; t<=100; t=t+dt)
    {
      N = NR + (N0 - NR) * exp(-k * t);
      printf("%.1f \t %.5f \n", t, N);
    }

  printf("Euler 방법\n");                  // Euler method
  printf("----------------- \n");
  for(t=0; t<100; t=t+dt)
    {
      N1 = N1 - k*(N1-NR)*dt;
      printf("%.1f \t %.5f \n", t+dt, N1);   // 10초 후부터 출력
    }

  return 0;
}
```

► **실행 결과 7-4-2**

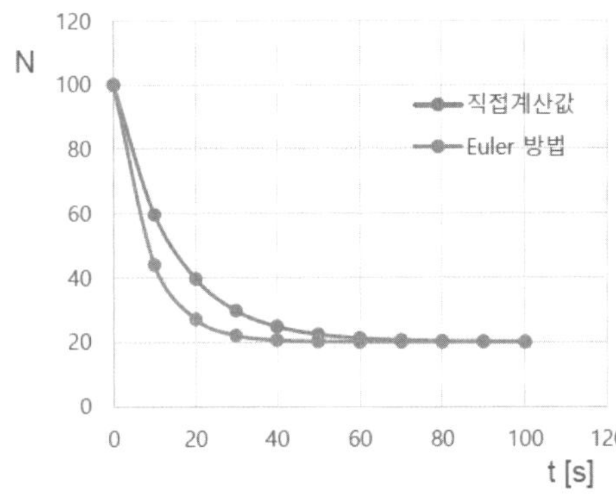

(아래쪽 그래프가 Euler 방법 결과이다)

```
    직접 계산값
-----------------
0.0     100.00000
10.0    59.72683
20.0    39.72776
30.0    29.79652
40.0    24.86481
50.0    22.41579
60.0    21.19965
70.0    20.59573
80.0    20.29583
90.0    20.14690
100.0   20.07295

    Euler 방법
-----------------
10.0    44.00000
20.0    27.20000
30.0    22.16000
40.0    20.64800
50.0    20.19440
60.0    20.05832
70.0    20.01750
80.0    20.00525
90.0    20.00158
100.0   20.00047
```

■ **예제 7-4-3** 감쇠조화진동자 (damped harmonic oscillator)의 그래프를 그려 보시오. (단, 질량 (m), 용수철 상수 (k), 마찰계수 (μ), 외력 [$F(t)_{ext}$] 이라도 하며, 구체적인 값은 각자 상황에 맞추어서 대입하기로 한다.

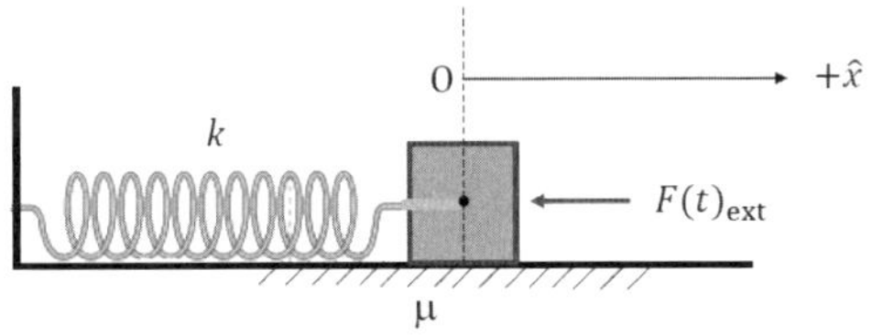

바닥에 마찰력의 방향은 속도에 비례하고 물체가 움직이는 방향에 반대 방향 (-)으로 작용한다고 가정한다.

(이차 미분) 운동방정식 $m\ddot{x} = -kx - \mu v$

$$m\frac{d^2x}{dt^2} + \mu\frac{dx}{dt} + kx = 0$$

∞ **(각자 찾아보기)** 일반해는 일반물리학이나 고전역학 교과서에 잘 나와 있다.

$$x(t) = e^{-\beta t}[c_1 e^{\sqrt{\beta^2 - w_0^2}\,t} + c_2 e^{-\sqrt{\beta^2 - w_0^2}\,t}],\ (\beta \equiv \frac{\mu}{2m},\ \omega_0^2 \equiv \frac{k}{m})$$

상수 (c_1, c_2)는 초기조건에 의해 결정할 수 있다. (예, $t=0$일 때, 위치 정보 $x(t=0)$값과 속도 정보 $v(t=0)$값을 알면 구할 수 있다)

① Overdamped (과잉감쇠) 경우 $(\beta^2 - \omega_0^2 > 0)$

$$x(t) = e^{-\beta t}[c_1 e^{\sqrt{\beta^2 - w_0^2}\,t} + c_2 e^{-\sqrt{\beta^2 - w_0^2}\,t}]$$

② Critical damped (임계감쇠) 경우 $(\beta^2 - \omega_0^2 = 0)$

$$x(t) = e^{-\beta t}[c_1 + c_2 t]$$

③ Underdamped (미흡감쇠) 경우 $(\beta^2 - \omega_0^2 < 0)$

$$x(t) = e^{-\beta t}[2A\cos(wt + \phi)],\ (A\text{는 진폭 관련 상수, }\phi\text{는 위상값})$$

(예) 초기조건: $x(t=0) = 1$ [m], $v(t=0) = 0$ [m/s], 위상은 $\phi = 0$이라고 하자.

$$x(t=0) = e^{-\beta\times 0}[2A\cos(w\times 0 + 0)] = 2A = 1 \ \rightarrow\ A = \frac{1}{2}$$

$$\therefore x(t) = e^{-\beta t}[2A\cos(wt+\phi)] = e^{-\beta t}[2\times\frac{1}{2}\cos(wt)] = e^{-\beta t}\cos(wt)$$

또한, 계산의 편의성을 위해 $m = 1$ [kg], $\mu = 0.5$, $k = 1$ [N/m] 이라고 한다.

$$\beta \equiv \frac{\mu}{2m} = \frac{0.5}{2\times 1} = 0.25$$

$$\omega_0 \equiv \sqrt{\frac{k}{m}} = \sqrt{\frac{1}{1}} = 1$$

$\therefore \beta^2 - \omega_0^2 < 0$ (under damping을 할 것이다)

위 주어진 조건에 맞는 underdamped (미흡감쇠) 해는 다음과 같다.

$$\therefore x(t) = e^{-\beta t}\cos(wt) = e^{-0.25t}\cos(t)$$

✍ (Euler 방식)

뉴턴 방정식	Euler 방식
$\frac{dx}{dt} = v$	기울기 $\equiv f(x_n, y_n) = \frac{\Delta y}{\Delta x}$ $= \frac{y_{n+1} - y_n}{x_{n+1} - x_n} = \frac{y_{n+1} - y_n}{\Delta x}$ $\therefore\ y_{n+1} = y_n + f(x_n, y_n)\Delta x$
$\frac{dv}{dt} = -\frac{1}{m}(\mu v + kx) = a$	

둘의 변수를 비교하면

$$x \leftrightarrow y$$
$$t \leftrightarrow x$$
$$\Delta t \leftrightarrow \Delta x$$
$$v \leftrightarrow f$$

에 서로 대응된다. 따라서 (초기조건은 주어질 테니까)

$x_1 = x_0 + v_0 t$ 를 얻고, 이를 다음 점 (point)으로 반복하면
$x_2 = x_1 + v_1 t$ 를 얻는다. 그러면 이제 문제는 "v_0, v_1을 어떻게 구하는가?"이다. 이것은

$v_1 = v_0 + a_0 t$
$v_2 = v_1 + a_1 t$

에서 얻을 수 있는데, 이때 그럼 "a_0, a_1는 어떻게 구하는가?" 이다. 이것은 뉴턴 운동방정식에서 온다.

$$a_n = -\frac{1}{m}(\mu v_n + kx_n)$$

따라서 일반화하면 다음과 같고, 이것에 기반해서 코딩하면 된다.

$x_{n+1} = x_n + v_n \Delta t$
$v_{n+1} = v_n + a_n \Delta t$

```
#include <stdio.h>
#include <math.h>

#define m   1          // kg
#define k   1          // spring const
```

```
#define c    0.5          // (=mu)damping const
#define dt   0.1          // time interval
#define Tf   20           // final time [sec], [0~20]

float F(float, float);

int main()
{
    float t, a, x, v, b, w, xd;

 // 초기 조건 (x0, v0) @ t=0
    x = 1;                        // [m]
    v = 0;                        // [m/s]

    b = 0.25;                     // beta = c/(2*m);
    w = 1;                        // w = sqrt(k/m);

    for(t=0; t<Tf; t=t+dt)
    {
       a = F(x, v)/m;
       x = x + v*dt;
       v = v + a*dt;

    // 직접 계산 (underdamping case)
       xd = exp(-b*t)*cos(w*t);

       printf("%.1f, %f, %f  \n", t, xd, x);
    }

  return 0;
}

float F(float x, float v)
{
    return (-k*x-c*v);
}
```

► **(실행 결과)** (그림에서 ~6초에서 위쪽 그래프가 Euler방식 결과이다)

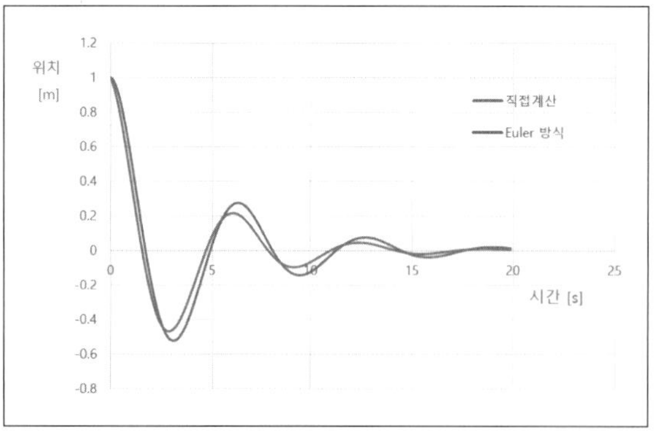

⚯ **(각자 해보기)** RLC 회로. 수학적으로 위의 예제와 동일한 미분방정식의 형태로 표시될 수 있어, Euler 방식으로 문제를 해결할 수 있다. 각자 그래프를 그려 보시오.

7.5. | 4차 Runge-Kutta 방법 (RK4)

(상황) 수치 해석적 미분방정식 풀이 중의 하나이며 자주 사용되는 방법으로,

$$\frac{dy}{dx} = f(x,y),\ y(0) = y_0$$

의 초기조건이 주어질 때, 나중 값 (x, y)을 구할 수 있다.

(각자 찾아보기)

► $n = \frac{x - x_0}{h}$, h는 step height이다.

► $k1 = hf(x_n, y_n)$

$k2 = hf(x_n + \frac{h}{2}, y_n + \frac{k1}{2})$

$k3 = hf(x_n + \frac{h}{2}, y_n + \frac{k2}{2})$

$k4 = hf(x_n + h, y_n + k3)$

$y_{n+1} = y_n + \frac{k_1}{6} + \frac{k_2}{3} + \frac{k_3}{3} + \frac{k_4}{6} + \vartheta(h^5)$

$x_{n+1} = x_n + h$

■ **예제 7-5-0** $\frac{dy}{dx} = f(x,y) = \frac{x-y}{x+y}$ 미분방정식의 해를 RK4에 의해 구하시오.

```
#include<stdio.h>

float F(float, float);

int main()
{
        float x0,y0,k1,k2,k3,k4,h,xn,k;
        printf("초기값 (x0,y0)을 입력하시오!    ");
        scanf("%f%f",&x0,&y0);
        printf("Step(h), 구하고자 하는 지점의 값 (h,xn)을 입력하시오!  ");
        scanf("%f%f",&h,&xn);
        printf("\n n\t    k1\t    k2\t    k3\t    k4 \t    x \t    y\n");

        /*
        // (방법 ①)
        int n = (int)((xn-x0)/h);        // n = (xn-x0)/h   iteration 구간 횟수
        float x, y;
        x = x0;                         // 주어진 (x0,y0)를 가지고 다음 point인 (x,y)를
```

```
        y = y0;                        // 구한다는 의미로 변수를 변경

        for(int i=0; i<n; i++)
        {
          k1=F(x,y);
          k2=F((x+h/2.0),(y+k1*h/2.0));
          k3=F((x+h/2.0),(y+k2*h/2.0));
          k4=F((x+h),(y+k3*h));
          k=((k1+2*k2+2*k3+k4)/6);
          y=y+k*h;
          x=x+h;
          printf(" %d\t%.4f\t%.4f\t%.4f\t%.4f\t%.4f\t%.4f\n", i+1,k1,k2,k3,k4,x,y);
        }
        */

        // (방법 ②)
        int n = (int)((xn-x0)/h);  // n=(xn-x0)/h  iteration 구간 횟수
        int i=0;
        float x, y;
        x = x0;
        y = y0;

        while(x<xn)
        {
          k1=F(x,y);
          k2=F((x+h/2.0),(y+k1*h/2.0));
          k3=F((x+h/2.0),(y+k2*h/2.0));
          k4=F((x+h),(y+k3*h));
          k=((k1+2*k2+2*k3+k4)/6);
          y=y+k*h;
          x=x+h;
          printf(" %d\t%.4f\t%.4f\t%.4f\t%.4f\t%.4f\t%.4f\n", i+1,k1,k2,k3,k4,x,y);
          i++;
        }

        return 0;
}

float F(float x,float y)
{
      float m;
      m=(x-y)/(x+y);
      return m;
}
```

► 실행 결과 7-5-0

```
초기값 (x0,y0)을 입력하시오!   0 2
Step(h), 구하고자 하는 지점의 값 (h,xn)을 입력하시오!  0.5 2

 n          k1       k2       k3       k4       x        y
 1       -1.0000  -0.7500  -0.7576  -0.5286  0.5000   1.6214
 2       -0.5286  -0.3301  -0.3446  -0.1834  1.0000   1.4496
 3       -0.1835  -0.0579  -0.0689   0.0291  1.5000   1.4156
 4        0.0290   0.1031   0.0967   0.1548  2.0000   1.4642
```

【Re-visit】 예제 7-4-0

■ **예제 7-5-1** $\frac{dy}{dx} = x + y$ 미분방정식에서 $x = 1$에서의 값을 RK4 방법에 의해 구하시오. (단, $x = 0$일 때 $y = 1$이다)

► 직접 계산 : 3.43656

실제 계산	Euler 방법 결과	RK4 방법 결과						
		다음 값을 입력하시오! x0, y0, h, xn = 0 1 0.1 1						
		n	k1	k2	k3	k4	x	y
	0.10 1.1000	1	0.1000	0.1100	0.1105	0.1211	0.1000	1.1103
	0.20 1.2200	2	0.1210	0.1321	0.1326	0.1443	0.2000	1.2428
	0.30 1.3620	3	0.1443	0.1565	0.1571	0.1700	0.3000	1.3997
3.43656	0.40 1.5282	4	0.1700	0.1835	0.1841	0.1984	0.4000	1.5836
	0.50 1.7210	5	0.1984	0.2133	0.2140	0.2298	0.5000	1.7974
	0.60 1.9431	6	0.2297	0.2462	0.2471	0.2644	0.6000	2.0442
	0.70 2.1974	7	0.2644	0.2826	0.2836	0.3028	0.7000	2.3275
	0.80 2.4872	8	0.3028	0.3229	0.3239	0.3451	0.8000	2.6511
	0.90 2.8159	9	0.3451	0.3674	0.3685	0.3920	0.9000	3.0192
	1.00 3.1875	10	0.3919	0.4165	0.4177	0.4437	1.0000	3.4366

따라서, RK4 방법으로 구한 값이 Euler보다는 좀 더 실제 계산 값이 가까운 것을 알 수 있다.

■ **예제 7-5-2** 질량 m인 물체를 지상 h에서 자유낙하 시킬 때, 속도 제곱에 비례하는 공기저항을 받는다고 가정한다. (단, 비례상수는 k이고 중력가속도는 g이며, 필요한 상수값은 각자 적당히 선택하기로 한다.)

⓪ 미분방정식을 적고, 시간에 따른 속도 (v)와 위치 (y) 해를 직접 적분하시오.
① 시간에 따른 속도 변화를 RK4 방법과 직접 계산한 값을 비교하고, 그래프를 그리시오.
② 시간에 따른 위치 변화를 RK4 방법과 직접 계산한 값을 비교하고, 그래프를 그리시오.

► 실행 결과 7-5-2

■ ⓪번

운동방정식: $m\ddot{x} = -mg - kv^2$

$$m\frac{dv}{dt} = mg - kv^2 = mg(1 - \frac{kv^2}{mg}) = mg(1 - \frac{v^2}{v_t^2}) \qquad (\because \text{ 종단속도 } v_t = \sqrt{\frac{mg}{k}})$$

⇒ RK4를 사용하기 위한 미분방정식은 $\frac{dv}{dt} = g - \frac{kv^2}{m}$ 이다.

한편, $\frac{dv}{dt} = g(1-\frac{v^2}{v_t^2}) \;\rightarrow\; dt = \frac{dv}{g(1-\frac{v^2}{v_t^2})}$ 이다.

$$\int_{t_0}^{t} dt = \int_{v_0}^{v} \frac{dv}{g(1-\frac{v^2}{v_t^2})} = \frac{v_t^2}{g}\int \frac{dv}{(v_t^2 - v^2)}$$

$$t - t_0 = \frac{v_t^2}{g}\left[\frac{1}{v_t}\tanh^{-1}\frac{v}{v_t}\right] \qquad \left(\because \int \frac{dx}{a^2-x^2} = \frac{1}{a}\tanh^{-1}\frac{x}{a}\right)$$

$$= \frac{v_t}{g}\left[\tanh^{-1}\frac{v}{v_t} - \tanh^{-1}\frac{v_0}{v_v}\right]$$

자유낙하이므로 $v_0(t=t_0) = 0$ 이다.

$$t = \frac{v_t}{g}\tanh^{-1}\frac{v}{v_t} \;\rightarrow\; \tanh^{-1}\frac{v}{v_t} = \frac{gt}{v_t}$$

$$\therefore\; v(t) = v_v \tanh\frac{gt}{v_t} = \sqrt{\frac{mg}{k}}\tanh\left(\sqrt{\frac{kg}{m}}\,t\right)$$

$$v \equiv \frac{dy}{dt} = v_t \tanh\left(\frac{gt}{v_t}\right) \;\rightarrow\; dy = v_t \tanh\left(\frac{gt}{v_t}\right)dt$$

$\Rightarrow$ RK4를 사용하기 위한 미분방정식은 $\frac{dy}{dt} = v_t \tanh\left(\frac{gt}{v_t}\right) = \sqrt{\frac{mg}{k}}\tanh\left(\sqrt{\frac{kg}{m}}\,t\right)$ 이다.

(✓ 주의) 기울기 방향이 (+)가 아니고 음수 (−)이기 때문에 $\frac{dy}{dt} = -\sqrt{\frac{mg}{k}}\tanh\left(\sqrt{\frac{kg}{m}}\,t\right)$ 를 사용해야 한다.

양변 적분 $\int_0^y dy = v_t \int_0^t \tanh\left(\frac{gt}{v_t}\right) dt$

$$\frac{gt}{v_t} \equiv z \;\rightarrow\; dt = \frac{v_t}{g}dz$$

$$y = v_t \int \tanh z \times \frac{v_t}{g}dz = \frac{v_t^2}{g}\int \tanh z\, dz \qquad \left(\because \int \tanh ax\, dx = \frac{1}{a}\ln\cosh ax\right)$$

$$= \frac{v_t^2}{g}\left[\ln\cosh\left(\frac{gt}{v_t}\right)\right]_0^t = \frac{v_t^2}{g}\left[\ln\cosh\left(\frac{gt}{v_t}\right) - \ln 1\right] \qquad (\because \cosh 0 = 1,\ \ln 1 = 0)$$

$$= \frac{v_t^2}{g}\left[\ln\cosh\left(\frac{gt}{v_t}\right)\right]_0^t = \frac{v_t^2}{g}\ln\cosh\left(\frac{gt}{v_t}\right)$$

$$\therefore y(t) = \frac{v_t^2}{g}\ln\cosh\left(\frac{gt}{v_t}\right) = \frac{m}{k}\ln\left[\cosh\left(\sqrt{\frac{kg}{m}}\right)t\right]$$

물체의 초기 높이가 h에서 자유 낙하하기 때문에, 이것까지 고려해서 시간 t가 경과한 후 임의의 지점 (y)에서 식을 정확하게 쓰면 다음과 같다.

$$\therefore y(t) = h - \frac{m}{k}\ln\left[\cosh\left(\sqrt{\frac{kg}{m}}\right)t\right]$$

(가정) 계산의 편리함을 위해 물체의 질량 (m)은 1 g, 높이 (h)는 2 km, 비례상수 (k)는 10^{-5} [kg/m], 중력가속도 (g)는 10 m/s^{2}이라고 하자.

종단속도 계산 $v_t = \sqrt{\frac{mg}{k}} = \sqrt{\frac{1\times10^{-3}\text{kg}\times10\,\text{m/s}^2}{10^{-5}\text{kg/m}}} = \sqrt{1000} = 31.62277[\text{m/s}]$

■ ①번

```
#include<stdio.h>
#include<math.h>

float H=2000.0, g=10.0, m=0.001, k=0.00001;

float F(float t, float v)
{
    return g-k*v*v/m;
}

void RK4(float t0, float v0, float h, float tn)
{
    int n = (int)((tn - t0) / h);
    float V, k1, k2, k3, k4;

    printf(" n \t t(sec)     Vel \t\t  Vel(RK4) \n");
    printf(" 0 \t 0 \t      0 \t\t      0      \n");

    float t,v;
    t = t0;
    v = v0;

    for(int i=0; i<n; i++)
    {
      k1 = h*F(t, v);
      k2 = h*F(t + 0.5*h, v + 0.5*k1);
      k3 = h*F(t + 0.5*h, v + 0.5*k2);
      k4 = h*F(t + h, v + k3);
```

```
        v = v + (1.0/6.0)*(k1 + 2*k2 + 2*k3 + k4);
        t = t + h;

        V = sqrt(m*g/k)*tanh(sqrt(k*g/m)*t);                // 적분해 계산한 값

        printf(" %d \t %.1f \t %f\t %f   \n", i+1, t, V, v);
    }
}

int main()
{
    int v;
    float t0, v0, h, tn;

    printf("초기값 (t0,v0)을 입력하시오!  ");
    scanf("%f %f", &t0, &v0);

    printf("나누고자 하는 크기와 구하고자 하는 시간 (h,tn)을 입력하시오!  ");
    scanf("%f %f", &h, &tn);

    RK4(t0, v0, h, tn);

    return 0;
}
```

► **(실행 결과)**

```
초기값 (t0,v0)을 입력하시오!  0 0
나누고자 하는 크기와 구하고자 하는 시간 (h,tn)을 입력하시오!  1 50
 n          t(sec)     Vel             Vel(RK4)
 0          0           0               0
 1          1.0        9.679482        9.678609
 2          2.0        17.700554       17.697906
 3          3.0        23.375126       23.370119
   • • •
   • • •
 47         47.0       31.622778       31.622776
 48         48.0       31.622778       31.622776
 49         49.0       31.622778       31.622776
 50         50.0       31.622778       31.622776
```

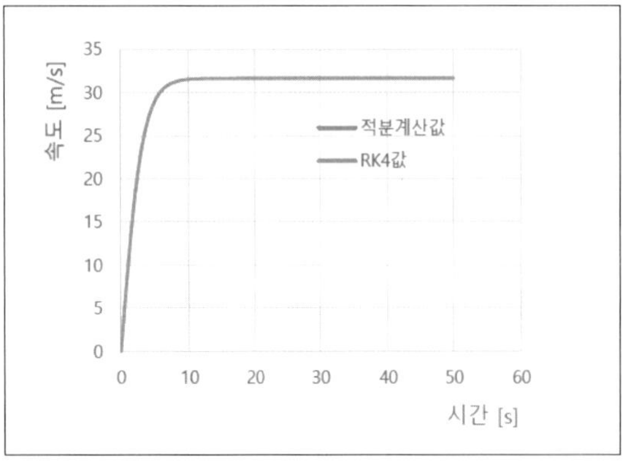

위 그래프에서 알 수 있듯이, 적분해서 계산한 값이랑 RK4 값은 거의 차이가 나지 않음을 볼 수 있다.

(✓ 확인)

종단속도 (terminal velocity)	값 [m/s]
미분방정식에서 $t \to \infty$로 보낼 때 얻은 값	31.622777
적분해 계산한 값	31.622778
RK4에 의해 얻은 값	31.622776

→ 3개 사이 종단속도에 차이는 거의 없다.

■ ②번

```
#include<stdio.h>
#include<math.h>

float H=2000.0, g=10.0, m=0.001, k=0.00001;

float F(float t, float v)
{
    return -sqrt(m*g/k)*tanh(sqrt(k*g/m)*t);            // 기울기가 (-) 임
}

void RK4(float t0, float y0, float h, float tn)
{
    int n = (int)((tn - t0) / h);
    float Y, k1, k2, k3, k4;

    printf(" n \t t(sec)     Height(m) \t   Height(RK4) \n");
    printf(" 0 \t 0 \t     %.1f \t     %.1f      \n", H, H);

    float t,y;
    t = t0;
    y = y0;

    for (int i=0; i<n; i++)
    {
      k1 = h*F(t, y);
      k2 = h*F(t + 0.5*h, y + 0.5*k1);
      k3 = h*F(t + 0.5*h, y + 0.5*k2);
      k4 = h*F(t + h, y + k3);

      y = y + (1.0/6.0)*(k1 + 2*k2 + 2*k3 + k4);
      t = t + h;

      Y = H - (m/k)*log(cosh(sqrt(g*k/m)*t));          // 적분해 계산한 값

      printf(" %d \t %.1f \t %f\t %f  \n", i+1, t, Y, y);
    }
}

int main()
```

```
{
    int v;
    float t0, y0, h, tn;

    printf("초기값 (t0,y0)을 입력하시오!  ");
    scanf("%f %f", &t0, &y0);

    printf("나누고자 하는 크기와 구하고자 하는 시간 (h,tn)을 입력하시오!  ");
    scanf("%f %f", &h, &tn);

    RK4(t0, y0, h, tn);

    return 0;
}
```

► **(실행 결과)**

```
초기값 (t0,y0)을 입력하시오!  0 2000
나누고자 하는 크기와 구하고자 하는 시간 (h,tn)을 입력하시오!  1 66
 n        t(sec)     Height(m)       Height(RK4)
 0        0           2000.0            2000.0
 1        1.0        1995.081177     1995.080933
 2        2.0        1981.206421     1981.205688
 3        3.0        1960.473389     1960.472412

   • • •
   • • •

 64       64.0       45.456909       45.455517
 65       65.0       13.834229       13.832740
 66       66.0      -17.788696      -17.790037
```

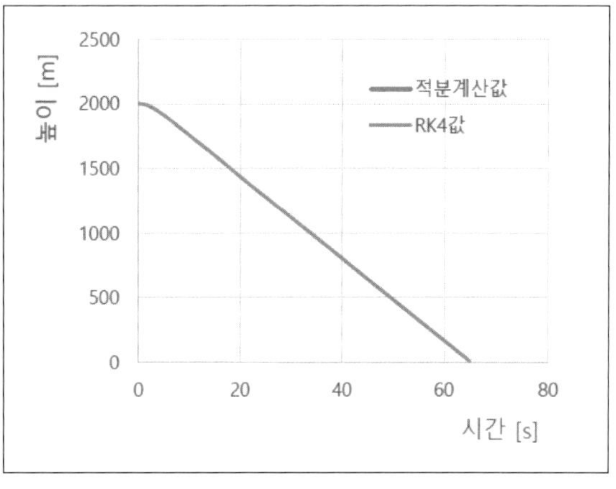

(✓ 확인) 이 물체는 지상 2000 m에서 자유 낙하해서 65 ~ 66초 사이에 지상에 도달한다.

(상황) 2차 미분방정식을 위한 RK4 방법

⚮ **(각자 찾아보기)**

$\ddot{x} + a\dot{x} + bx = f(t) \rightarrow \dot{v} + av + bx = f(t)$

초기조건: $x(t_0) = x_0, v(t_0) = v_0$

► $\frac{dx}{dt} = v \rightarrow dx = vdt$

$\frac{dv}{dt} = \dot{v} = F(t, x, v) \rightarrow dv = F(t, x, v)dt$

$n = \frac{x - x_0}{h}$, h는 step height이다.

►2차 미분방정식을 위한 RK4 방법은 아래와 같이 표시된다.

$m_1 \equiv hv$	$k1 \equiv hF(t, x, v)$
$m_2 \equiv h(v + \frac{m_1}{2})$	$k2 \equiv hF(t + \frac{h}{2}, x + \frac{m_1}{2}, v + \frac{k1}{2})$
$m_3 \equiv h(v + \frac{m_2}{2})$	$k3 \equiv hF(t + \frac{h}{2}, x + \frac{m_2}{2}, v + \frac{k2}{2})$
$m_4 \equiv h(v + m_3)$	$k4 \equiv hF(t + h, x + m_3, v + k_3)$
$m = \frac{m_1 + 2m_2 + 2m_3 + m_4}{6}$	$k = \frac{k_1 + 2k_2 + 2k_3 + k_4}{6}$
$v(x+h) = v(t) + h$	$x(t+h) = x(t) + h$

■ **예제 7-5-3** 진자 (pendulum)의 단진동 운동을 생각해보자.

⓪ 비선형 미분 운동방정식을 구하고, RK4를 이용해 수치적으로 풀어라.

① θ가 작을 때를 가정한 근사한 해를 구하고, RK4 값과 비교하는 그래프를 그리시오.

② 초기에 각도 (θ_0)를 어느 정도로 해야 근사한 해와 RK4 값이 차이가 나지 않는지를 논의하시오.

③ 최하점에서의 속력과 시간에 따른 속력 그래프를 그리시오.

■ ⓪번

그림처럼 길이 l인 실에 질량 m인 추를 매달아 단진자 (simple harmonic oscillator) 운동을 하고 있다. (단, 실의 질량과 공기저항은 무시하며, 실의 길이는 변하지 않는다)

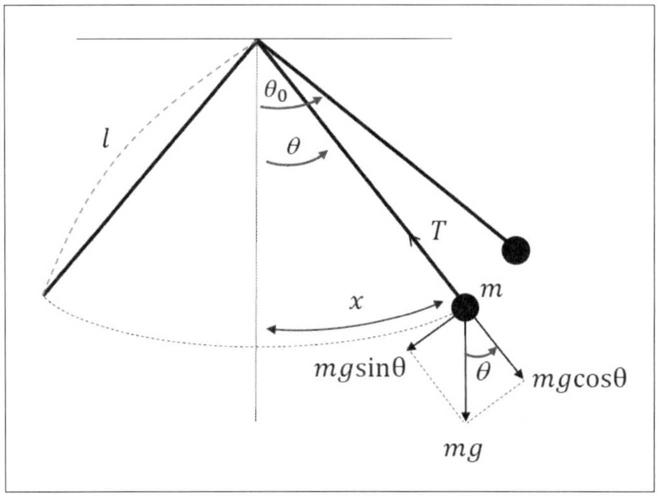

질량 m, 길이 l인 단진자. 접선 방향으로 $mg\sin\theta$의 성분이 작용하고 중심방향으로 장력 (T)와 $mg\cos\theta$의 차이만큼의 힘이 작용해서 원운동 한다고 볼 수 있다.

운동방정식 $m\ddot{x} = -mg\sin\theta$ ($\because$ θ가 증가하는 방향에 반대 방향 (−)으로 복원력 작용)

$$\theta = \frac{x}{l} \quad \rightarrow \quad x = l\theta$$

$$ml\ddot{\theta} = -mg\sin\theta \quad \rightarrow \quad \ddot{\theta} + \frac{g}{l}\sin\theta = 0$$

$$\ddot{\theta} + w^2\sin\theta = 0\,, \quad w^2 \equiv \frac{g}{l}$$

⇒ RK4를 위한 2차 미분방정식:

$$\frac{d}{dt}\left(\frac{d\theta}{dt}\right) + w^2\sin\theta = 0 \rightarrow \frac{dw}{dt} = -w^2\sin\theta \quad \left(\because \frac{d\theta}{dt} \equiv w\right)$$

만약 θ가 작다고 하면 $\sin\theta \simeq \theta$이다.

[Note] Taylor series 전개, $\theta \approx$ 작을 때, $\sin\theta \simeq \theta - \frac{\theta^3}{3!} + \frac{\theta^5}{5!} - \frac{\theta^7}{7!} + \cdots$

$$\therefore \ \ddot{\theta} + w^2\theta = 0$$

이 방정식의 해는 $\theta(t) = \theta_0\cos(wt + \alpha) = \theta_0\cos\left(\sqrt{\frac{g}{l}}\,t\right)$ ($\because \alpha = 0$), 위상차 없다고 하자.

주기 $T \equiv \frac{2\pi}{w} = \frac{2\pi}{\sqrt{\frac{g}{l}}} = 2\pi\sqrt{\frac{l}{g}}$

☛ 진자의 등시성 : 진폭이 작을 때, 단진자의 주기는 진자의 질량이나 진폭과 관계없다.

▪ 임의의 각도에서 속도 (v) 구하기

역학적 에너지 보존

$$(\mathrm{KE} + \mathrm{PE})_{\text{초기}} = (\mathrm{KE} + \mathrm{PE})_{\text{임의각도}}$$

$$0 + mgl(1-\cos\theta_0) = \frac{1}{2}mv^2 + mgl(1-\cos\theta)$$

진자를 잡아당겼을 때 θ_0는 처음 위치로 속도가 0인 지점이고, θ는 임의의 각도이다.

$$\therefore\ v = \sqrt{2gl(\cos\theta - \cos\theta_0)}$$

(가정) 초기조건 $\theta(t=0) = 1$ [rad], 각가속도 $w(t=0) = 0$라고 가정한다. (단, 질량 m은 10 g, 길이 l은 1 m이고, 중력가속도 g는 10 m/s^{2}이라고 하자)

```
#include<stdio.h>
#include<math.h>

float g=10.0, m=0.01, l=1;                    // 계산의 편의를 위해 l=1로 선택

float F(float t, float T, float w)
{
  return -g*sin(T);
}

int main()
{
    float t0=0, T0=1, w0=0, h=0.01, tn=10;    // 시간 [0~10]초, θ(t=0) = 1 (rad)
    int n = (int)((tn - t0) / h);
    float k1, k2, k3, k4;
    float m1, m2, m3, m4;

    float t,T,w,CT,v;
    t  = t0;
    T = T0;
    w = w0;

    for(int i=0; i<n; i++)
    {
      m1 = h*w;
      k1 = h*F(t, T, w);

      m2 = h*(w + 0.5*k1);
      k2 = h*F(t + 0.5*h, T + 0.5*m1, w + 0.5*k1);

      m3 = h*(w + 0.5*k2);
      k3 = h*F(t + 0.5*h, T + 0.5*m2, w + 0.5*k2);

      m4 = h*(w + k3);
```

```
        k4 = h*F(t + h, T + m3, w + k3);

        T = T + (1.0/6.0)*(m1 + 2*m2 + 2*m3 + m4);
        w = w + (1.0/6.0)*(k1 + 2*k2 + 2*k3 + k4);
        t = t + h;

        CT = T0 * cos(sqrt(g/l)*t);              // θ ≈ 작을 때를 가정한 근사한 값
        v  = sqrt(2*g*l*(cos(T)-cos(T0)));       // 속도

        printf(" %d \t  %f \t %f \t %f \t %f \t %f  \n", i+1, t, v, CT, T, w);
    }

    return 0;
}
```

► **(실행 결과)**

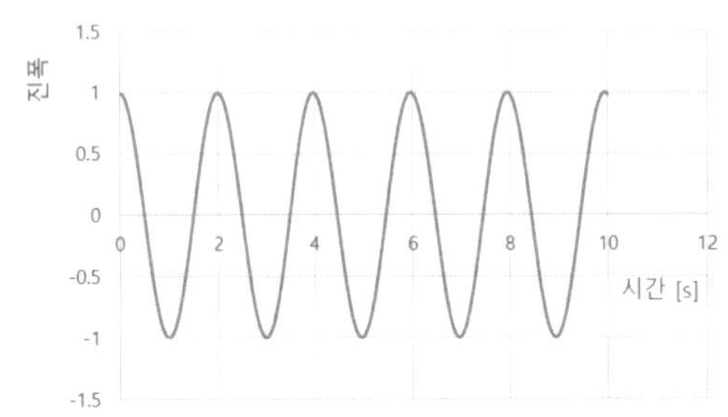

$\theta \approx$ 작다고 할 때, 진폭이 [1 ~ -1] 사이에서 단진동 운동을 한다.

■ ①번

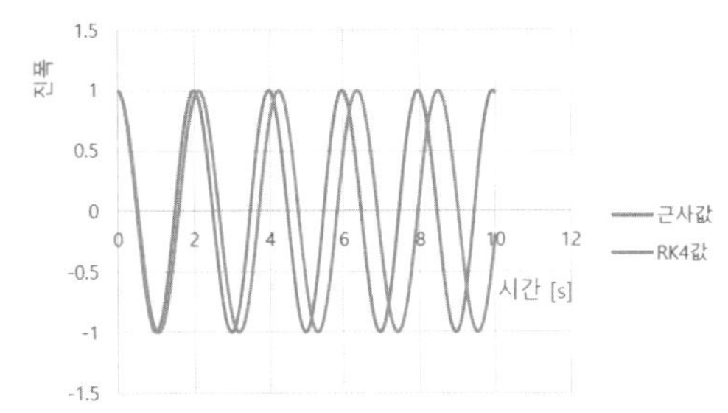

각도가 작다고 가정하고 얻은 근사값과 RK4를 이용해 해석적으로 구한 값에 주기 차이가 존재한다. (그림에서 ~4초에서 더 오른쪽 그래프가 RK4방식 결과이다)

(✓ 생각해보기) 진자의 등시성

■ ②번

초기조건인 θ_0를 다르게 하고 근사해서 구한 해와 RK4 값에서 구한 값을 가지고 그래프를 그려 보자.

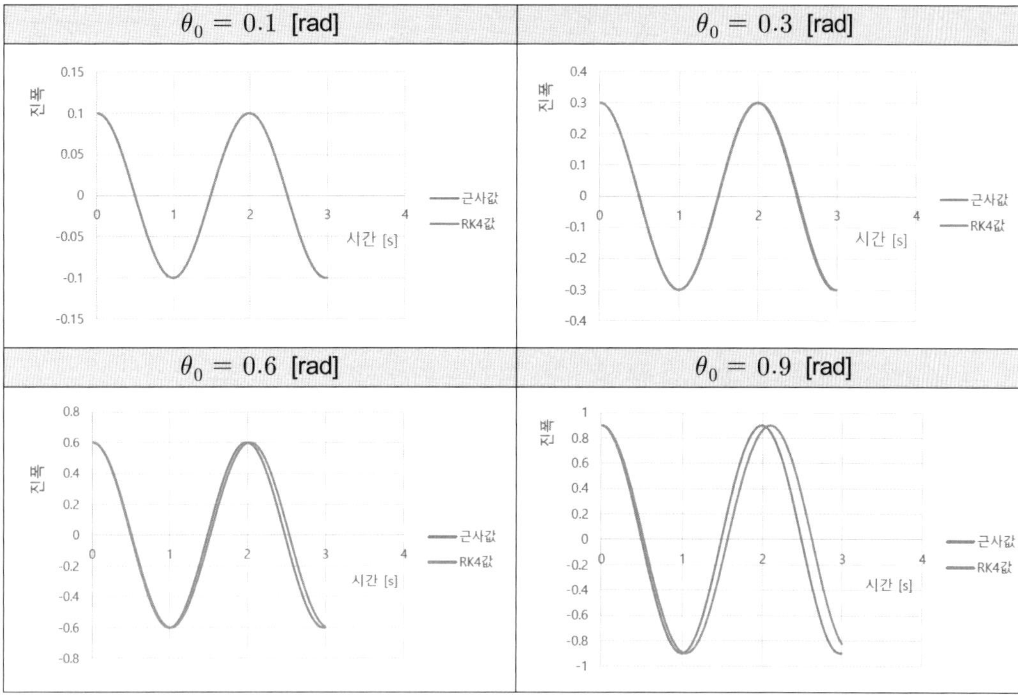

그림에서 볼 수 있듯이, θ_0가 $\simeq 0.3$ [rad] 이하이면 근사값하고, 수치 해석적 RK4값하고는 큰 차이가 나지 않는다. 따라서 θ_0가 작으면 작을수록 두 결과값이 비슷하며, 진폭이 커지면 차이가 난다. (θ_0가 0.6, 0.9 그림의 ~2초에서 더 오른쪽 그래프가 RK4방식 결과이다)

■ ③번

최하점에서 단진자의 속력 (v)은?

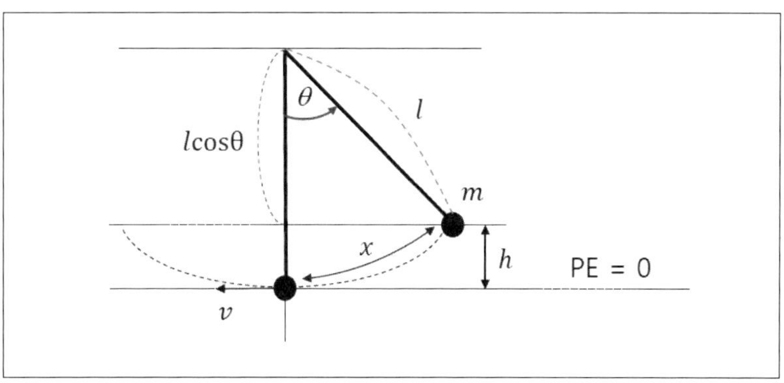

높이 h에서 단진자를 놓으면, 위치에너지가 최하점에 도달했을 때 모두 운동에너지로 변환된다. 최하점에서 위치에너지 (PE)를 0이라고 하자.

$h = l - l\cos\theta = l(1-\cos\theta)$

역학적 에너지 보존 $(\mathrm{KE} + \mathrm{PE})_{초기} = (\mathrm{KE} + \mathrm{PE})_{나중}$

$$0 + mgh = \frac{1}{2}mv^2 + 0$$

$$\rightarrow v_{max} = \sqrt{2gh} = \sqrt{2gl(1-\cos\theta)}$$

(예) 초기 각도 $\theta = 60^o$, $v = \sqrt{2gl(1-\cos 60^o)} = \sqrt{2gl \times \frac{1}{2}} = \sqrt{gl}$

앞에서 초기 각도가 θ_0일 때 단진자를 놓았을 때, 임의의 각도 (θ)에서의 속도는

$$v = \sqrt{2gh} = \sqrt{2gl(\cos\theta - \cos\theta_0)}$$

이다.

최하점에서의 최고속도($\because \theta_0 = 1$ [rad], 초기조건)

$$v_{max} = \sqrt{2gl(\cos\theta - \cos 1)}$$
$$= \sqrt{2 \times 10 \times 1 \times (1-0.5403)} = \sqrt{20 \times 0.4597} = \sqrt{9.194} = 3.0321 \text{ [m/s]}$$

이다.

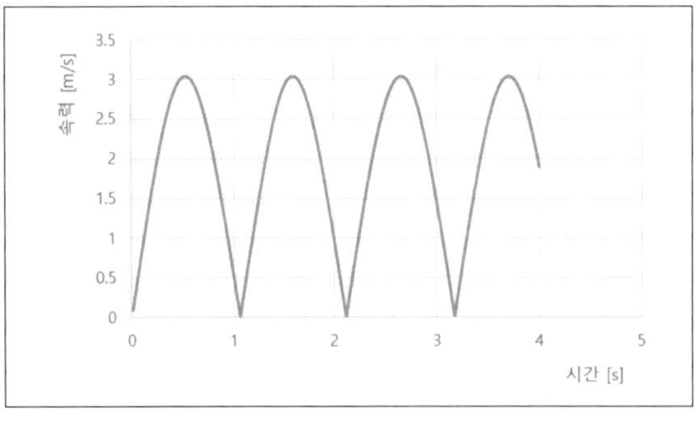

즉, $\theta_0 = 1$ [rad]에서 놓아진 진자는 시간이 ~0.5초 후에 최하점에 도달하고 그때 최고 속력 (~3.03 [m/s])을 갖게 된다.

7.6. Newton-Raphson 방법

✍ **(로직 설명)** $y = f(x)$함수에서 x축과 만나는 지점 (r)이 방정식의 해 (root)이다. 임의의 x_n에서 미분하면 그 지점 (x_n)에서 기울기를 알 수 있는데, 이것을 쭉 이어서 내려오면 x축과 만나는 새로운 지점 (x_{n+1})이 생긴다. 즉, 이 새로운 지점은 근 (r)에 좀 더 가까운 거리에 있다. 그런 후, 다시 x_{n+1}에서 미분하면, 새로운 기울기를 얻고, 이것을 x축에 이어 내려오는 지점은 근 (r)에 더욱더 가깝게 된다. 이 과정을 허용 범위를 설정하고 계속 반복한다. (① → ② → ③ → 등)

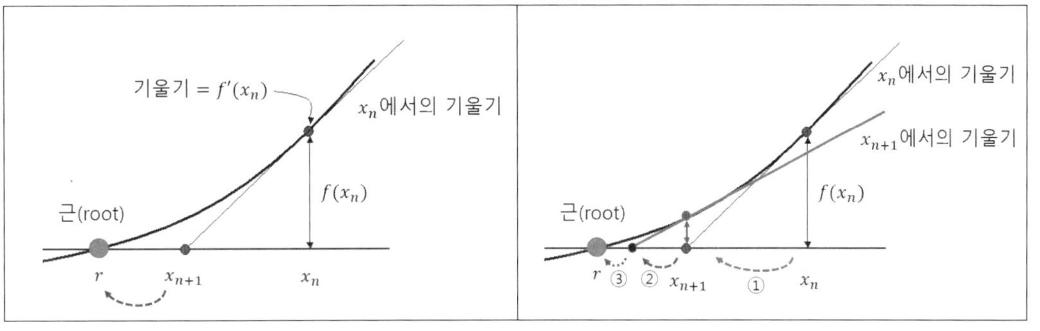

$$f'(x_n) \equiv \frac{f(x_n)}{x_n - x_{n+1}}$$

$$\therefore\ x_{n+1} - x_n \equiv d = \frac{f(x_n)}{f'(x_n)}$$

☑ **(중요 포인트)**

① d를 어느 정도까지 할 것인지를 정해서 계속 반복시킨다. 충분히 근접할수록 근 (root, r)에 가까운 값을 얻는다.

② x_n에서 기울기가 $f'(x_n) \sim 0$인 값을 택하면 안 좋다. 즉, 기울기가 수평이면 x축하고 만나는 지점이 없다.

③ 최초 시작점을 근 (root)에 가까운 곳에서부터 하면 좋다. 그렇지 않으면 반복을 아주 많이 해야 한다.

■ 예제 7-6-0 $y = x^2 - 5$의 근 (root)을 구하시오.

```
#include <stdio.h>
#include <math.h>

double F(double x)
{
  return ((x)*(x)-5);
}

double Fd(double x)
{
  return (2*(x));
}

int main()
{
    double x0,d,err,root,x1;
    int i=1, n;
    printf("(시작점, 에러범위, 반복회수)를 입력하시오!  \n");
    scanf("%lf%lf%d",&x0,&err,&n);

    while(i<=n)
    {
        d=F(x0)/Fd(x0);                         // d = f(x)/f'(x)
        x1=x0-d;                                // x1 = x0-f(x)/f'(x)
        printf("%d iteration: %.12f \n",i,x1);
        if(fabs(d)<err)                         // (참값-시도값) = 오차 범위 확인
        {
            root=x1;                            // 오차범위 안에 들어오면 그것이 해
            break;
        }
        else                                    // 오차범위 안에 들어올 때까지 반복
        x0=x1;
        i++;
    }

    return 0;
}
```

► 직접 계산 (계산기 혹은 math.h 이용) $0 = x^2 - 5 \rightarrow x = \pm\sqrt{5} = 2.2360679$

► 실행 결과 7-6-0

```
(시작점, 에러범위, 반복회수)를 입력하시오!   4 0.000000001 5
1 iteration: 2.625000000000
2 iteration: 2.264880952381
3 iteration: 2.236251251486
4 iteration: 2.236067985010
5 iteration: 2.236067977500
```

7.7. | 이분법 (bisection method)

(상황) (비)선형방정식의 해를 구하는 가장 간단한 방법이다. Binary chopping, half-interval method라고도 한다.

✍ (로직 설명)

$f(a) \times f(b) < 0$ 이면 구간 $[a, b]$ 사이에는 최소한 1개의 근 (on real root)이 존재한다.

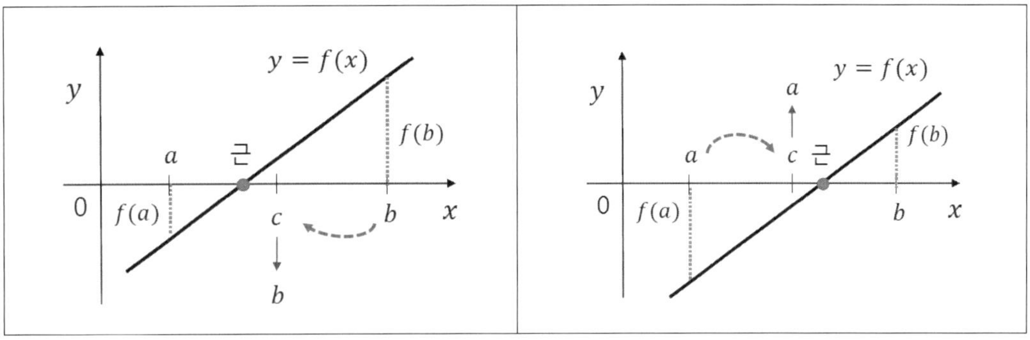

① 구간 $[a, b]$ 사이의 중간 점 $c = \dfrac{a+b}{2}$을 찾는다.

② $f(c) = 0$이면 중간 점 자체가 근이다.

③ $f(c)! = 0$이면 2가지 경우가 생긴다.

- $f(a) \times f(c) < 0$ 이면 근은 a와 c 사이에 존재한다. 그러면 c를 b로 변경한 후 과정 ①을 반복한다.
- $f(b) \times f(c) < 0$ 이면 근은 b와 c 사이에 존재한다. 그러면 c를 a로 변경한 후 과정 ①을 반복한다.

즉, 근 (root)을 중심으로 중간값을 왼쪽, 오른쪽으로 계속 번갈아 가면서 둘 사이의 거리(=오차)가 주어진 값 내에 들어올 때까지 반복한다.

■ **예제 7-7-0** $y = x^2 - 2$의 근 (root)을 구하시오.

```
#include <stdio.h>

double func(double x)
{
    return x*x - 2;
```

```
}

void bisection(double a, double b, double epsilon)
{
    if (func(a) * func(b) >= 0)
    {
        printf("잘못된 a, b를 선택하였습니다! \n");
        return;
    }

    double c;

    while ((b-a) >= epsilon)    // for(int n=1;n<=20;n++)
    {
        c = (a+b)/2;            // 중간값

        if (func(c) == 0.0)     // 중간값 체크
            break;
        else if (func(c)*func(a) < 0)
            b = c;
        else
            a = c;
    }
    printf("방정식의 해는 %f 입니다. \n", c);
}

int main()
{
  float a, b;
  double e;
  printf("구간 [a, b], 허용차이 e를 입력하시오!    ");
  scanf("%f %f %lf", &a, &b, &e);

  bisection(a, b, e);

  return 0;
}
```

► 직접 계산 $0 = x^2 - 2 \rightarrow x = \pm\sqrt{2} = 1.4142135623$

► 실행 결과 7-7-0

```
구간 [a, b], 허용차이 e를 입력하시오!   0 4 0.0000001
방정식의 해는 1.414214 입니다.
```

☑ **(참고)**

%f	float
%lf	double
%Lf	long double

scanf할 때는 위와 같이 하지만 printf할 때는 구별 없이 단순히 %f로 해도 된다.

⇴ **(각자 해보기)** $y = 3x^2 - 2x - 8$ 의 해를 이분법에 의해 구하시오.

7.8. | 난수 (= 무작위 수, random number) 발생

임의의 무작위 (random) 수를 발생한다.

【사용법】

```
#include <stdlib.h>
rand()
```

0 ~ 32767 사이 정수를 발생시킨다.

✎ **(사용 예)**

① i = rand()%n

이것은 [0 ~ n-1] 범위의 난수를 i에 대입한다. 예로 n=6이라 하면 0, 1, 2, 3, 4, 5중 하나가 i에 대입한다.

② 특정 범위 난수 발생
rand() % (upper_bound - lower_bound +1) + lower_bound

(예) 로또 번호 1-45: rand()%(45-1+1)+1

(✓ 문제점) 프로그램 실행 시 매번 동일 난수 발생한다.

(✓ 해결)

```
#include <time.h>
srand(time(NULL));
```

- 〈time.h〉 헤더 파일에 time() 함수가 정의되어 있다. 1970년 1월1일부터 지금까지 몇 초가 지났는지 반환한다.
- 난수 발생을 위한 seed 를 생성한다. 항시 다른 난수가 생성되도록 임의의 시작 위치를 정한다. 이 문장이 없을 시, 항시 동일 난수를 발생시킨다.

■ **예제 7-8-0** 부자 프로젝트! 난수 발생기를 사용하여 로또 번호를 생성하는 프로그램을 작성하시오.

```
#include <stdio.h>
#include <stdlib.h>
#include "time.h"

int main()
{
   int i, j;

   printf("\n정수형(int) 범위: ~2147483647 \n");

   for(i=0; i<=5; i++)
      printf("%d ", rand());                          // 매번 동일 난수 발생

   printf("\n------------------------------\n");

   srand(time(NULL));
   printf("로또 번호: ");

   for(j=0; j<=5; j++)
      printf("%d  ", rand()%(45-1+1)+1);              // 매번 다른 난수 발생

   printf("\n");

   return 0;
}
```

► **실행 결과 7-8-0**

```
linux] ./a.out

정수형(int) 범위: ~2147483647
1804289383 846930886 1681692777 1714636915 1957747793 424238335
------------------------------
로또 번호: 3  12  1  27  6  31
joo@linux] ./a.out

정수형(int) 범위: ~2147483647
1804289383 846930886 1681692777 1714636915 1957747793 424238335
------------------------------
로또 번호: 9  3  31  10  42  12
```

■ **예제 7-8-1** 난수를 사용하여 원주율 (π)을 구하는 프로그램을 작성하시오.

(상황) 정사각형 안 임의의 위치에 무작위로 점을 찍는다고 하자. 이때, 무작위로 찍힌 점이 원의 $\frac{1}{4}$ 안에 들어갈 확률은 얼마인가? 라는 질문을 해 보자. 이 과정은 완전히 확률적인 것으로 생각할 수 있기 때문에 확률 변수 도입을 위해 난수를 사용할 수 있다.

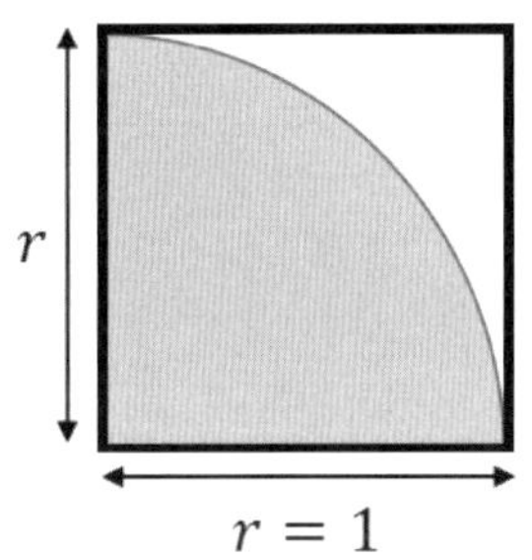

► (원 안에 들어온 점의 개수, Nc)
(전체 정사각형에 무작위로 찍은 점의 개수, Ntot)

► ($\frac{1}{4}$ 원의 넓이) / (전체 정사각형 넓이)

$$\sim \quad Nc \ / \ Ntot = \frac{\frac{1}{4}\pi r^2}{r^2}$$

$$\therefore \ \pi = 4 \times \frac{N_c}{N_{tot}}$$

```
#include "stdio.h"
#include "stdlib.h"
#include "time.h"

int main()
{
  double maxN, i, x, y, inN=0, phi;

  printf("무작위 점 갯수: ");
  scanf("%lf", &maxN);

  srand(time(NULL));

  for(i=1; i<=maxN; i++)
  {
     x = (double)rand() / RAND_MAX;
     y = (double)rand() / RAND_MAX;

     if (x*x+y*y <= 1)                    // r=radius=1로 가정
        inN = inN +1;
  }

  phi = 4*inN/maxN;
  printf("pi = %f: \n",phi);

  return 0;
}
```

► 실행 결과 7-8-1

```
무작위 점 갯수: 100
pi = 3.280000:

무작위 점 갯수: 1000
pi = 3.080000:

무작위 점 갯수: 1000000
pi = 3.141216:
```

✎ **(프로그램 수정)** 무작위 점의 개수가 어느 정도 되어야 π값에 근접하는지를 보여주는 그래프를 그리시오.

```
#include "stdio.h"
#include "stdlib.h"
#include "time.h"
#include <math.h>

#define n 7          // 10^n 승개 점의 갯수

int main()
{
   int i;
   double maxN, x, y, inN=0, pi;

   srand(time(NULL));

   maxN = pow(10,n);

   for(i=1; i<=maxN; i++)
   {
     x = (double)rand() / RAND_MAX;
     y = (double)rand() / RAND_MAX;

     if(x*x+y*y <= 1)         // r=radius=1로 가정
        inN = inN +1;

     if(i%10000 == 0)         // 10000개 마다 pi값 조사
     {
       pi = 4*inN/maxN;
       printf("%10d          %f: \n", i, pi);
     }
   }

  return 0;
}
```

► **(실행 결과)**

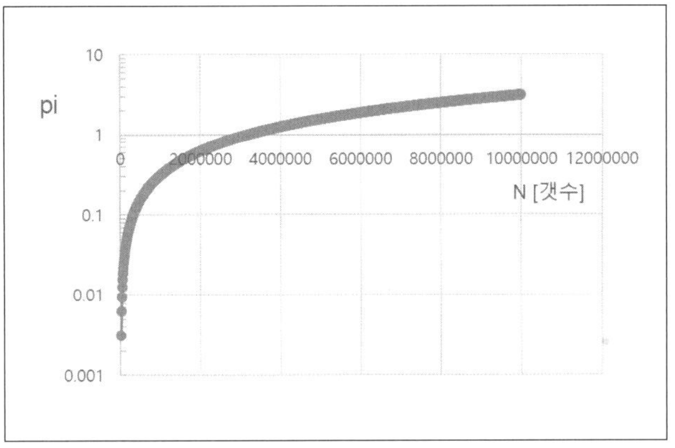

(요약) 점의 개수가 제법 많아야 π값 (~3.14)에 접근함을 볼 수 있다.

■ **예제 7-8-2** 1에서 1000까지 임의의 난수 10개를 생성한 후, 최대값을 구하는 프로그램을 작성하시오.

(방법 ①)	(방법 ②)

`#include <stdio.h>`
`#include <stdlib.h>`
`#include "time.h“`
 	
`int main()`
`{`
`  int i, max, rnum;`
`  srand(time(NULL));`
`  max = 0;  // 1-1000 사이이므로 임의로`
`            // 0을 초기에 최대로 가정`
 	
`  for(i=1; i<=10; i++)`
`  {`
`    rnum = rand()%1001;`
`    printf("%d ", rnum);`
 	
`    if(rnum > max)`
`       max = rnum;`
`  }`
 	
`  printf(" \n");`
`  printf("최대값은? %d \n", max);`
 	
`  return 0;`
`}`
	`#include <stdio.h>`
	`#include <stdlib.h>`
	`#include "time.h“`
	
	`int main()`
	`{`
	`  int i, max, rnum;`
	`  srand(time(NULL));`
	
	`  rnum = rand()%1001;`
	`  max = rnum;`
	
	`  for(i=1; i<=10; i++)`
	`  {`
	`   printf("%d",rnum);     // 앞과 동일한 값`
	`                          // 처음에 쓴다`
	`   rnum = rand()%1001;`
	`   if(rnum > max)`
	`     max = rnum;`
	`  }`
	
	`  printf(" \n");`
	`  printf("최대값은? %d \n", max);`
	
	`  return 0;`
	`}`

【Re-visit】 4장

■ **전산물리 실습** $\int_{-1}^{1} \sin^2\left(\frac{1}{x}\right)$의 적분값을 난수 (몬테카를로 방법)를 발생하여 구하시오.

(✓ 확인) 이론값: 1.346914

```
#include "stdio.h"
#include "stdlib.h"
#include "time.h"
#include <math.h>

#define f(x) pow(sin(1/x),2)

int main()
{
   int i;
   double maxN, x, y, inN=0, S;

   printf("무작위 점 갯수: ");
   scanf("%lf", &maxN);

   srand(time(NULL));

   for(i=1; i<=maxN; i++)
   {
      x = (double)rand() / RAND_MAX;
      y = (double)rand() / RAND_MAX;

      if(y<=f(x))            // 그래프 아래쪽에 난수가 발생하면
        inN = inN +1;

      if(i%10000 == 0)      // 10000개 마다 면적값 조사
      {
        S = 2*inN/maxN;
        printf("n = %7d,  Area = %f  \n", i, S);
      }
   }

   return 0;
}
```

► **(실행 결과)**

```
무작위 점 갯수: 100000
n =    10000,  Area = 0.135140
n =    20000,  Area = 0.270920
n =    30000,  Area = 0.405160
n =    40000,  Area = 0.538400
n =    50000,  Area = 0.673180
n =    60000,  Area = 0.806620
n =    70000,  Area = 0.941460
n =    80000,  Area = 1.076440
n =    90000,  Area = 1.210480
n =   100000,  Area = 1.346020
```

■ **실습 해보기** 1~1000 사이의 임의의 난수 10개를 생성한 후, 최대값을 구하는 코딩을 2개 하라. (단, 배열과 삼항연산자를 사용한다)

```
#include <stdio.h>
#include <stdlib.h>
#include "time.h"

int main()
{
  int i, A[10], max, rnum;

  srand(time(NULL));

  for(i=0; i<10; i++)
  {
    A[i] = rand()%1001;
    printf("%d   ", A[i]);
  }

  max = A[0];

  for(i=0; i<10; i++)
  {
    max = (A[i] > max) ? A[i] : max;
  }
  printf("\n");
  printf("최대값은? %d \n", max);

  return 0;
}
```

► **(실행 결과)**

```
70  867  571  651  301  316  752  622  412  583
최대값은? 867
```

7.9. | 최소자승법 (method of least squares)

(상황) 어떤 실험 측정을 할 때, 독립변수 (independent variable) x를 변경해 가며, 그에 따른 측정값 y (종속변수, dependent variable)를 구하면 x와 y에 대한 쌍 (x, y)을 얻는다. 이 실험을 n회 반복하면 (x_1, y_1), (x_2, y_2), • • • , (x_n, y_n)의 데이터를 확보할 수 있다. 만약 이들 데이터 간에 일정한 규칙성을 갖지 못한다면, 이 측정은 아무런 의미를 갖지 못한다. 따라서, 데이터들이 유용성을 판단하는 것이 중요하다. 이를 위한 가장 쉬운 방법 중의 하나가 최소자승법이다.

(원리) 측정값 y_i와 함수값 $f(x_i)$의 차이를 제곱한 것의 합

$$\sum_{i=1}^{n} (y_i - f(x_i))^2$$

이 최소가 되도록 하는 함수값 $f(x_i)$를 구하는 것이다.

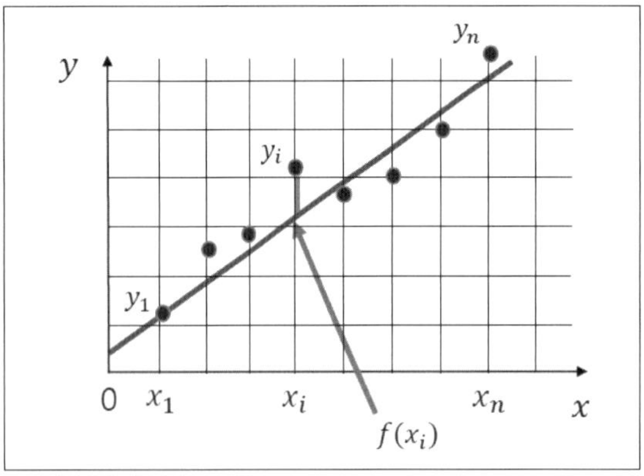

그림에서 표시된 각 점들은 측정값 (x_i, y_i)이고, 직선 $f(x_i)$는 최소자승법을 사용해 구한, 일차함수이다. 즉, 이 함수는 (측정값-함수값)^2 의 총합(=오차의 총합)이 최소가 되는 직선이라고 할 수 있다.

(수학적 이해)

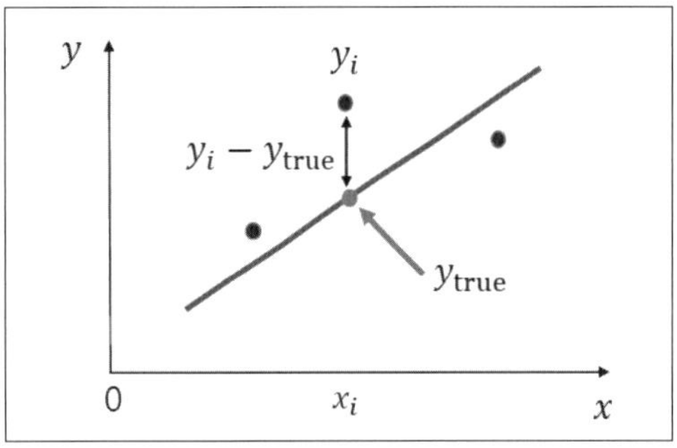

그림에서 각 데이터 좌표에서 직선으로 표시된 최적 함수까지의 거리 $(= y_i - y_{\text{true}})$를 고려해보자. 이 직선 $(y = ax + b)$이 데이터를 가장 잘 표현하는 최적의 함수라면, 이 차이가 가능한 한 최소의 값을 가져야 한다. 최소자승법은 이 편차 (=차이)의 제곱을 최소화하는 방법이다. 수학적으로 최대 혹은 최소값을 구하는 것은 미분하면 된다.

(✓ 힌트) 편차의 제곱을 사용하는 이유
편차를 그대로 더하면 양의 값과 음의 값의 합이 되기 때문에 0이 될 수도 있고 음수값을 얻을 수도 있다. 또한 절대값을 사용할 경우, 추후 미분할 때 문제가 발생할 수 있다.

편차 제곱의 총합 χ^2를 오차 (=Residual)라 정의한다.

$$\chi^2 \equiv \sum_{i=i}^{n}(y_i - y_{\text{true}})^2$$

현재 예제에서 최적 함수는 1차 직선 형태이므로 $y_{\text{true}} = ax + b$ (a는 기울기, b는 y-절편)로 택할 수 있다.

$$\therefore\ \chi^2 \equiv \sum_{i=i}^{n}(y_i - y_{\text{true}})^2 = \sum_{i=i}^{n}(y_i - (ax_i + b))^2 = \sum_{i=i}^{n}(y_i - b - ax_i)^2$$

위 식에서 1차 함수의 형태만 선택했지, 우리는 여전히 a와 b에 대해서는 알지 못한다. 따라서, 우리가 해야 할 일은 χ^2가 최소가 되도록 a, b를 조정하면 된다. 즉, 오차를 최소화하기 위해서는, a, b대해 각각 편미분한 값이 0이 되면 된다.

$$\frac{\partial\chi^2}{\partial a} = -2\sum x_i(y_i - b - ax_i) = 0 \quad \rightarrow \quad \sum x_i y_i = b\sum x_i + \sum a x_i^2 = b\sum x_i + a\sum x_i^2$$

$$\frac{\partial\chi^2}{\partial b} = -2\sum(y_i - b - ax_i) = 0 \quad \rightarrow \quad \sum y_i = \sum b + \sum a x_i = bn + a\sum x_i$$

(a, b)에 대한 두 개의 연립방정식을 푼다.

$$a = \frac{n\left(\sum x_i y_i\right) - \left(\sum x_i\right)\left(\sum y_i\right)}{n\sum x_i^2 - \left(\sum x_i\right)^2}$$

$$b = \frac{\left(\sum x_i^2\right)\left(\sum y_i\right) - \left(\sum x_i\right)\left(\sum x_i y_i\right)}{n\sum x_i^2 - \left(\sum x_i\right)^2}$$

코딩의 편리성을 위해 위 (a, b)을 다음과 같이 나타내보자.

$$\therefore\ \text{기울기},\ a = \frac{n\sum XY - \sum X\sum Y}{n\sum X^2 - \sum X\sum X}$$

$$\therefore\ y\text{-절편},\ b = \frac{\sum X^2\sum Y - \sum X\sum XY}{n\sum X^2 - \sum X\sum X}$$

```
#include<stdio.h>

int main()
{
  float x[100],y[100];
  float sumx,sumx2,sumy,sumxy, a, b;
  int i,n;

  sumx=0,sumx2=0,sumy=0,sumxy=0;

  printf("데이터 point 갯수를 입력하시오:    ");
  scanf("%d",&n);

  for(i=0; i<n;i++)
  {
    printf(" (x[%d], y[%d])값을 입력하시오!    ",i,i);
    scanf("%f%f",&x[i],&y[i]);
  }

  for(i=0; i<n;i++)
  {
    sumx  = sumx + x[i];
    sumx2 = sumx2 + x[i]*x[i];
    sumy  = sumy + y[i];
    sumxy = sumxy + x[i]*y[i];
  }

//y=ax+b
  a=(n*sumxy-sumx*sumy)/(n*sumx2-sumx*sumx);
  b=(sumx2*sumy-sumxy*sumx)/(n*sumx2-sumx*sumx);

  printf("최소자승법에 의한 직선함수:  y = %.2fx + %.2f \n",a,b);

  for(i=0; i<n; i++)
  {
    printf("%.3f, %.3f, %.3f \n", x[i], y[i], a*x[i]+b);
  }

  return 0;
}
```

```
데이터 point 갯수를 입력하시오:   7
 (x[0], y[0])값을 입력하시오!   1 1.8
 (x[1], y[1])값을 입력하시오!   2 1.5
 (x[2], y[2])값을 입력하시오!   3 4.0
 (x[3], y[3])값을 입력하시오!   4 5.5
 (x[4], y[4])값을 입력하시오!   5 4.5
 (x[5], y[5])값을 입력하시오!   6 6.4
 (x[6], y[6])값을 입력하시오!   7 6.6

최소자승법에 의한 직선함수:  y = 0.88x + 0.80

1.000, 1.800, 1.682
2.000, 1.500, 2.564
3.000, 4.000, 3.446
4.000, 5.500, 4.329
5.000, 4.500, 5.211
6.000, 6.400, 6.093
7.000, 6.600, 6.975
```

► **(실행 결과)**

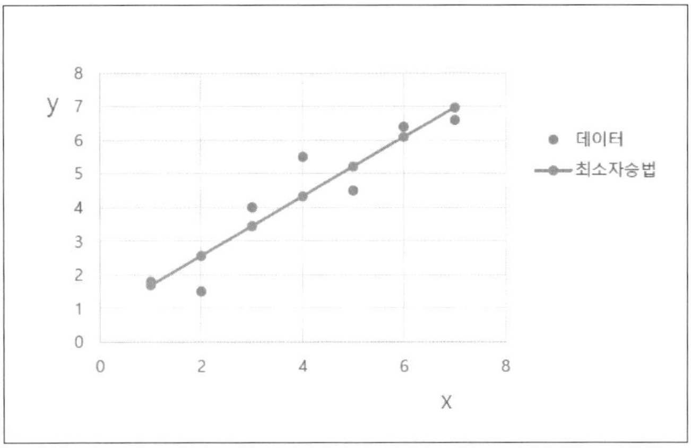

7.10. χ^2 검증 (chi-square test)

관찰된 빈도 (frequency)와 기대되는 빈도 사이가 통계적으로 유의미한 차이가 있는지 혹은 없는지 등의 여부를 검증하기 위해 사용되는 통계적인 방법이다. (예, 두 변수 사이에는 서로 연관성이 있는가 혹은 없는가? 두 집단 사이에 차이가 있는가 혹은 없는가? 등을 추정할 때 쓰인다)

(정의) $\chi^2 \equiv \frac{\sum (O_i - E_i)^2}{E_i}$ [O_i: 관측값(=빈도), E_i: 기댓값(=빈도)]

(관측값-기대값)을 제곱하여 기댓값으로 나누면 각 i에 대한 χ^2 값이 되고, 이 값을 모두 합하면 전체의 χ^2 값이 된다.

📖 **(의미알기)**

기본적으로 χ^2의 의미는 관측값이 기댓값에서 얼마나 떨어져 있는가이다. 이 정도는 (관측값-기대값)을 하면 알 수 있고, 이것을 제곱하면 χ^2 값이 되는 것이다. 만약 기댓값이 크게 나오면 크게 나올 것이고, 작으면 작게 나올 것이다. 그래서 기댓값에서 얼마나 떨어져 있는가 (=떨어져 있는 정도)를 알기 위해서 기댓값으로 나누어준다.

(예) 1,000명을 대상으로 하루 술 담배양을 조사하여 서로의 연관성을 보고자 한다.

	담배 (A)				계
술 (B)		1갑 이상 (a)	1갑 이하 (b)	못피움 (c)	
	1병 이상 (d)	46	42	126	214
	1병 이하 (e)	62	96	318	476
	술 마심 (f)	26	46	238	310
계		134	184	682	1000

일단 아래와 같이 가설을 세운다.

- Null hypothesis (귀무가설, 영가설): "담배 (그룹 A 혹은 변수 A)와 술 (그룹 B 혹은 변수 B)은 연관성이 없다 (즉, 관계가 없다 혹은 독립적이다)"

⚮ **(각자 찾아보기)** alternative hypothesis (대립가설)

즉, 우리는 변수 A와 변수 B 사이에 관계가 있는지 없는지를 알고 싶은 것이다.

(✓ 생각해보기) 이제 기댓값은 어떻게 구해야 하나?
예로, 1,000명 중 담배 1갑 이상을 피는 사람은 134명이며, 1병 이상의 술을 마시는 사람은 214명입니다. 따라서

이 두 범주 (category)에 공통으로 해당 되는 사람이 있을 확률 $= \frac{214}{1000} \times \frac{134}{1000} = 0.02867$

기댓값 $1000 \times 0.02867 = 28.67$

(예) 일반화

기댓값 (expected frequency)$_{ij}$ $= \frac{n_i \times n_i}{N}$

(n_i: total in the ith row, n_j: total in the jth column)

위 식에 의해 기댓값을 구한다.

기댓값	담배				계
술		1갑 이상	1갑 이하	못 피움	
	1병 이상	28.67	39.36	145.94	214
	1병 이하	63.78	87.58	324.62	476
	술 마심	41.54	57.04	211.42	310
계		134	184	682	1000

이제 각 범주별로 χ^2를 구한다.

범주 별 χ^2		담배		
		1갑 이상	1갑 이하	못 피움
술	1병 이상	10.47	0.18	2.72
	1병 이하	0.04	0.8	0.14
	술 마심	5.8	2.2	3.4

$\therefore\ \chi^2$의 총합 $= 10.47 + 0.18 + 2.72 + 0.04 + 0.8 + 0.14 + 5.8 + 2.2 + 3.4 = 25.75$

(찾아보기) χ^2의 자유도 (degree of freedom)

예로, 변수 a와 b가 있는데, a+b=20이라고 할 때, a와 b는 독립적인 것이 아니다. 즉, a가 결정되면 b는 자동으로 결정된다. 따라서 이 경우 자유롭게 움직일 수 있는 변수의 개수는 (2-1)=1로 1개이다.

우리 예제의 경우에서,

(a + b + c) = 1,000명

(d + e + f) = 1,000명

이므로, 자유도는 A 카테고리 (담배)에서 (3-1=2)이고, B 카테고리 (술)에서는 (3-1=2)이다. 따라서 최종 자유도는 $2 \times 2 = 4$이다.

☑ **(참고)** χ^2 분포표 (χ^2 distribution table) 검색을 한다.

	p										
df	0.995	0.975	0.2	0.1	0.05	0.025	0.02	0.01	0.005	0.002	0.001
1	.0004	.00016	1.642	2.706	3.841	5.024	5.412	6.635	7.879	9.55	10.828
2	0.01	0.0506	3.219	4.605	5.991	7.378	7.824	9.21	10.597	12.429	13.816
3	0.0717	0.216	4.642	6.251	7.815	9.348	9.837	11.345	12.838	14.796	16.266
4	0.207	0.484	5.989	7.779	9.488	11.143	11.668	13.277	14.86	16.924	18.467
5	0.412	0.831	7.289	9.236	11.07	12.833	13.388	15.086	16.75	18.907	20.515
6	0.676	1.237	8.558	10.645	12.592	14.449	15.033	16.812	18.548	20.791	22.458
7	0.989	1.69	9.803	12.017	14.067	16.013	16.622	18.475	20.278	22.601	24.322
8	1.344	2.18	11.03	13.362	15.507	17.535	18.168	20.09	21.955	24.352	26.124
9	1.735	2.7	12.242	14.684	16.919	19.023	19.679	21.666	23.589	26.056	27.877
10	2.156	3.247	13.442	15.987	18.307	20.483	21.161	23.209	25.188	27.722	29.588
11	2.603	3.816	14.631	17.275	19.675	21.92	22.618	24.725	26.757	29.354	31.264
12	3.074	4.404	15.812	18.549	21.026	23.337	24.054	26.217	28.3	30.951	32.909
13	3.565	5.009	16.985	19.812	22.362	24.736	25.472	27.688	29.819	32.535	34.528
14	4.075	5.629	18.151	21.064	23.685	26.119	26.873	29.141	31.319	34.091	36.123
15	4.601	6.262	19.311	22.307	24.996	27.488	28.259	30.578	32.801	35.628	37.697
16	5.142	6.908	20.465	23.542	26.296	28.848	29.633	32	34.267	37.146	39.252
17	5.697	7.564	21.615	24.769	27.587	30.191	30.995	33.409	35.718	38.648	40.79
18	6.265	8.231	22.76	25.989	28.869	31.526	32.346	34.805	37.156	40.136	42.312
19	6.844	8.907	23.9	27.204	30.144	32.852	33.687	36.191	38.582	41.61	43.82
20	7.434	9.591	25.038	28.412	31.41	34.17	35.02	37.566	39.997	43.072	45.315

최종 χ^2 검정은 위 χ^2 분포표를 참고해야 한다. 통상 p-value (값)이 0.05 보다 작으면 유의한 차이가 있다고 간주한다. (5%를 일반적으로 간주하지만, 개별 세부 전공에 따라 다를 수 있음에 유의한다). 따라서 우리 예제의 경우, 자유도가 4이므로, 위 표에서 (4, 0.05)가 만나는 지점의 숫자는 9.488이다. 그런데 실제 계산한 χ^2값이 25.75이므로 처음에 가정한 null hypothesis를 기각 (reject)할 수 있다. 즉, 흡연과 음주하고는 독립적이지 않다 (=연관성이 있다)는 것을 의미한다.

⇨ **(찾아보기)** p-value (유의 확률), 유의 수준 (α)

🕮 **(의미알기)** 예로, "χ^2값이 작게 나왔다"는 무슨 의미인가?

어떤 자유도에서 p-value (0.05)에 해당하는 값보다 χ^2값이 작게 나왔다는 것의 정확한 의미는,

"Null hypothesis가 맞다고 (=참이라고) 가정했을 때, 해당 관측값이 그것보다 더 적거나 더 극단적으로 나올 확률이 좀처럼 없다는 것이기는 한데, 그래도 설령 작아도 시도를 여러 번 하면 있을 수 있으니까, null hypothesis를 기각하는 데 실패했다는 것이다." (fail to reject null hypothesis) 즉 이 말은 여전히 null hypothesis가 accepted 된다는 것이고, 결국은 현재 하고 있는 test가 accepted 된다는 말이다.

✎ **(정리)**

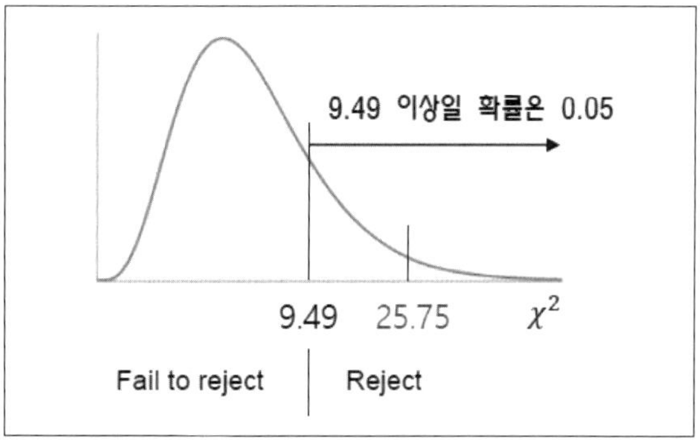

그림에서 보듯이, χ^2가 9.49 이상이 될 확률은 0.05인데. 계산한 χ^2가 25.75이므로 확률은 더욱더 작다. 따라서, 원래 참이라고 가정했던 null hypothesis를 기각 (reject)한다. 즉, 흡연과 음주는 연관성이 있다 (혹은 의심스럽다)는 것을 의미한다.

⇨ **(각자 해보기)** 위 내용을 코딩해보기 (그리 어렵지 않을 것이다)

제8장

포인터

8.0. 주소 (address)와 주소 연산자 (&)

컴퓨터 메모리에는 그 메모리의 저장 장소 위치를 나타내는 주소 값이 존재한다. 1byte 단위로 값이 증가 혹은 감소한다.

► 주소 연산자: & (ampersand)

✎ **(예)** 새로운 내용이 아니라, 이미 scanf에서 사용하였다.

```
#include <stdio.h>

int main ()
{
    int v1;

    printf("정수를 입력하시오! ");
    scanf("%d", &v1);

    return 0;
}
```

【Re-visit】 메모리 할당

```
#include <stdio.h>

int main(void)
{
  int     a = 10;
  float   b = 30.0;
  double c = 3.14;
  char    d = 'A';

  printf("%d : %f : %lf : %c \n", a, b, c, d);
```

```
    printf("%d \n", sizeof(a));
    printf("%d \n", sizeof(b));
    printf("%d \n", sizeof(c));
    printf("%d \n", sizeof(d));

    printf("int 크기는 %d byte 입니다. \n", sizeof(int));
    printf("float 크기는 %d byte 입니다. \n", sizeof(float));
    printf("double 크기는 %d byte 입니다. \n", sizeof(double));
    printf("char 크기는 %d byte 입니다. \n", sizeof(char));

    return 0;
}
```

► **(실행 결과)**

```
10 : 30.000000 : 3.140000 : A
4
4
8
1
int 크기는 4 byte 입니다.
float 크기는 4 byte 입니다.
double 크기는 8 byte 입니다.
char 크기는 1 byte 입니다.
```

(✓ 확인) int (4 byte), float (4 byte), double (8 byte), char (1 byte) 이다.

✎ **(예)**

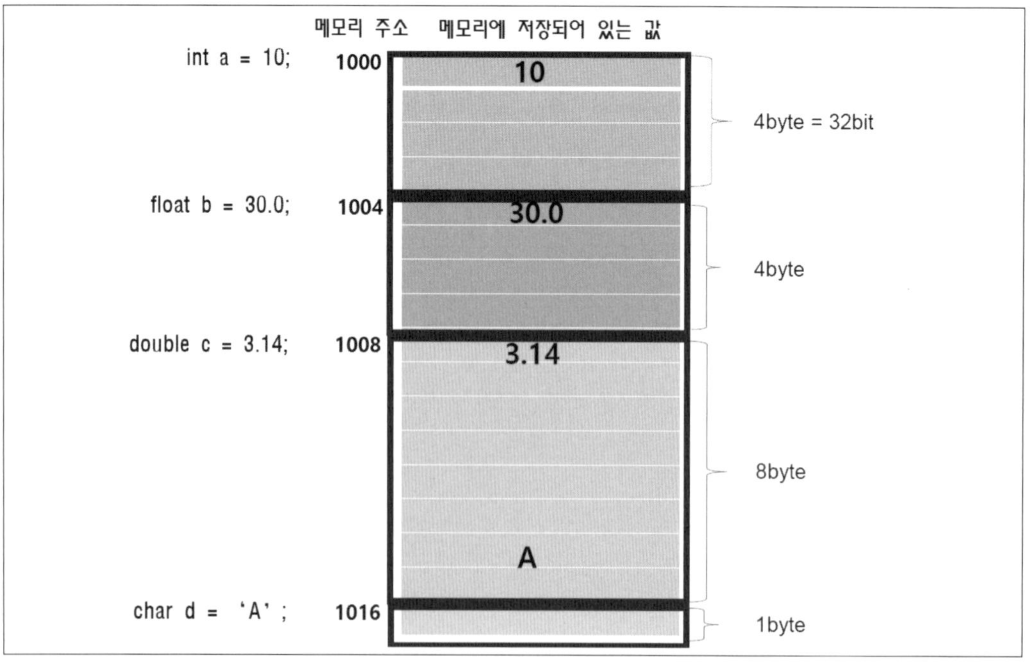

✍ **(설명)** int는 4byte가 배정되고, 여기 메모리에 10이 저장된다. 예로, 메모리 주소가 1000부터 시작한다고 하면, 1003번까지가 여기에 해당된다. float는 4byte가 배정되므로, 1004번에서 1007번까지, double은 8byte가 배정되어, 1008번부터 1015번까지이다. char는 1byte이므로 1016번이 해당된다.

☑ **(체크하기)** char 형의 경우 실제로 사용되는 메모리 공간은 1byte이지만 할당되는 공간은 1word 공간인 4byte임에 주의한다.

📖 **(의미알기)** 예로, int a=100; 은 4byte (=32bit)가 할당이 되는데 이것을 그림으로 이해하면 다음과 같다. 100은 이진수로 $(1100100)_2$ 이다. 따라서 총 32 bit 중에 100은 7bit만 사용하고 있다.

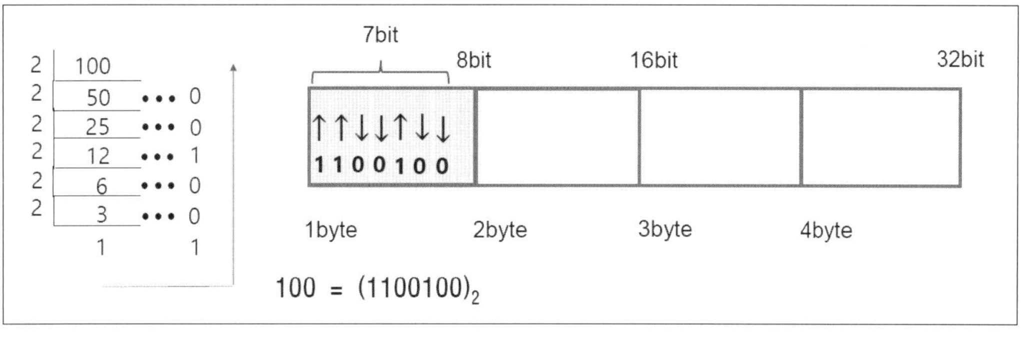

➾ **(각자 해보기)** 32 bit를 다 채우는 최소 정수값은 얼마일까?

8.1. | 포인터 (pointer) 연산자

(사용 목적)

① 프로그램 내에서 메모리에 접근하기 위해서 사용한다.

② 메모리 주소 관련 연산을 위해 사용한다.

③ 예로, 우리가 "int v1;"처럼 변수를 정의해서 사용하듯이, 동일 방법으로 포인터 변수를 사용할 수 있다.

(✓ 생각해보기) 포인터 변수를 사용하는 이유 중의 하나가 프로그램 내 (방대한) 메모리에 접근하고자 한다면 굳이 포인터 변수를 사용하지 않아도, 원래 있던 변수를 계속 사용하면

되지 않느냐 하는 기본적인 질문을 할 수 있다.

【사용법】 자료형*포인터 변수명

자료형에는 int, float, double, char 등 모든 자료형 사용이 가능하다.

► **포인터 연산자 (*)**

&	변수의 주소를 추출
*	포인터가 가리키는 메모리 주소에 있는 값을 추출

(✓ 비유)

일단, 별 (*, asterisk)이 붙으면 특별해진다. 군대에서도 별을 달면 해당 위치의 값이 달라지기 때문에 (준장, 소장, 중장, 대장) 대우 자체가 달라진다. 따라서 별을 달면 값을 나타낸다고 생각하면 된다.

✎ **(예)** 포인터는 변수이므로, 포인터에도 type이 존재한다.

```
int *a;         // 의미: a라는 이름의 포인터인데 type은 int이다
float *b;       //       b가 포인터인데 type은 float이다
char *c;        //       c가 포인터인데 type은 char이다
double *d;      //       d가 포인터인데 type은 double이다
```

☑ **(점검)**

① 별표 (*, asterisk)의 위치는 상관없다. 아래 3개 중 어떤 것을 사용해도 된다.

```
► int *p;
► int* p;
► int * p;
```

② **(✓ 주의)** 변수의 자료형과 포인터의 자료형은 동일해야 한다.

좋은 사용법	잘못된 사용법

int a = 100;
int *p;
p = &a;
	int a = 100;
	float *p;
	p = &a;

③

int *p1, p2, p3;	► 잘못된 사용법 (p1만 포인터이고, p2와 p3는 정수를 의미)
Int *p1, *p2, *p3;	► 좋은 사용법
p = 300;	► 상수에 사용 못 함
&3;	► 상수 앞에 사용 못 함
&(3+i);	► 수식 앞에 사용 못 함

☑ **(요약)**

int a → 변수 a를 위한 메모리 (4byte)가 할당

&a → 변수 a에게 할당된 메모리 주소 (추출)

► 초기화

✎ **(사용 예)**

(방법 ①)	(방법 ②)	(방법 ③)

int a = 100, *p = &a;	int a = 100;
	int *p = &a;
		int a = 100;
		int *p;
		p = &a;

✍ **(설명)**

► (방법 ①)과 (방법 ②)의 의미는 변수 a의 주소에 저장되어 있는 값 (=100)을 *p에 저장하라는 것이다. (즉, 왼쪽 값 ← 오른쪽 값)

► 로직 하게 이해하기에는 (방법 ③)이 가장 좋다. 변수 a에 값을 배정하고, 포인터 변수를 정의한 후, 변수 a의 주소를 포인터 변수 p에 설정 (=배정)한다. 포인터 변수 *p의 값은 변수 a의 주소에 저장된 값이다. (즉, *p의 값은 100이다)

► 위 3가지 방법 중 어떤 것을 사용해도 무방하다.

☑ **(핵심)**

int i = 100;
int *p;
p = &i;
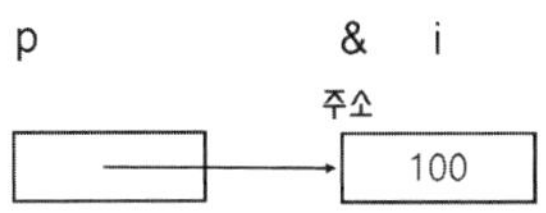
 	
	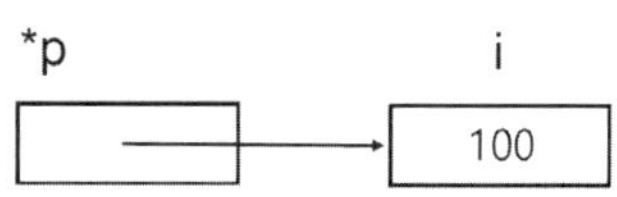
	
	*p (=i) = 100

► p가 i를 포인팅 함 ► p는 i의 주소를 가짐	► p가 포인터라면, *p는 p가 포인팅하고 있는 변수의 주소에 저장된 값을 가짐 ► *p의 값은 100임

(✓ 확인) p와 *p의 의미와 차이점을 구별하라.

(✓ 비유)

인터넷 쇼핑 배송 시, 회사는 택배 하시는 분에게 주소를 알려주어야 한다. 따라서 포인터(≡ 택배 아저씨, p)를 통해 주소(=&)도 알아낼 수도 있고, 또한 포인터가 포인팅 하는 해당 집 주소에 가서 물품(=*p)을 줄 수도 있고, 불량인 경우 물품(=*p)을 다시 가져올 수도 있다.

■ 예제 8-1-0

```
#include <stdio.h>

int main(void)
{
    int a = 100;
    int *p;
    p = &a;

    printf("a의 주소  : %p \n", &a);            // %p는 16진수로 출력하라는 의미
    printf("a의 값    : %d \n",  a);
    printf("p의 주소  : %p \n", &p);
    printf("p의 값    : %d \n", *p);

    return 0;
}
```

► 실행 결과 8-1-0

```
a의 주소  : 0x7ffca8cfcf8c
a의 값    : 100
p의 주소  : 0x7ffca8cfcf90
p의 값    : 100
```

■ 예제 8-1-1 포인터를 통한 변수 값을 변경하는 프로그램을 작성하시오.

```
#include <stdio.h>

int main()
{
    int a, b;
    int *ptr;

    a = 5;
    ptr = &a;
    b = *ptr;
```

```
11
12       printf("a=%d \t *ptr=%d \t b=%d \n", a, *ptr, b);
13
14       (*ptr)++;
15       printf("a=%d \t *ptr=%d \t b=%d \n", a, *ptr, b);
16
17       ptr = &b;
18       *ptr = 10;
19       printf("a=%d \t *ptr=%d \t b=%d \n", a, *ptr, b);
20
21       return 0;
22   }
```

► 실행 결과 8-1-1

줄			
12번째 줄	a=5	*ptr=5	b=5
15번째 줄	a=6	*ptr=6	b=5
19번째 줄	a=6	*ptr=10	b=10

⇨ 14~15번째 줄: 포인터를 통해 변수 a값을 변경할 수 있다.

⇨ 17~18번째 줄: 포인터를 통해 변수 b값도 변경할 수 있다.

■ 예제 8-1-2 포인터를 이용해서 배열에 접근할 수 있고 포인터를 배열의 이름처럼 사용할 수 있다.

```
#include<stdio.h>

int main()
{
    int arr[3] = {2,5,8};

    int* ptr = arr;                  // arr 배열의 주소에 접근, int* ptr = &arr; 가 아님

    printf("arr = %p\n", arr);
    printf("ptr = %p\n", ptr);
    printf("*arr = %d\n", *arr);
    printf("*ptr = %d\n", *ptr);
    printf("*(arr + 1) = %d\n", *(arr + 1));
    printf("*(arr + 2) = %d\n", *(arr + 2));
    printf("arr[0]=%d, arr[1]=%d, arr[2]=%d \n", arr[0],arr[1],arr[2]);
    printf("ptr[0]=%d, ptr[1]=%d, ptr[2]=%d \n", ptr[0],ptr[1],ptr[2]);
//  printf("*ptr[0]=%d, *ptr[1]=%d, *ptr[2]=%d \n", *ptr[0],*ptr[1],*ptr[2]);  // 에러 발생

    return 0;
}
```

(✓ 주의) 배열의 경우 값 (*)을 구할 때는 그냥 ptr[0]를 쓴다. (*ptr[0]가 아님에 주의한다!)

☑ **(점검)** 포인터를 이용해서 배열에 접근할 때 (&를 사용하지 않는다)

```
int arr[3] = {2,5,8};
int* ptr = arr;          // int* ptr = &arr;   (x)
```

► 실행 결과 8-1-2

```
arr = 0x7fff9367fadc
ptr = 0x7fff9367fadc
*arr = 2
*ptr = 2
*(arr + 1) = 5
*(arr + 2) = 8
arr[0]=2, arr[1]=5, arr[2]=8
ptr[0]=2, ptr[1]=5, ptr[2]=8
```

8.2. | NULL pointer

(필요성)

포인터를 선언만 하고, 초기화를 해 주지 않으면, 어디를 포인팅 해야 할지를 모르기 때문에, 쓰레기 값으로 채워져도 우리는 알 수가 없다. 그래서 NULL를 사용해서 포인터가 아무데도 지시하지 않음을 나타낼 때 사용한다. (즉, NULL이란 메모리 번지가 0번지가 아니라, 아무것도 가리키지 않는다는 의미를 지닌다)

✎ **(예)**

```
#include <stdio.h>

int main()
{
  int *p;
  *p = 100;

  printf("%p \n", p);
  printf("%d \n", *p);

  return 0;
}
```

► **(실행 결과)** 프로그램에 치명적인 에러가 발생한다.

```
Segmentation fault (core dumped)
```

【사용법】

► (동일 표현 ①) `int *p = 0;` / `int * p; p = 0;`
(동일 표현 ②) `int * p; p = NULL;`
(동일 표현 ③) `int *p = NULL;`
► (동일 표현) `char *ptr = NULL;` / `char *ptr = 0;`
	`#include <stdio.h>`
	
	`int main()`
	`{`
	`  int *p = 0;    // int *p = NULL;`
	
	`  printf("%d \n", NULL);`
	`  printf("%d \n", p++);`
	`  printf("%d \n", p);`
	
	`  printf("%d \n", p++);`
	`  printf("%d \n", p);`
	
	`  return 0;`
	`}`

	`linux] ./a.out`
	`0              // NULL`
	`0`
	`4`
	`4`
	`8`

포인터는 제한된 형태의 연산이 가능하다. NULL을 출력해 보면 이미 0으로 정의되어 있는 상수이다.

✎ **(정리)** 포인터는 2가지 기능을 가진다.

① 메모리 주소에 접근할 수 있다.

② NULL 값 (=0)을 저장할 수 있다.

8.3. | 문자열 포인터와 문자열 배열

✍ **(설명)** 문자열 포인터의 초기화 (문자와 문자열 저장방식)

- 문자 (char): 'H'처럼 글자가 하나만 있는 상태
- 문자열 (char *): "Hello"처럼 글자 여러 개가 계속 이어진 상태
- 문자열상수: 큰따옴표(" ")를 사용해 표현되는 문자열을 문자열 상수 (string constant)라고 한다 (예, "Hi there").

• 문자열상수 배열: 문자열 상수가 여러 개 올 때

문자는 1바이트 크기의 char에 저장할 수 있지만 문자열은 크기가 1바이트를 넘어가기 때문에 char에 저장할 수 없다. 따라서 문자열은 변수에 직접 저장하지 않고 포인터를 이용해서 저장해야 한다.

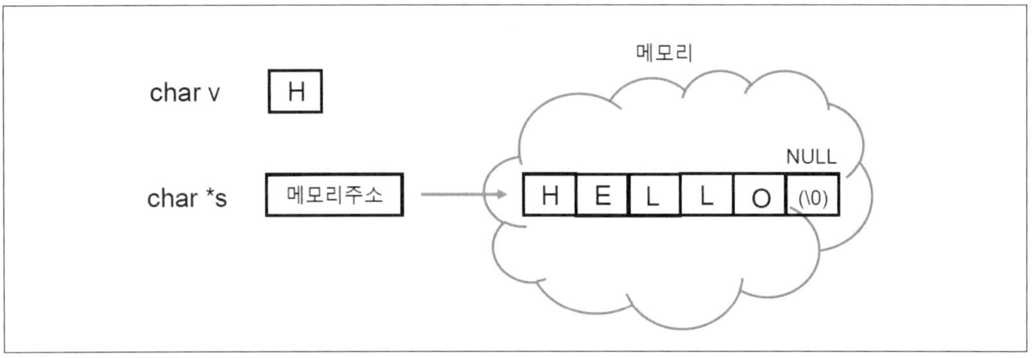

【사용법】 (예)

문자	char a = 'H';

문자열(상수)	char str[10] = "Ok, Apple"; // (마지막,'\0'포함)
	char str[ ] = "Ok, Apple"; // char str[ ] = {"Ok, Apple"};
	// 에러는 안 나오지만 권장 안 함
	char *str = "Ok, Apple";

문자열상수 배열	char *menu[ ] = {"Apple","Blueberry pie"}; char *menu[2] = {"Apple","Blueberry pie"};

```
#include <stdio.h>

int main()
{
    char  v      = 'H';                               // 0. char
    char  s0[6] = "Hello";                            // 1. 문자열 (마지막'\0'포함)
    char  v0[ ] = "Hello";                            // 1. 위 s0와 동일 표현
    char  *w0   ="Hello";                             // 1. 위 s0, v0와 동일 표현
    char  s1[ ] = "Hello Joo";                        // 2. string (const)
    char *s2    = "Hello Joo";                        // 2. string const, 위 s1과 동일표현
    char *s3[ ] = {"Apple","Blueberry pie"};          // 3. string const array
    char *s4[2] = {"Apple","Blueberry pie"};          // 3. 위 s3와 동일표현


    printf("%c \n", v);                               // 0. H
    printf("%s \n", s0);                              // 1. Hello
    printf("%c \n", s0[0]);                           // 1. H
    printf("%s \n", v0);                              // 1. Hello
```

```
    printf("%s \n", w0);                    // 1. Hello
    printf("%s \n", s1);                    // 2. Hello Joo
    printf("%c \n", s1[1]);                 // 2. e
    printf("%s \n", s2);                    // 2. Hello Joo
    printf("%c \n", s2[2]);                 // 2. l
    printf("%s \n", s3[1]);                 // 3. Blueberry pie
    printf("%s \n", s4[1]);                 // 3. Blueberry pie

    return 0;
}
```

▪ 예제 8-3-0

```
1   #include <stdio.h>
2
3   int main()
4   {
5       char a = 'H', b = 'i';
6       printf("%c%c\n", a, b);
7
8   //  char str = "Apple";            // 문자열 상수. 이런 식으로 사용 불가능. 에러
9       char str1[ ] = "Apple";        // 배열에서 배운 문자열 가장 일반적인 방법
10      char *str2  = "Apple";
11      printf("%s\n", str1);
12      printf("%s\n", str2);
13
14  //  char str3  = "Apple Orange";  // 이런 식으로 사용 불가능. 에러
15      char *str3 = "Apple Orange";
16      puts(str3);
17
18      str3 = "Water Melon";
19      puts(str3);
20
21      char str4[] = "Apple Orange";
22      puts(str4);
23
24  /*
25      str4 = "Banana Strawberry";
26      puts(str4);
27  */
28
29      return 0;
30  }
```

⇨ 5, 6번째 줄: 문자 (char)를 사용하는 가장 일반적인 방법이다.

⇨ 8번째 줄: 문자열 상수로 이런 식으로 사용 불가능하며 에러 발생한다.

⇨ 9, 10번째 줄: 동일표현이다. 9번째 줄이 7장 배열에서 사용한 가장 일반적인 방법이다.

⇨ 14번째 줄: 문자열 상수를 배열식으로 사용하고자 하는 것인데, 사용 불가능하다. 에러 발생한다.

⇨ 18번째 줄: 문자열 포인터는 매번 새로운 문자열로 초기화가 가능하기 때문에 새로운 값을 대입하여 초기화하면 된다. 즉, 15번째 줄에서 초기를 했는데, 여기서 다시 초기화를 할 수 있다.

⇨ 21, 25번째 줄: 배열을 이용해서 문자열 처리를 할 경우, 어떠한 변경 시도도 불가능하다. 즉, 포인터를 사용했을 때는 (15, 18번째 줄) 가능하였는데, 21번째 줄처럼 배열로 초기화를 하면 그 후, 어떠한 변경도 불가능하다.

► 실행 결과 8-3-0

```
Hi
Apple
Apple
Apple Orange
Water Melon
Apple Orange
```

■ 예제 8-3-1 문자열(상수) 배열

```
#include <stdio.h>

int main()
{
  int i;
  char v[50];
  char *menu[]= {"Apple","Orange","Banana","Peach","Graph","Melon"};  // 문자열상수 배열

  printf("가게의 메뉴판\n");
  printf("*************\n");
  for(i=0; i<6; i++)
  {
    printf("      %s\n", menu[i]);
  }
  printf("*************\n");

  printf("메뉴를 입력하시오!    ");

  scanf("%s", v);
  printf("주문하신 메뉴는 %s 쥬스입니다.\n", v);

  return 0;
}
```

► 실행 결과 8-3-1

```
가게의 메뉴판
*************
    Apple
    Orange
    Banana
    Peach
    Graph
    Melon
*************
메뉴를 입력하시오!   Apple
주문하신 메뉴는 Apple 쥬스입니다.
```

⊸ **(각자 해보기)** 메뉴판에 없는 메뉴를 주문했을 때, 잘못 주문한 것을 표시하도록 프로그램을 수정하시오. (예, strcmp 사용)

```
#include <stdio.h>
#include <string.h>

int main()
{
   int i, R;
   char v[50];
   char *menu[ ]= {"Apple","Orange","Banana","Peach","Graph","Melon"};

   printf("가게의 메뉴판\n");
   printf("*************\n");
   for(i=0; i<6; i++)
   {
     printf("    %s\n", menu[i]);
   }

   printf("*************\n");
   printf("\n");

   printf("메뉴를 입력하시오!  ");
   scanf("%s", v);

   R = { strcmp(v,menu[0]) && strcmp(v,menu[1]) &&
         strcmp(v,menu[2]) && strcmp(v,menu[3]) &&
         strcmp(v,menu[4]) && strcmp(v,menu[5])  };

   if(R==0)          // 정상주문이면
   {
     printf("주문하신 메뉴는 %s 쥬스입니다.\n", v);
   }
   else
   {
     printf("주문하신 메뉴는 없습니다.\n");
   }

   return 0;
}
```

► **(실행 결과)**

가게의 메뉴판 ************* Apple Orange Banana Peach Graph Melon ************* 메뉴를 입력하시오! Orange 주문하신 메뉴는 Orange 쥬스입니다.	가게의 메뉴판 ************* Apple Orange Banana Peach Graph Melon ************* 메뉴를 입력하시오! graph 주문하신 메뉴는 없습니다.

8.4. | 포인터 예제

■ **예제 8-4-0** (call by value) 두 수를 읽어드려서 둘의 순서를 변경하시오.

```
#include <stdio.h>

void SWAP(int, int);

int main()
{
   int i=3, j=5;
   printf("SWAP 전 초기값: i = %d, j = %d \n", i, j);
   SWAP(i, j);
   printf("SWAP 후 나중값: i = %d, j = %d \n", i, j);

   return 0;
}

void SWAP(int x, int y)
{
   int tmp;
   tmp = x;
   x = y;
   y = tmp;
   printf("SWAP 함수내 값: i = %d, j = %d \n", x, y);
}
```

► 실행 결과 8-4-0

```
SWAP 전 초기값: i = 3, j = 5
SWAP 함수내 값: i = 5, j = 3
SWAP 후 나중값: i = 3, j = 5
```

■ 예제 8-4-1 (call by address) 두 수를 읽어드려서 둘의 순서를 변경하시오.

```
#include <stdio.h>

void SWAP(int *, int *);

int main()
{
  int i, j;
  i = 3;
  j = 5;

  printf("SWAP 전 초기값: i = %d, j = %d\n", i, j);
  SWAP(&i, &j);
  printf("SWAP 후 나중값: i = %d, j = %d\n", i, j);

  return 0;
}

void SWAP(int *p, int *q)
{
  int tmp;
  tmp = *p;
  *p = *q;
  *q = tmp;
  printf("SWAP 함수내 값: i = %d, j = %d \n", *p, *q);
}
```

► 실행 결과 8-4-1

```
SWAP 전 초기값: i = 3, j = 5
SWAP 함수내 값: i = 5, j = 3
SWAP 후 나중값: i = 5, j = 3
```

✍ (설명)

① 위 2 예제의 가장 큰 차이점은 SWAP 함수 후의 출력 결과가 서로 다르다는 것이다. (call by value) 방법은 SWAP 후 나중 값이 바뀌지 않는 것이고, (call by address) 방법은 SWAP 후 나중 값이 서로 교환된 것이다.

② 함수 사용의 경우, 매개변수를 1개밖에 return 하지 못하지만, 위 예제와 같이 pointer 사용의 경우 매개변수 2개를 return하는 효과를 볼 수 있다.

■ 예제 8-4-2 포인터 사용해 배열 전달하기

(방법 ①)

함수로 배열 전달하기	포인터 사용해 전달하기

`#include <stdio.h>`
 	
`double AVERAGE(double[ ]);`
 	
`int main()`
`{`
`  double IN[5] = {-2.2,3.5,6.6,-9.3, 5.3};`
`  double r;`
 	
`  r=AVERAGE(IN);`
`  printf("평균값: %.1f \n", r);`
 	
`  return 0;`
`}`
 	
`double AVERAGE(double IN[ ])`
`{`
`  int i;`
`  double sum = 0.0;`
`  for(i=0; i<5; i++)`
`    sum = sum + IN[i];`
 	
`  return sum/5;`
`}`
	`#include <stdio.h>`
	
	`double AVERAGE(double*);`
	
	`int main()`
	`{`
	`  double IN[5] = {-2.2, 3.5, 6.6, -9.3, 5.3};`
	`  double r;`
	
	`  r=AVERAGE(IN);`
	`  printf("평균값: %.1f \n", r);`
	
	`  return 0;`
	`}`
	
	`double AVERAGE(double *a)`
	`{`
	`  int i;`
	`  double sum = 0.0;`
	`  for(i=0; i<5; i++)`
	`    sum = sum + *(a+i);`
	
	`  return sum/5;`
	`}`

► 실행 결과 8-4-2

```
평균값: 0.8
```

(방법 ②)

`#include <stdio.h>`
 	
`int AVERAGE(int *);`
 	
`int main()`
`{`
`  int i, r, IN[5];`
 	
`  for(i=0; i<5; i++)`
`  {`
`    scanf("%d",&IN[i]);`
`  }`
 	
`  r=AVERAGE(IN);`
`  printf("평균값: %d \n", r);`
	`#include <stdio.h>`
	
	`int AVERAGE(int *);`
	
	`int main()`
	`{`
	`  int i, r, IN[5];`
	`  int *ptr;`
	
	`  for(i=0; i<5; i++)`
	`  {`
	`    scanf("%d",&IN[i]);`
	`  }`
	
	`  ptr = &IN[0]; // pointer 초기 주소 assign`

<pre> return 0;
}
 	
int AVERAGE(int *p)
{
  int i, sum = 0.0;
 	
  for(i=0; i<5; i++)
    sum = sum + *(p+i);
 	
  return sum/5;
}</pre>
	<pre> r=AVERAGE(ptr);
	  printf("평균값: %d \n", r);
	
	  return 0;
	}
	
	int AVERAGE(int *p)
	{
	  int i, sum = 0.0;
	
	  for(i=0; i<5; i++)
	    sum = sum + *(p+i);
	
	  return sum/5;
	}</pre>

【Re-visit】 예제 4-5-12, 6-1-3

■ **예제 8-4-3** 배열을 사용하고 임의의 5개의 수를 읽어서 최대값을 찾는 프로그램을 작성하시오. (단, 함수를 사용하고 포인터를 사용하시오)

```
#include <stdio.h>

void INPUT(double *ptr, int N);
double MAX(double *ptr, int N);

int main()
{
  int N;
  double a[5], max;

  N = sizeof(a)/sizeof(a[0]);                // 40/8 = 5

  INPUT(a, N);
  max = MAX(a, N);

  printf("최대값은 %.3f 입니다. \n", max);

  return 0;
}

void INPUT(double *ptr, int N)
{
  int i;

  printf("임의의 수 5개를 입력하시오!  ");
  for(i=0; i<N; i++)
  {
    scanf("%lf", ptr+i);                   // double이므로 lf 사용할 것
 // scanf("%lf", &ptr[i]);                 // 이것도 사용 가능
  }
}

double MAX(double *ptr, int N)
```

```
{
  int i;
  double max;

  max = ptr[0];                              // 첫 번째 배열을 최대로 가정

  for(i=1; i<N; i++)
    {
  // max = (ptr[i] > max) ? ptr[i] : max ;
      if(ptr[i] > max) max = ptr[i];         // 이것 사용 가능
    }

  return max;
}
```

► **실행 결과 8-4-3**

```
임의의 수 5개를 입력하시오!  3.3334 -10.3 5.55567 2 -6.4
최대값은 5.556 입니다.
```

■ **예제 8-4-4** 임의의 네 개 실수 값을 입력받은 후 함수를 부를 때마다 값은 왼쪽으로 이동하는 프로그램을 작성하시오. (예) 1, 2, 3, 4 ⇒ (1회) ⇒ 2, 3, 4, 1 ⇒ (2회) ⇒ 3, 4, 1, 2 순으로)

(방법 ①)

```
#include <stdio.h>

void SHIFT(double *, double *, double *, double *);

int main()
{
  int i, n;
  double a=1.0, b=2.0, c=3.0, d=4.0;

  printf("%.1f, %.1f, %.1f, %.1f \n", a, b, c, d);
  printf("이동(shift)할 회수를 입력 하시오!  ");
  scanf("%d", &n);

  for(i=0; i<n; i++)
  {
    SHIFT(&a, &b, &c, &d);
    printf("%.1f, %.1f, %.1f, %.1f \n", a, b, c, d);
  }

  return 0;
}

void SHIFT(double *a, double *b, double *c, double *d)
{
  double tmp;
```

```
  tmp = *a;
  *a  = *b;
  *b  = *c;
  *c  = *d;
  *d  = tmp;
}
```

► 실행 결과 8-4-4

```
1.0, 2.0, 3.0, 4.0
이동(shift)할 회수를 입력하시오!  3
2.0, 3.0, 4.0, 1.0
3.0, 4.0, 1.0, 2.0
4.0, 1.0, 2.0, 3.0
```

(방법 ②)

```
#include <stdio.h>

int SHIFT(int *, int);

int main()
{
  int i, n, v[4], *ptr;

  printf("임의의 숫자 4개를 입력하시오! \n");
  for(i=0; i<4; i++)
  {
    scanf("%d", &v[i]);
  }

  ptr = &v[0];                                  // pointer 초기 값 assign

  printf("이동(shift)할 회수를 입력하시오!  ");
  scanf("%d", &n);

  for(i=0; i<n; i++)
  {
    printf("%d회: ", i+1);
    SHIFT(ptr, n);
    printf("\n");
  }

  return 0;
}

int SHIFT(int *ptr, int m)
{
  int i, tmp;

  tmp = *ptr;                      // 처음 변수 임시저장소로
  for(i=0; i<3; i++)               // 중간 변수 이동시키기
  {
```

```
    *(ptr+i) = *(ptr+i+1);          // 즉, 변수 1, 2번 이동
  }
  *(ptr + m-1) = tmp;               // 임시저장소 값을 마지막 자리로 이동하니까 -1

  for(i=0; i<m; i++)
  {
    printf("%d ", *(ptr+i));
  }

  return 0;
}
```

► **(실행 결과)**

```
임의의 숫자 4개를 입력하시오!
1 2 3 4
이동(shift)할 회수를 입력하시오!  4
1회: 2 3 4 1
2회: 3 4 1 2
3회: 4 1 2 3
4회: 1 2 3 4
```

■ **예제 8-4-5** 아래와 같이 출력되는 프로그램을 작성하시오. (단, 배열, pointer를 사용하시오)

```
1    2    3    4    5
2    3    4    5    1
3    4    5    1    2
4    5    1    2    3
5    1    2    3    4
```

```
#include <stdio.h>

int main()
{
  int i, j;
  int v[5] = {1,2,3,4,5};

  for(i=0; i<5; i++)
  {
     for(j=0; j<5; j++)
```

```
        {
          if(*(v+j) + i > 5)
            printf("%3d", *(v+j)+i-5);
          else
            printf("%3d", *(v+j)+i);
        }
        printf("\n");
    }

    return 0;
}
```

【Re-visit】 예제 6-3-5

■ **예제 8-4-6** Mr. Kim 2 + 3 =5 를 화면에서 읽고 화면에 출력하시오. (단, 함수, 배열, pointer를 사용하시오)

```
#include <stdio.h>

void DISPLAY(char c[]);

int main()
{
    char c[100];
    char *fp = c;                    // char *fp = &c 배열의 경우 이렇게 못함

    printf("문자열을 입력하시오!  ");
    DISPLAY(c);

    return 0;
}

void DISPLAY(char c[])
{
    int i=0;

    while(1)
    {
      scanf("%c", &c[i]);
      if(c[i] == '\n')
        break;
      i++;
    }

    printf("입력한 문자열: %s", c);
}
```

☑ **(점검)** 포인터를 사용하기는 하였으나, 무늬만 포인터가 되어 있고 역할이 무엇인지가 명확하지 않다.

► **실행 결과 8-4-6**

```
문자열을 입력하시오!  Mr. Kim 2 + 3 = 5
입력한 문자열: Mr. Kim 2 + 3 = 5
```

■ **예제 8-4-7** 문자열을 입력받아서 대⇔소문자를 변경하는 프로그램을 작성하시오. (단, 함수, 배열, pointer를 사용하시오)

```
#include <stdio.h>

void CHANGE(char c[]);

int main()
{
  int i=0;
char c[100]={0};                    // 초기화가 중요함!

  printf("문자열을 입력하시오!  ");

  while(1)
  {
    scanf("%c", &c[i]);
    if(c[i] == '\n')
     break;
    i++;
  }

  CHANGE(c);

  return 0;
}

void CHANGE(char c[])
{
    char *p = c;
    int i;

    while(*(p-1) != '\n')
    {
      if(*p >= 'A' && *p <= 'Z')
      {
        *p = *p + 32;
      }
      else if(*p >= 'a' && *p <= 'z')
      {
        *p = *p - 32;
      }

      *p++;
    }

    printf("소<-> 대문자 변경: %s", c);

}
```

► **실행 결과 8-4-7**

```
문자열을 입력하시오!  Mr. Kim 2 + 3 = 5
소<-> 대문자를 변경: mR. kIM 2 + 3 = 5
```

■ **예제 8-4-8** 문자열을 2개 입력받아서 두 개가 대소문자를 구분하지 않고 비교해서 같은지를 판단하는 프로그램 작성하시오. (예, 한 단어의 경우, HeLLo, hello는 동일하다. 또한 pointer 사용한다)

```
#include "stdio.h"
#include "string.h"

void CHANGE(char *, char *);

int main()
{
   int R, len1, len2;
   char str1[30], str2[30];

   printf("첫번째 문자열을 입력하시오!  ");
   scanf("%s", str1);

   printf("두번째 문자열을 입력하시오!  ");
   scanf("%s", str2);

   len1 = strlen(str1);
   len2 = strlen(str2);

   if(len1 != len2)
    {
      printf("두 문자열의 길이가 다르다. \n");
      return 0;
    }

   CHANGE(str1, str2);

   R = strcmp(str1, str2);

   if (R == 0)
     printf("두 문자열은 같다. \n");
   else
     printf("두 문자열은 다르다. \n");

   return 0;
}

void CHANGE(char *str1, char *str2)
{
  int i;

  for(i=0; i<strlen(str1); i++)
  {
    if(str1[i] >= 'A' && str1[i] <= 'Z')
       str1[i] = str1[i] + 32;
```

```
    if(str2[i] >= 'A' && str2[i] <= 'Z')
        str2[i] = str2[i] + 32;
  }
}
```

► 실행 결과 8-4-8

```
linux] ./a.out
첫번째 문자열을 입력하시오!  Ho
두번째 문자열을 입력하시오!  hi
두 문자열은 다르다.

linux] ./a.out
첫번째 문자열을 입력하시오!  This
두번째 문자열을 입력하시오!  thiS
두 문자열은 같다.
```

■ **예제 8-4-9** 문자열을 자판에서 입력받고, 다음과 같이 화면에 출력되는 프로그램을 작성하시오. (단, 함수와 pointer를 사용한다)

```
문자열을 입력하시오! Chonnam National Univ.
입력된 문자열: Chonnam National Univ.
문자열의 길이: 22
대소 변환된 문자열: cHONNAM nATIONAL uNIV.
역순으로 출력: .VINu LANOITAn MANNOHc
```

☞ (예)

```
#include <stdio.h>

void REVERSE(char c[], int);

int main()
{
  char v[100]={0};                    // 크기를 크게 잡고, 초기화가 중요함!
  int i=0;

  char *p = v;                        // char *p = &c 가 아님 (배열이므로)

  printf("문자열을 입력하시오! ");
  while(1)
  {
    scanf("%c", &v[i]);               // 일력을 한자 한자로 읽기
    if(v[i] == '\n')                  // Enter key 입력하면
```

```
      break;
    i++;                              // 입력한 문자갯수
  }
  printf("입력된 문자열: %s \n", v);
  printf("문자열의 길이: %d \n", i);

  while(*(p-1) != '\n')               // 문자열 끝까지 (0이 아니면 loop에 들어온다)
  {
    if(*p >= 'A' && *p <= 'Z')
    {
      *p = *p + 32;                   // 대문자 -> (+) -> 소문자로
    }
    else if(*p >= 'a' && *p <= 'z')
    {
      *p = *p - 32;                   // 소문자 -> (-) -> 대문자로
    }
    *p++;                             // p++ (꼭 1이 증가되는 것은 아님, 단지 증가의미)
  }
  printf("대소 변환된 문자열: %s \n", v);

  REVERSE(v,i);

  return 0;
}

void REVERSE(char c[], int k)
{
  int j;
  char tmp;

  for(j=0; j<k/2; j++)
  {
    tmp  = c[j];
    c[j] = c[k-1-j];                  // 맨뒤 -> 처음으로 이동
    c[k-1-j] = tmp;                   // 처음 -> 맨뒤로 이동
  }

  printf("역순으로 출력: %s \n", c);
}
```

⚯ **(다른 방법 해보기)** 9장에서 fgets 배운 후 다시 공부

제9장

파일 입출력

9.0. | 파일 열기

(동기) 이제까지는 입력과 출력을 화면을 통해 하였다. 그러나 입력값을 외부 파일에서 읽어드리고, 프로그램 실행 결과를 외부 파일 안에 담아 출력 파일을 생성하고 싶다.

파일을 열기 위해서는 다음과 같이 3가지를 기술해야 한다.

① 사용할 파일 포인터를 정한다. (예, fp)
② 쓰거나 혹은 읽어올 파일 (이름)을 정한다. (예, test.dat)
③ 파일을 어떤 목적으로 열 것인지를 결정한다. [예, read(r) 혹은 write(w) 등]

■ fopen

✎ **(사용 예)**
① fp라는 파일 포인터를 이용하여
② test.dat라는 파일을
③ 읽어드릴 목적으로 한다면 다음과 같이 기술하면 된다.

```
FILE *fp;
fp = fopen("test.dat", r);
```

📖 **(의미알기)** 파일 접근 모드

모드	설명	모드	설명
r	읽기 전용, 기 text 파일 open	r+	읽고 쓰기용, 기 text 파일 open
w	쓰기 전용, text 파일 생성	w+	읽고 쓰기용, text 파일 생성

⇨ **(각자 찾아보기)** 그 밖에 여러 파일 접근 모드

■ 예제 9-0-0 (fopen)

```
#include <stdio.h>

int main(void)
{
    FILE *fp;
    fp = fopen("test.dat","w");
    fclose(fp);

    return 0;
}
```

► 실행 결과 9-0-0

```
linux] ls -al
-rw-rw-r--  1 joo joo      0  3月  1 16:04 test.dat
linux] less test.dat
```

(✓ 문제점) "test.dat" file에 생겼지만, 파일 내에는 아무것도 없는 빈 파일이다.

9.1. | 파일 입출력 함수

■ fprintf

■ 예제 9-1-0 (fprintf)

```
#include <stdio.h>

int main(void)
{
  FILE *fp;
  fp = fopen("test.dat","w");
  fprintf(fp, "Hello World! \n");
  fclose(fp);
```

```
  return 0;
}
```

► **실행 결과 9-1-0**

```
linux] ls -al
-rw-rw-r--   1 joo joo      0  3月  1 16:04 test.dat
linux] less test.dat
        Hello World!
```

✍ **(설명)** 이번에는 “test.dat” 파일 안에 “Hello World!”가 있다.

■ fscanf

■ **예제 9-1-1** (fscanf) 파일에 1-10까지 쓴다. 그 후 만들어진 파일을 다시 읽어드려서 화면에 출력하시오.

```
#include <stdio.h>

int main()
{
    FILE *fp;
    int i;
    int data;

    fp = fopen("test.txt", "w");

    for(i=1; i<=10; i++)
     {
        fprintf(fp, "%d\n", i);
     }
    fclose(fp);

    fp = fopen("test.txt", "r");

    while(fscanf(fp, "%d", &data) != EOF)
     {
        printf("%d\n", data);
     }
    fclose(fp);

    return 0;
}
```

► 실행 결과 9-1-1

```
1
2
3
4
5
6
7
8
9
10
linux] ls -al
-rw-rw-r--  1 joo joo    21  3月  1 18:24 test.txt
```

⇨ 9~15번째 줄: "test.txt"라는 파일에 실행 결과를 (fprintf) 쓴다.

⇨ 17~23번째 줄: 이미 만들어진 "test.txt"라는 파일을 읽어서, 화면에 (printf) 보여준다.

(해보기) 실행 결과를 가로로 나타내려고 한다면 프로그램을 어떻게 수정해야 하는가?

■ **예제 9-1-2** 파일 안에 아래와 같은 내용을 쓰는 프로그램을 작성하시오.

```
1 2 3 4 5 6 7 8 9 10
11 12 13 14 15 16 17 18 19 20
21 22 23 24 25 26 27 28 29 30
31 32 33 34 35 36 37 38 39 40
41 42 43 44 45 46 47 48 49 50
51 52 53 54 55 56 57 58 59 60
61 62 63 64 65 66 67 68 69 70
71 72 73 74 75 76 77 78 79 80
81 82 83 84 85 86 87 88 89 90
91 92 93 94 95 96 97 98 99 100
```

► 실행 결과 9-1-2

(방법 ①) 2차원 배열 사용

```
#include <stdio.h>

int main()
{
    int i, j;
```

```
    int arr[10][10];

    FILE *fp ;
    fp = fopen("test-1.txt", "w");

    for(i=0; i<10; i++)
      {
        for(j=0; j<10; j++)
          {
            arr[i][j] = (10*i + 1) + j ;
            fprintf(fp, " %d", arr[i][j]);
          }
          fprintf(fp, "\n");
      }
    fclose(fp);

    return 0;
}
```

(방법 ②) 배열 사용하지 않음 (동시에 화면 출력도 됨)

```
#include <stdio.h>

int main()
{
    FILE *fp;
    int i;
    int data;

    fp = fopen("test-1.txt","w");

    for(i=1;i<=100;i++)                // 외부 파일에 출력 생성
      {
        fprintf(fp,"%d ",i);
        if(i%10 == 0)
          fprintf(fp,"\n");
      }
    fclose(fp);

    fp = fopen("test-1.txt","r");      // 생성된 파일을 읽어드림

    while(fscanf(fp,"%d",&data)!=EOF)
      {
        printf("%d ",data);            // 화면 출력
        if(data%10 == 0)
           printf("\n");
      }
    fclose(fp);

    return 0;
}
```

(방법 ③) 1차원 배열 사용

```
#include <stdio.h>

int main()
{
   FILE *fp;
   int i, j, v[100];
   int data;

   fp = fopen("ex9-1-2-3.txt","w");

   for(i=1;i<=100;i++)
   {
      v[i] = i;
      fprintf(fp,"%d ",v[i]);
      if(i%10 == 0)
         fprintf(fp,"\n");
   }
   fclose(fp);

   fp = fopen("ex9-1-2-3.txt","r");

   j = 0;
   while(fscanf(fp,"%d",&v[j])!=EOF)
   {
      printf("%d ",v[j]);
      j++;
      if(j%10 == 0)
         printf("\n");
   }
   fclose(fp);

   return 0;
}
```

■ **예제 9-1-3** "input.txt"라는 파일 안에 "1234 678 this is a test!"가 쓰여져 있다. 이를 읽어드려 화면에 출력하는 프로그램을 작성하시오. (단, fscanf를 사용하시오)

(방법 ①)

```
#include <stdio.h>

int main()
{
    FILE *fp = fopen("input.txt", "r");

    int a, b;
    char c[20], d[20], e[20], f[20];

    fscanf(fp, "%d %d %s %s %s %s", &a, &b, c, d, e, f);
    printf("%d %d %s %s %s %s \n ", a, b, c, d, e, f);

    return 0;
}
```

(방법 ②)

```
#include <stdio.h>
int main()
{
    FILE *file=fopen("input.txt","r");
    char data;

    while(fscanf(file,"%c",&data)!= EOF)
     {
        printf("%c",data);
     }
    fclose(file);

    return 0;
}
```

(✓ **문제점**) 읽어드리는 변수 모두를 char로 인식하기 때문에 "1234", "678"이 숫자라면 사칙 연산을 할 수 없다.

■ **예제 9-1-4** "input.txt"라는 파일 안에 "1234 678 this is a test!"가 첫 번째 줄에 쓰여져 있고, 같은 형태의 문장이 두 번째 줄에 써 있다고 할 때, 이를 읽어드려 화면에 출력하는 프로그램을 작성하시오. (단, fscanf를 사용하시오)

```
1234 678 this is a test!
23456 3433 That is the C-coding.
```

► **실행 결과 9-1-4**

(방법 ①) 가장 단순한 방법으로 권장하지는 않는다.

```
#include <stdio.h>

int main()
{
    FILE *fp = fopen("input.txt", "r");

    int a1, b1;
    int a2, b2;
    char c1[10], d1[10], e1[20], f1[20];
    char c2[10], d2[10], e2[20], f2[20];

    fscanf(fp, "%d %d %s %s %s %s", &a1, &b1, c1, d1, e1, f1);
    fscanf(fp, "%d %d %s %s %s %s", &a2, &b2, c2, d2, e2, f2);

    printf("%d %d %s %s %s %s \n", a1, b1, c1, d1, e1, f1);
    printf("%d %d %s %s %s %s \n", a2, b2, c2, d2, e2, f2);
```

```
    return 0;
}
```

(방법 ②)

```
#include <stdio.h>

int main()
{
    FILE *fp = fopen("input.txt", "r");

    int a, b, i, j;
    char c[10], d[10], e[20], f[20];

    for(i=0; i<2; i++)
      {
        fscanf(fp, "%d %d %s %s %s %s", &a, &b, c, d, e, f);
        printf("%d %d %s %s %s %s \n", a, b, c, d, e, f);
      }
    return 0;
}
```

(✓ 문제점)

① 파일 안의 줄 수가 임의의 개수라면 문제가 발생한다.

② 각 줄에 서 있는 변수들의 개수가 다르면 어떻게 해야 하는가? (참고: fgets에서 다시 배운다)

■ **실습 해보기** 파일 안에 몇 줄이 있는지를 모른다고 할 때는 어떻게 해야 하는가? (예로, 아래 input.txt 파일을 실행해 본다)

```
1234 678 this test
3451 856 what test
1234 678 this test!
23456 3433 That C-coding.
1234 678 this test!
345 777 Hi world
```

► **실행 결과**

```
#include <stdio.h>
#include <stdlib.h>
#include <string.h>

int main()
{
```

```
    int i=0, k=0;
    char line[1000];

    FILE *fp = fopen("input.txt", "r");

    while(fscanf(fp,"%c", &line[i]) != EOF)    // 각 줄 읽어서 그 줄 맨끝 확인
    {
      if(line[i] == '\n')
      {
        k++;                                   // Line 수 counting 하기 (빈 줄도 포함)
      }
      i++;
    }
    printf("파일 속 총 줄 수:  %d \n", k);

    fclose(fp);

    return 0;
}
```

► **(실행 결과)**

```
linux] ./a.out
파일 속 총 줄수:  6
```

■ **예제 9-1-5** 아래는 스도쿠 퍼즐 숫자가 있는 input.txt 파일이다. 이를 읽어드려 같은 내용이 담긴 새로운 출력 파일 (output.txt)을 생성하고, 동시에 화면에도 보이게 하는 프로그램을 작성하시오.

```
0 0 0 0 0 0 0 9 0
1 9 0 4 7 0 6 0 8
0 5 2 8 1 9 4 0 7
2 0 0 0 4 8 0 0 0
0 0 9 0 0 0 5 0 0
0 0 0 7 5 0 0 0 9
9 0 7 3 6 4 1 8 0
5 0 6 0 8 1 0 7 4
0 8 0 0 0 0 0 0 0
```

► 실행 결과 9-1-5

```
1   #include <stdio.h>
2
3   int main()
4   {
5     int i, j, S[9][9];
6
7     FILE *fp1, *fp2;
8     fp1 = fopen("input.txt", "r");
9     fp2 = fopen("output.txt", "w");
10
11    for (i = 0; i < 9; i++)
12     {
13      for (j = 0; j < 9; j++)
14       {
15         fscanf(fp1, "%d", &S[i][j]);
16         printf("%d ", S[i][j]);
17         fprintf(fp2, "%2d", S[i][j]);
18       }
19      printf(" \n");
20      fprintf(fp2, " \n");
21     }
22    fclose(fp1);
23    fclose(fp2);
24
25    return 0;
26  }
```

```
linux] ls -al
-rw-rw-r--  1 joo joo   180  3月  7 11:00 output.txt
```

⇨ 9번째 줄: 출력 파일 이름 (output.txt)을 정하고 여기에 내용을 쓴다.

⇨ 15번째 줄: 입력 파일 (input.txt)에서 내용을 정수 형태로 읽어드린다.

⇨ 16번째 줄: 읽어드린 내용을 화면에 보여준다.

⇨ 17번째 줄: 출력 파일에 쓸 때, 2칸에 정수를 쓴다.

⇨ 19번째 줄: 화면에 보여줄 때 다음 줄로 넘어간다.

⇨ 20번째 줄: 출력 파일에 쓸 때, 다음 줄로 넘어간다.

■ **예제 9-1-6** 구구단을 파일에 출력하고, 출력된 파일을 다시 읽기 한 후 화면 보여주는 프로그램을 작성하시오.

► **실행 결과 9-1-6**

```
#include <stdio.h>

int main()
{
  int i, j, s;
  int a, b, c;
  char c1, c2;

  FILE *fp;
  fp = fopen("KuKuDan.txt", "w");

  if(fp==NULL)                    // 파일이 정상적으로 열리는지 체크. 좋은 습관임
    {
      printf("File open error!\n");
      return 1;
    }

  for(i=1; i<10; i++)
    {
      for (j=1; j<10; j++)
        {
      // printf("%d * %d = %d \n", i, j, i*j);
         fprintf(fp, "%d * %d = %d \n", i, j, i*j);
        }
    }

  s=fclose(fp);

  if(s!=0)                        // 파일이 정상적으로 닫혔는지 체크. 좋은 습관임
    {
      printf("File close error!\n");
      return 1;
    }

  fp = fopen("KuKuDan.txt", "r");

  if(fp==NULL)                    // 파일이 정상적으로 열리는지 체크. 좋은 습관임
    {
      printf("File open error!\n");
      return 1;
    }

    for(i=1; i<10; i++)
    {
      for (j=1; j<10; j++)
        {
          fscanf(fp, "%d %c %d %c %d", &a, &c1, &b, &c2, &c);
          printf("%d %c %d %c %d \n", a, c1, b, c2,c);
        }
    }
```

```
    s=fclose(fp);

    if(s!=0)                                  // 파일이 정상적으로 닫혔는지 체크. 좋은 습관임
      {
        printf("File close error!\n");
        return 1;
      }

    return 0;
}
```

☑ **(핵심)**

① 파일 입출력을 할 때, 파일이 정상적으로 열리고 닫히는지를 체크하는 것은 매우 좋은 습관이라고 볼 수 있다.

② 파일에 쓰는 형식을 그대로 다시 읽어드려서 화면에 쓸 수 있다. 빈칸 하나하나 띄어쓰기도 중요하고, 읽을 때는 역순으로 정확히 같이해야 한다.

► fprintf(fp, "%d * %d = %d \n", i, j, i*j);

► fscanf(fp, "%d %c %d %c %d", &a, &c1, &b, &c2, &c);

▪ **실습 해보기** 임의의 연도를 입력하면 달력을 외부 파일로 출력하는 프로그램을 작성하시오. (예, 2021년)

9.2. | 다양한 형태의 입출력

▪ fgets

【사용법】 fgets(버퍼, 버퍼크기, 파일포인터);

☑ **(강조)** 여러 개의 문자열 입력하기

① 파일에서 읽어드릴 수 있다.

② 자판기에서 직접 타이핑을 해서 읽어드릴 수 있다. (“stdin” 사용)

③ fgets 함수를 사용 자판기를 통해 문자열을 입력받을 때 마지막에 enter key (\n)도 문자열의 길이에 +1이 더해진다.

■ **예제 9-2-0** "Hello.txt" 파일 속 내용이 "Hi World!" 이다. 이 파일을 읽어 화면에 출력하는 프로그램을 작성하시오. (단, 배열을 사용하시오)

```
1   #include <stdio.h>
2
3   int main()
4   {
5     char buffer[20];
6
7     FILE *fp = fopen("Hello.txt", "r");
8
9     if(fp == NULL)
10     {
11       printf("Couldn't open file! \n");
12       return -1;
13     }
14
15    fgets(buffer, sizeof(buffer), fp);
16
17    printf("%s\n", buffer);
18
19    fclose(fp);
20
21    return 0;
22  }
```

⇨ 5번째 줄: 파일을 읽을 때 사용할 임시 공간의 크기를 배정한다.

⇨ 7번째 줄: 외부에서 파일 읽고, 파일 포인터를 반환한다.

⇨ 9~13번째 줄: 파일 열기 확인하기 위한 작업으로 매우 좋은 습관이다.

⇨ 15번째 줄: fgets를 사용하여 hello.txt에서 문자열을 읽는다. sizeof(buffer)은 배열의 크기를 나타내는데 처음에 buffer[20]; 으로 지정했기 때문에 20이다.

⇨ 17번째 줄: 파일의 내용을 화면에 출력한다.

⇨ 19번째 줄: 파일 포인터 닫는다.

■ **예제 9-2-1** 예제 9-1-2에서 만든 파일을 다시 읽어드려 화면에 보이게 하는 프로그램을 작성하시오.

```
#include <stdio.h>

int main()
{
  char buffer[100];
```

```
    int n=10;
    FILE*fp1;

    fp1=fopen("test-1.txt","r");

    if(fp1 == NULL)
     {
        printf("Couldn't open file!\n");
        return -1;
     }

    while(n>0)
     {
        fgets(buffer, sizeof(buffer), fp1);
        if (buffer == NULL)
          break;
        printf("%s", buffer);
        n--;
     }

    return 0;
}
```

【Re-visit】 예제 9-1-4

■ **예제 9-2-2** "input.txt"라는 파일 안에 "1234 678 this is a test!"의 형태 (pattern)가 임의 개 있을 때 (즉, 몇 줄이 있는지를 모르고, 또한 각 줄에 변수의 개수가 다를 때), 이를 읽어드려 화면에 출력하는 프로그램을 작성하시오.

```
(예)
Hi, there
This is a test!
23456 3433 That is the C-coding.
444 777 Have a nice day!
123 You are my friend.
Hello
 • • •
 • • •
```

► **실행 결과 9-2-2**

```
#include <stdio.h>

int main()
{
   FILE *fp = fopen("input.txt", "r");
```

```
    char buffer[100];
    char *cpT;

    while(1)
     {
       cpT = fgets(buffer, sizeof(buffer), fp);
         if(cpT == NULL)
         break;
       printf("%s", buffer);
     }

    return 0;
}
```

【Re-visit】 1장 실습 해보기 ⑤

■ **예제 9-2-3** 파일 (input.txt) 안에 "Hi World! 3 + 2 = 5."이라고 적혀 있다. 이것을 읽어서 화면에 보여주는 프로그램을 작성하시오.

(방법 ①) 1장에서 했듯이, scanf를 사용할 수 있다.

(방법 ②) 파일에서 읽어온다. (fscanf를 사용한다)

```
#include <stdio.h>

int main()
{
  int a, b, c;
  char c1, c2, c3;
  char s1[20], s2[20];

  FILE *fp;
  fp = fopen("input.txt", "r");

  fscanf(fp,"%s %s %d %c %d %c %d%c \n", s1, s2, &a, &c1, &b, &c2, &c, &c3);
  printf("%s %s %d %c %d %c %d%c \n", s1, s2, a, c1, b, c2, c, c3);

  return 0;
}
```

(방법 ③) 자판에서 직접 타이핑을 해서 읽어드린다. (fgets를 사용한다)

```
#include <stdio.h>
#include <string.h>
#include <stdlib.h>

int main()
{
  char str[100];
```

```
    fgets(str, sizeof(str), stdin);

    printf("%s", str);

    return 0;
}
```

(✓ 확인) 여러 개의 문자열로 자판에서 직접 타이핑해서 읽어드리는 방법
→ "stdin"을 사용하면 되는데, 〈stdlib.h〉에서 정의되어 있다.

(✓ 문제점) 모두 char로 읽어드렸으므로, 숫자의 경우 사칙연산을 할 수 없다. 어떻게 해야 하는가?

```
#include stdio
#include <stdlib.h>
#include <string.h>

int main()
{
  int i, s=0, num;
  char buffer[100];
//char ch='\0';                          // NULL
  char ch;
  char *ptr;
  ptr = &ch;                             // 주소를 지정

  fgets(buffer,sizeof(buffer), stdin);

  buffer[strlen(buffer)-1] = 0;          // 마지막 enter key는 줄의 크기에서 제거
                                         // 위 문장 유무에 따라 크기가 1만큼 차이가 남
  num =strlen(buffer);
  printf("buffer의 크기 = %d", num);

  for(i=0; i<strlen(buffer); i++)
  {
    ch = buffer[i]; // ch에 buffer를 담으면 결국은 pointer에 첫 번째 문자를 담는 효과
    if(atoi(ptr) != 0)                   // 0 이면 문자임. 즉, 문자는 숫자로 못 바꿈
      {
        s = s + atoi(ptr);
      }
    printf("숫자만의 합:  %d\n", s);
  }

  return 0;
}
```

■ **실습 해보기** 여러 줄에 여러 개의 문자열로 되어 있는 외부 파일을 읽어드려서, 각 줄에 있는 숫자만 합산하여 보여주는 프로그램을 작성하시오.

input.txt
12 this test 34 what test 13 this test! 23 That C-coding. 1 this test! 45 Hi world

► 실행 결과

```
#include <stdio.h>
#include <stdlib.h>
#include <string.h>

int main()
{
    int i=0, j, k=0;
    char buffer[100], line[1000];
    char *cPT;
    FILE *fp;
    int s=0, num;
    char ch, *ptr;
    ptr = &ch;

    fp = fopen("input.txt", "r");

    while(fscanf(fp,"%c", &line[i])!= EOF)
    {
      if(line[i] == '\n')
      {
        k++;
      }
      i++;
    }

    printf("파일 속 총 줄 수:  %d \n", k);
    fclose(fp);
    fp = fopen("input.txt", "r");

    for(i=0; i<k; i++)
    {
        cPT = fgets(buffer, sizeof(buffer), fp);
        printf("%s", buffer);
        s = 0;
        buffer[strlen(buffer)-1] = 0;       // 마지막 enter key 제거


        for(j=0; j<strlen(buffer); j++)
        {
          if(cPT == NULL)
            break;

          ch = buffer[j];                   //  pointer에 첫 번째 문자를 담는다
          if(atoi(ptr) != 0)                //  0 이면 문자임 (즉, 문자는 숫자로 못 바꿈)
      //  if(atoi(buffer) != 0)             //  이렇게 해도 됨
```

```
            {
              s = s + atoi(ptr);
            }
        }
        printf("%d 번째 줄의 숫자만의 합: %d \n", i+1, s);
    }

    return 0;
}
```

► **(실행 결과)**

```
파일 속 총 줄수: 6
12 this test
1 번째 줄의 숫자만의 합: 3
34 what test
2 번째 줄의 숫자만의 합: 7
13 this test!
3 번째 줄의 숫자만의 합: 4
23 That C-coding.
4 번째 줄의 숫자만의 합: 5
1 this test!
5 번째 줄의 숫자만의 합: 1
45 Hi world
6 번째 줄의 숫자만의 합: 9
```

■ **예제 9-2-4** 임의의 문자열을 읽어드려 대소문자를 서로 변경하는 프로그램을 작성하시오. (예, $A \leftrightarrow a, Z \leftrightarrow z$로 변경한다)

```
#include <stdio.h>
#include <string.h>
#include <stdlib.h>

int main()
{
  int i;
  char str[100];

  fgets(str, sizeof(str), stdin);

  for(i=0; i<strlen(str); i++)
   {
      if(str[i] >= 'A' && str[i] <= 'Z')
       {
        str[i] = str[i] + 32;
       }
      else if(str[i] >= 'a' && str[i] <= 'z')
```

```
        {
          str[i] = str[i] - 32;
        }
    }

  printf("%s", str);

  return 0;
}
```

► **실행 결과 9-2-4**

```
linux] ./a.out
Hello World!
hELLO wORLD!
```

▪ **예제 9-2-5** 임의의 여러 개의 문자열을 읽은 후 뒤집어 화면에 표시하는 프로그램을 작성하시오. 6장에서는 1개의 문자열에 대해서 알아보았다. (예, Vacation → noitacaV)

☑ **(복습)** strlen는 NULL (\0) 문자를 제외하고 순수하게 문자열의 길이 (length)만을 구하는 함수이다. 따라서 strlen은 마지막에 공백을 세지 않는다.

```
#include <stdio.h>
#include <string.h>

int main()
{
  int i, len0, len;
  char str[100];

  fgets(str, sizeof(str), stdin);

  len = strlen(str);
  str[strlen(str)-1] = 0;                // 제일 마지막 enter key를 0으로 하고 제거

  printf("%d \n", len);
  printf("%d \n", strlen(str));

  (방법 ①) 역순으로 출력
  for(i=0; i<=len; i++)
   {
     putchar(str[len-i]);
   }
  printf("\n");
```

```
    (방법 ②) 역순으로 출력
    for(i=len; i>=0; i--)
    {
        putchar(str[i]);
    }
    printf("\n");

    return 0;
}
```

☑ **(중요 포인트)**

① fgets 함수 호출을 통해 문자열을 입력받을 때 마지막에 enter key (\n)도 문자열 일부로 포함된다. 따라서 strlen로 출력해 보면 +1이 더해진 값이 나오는 것을 알 수 있다.

② 마지막에 있는 n을 제거하면 모든 문제가 해결될 것이다. 따라서 마지막에 있는 \n을 0으로 초기화 하면 된다. str[strlen(str)-1] = 0; 그 후, 역순으로 출력하면 원하는 결과를 얻을 수 있다.

► **실행 결과 9-2-5**

```
linux] ./a.out
Have a nice day!
17
16
!yad ecin a evaH
!yad ecin a evaH
```

■ **예제 9-2-6** 문장으로 구성된 문자열을 2개를 입력받아서 두 개가 대소문자를 구분하지 않고 비교해서 같은지를 판단하는 프로그램 작성하시오. (예, Hi there와 hi THERE는 동일하다)

```
#include "stdio.h"
#include "string.h"

int main()
{
    int i, R, len1, len2;
    char str1[30], str2[30];

    printf("첫번째 임의의 문자열을 입력하시오!  ");
    fgets(str1, sizeof(str1), stdin);

    printf("두번째 임의의 문자열을 입력하시오!  ");
    fgets(str2, sizeof(str2), stdin);
```

```
    len1 = strlen(str1);
    len2 = strlen(str2);

    if(len1 != len2)
     {
        printf("두 문자열의 길이가 다르다. \n");
        return 0;
     }

    str1[strlen(str1)-1] = 0;              // 자판 입력 마지막 enter key (\n) 제거
    str2[strlen(str2)-1] = 0;              // 자판 입력 마지막 enter key (\n) 제거

    for(i=0; i<len1; i++)                  // len1 = len2 이므로 어떤 것을 써도 상관없다
     {
      if(str1[i] >= 'A' && str1[i] <= 'Z')
          str1[i] = str1[i] + 32;
      if(str2[i] >= 'A' && str2[i] <= 'Z')
          str2[i] = str2[i] + 32;
    }

    R = strcmp(str1, str2);

    if (R == 0)
      printf("두 문자열은 같다. \n");
    else
      printf("두 문자열은 다르다. \n");

    return 0;
}
```

► 실행 결과 9-2-6

```
linux] ./a.out
첫번째 임의의 문자열을 입력하시오!  Hi there
두번째 임의의 문자열을 입력하시오!  Hello world
두 문자열의 길이가 다르다.

linux] ./a.out
첫번째 임의의 문자열을 입력하시오!  Hi there
두번째 임의의 문자열을 입력하시오!  hi THERE
두 문자열은 같다.

linux] ./a.out
첫번째 임의의 문자열을 입력하시오!  Hi there
두번째 임의의 문자열을 입력하시오!  Be there
두 문자열은 다르다.
```

【Re-visit】 예제 9-2-6

■ **예제 9-2-7** 문장으로 구성된 문자열을 2개를 입력 받아서 두 개가 대소문자를 구분하지 않고 비교해서 같은지를 판단하는 프로그램 작성하시오. (예, Hi there와 hi THERE는 동일하다) 단, pointer를 사용하시오.

```
#include "stdio.h"
#include "string.h"

void CHANGE(char *, char *);
void COMPARE(char *, char *);

int main()
{
   int len1, len2;
   char str1[50], str2[50];

   printf("첫번째 임의의 문자열을 입력하시오!  ");
   fgets(str1, sizeof(str1), stdin);

   printf("두번째 임의의 문자열을 입력하시오!  ");
   fgets(str2, sizeof(str2), stdin);

   len1 = strlen(str1);
   len2 = strlen(str2);

   if(len1 != len2)
    {
      printf("두 문자열의 길이가 다르다. \n");
      return 0;
    }

   str1[strlen(str1)-1] = 0;          // enter key 제거
   str2[strlen(str2)-1] = 0;          // enter key 제거

   CHANGE(str1, str2);

   COMPARE(str1, str2);

   return 0;
}

void CHANGE(char *str1, char *str2)
{
   int i;

   for(i=0; i<strlen(str1); i++)        // len1 = len2 이므로 어떤 것을 써도 상관없다
    {
     if(str1[i] >= 'A' && str1[i] <= 'Z')
        str1[i] = str1[i] + 32;
     if(str2[i] >= 'A' && str2[i] <= 'Z')
        str2[i] = str2[i] + 32;
   }
}
void COMPARE(char *str1, char *str2)
{
```

```
  int R;

   R = strcmp(str1, str2);

   if (R == 0)
     printf("두 문자열은 같다. \n");
   else
     printf("두 문자열은 다르다. \n");
}
```

▪ **실습 해보기** 문자열을 입력받고, 다음과 같이 화면에 출력되는 프로그램을 작성하시오 (단, 함수와 pointer도 사용한다)

```
문자열을 입력하시오! Chonnam National Univ.
입력된 문자열: Chonnam National Univ.
문자열의 길이: 22
대소 변환된 문자열: cHONNAM nATIONAL uNIV.
역순으로 출력: .VINu LANOITAn MANNOHc
```

```
#include <stdio.h>
#include <string.h>

void CHANGE(char *);

int main()
{
  int i;
  char str[100];

  printf("문자열을 입력하시오! ");
  fgets(str, sizeof(str),stdin);
  printf("입력된 문자열: %s", str);

  CHANGE(str);

  return 0;
}

void CHANGE(char *str)
{
   int i, len;

   len=strlen(str)-1;
   str[strlen(str)-1] = 0;
   printf("문자열의 길이: %d \n", len-1);   // fgets은 마지막 \n도 포함되므로 제거

   for(i=0; i<strlen(str); i++)
   {
       if(str[i] >= 'A' && str[i] <= 'Z')
        {
         str[i] = str[i] + 32;
        }
       else if(str[i] >= 'a' && str[i] <= 'z')
```

```
        {
         str[i] = str[i] - 32;
        }
    }
    printf("대소 변환된 문자열: %s\n", str);

    printf("역순으로 출력: ");
    for(i=0; i<=len; i++)
         putchar(str[len-i]);
    printf("\n");
}
```

■ fputs

【사용법】 fputs(버퍼, 파일포인터);

【Re-visit】 예제 9-1-0 (fprintf)

<table>
<tr><th>fprintf</th><th>fputs</th></tr>
<tr><td>

```
#include <stdio.h>

int main(void)
{
  FILE *fp;
  fp = fopen("hello.txt","w");
  fprintf(fp, "Hello World! \n");
  fclose(fp);

  return 0;
}
```

</td><td>

```
#include <stdio.h>

int main()
{
  FILE *fp = fopen("hello.txt", "w");
  fputs("Hello, world!", fp);
  fclose(fp);

  return 0;
}
```

</td></tr>
</table>

■ 예제 9-2-8

☑ **(점검)** 6장에서 gets는 더 이상 지원되지 않는다고 했고, getchar를 사용해서 자판에서 타이핑 한 것을 화면에 보여주었다. 이번에는 문자열로 자판에서 타이핑하고, 결과를 파일에 담는 프로그램을 작성해 보자. (fgets에 stdin을 사용한다)

```
#include "stdio.h"
#include <stdlib.h>

int main()
{
  FILE *fp;
  char buffer[100];
```

```
    fp = fopen("output.txt", "w");
    if(fp == NULL)
      {
        printf("Couldn't open file!");
        return -1;                          // exit(1);  exit 함수는 바로 뒤에서 배운다
      }

    printf("문자열을 입력하시요!  ");

    fgets(buffer, sizeof(buffer), stdin);   // fgets(buffer, 100, stdin);

    fputs(buffer, fp);

    fclose(fp);

    printf("File created and saved successfully. \n");

    return 0;                               // exit(0);
}
```

► **실행 결과 9-2-8**

```
문자열을 입력하시요!  Hi, have a nice day!
File created and saved successfully.
linux] ls -al
-rw-rw-r--  1 joo joo     22  3月  5 09:58 output.txt
linux} less output.txt

        Hi, have a nice day!
```

9.3. | main 함수

(상황) 이제까지는 int main( ) {   } 의 형태로 입력이 없는 경우를 취급하였다. 그러나 이제는 자판에서 바로 입력값을 줄 수가 있다.

【사용법】 main(int argc, char* argv[])

(✓ 확인) argv[0]은 자동으로 프로그램 이름을 가져간다. 따라서 실제 자판에서 입력한 것은 1부터 시작한다.

■ 예제 9-3-0 명령 라인 매개변수 (command line arguments)

```c
#include <stdio.h>
#include <stdlib.h>

int main(int argc, char* argv[])
{
    if (argc == 1)
    {
        fputs("자판기 입력이 없습니다! \n", stderr);
        exit(1);
    }

    printf("%d 개의 자판 입력이 있습니다. \n\n", argc - 1);

    for (int i = 1; i < argc; i++)
        printf("argv[%d] = %s\n", i, argv[i]);

    return 0;
}
```

► 실행 결과 9-3-0

```
linux] g++ ex-9-3-0.C
linux] ./a.out
자판기 입력이 없습니다!

linux] ./a.out 2020
1 개의 자판 입력이 있습니다.

argv[1] = 2020

linux] ./a.out 2020 전남대
2 개의 자판 입력이 있습니다.

argv[1] = 2020
argv[2] = 전남대

linux] ./a.out 2020 전남대 C-언어
3 개의 자판 입력이 있습니다.

argv[1] = 2020
argv[2] = 전남대
argv[3] = C-언어
```

```
linux] ./a.out 2020 전남대 C-언어 공부하기
4 개의 자판 입력이 있습니다.

argv[1] = 2020
argv[2] = 전남대
argv[3] = C-언어
argv[4] = 공부하기
```

⇨ 2번째 줄: exit(1), stderr 사용하기 위해 필요한 헤더 파일

⇨ 4번째 줄: 명령 라인 매개변수 (command line arguments)

⇨ 6~10번째 줄: 자판 입력이 없을 때 메시지 출력하고 종료

⇨ 9번째 줄: ex it(1); 대신 return -1;을 사용할 수 있다.

⇨ 12번째 줄: 자판에서 입력한 개수 출력

⇨ 14~15번째 줄: 입력 요소들을 하나씩 출력

【사용법】 exit 명령어

프로세스 (process) 종료
- ► return -1; 과 exit(1)은 동일 (→ 에러일 경우 종료)
- ► return 0; 과 exit(0)은 동일 (→ 정상적인 종료)
- ► main() 함수에서 return하는 것은 exit(0)와 동일

atoi; 문자열을 정수로 변환

【사용법】 atoi (문자열)

■ 예제 9-3-1

```
#include <stdio.h>
#include <stdlib.h>

int main()
{
  int num1, num2;
  char c1[] = "123";
  char c2[] = "456";

  num1 = atoi(c1);
```

```
11      num2 = atoi(c2);
12
13      printf("%d \n", num1+num2);
14
15       return 0;
16  }
```

► 실행 결과 9-3-1

```
579
```

⇨ 2번째 줄: atoi를 사용하기 위해 필요한 헤더 파일

⇨ 7번째 줄: 여기 123을 숫자가 아니라 문자열

⇨ 8번째 줄: 여기 345는 숫자가 아니라 문자열

⇨ 10번째 줄: 문자열 123을 정수로 변환했으므로 num1 값은 정수 123이다.

⇨ 11번째 줄: 문자열 345를 정수로 변환했으므로 num2 값은 정수 345이다.

⇨ 13번째 줄: 문자를 정수로 변환했으므로 연산이 가능하다.

✎ **(정리)** atoi 함수

① atoi 함수에 문자열을 넣어 주면 정수가 반환된다.

② 문자열은 정수로 되어 있어야 하며 알파벳 영문자, 특수문자가 포함되면 해당 문자부터는 변환을 하지 않는다.

③ 처음부터 숫자가 아니면 0으로 변환된다.

④ (예)

초기 문자열	반환 값
123a	123
123a30	123
123!	123
123!30	123
a20	0
!20	0
abc	0
!@#	0

[각자 찾아보기]

① atof: 문자열을 double로 변환

② atol: 문자열을 long으로 변환

```
#include <stdio.h>
#include <stdlib.h>

int main()
{
  int i=0;
  double num;
  char str[100];

  printf("임의의 숫자를 입력하시오!    ");

  while(1)
  {
    scanf("%c", &str[i]);
    if(str[i] == '\n') break;
    i++;
  }
  printf("char로 읽어드려서 문자입니다! \n");
  num = atof(str);
  printf("변환된 숫자:  %.2f \n", num);

  return 0;
}
```

► **(실행 결과)**

```
임의의 숫자를 입력하시오!    1236
char로 읽어드려서 문자입니다!
변환된 숫자:  1236.00
```

■ **예제 9-3-2** 명령 라인 매개변수 (command line arguments)을 사용하여 임의의 수까지 합산하는 프로그램을 작성하시오.

(방법 ①)

```
#include <stdio.h>
#include <stdlib.h>      //atoi

int main(int argc, char* argv[])
{
  int i, sum=0;

  if (argc == 1)                                    // if(argc<2)
  {
     fputs("자판기 입력이 없습니다! \n", stderr);
     exit(1);                                       // return -1;
```

```
    printf("argc = %d \n", argc);

    for(i=1; i<argc; i++)                         // (i=0; i<=argc; i++) 에러 발생
    {
      sum = sum + atoi(argv[i]);
      printf("argv[%d], i = %d, sum=%d \n", i, i, sum);
    }

    return 0;
}
```

► 실행 결과 9-3-2

```
linux] ./a.out 1 2 3 4 5
argc = 6
argv[1], i = 1, sum=1
argv[2], i = 2, sum=3
argv[3], i = 3, sum=6
argv[4], i = 4, sum=10
argv[5], i = 5, sum=15
```

(방법 ②) 배열 사용

```
#include <stdio.h>
#include <stdlib.h>

int main( int argc , char* argv [])
{
    int i, N[80], sum=0;

    if (argc == 1)
    {
        fputs("자판기 입력이 없습니다! \n", stderr);
        exit(1);
    }

    printf("argc = %d \n", argc);

    for(i=1; i<argc; i++)
    {
      N[i] = atoi(argv[i]);
      printf("자판에서 입력한 숫자:  %d \n", N[i]);
    }

    for(i=1; i<argc; i++)
    {
      sum = sum + N[i];
    }

    printf("총합은 %d 입니다.  \n", sum);
```

```
    return 0;
}
```

► **(실행 결과)**

```
linux] ./a.out 1 2 3
argc = 4
자판에서 입력한 숫자:  1
자판에서 입력한 숫자:  2
자판에서 입력한 숫자:  3
총합은 6 입니다.
```

9.4. | 전산물리 기초 연습 예제

∞ **(각자 해보기)** 다음 문제를 혼자 스스로 C 언어 코딩할 수 있다면 높은 수준에 올라왔다고 자부해도 좋다.

■ 전산물리 실습 (파장에 따른 흡광도 그래프) 파일 안에 아래와 같이 내용이 있다. 이것을 읽어드려 화면에 그대로 보이게 하는 프로그램을 작성하시오. (즉, 파일 속 line이 매번 변경되어 몇 줄인지를 모른다)

(상황) 그래프를 그리기 위해서 입력 파일에서 위에서부터 3줄은 없애고, 4번째 줄부터 끝날 때까지 숫자만 있으며 또한 중간에 쉼표 (,)가 없고 그 대신에 빈 공백을 한 칸 두는 출력 파일을 만들고 싶다. (사실, 엑셀에서 읽어드릴 때 중간에 쉼표 혹은 탭 (\t)은 크게 문제가 되지는 않는다)

```
"Ncbl-Rn-Slab+ppo-10-ABS-090421-1-JHjang - RawData"
"Wavelength nm.","Abs."

300.00,3.304
300.50,3.305
301.00,3.309
301.50,3.325
302.00,3.277
302.50,3.239
```

```
303.00,3.294
303.50,3.315
304.00,3.328
304.50,3.318
305.00,3.311
305.50,3.288
306.00,3.272
306.50,3.370
307.00,3.315
307.50,3.267
308.00,3.274
308.50,3.301
 • • •
 • • •
```

■ 전산물리 실습 실행 결과

☑ **(참고)** 위 데이터 파일 (absorption.txt)을 읽어드려 화면에 보이게 하는 가장 간단한 코딩 (문제는 수가 숫자가 아니라, 문자로 읽어드린 것이다)

```
#include <stdio.h>

int main()
{
  char buffer[100];
  char *ptr;

  FILE *fp1 = fopen("absorption.txt", "r");

  while(1)
  {
    ptr=fgets(buffer, sizeof(buffer), fp1);
    printf("%s", buffer);
    if(ptr==NULL)
      break;
  }

  fclose(fp1);

return 0;
}
```

► 실행 결과

```
#include <stdio.h>

int main()
{
  int i, j = 0;
  float x[1000], y[1000];
  float wavelength, abs;
  char c, buffer[100];

  FILE *fp1 = fopen("absorption.txt", "r");
  FILE *fp2 = fopen("output.txt", "w");

  if(fp1 != NULL)
    {
      for(i=0; i<3; i++)              // 파일 내 3번째 빈 줄 포함 1 ~ 3번째 줄까지 읽기
        {
          fgets(buffer, sizeof(buffer), fp1);
           printf("%s", buffer);
        }
      while(1)                        // 4번째부터 실수형 숫자 읽어 들이기
        {
           if(fscanf(fp1,"%f %c %f", &wavelength, &c, &abs) == EOF)
             break;
           j++;
           x[j-1] = wavelength;
           y[j-1] = abs;
           printf("%6.2f%c%5.3f \n", x[j-1], c, y[j-1]);
           fprintf(fp2, "%6.2f %5.3f \n", x[j-1], y[j-1]);
        }
      fclose(fp1);
      fclose(fp2);
    }
  else
    { printf("File open error!\n"); }

  return 0;
}
```

```
linux] ls -al
-rw-rw-r--  1 joo joo 11214 12月 28 13:04 output.txt
```

► (실행 결과)

출력파일 형태	파장에 따른 흡광도 그래프
300.00 3.304 300.50 3.305 301.00 3.309 301.50 3.325 302.00 3.277	

302.50 3.239
303.00 3.294
303.50 3.315
304.00 3.328
304.50 3.318
305.00 3.311
305.50 3.288
• • •
• • •

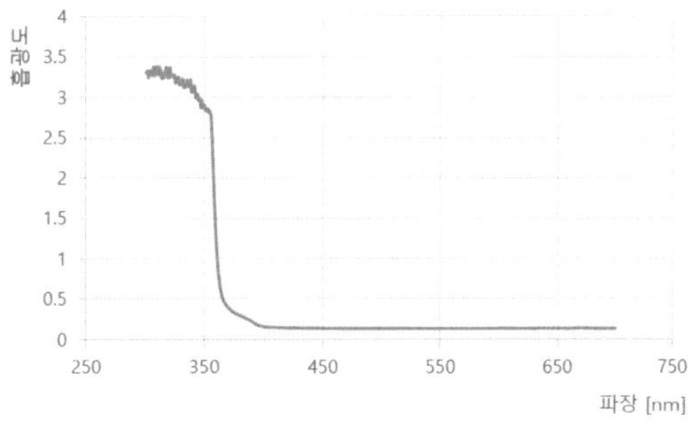

■ 전산물리 실습　　하전입자 (charged particle)가 매질 내를 진행하면서 에너지를 잃어버리는 과정 $\frac{dE}{dx}$ (=stopping power, 저지능)는 Bethe-Block 공식으로 표현할 수 있다. 이를 그래프로 그려라.

☑ **(참고)** "Techniques for Nuclear and Particle Physics Experiments", W. R. Leo (p24 ~p27, Table 2.1)

The Bethe-Bloch formular: $$-\frac{dE}{dx} = 2\pi N_A r_e^2 m_e c^2 \rho \frac{Z}{A} \frac{z^2}{\beta^2} \left[\ln\left(\frac{2m_e \gamma^2 v^2 W_{\max}}{I^2}\right) - 2\beta^2 \right]$$

(상황) 입사 입자 (e, μ, K, π, α 등)가 흡수 물질 납 (Pb)에 충돌한다고 한다. 납의 원자번호 82, 원자량 207.2g/mol, 밀도 11.34g/cm^3, 평균 이온화 에너지 823 eV이다.

r_e: 고전적인 전자 반경 (2.817×10^{-13}cm)
m_e: 전자 질량
N_A: 아보가드로 상수 (6.02×10^{23} mol^{-1})
I : Mean excitation potential
Z : atomic number of absorbing material
A : atomic wight of absorbing material
ρ : density of absorbing material
z : charge of incident particle in units of e

$$\beta = \frac{v}{c},\ \gamma = \frac{1}{\sqrt{1-\beta^2}} \quad \rightarrow \quad \beta = \sqrt{1 - \frac{1}{\gamma^2}}$$

$$E = \gamma mc^2 \rightarrow \gamma = \frac{E}{mc^2} \rightarrow (m_\mu\text{의 경우})\ \gamma = \frac{E}{m_\mu c^2} = \frac{E}{105}$$

W_{max} : maximum energy transfer in a single collision, $W_{max} \simeq 2m_e c^2 \eta^2 = 2m_e c^2 (\beta\gamma)^2$

$2\pi N_A r_e^2 m_e c^2 = 0.535\text{MeV cm}^2/\text{g}$

► 즉, Bethe-Bloch 공식을 입사 입자에 따라 $\frac{dE}{dx} \propto \gamma\,(\propto E)$에 대해서 그리면 된다.

```
#include<stdio.h>
#include<math.h>

int main()
{
  FILE *fp=fopen("dedx.dat", "w");

  double mass[7];
  mass[0] = 0.511*pow(10,6);        // electron   (eV)
  mass[1] = 105.7*pow(10,6);        // muon
  mass[2] = 139.6*pow(10,6);        // pi
  mass[3] = 497.6*pow(10,6);        // K
  mass[4] = 983.2*pow(10,6);        // P
  mass[5] = 2000*pow(10,6);         // deutron
  mass[6] = 4000*pow(10,6);         // alpha

  double c=3*pow(10,8);
  double m_e=0.511*pow(10,6);
  double mean_potential=823;
  double atom_number=82;
  double atom_weight=208;
  double density=11.34;
  double C1=0.1535*pow(10,6)*density*(atom_number/atom_weight);

  double E[7];
  double gamma[7];
  double beta[7];
  double v[7];
  double eta[7];
  double W_max[7];
  double dEdx[7];

  for(double E0=1;E0<10000;E0++)
  {
    for(int i=0;i<7; i++)
    {
      E[i]= (mass[i]/pow(10,6)) + E0;
      gamma[i]=E[i]*pow(10,6)/(mass[i]);
      beta[i]=sqrt((1-(1/(gamma[i]*gamma[i]))));
      v[i]=c*beta[i];
      eta[i]=beta[i]*gamma[i];
      W_max[i]=2*m_e*c*c*eta[i]*eta[i];
      dEdx[i]=(C1*(1/(beta[i]*beta[i])))*
              (log((2*m_e*gamma[i]*gamma[i]*v[i]*v[i]*W_max[i])/
              (mean_potential*mean_potential))-2*beta[i]*beta[i]) /
               pow(10,6);
    }
    fprintf(fp,"%.1f \t %lf \n",E0,dEdx[0],dEdx[1]);        // 전자와 뮤온
```

```
   // fprintf(fp,"%.1f \t %lf \n",E0,dEdx[0],dEdx[1]);         // 뮤온과 파이온
   }
   fclose(fp);

   return 0;
}
```

<table>
<tr><th>전자와 뮤온 $\frac{dE}{dx}$ 분포</th><th>뮤온과 파이온 $\frac{dE}{dx}$ 분포</th></tr>
<tr><td>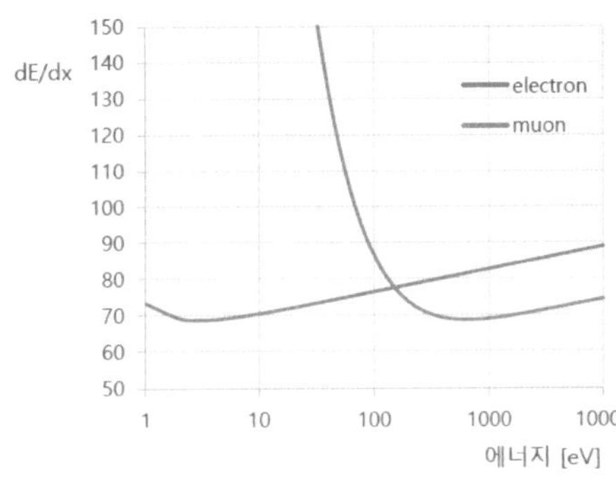
</td><td>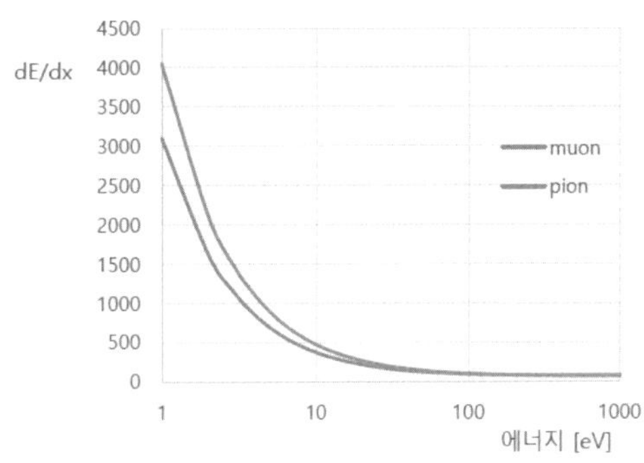
</td></tr>
<tr><td>10 eV에서 아래쪽 그래프가 electron이다</td><td>10 eV에서 아래쪽 그래프가 muon이다</td></tr>
</table>

(각자 해보기) 하나의 그래프에 모든 입자 결과를 그려보시오.

Compton 산란 (Compton scattering)

■ 전산물리 실습 입사 광자에 의해 되튀는 (recoiled) 전자가 가질 수 있는 최대 에너지를 Compton edge라고 한다. 이를 구하라.

☑ **(참고)** A. Beiser, "Concept of Modern Physics (현대물리학)"

(상황) 빛의 본성 중 입자적 성질을 가지고 있다는 증거 중의 하나로 1923년 미국의 물리학자 Arthur Holly Compton은 그림처럼 X선을 흑연 덩어리에 비추는 산란 실험을 하였다. 하나의 광자가 물질 속으로 들어올 때, 원자에 있는 전자와 충돌을 할 것이다. 그럼 광자는 전자와 충돌 후 산란된다. 입사 광자 에너지 일부분은 전자에 전달될 것이고, 전자는 되튄다 (recoiled electron). 따라서 광자와 전자 사이에 탄성충돌이 일어날 것이고, 에너지와 운동량 보존의 법칙을 적용할 수 있다.

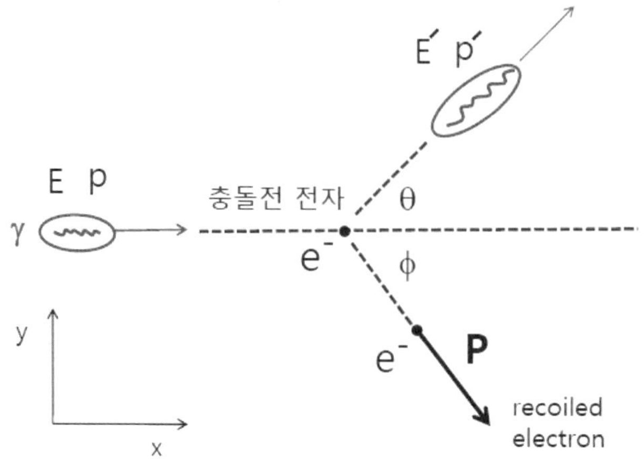

[운동량 p인 입사광자 (γ)가 정지한 자유전자에 충돌한 후, 각도 θ, 운동량 $\acute{p}$를 가지고 산란된다. 전자는 각도 ϕ, 운동량 P를 가지고 되 튄다. 파장이 λ, 에너지가 E인 입사광자는 전자와 충돌 후 일정 에너지를 잃어버리므로 파장이 $\acute{\lambda}$로 길어지고 에너지는 E'로 감소 된다]

(풀이) (x, y)축 분해로 문제를 풀어보자.

운동량 보존

x축 $\quad \mathrm{p} + 0 = \acute{\mathrm{p}}\cos\theta + \mathrm{P}\cos\phi$ $\quad$ ($\because$ 전자는 초기에 정지하고 있어 운동량은 0)

y축 $\quad 0 = \acute{\mathrm{p}}\sin\theta - \mathrm{P}\sin\phi$ $\quad$ ($\because$ 초기에 광자는 x축으로 진행하고 있어 y성분은 없다)

$$\rightarrow \mathrm{P}\cos\phi = \mathrm{p} - \acute{\mathrm{p}}\cos\theta$$

$$\mathrm{P}\sin\phi = \acute{\mathrm{p}}\sin\theta$$

양변 제곱한 후 두 식을 더하면,

$$\mathrm{P}^2 = \mathrm{p}^2 - 2\mathrm{p}\acute{\mathrm{p}}\cos\theta + \acute{\mathrm{p}}^2\cos^2\theta + \acute{\mathrm{p}}^2\sin^2\theta = \mathrm{p}^2 + \acute{\mathrm{p}}^2 - 2\mathrm{p}\acute{\mathrm{p}}\cos\theta$$

$$= (\frac{E}{c})^2 + (\frac{\acute{E}}{c})^2 - 2p\acute{p}\cos\theta$$

$$= (\frac{h\nu}{c})^2 + (\frac{h\acute{\nu}}{c})^2 - 2\frac{h\nu}{c}\frac{h\acute{\nu}}{c}\cos\theta$$

$$\mathrm{P}^2\mathrm{c}^2 = (h\nu - h\acute{\nu})^2 + 2h\nu h\acute{\nu}(1-\cos\theta) \qquad \text{Ⓐ}$$

에너지 보존

$$E + mc^2 = \acute{E} + \sqrt{\mid \overrightarrow{\mathrm{P}} \mid^2 c^2 + m^2c^4}$$

$$\rightarrow h\nu + mc^2 = h\acute{\nu} + \sqrt{|\overrightarrow{\mathrm{P}}|^2 c^2 + m^2c^4}$$

($\because E = \sqrt{|\overrightarrow{p}|^2 c^2 + m^2c^4} = mc^2$, 초기 자유전자는 정지하고 있다. 또한 되튄 전자는 빛에 비교할 만한 속도를 가지므로 전자의 운동에너지에 대해서는 상대론적 표현을 사용한다)

$$\rightarrow \sqrt{|\overrightarrow{\mathrm{P}}|^2 c^2 + m^2c^4} = h\nu - h\acute{\nu} + mc^2$$

$$|\overrightarrow{\mathrm{P}}|^2 c^2 + m^2c^4 = (h\nu - h\acute{\nu})^2 + 2mc^2(h\nu - h\acute{\nu}) + m^2c^4 \qquad Ⓑ$$

Ⓐ와 Ⓑ식으로부터,

$$(h\nu - h\acute{\nu})^2 + 2h\nu h\acute{\nu}(1-\cos\theta) + m^2c^4$$

$$= (h\nu - h\acute{\nu})^2 + 2mc^2(h\nu - h\acute{\nu}) + m^2c^4$$

$$\rightarrow h\nu\acute{\nu}(1-\cos\theta) = 2mc^2(h\nu - h\acute{\nu})$$

$$\nu - \acute{\nu} = \frac{h\nu\acute{\nu}}{mc^2}(1-\cos\theta)$$

$\nu = \dfrac{c}{\lambda}$에 의해,

$$\frac{\nu - \acute{\nu}}{\nu\acute{\nu}} = \frac{h}{mc^2}(1-\cos\theta)$$

$$\frac{1}{\acute{\nu}} - \frac{1}{\nu} = \frac{h}{mc^2}(1-\cos\theta)$$

$$\frac{1}{\frac{c}{\acute{\lambda}}} - \frac{1}{\frac{c}{\lambda}} = \frac{h}{mc^2}(1-\cos\theta)$$

$$\frac{\acute{\lambda}}{c} - \frac{\lambda}{c} = \frac{h}{mc^2}(1-\cos\theta)$$

$$\therefore \acute{\lambda} - \lambda = \frac{h}{mc}(1-\cos\theta)$$

⚭ **(해보기)** $h\nu' = \dfrac{h\nu}{1 + \dfrac{h\nu}{mc^2}(1-\cos\theta)}$ 임을 보여라.

$$\acute{\lambda} - \lambda = \frac{h}{mc}(1-\cos\theta) \text{ 에 의해}$$

$$\frac{c}{\acute{\nu}} = \frac{c}{\nu} + \frac{h}{mc}(1-\cos\theta) = \frac{mc^2 + h\nu(1-\cos)}{\nu mc}$$

$$\rightarrow \quad \acute{\nu} = \frac{\nu mc^2}{mc^2 + h\nu(1-\cos)} = \frac{\nu}{1+\frac{h\nu}{mc^2}(1-\cos\theta)}$$

$$\therefore h\nu' = \frac{h\nu}{1+\frac{h\nu}{mc^2}(1-\cos\theta)}$$

⚮ **(해보기)** 전자의 최대 되 튐 운동에너지가 (maximum recoil kinetic energy (KE) of electron) $KE_{max} = \frac{(\frac{2h^2\nu^2}{mc^2})}{1+\frac{2h\nu}{mc^2}}$ 임을 보여라.

$$KE = h\nu - h\acute{\nu} = h\nu - \frac{h\nu}{1+\frac{h\nu}{mc^2}(1-\cos\theta)}$$

$$= h\nu - \frac{h\nu}{\frac{mc^2}{mc^2}+\frac{h\nu}{mc^2}(1-\cos\theta)} = h\nu - \frac{h\nu mc^2}{mc^2 + h\nu(1-\cos\theta)}$$

$$= \frac{h\nu mc^2 + h^2\nu^2(1-\cos\theta) - h\nu mc^2}{mc^2 + h\nu(1-\cos\theta)} = \frac{h\nu}{1+\frac{mc^2}{h\nu(1-\cos\theta)}}$$

$\theta = \pi$ 일 때, 최대

$$\therefore KE_{max} = \frac{h\nu}{1+\frac{mc^2}{h\nu(1-\cos\pi)}} = \frac{h\nu}{1+\frac{mc^2}{2h\nu}}$$

혹은,

$$\frac{h\nu}{\frac{2h\nu + mc^2}{2h\nu}} = \frac{2h^2\nu^2}{2h\nu + mc^2} = \frac{\frac{2h^2\nu^2}{mc^2}}{1+\frac{2h\nu}{mc^2}}$$

∞ **(해보기)** Compton edge는 Compton electron의 최대 에너지를 의미한다. ^{137}Cs 소스에서 에너지가 0.662 MeV인 광자가 방출된다. Compton edge를 구하라.

$$E = h\nu = 0.662 \text{ MeV}$$

$$h\nu' = \frac{h\nu}{1 + \frac{h\nu}{mc^2}(1-\cos\theta)} = \frac{h\nu}{1 + \frac{2h\nu}{mc^2}} = \frac{0.662}{1 + \frac{2\times 0.662}{0.511}} \qquad (\because \theta = 180^o)$$

$$= 0.184 \text{ MeV}$$

$$\therefore E' = h\nu' = 0.184 \text{ MeV}$$

$$\rightarrow \text{Compton edge} = K.E.|_{max} = (h\nu - h\nu')_{max} = 0.662 - 0.184 = 0.478 \text{ MeV}$$

(의미) 입사광자(γ)가 back scattering (180° 반사) 될 때, 에너지가 전자 (e^-) 쪽으로 최대로 전달될 것이다.

```
#include<stdio.h>
#include<stdlib.h>
#include<time.h>
#include<math.h>

int main()
{
    FILE *fp1 = fopen("CE_Cs137.txt","w");

    double h = 3.135*1e-15;       // Planck constant eVs unit
    double m_e = 0.511*1e6;       // mass of electron eV/c^2 unit

    srand(time(NULL));

    double theta, E, KE_e;
    double N=10000;               // total number

    E=0.662*1e6;                  // 0.662 (137Cs), 2.5 (60Co) MeV Energy

    for(int i=0; i<=N; i++)
    {
      theta  = ( (rand()%(2*3141592))+1 );

      KE_e = (E / ( 1 +( m_e/( E*(1-cos(theta)))))) * 1e-6;

      fprintf(fp1, "%.3f \n", KE_e);
    }

    fclose(fp1);

    return 0;
}
```

✍ **(로직 핵심)** 10,000의 이벤트 개수를 (난수를 사용하여) 임의의 각도 (θ)로 생성한 후 되 튀는 전자의 최대 에너지를 구한다.

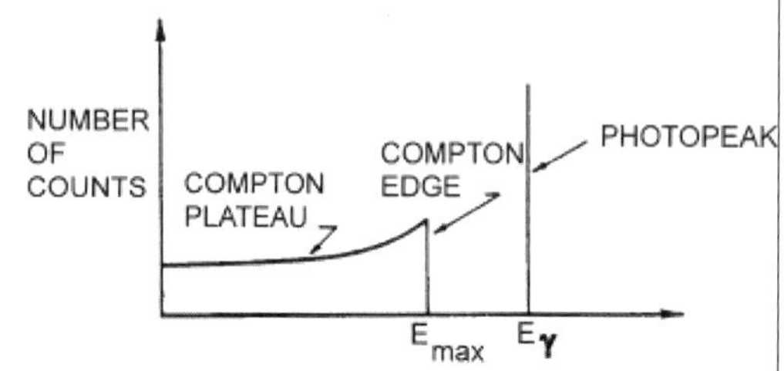

이론적으로 나오는 Compton edge 모양

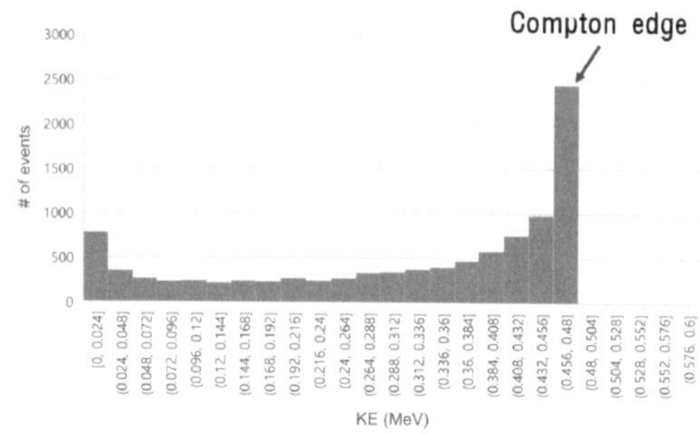

137Cs의 Compton edge 값은 0.478 MeV

■ 푸리에 급수 (Fourier series)

☑ **(참고) W. Arfken,** "Essential Mathmetical Methods for Physicists, 기초 수리물리학", CH15 (적분변환)

✎ **(정리)**

어떤 함수 $f(t)$를 사인함수와 코사인함수로 전개하는 것을 의미한다. 함수가 주기 ($\mathrm{T} = \frac{2\pi}{w}$)를 가지고 있다.

$$f(t) = a_0 + \sum_{n=1}^{\infty} a_n \cos nwt + \sum_{m=1}^{\infty} b_m \sin mwt$$

$$a_n = \frac{2}{T}\int_{-\frac{2}{T}}^{\frac{2}{T}} f(t)\cos nwt\, dt$$

$$b_m = \frac{2}{T}\int_{-\frac{2}{T}}^{\frac{2}{T}} f(t)\sin mwt\, dt$$

복소수 형태로 표시

$$f(t) = \sum_{n=-\infty}^{\infty} c_n e^{inwt}$$

$$c_n = \frac{1}{T}\int_{-\frac{2}{T}}^{\frac{2}{T}} f(t)e^{-inwt}\,dt$$

∞ **(해보기)** Leibniz 공식. 그림처럼 $f(x) = x \quad (-\pi < x < \pi)$로 정의되는 주기가 2π인 함수의 푸리에 급수를 구하시오.

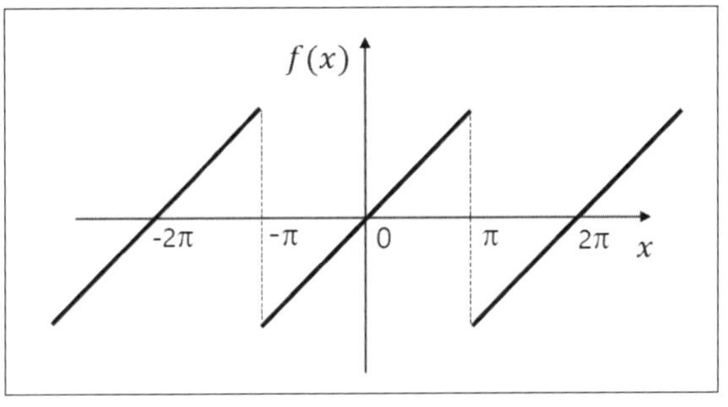

$f(x)$가 기함수 (odd function)이므로, $a_n = 0$이다. 또한 $a_0 = 0$임을 알 수 있다.

$$f(x) = a_0 + \sum_{n=1}^{\infty} [a_n \cos nx + b_n \sin nx]$$

$$a_0 = \frac{1}{2\pi}\int_{-\pi}^{\pi} f(x)dx = 0$$

$$a_n = \frac{1}{\pi}\int_{-\pi}^{\pi} f(x)\cos nx\,dx = 0$$

$$b_n = \frac{1}{\pi}\int_{-\pi}^{\pi} f(x)\sin nx dx = \frac{1}{\pi}\int_{-\pi}^{\pi} x\sin nx dx = \frac{2}{\pi}\int_{0}^{\pi} x\sin nx dx$$

$$= \frac{2}{\pi}\left[x\left(-\frac{\cos nx}{n}\right) + \frac{\sin nx}{n^2}\right]_0^{\pi} = \frac{2}{\pi}\left[-\frac{\pi(-1)^n}{n}\right] = -2\frac{(-1)^n}{n}$$

$$f(x) = x = a_0 + \sum_{n=1}^{\infty} [a_n \cos nx + b_n \sin nx] = 0 + \sum_{n=1}^{\infty} b_n \sin nx = -2\sum_{n=1}^{\infty} \frac{(-1)^n}{n}\sin nx$$

$$= 2\left[\sin x - \frac{\sin 2x}{2} + \frac{\sin 3x}{3} - \frac{\sin 4x}{4} + \cdots\right]$$

$$\therefore\ x = 2\left[\sin x - \frac{\sin 2x}{2} + \frac{\sin 3x}{3} - \frac{\sin 4x}{4} + \cdots\right]$$

$x = \frac{\pi}{2}$를 양변에 집어넣으면,

$$\frac{\pi}{2} = 2\left[1 - \frac{1}{3} + \frac{1}{5} - \frac{1}{7} + \cdots\right]$$

$$\therefore\ \pi = 4\left[1 - \frac{1}{3} + \frac{1}{5} - \frac{1}{7} + \cdots\right]$$

위 식은 원주율 π의 급수 형태임을 알 수 있는데, Leibniz 공식이라고 한다.

```c
#include <stdio.h>
#include <math.h>
#define PI 3.1415926535

int main()
{
  int i,n;
  double x,y;

  FILE *fp=fopen("FS.txt", "w");

  printf("몇 번째 급수까지 합산 할까요?");
  scanf("%d", &n);

  for(x=-2*PI; x =2*PI; x=x+0.1)
  {
    y=0.0;
    for(i=1; i<=n; i++)
    {
      y = y + 2*( pow(-1, i+1)*sin(i*x)/i );
    }
    fprintf(fp, "%.3f  %.4f  \n", x, y);
  }

  fclose(fp);

  return 0;
}
```

급수 n번째까지 계산한 결과만을 파일 출력

	$n=10$
$x=-2\pi$	
$\cdots$	
$x=2\pi$	

```c
#include <stdio.h>
#include <math.h>
#define PI 3.1415926535

int main()
{
  int i,n;
  double x,y;

  FILE *fp=fopen("FS.txt", "w");

  printf("몇 번째 급수까지 합산 할까요?");
  scanf("%d", &n);

  for(x=-2*PI; x<=2*PI; x=x+0.1)
  {
    fprintf(fp,"%.3f ",x);
    y=0.0;
    for(i=1; i<=n; i++)
    {
      y = y + 2*( pow(-1, i+1)*sin(i*x)/i );
      fprintf(fp, "%.4f  ", y);
    }
    fprintf(fp,"\n");
  }

  fclose(fp);

  return 0;
}
```

$x\,[-2\pi, 2\pi]$에서 급수 1 ~ n번째 각각을 계산한 결과 파일 출력

	$n=1$	$n=2$		$\cdots$	$n=10$
$x=-2\pi$					
$\cdots$					
$x=2\pi$					

∞ **(각자 해보기)** 함수, 배열을 사용해서 프로그램을 작성하시오.

```
#include <stdio.h>
#include <math.h>
#define PI 3.1415926535

double fx(double x, int n);

int main()
{
  int i,j,n;
  double x,sum, y[100][100]={0};

  FILE *fp=fopen("FS.txt", "w");

  printf("몇 번째 급수까지 합산 할까요? ");
  scanf("%d", &n);

  j=0;

  for(x=-2*PI; x<=2*PI; x=x+0.1)
  {
    sum = 0.0;
    fprintf(fp,"%.3f ",x);

    for(i=1; i<=n; i++)
    {
      y[i][j] =  fx(x, i);
      sum = sum + y[i][j];
      fprintf(fp, "%.4f  ", sum);
    }
    j++;
    fprintf(fp,"\n");

  }
  fclose(fp);

  return 0;
}

double fx(double x, int n)
{
  double y = 0.0;
  y = y + 2*( pow(-1, n+1)*sin(n*x)/n );

  return y;
}
```

► **(실행 결과)**

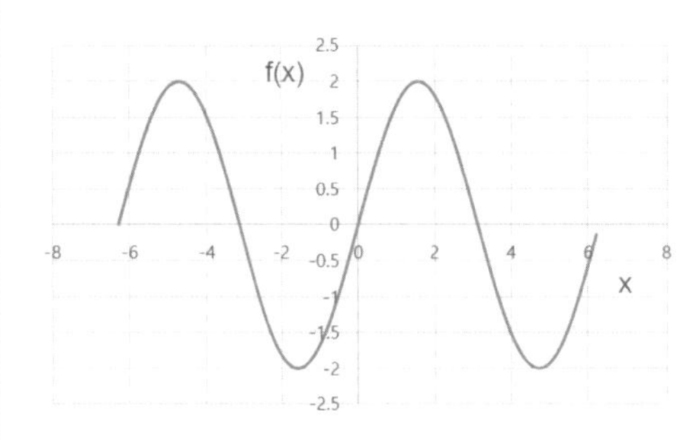	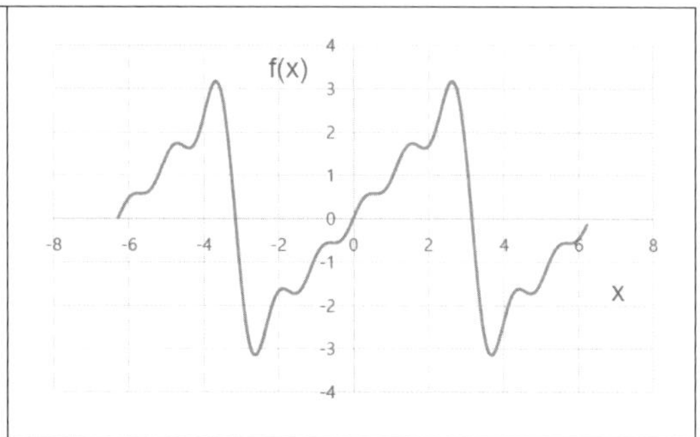
$n=1$	$n=5$
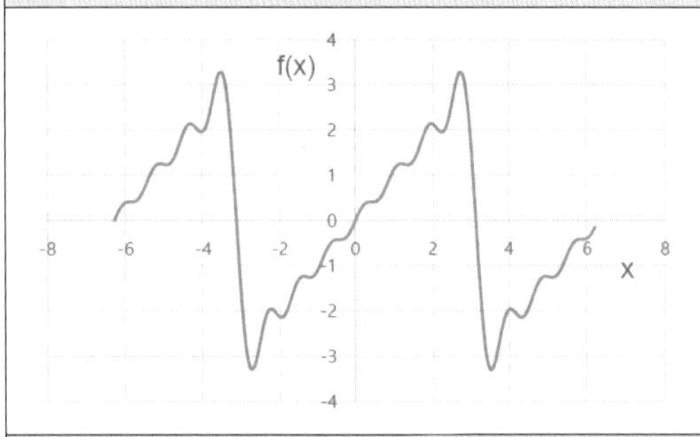	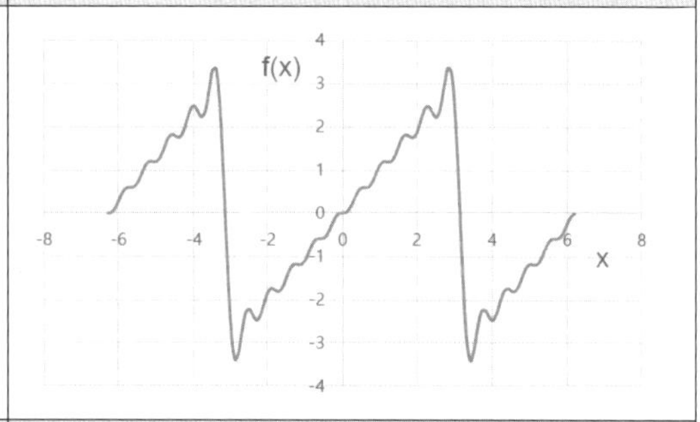
$n=7$	$n=10$

(✓ 확인) n이 커감에 따라서 원래 그래프 모양에 가깝게 변해감을 알 수 있다.

☑ (참고)

[Q] "푸리에 분석 (Fourier analysis)이란 무엇인가?" "도대체 어디에 사용한다는 것인가?" "이것을 하는 이유는 무엇인가?"

푸리에 급수, 변환에 대한 수식 (공식)은 암기하고 있는데, 이런 질문을 학생들에게 하면, 의미를 모르는 학생이 대부분이다. 사용하는 곳은 굉장히 많지만, 이해를 돕기 위해 하나의 간단한 예를 들어보자.

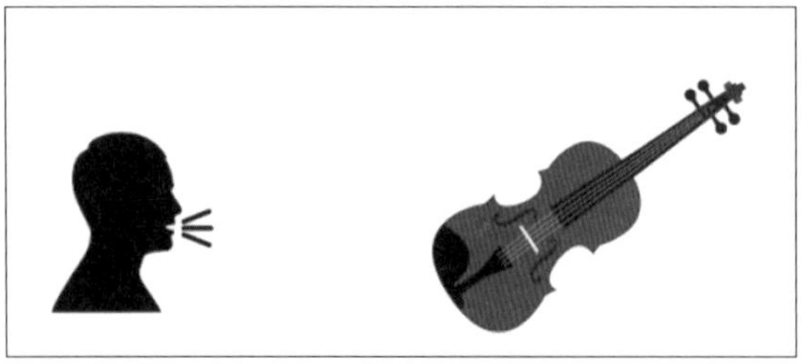

푸리에 급수라는 것은, 처음 정의에서 알 수 있듯이 임의의 함수(혹은 파형 등)를 sine과 cosine의 선형결합으로 만들어 낼 수 있다는 것이다.

$$f(t) \sim \sum_{n=1}^{\infty} (a_n \cos wt + b_n \sin wt) \qquad Ⓐ$$

진폭, 주파수 등이 동일한 사람의 말소리, 바이올린의 소리를 듣는다고 하자. 우리는 그 소리가 사람의 목소리인지 바이올린 소리인지를 구별할 수 있다. 즉, 수식 상으로는 구별할 수 없지만, 인간의 뇌는 이것을 구분한다. 위와 같은 상황을 물리적으로 어떻게 설명해야 할지가 요점이라고 볼 수 있다.

바이올린의 경우, 똑같은 힘을 주어 활을 움직여도 매번 나오는 출력 음이 다르다. 즉 공명통 내부를 미시적으로 보면 내부 표면이 울퉁불퉁 돌기들로 구성되어 있다. 따라서 이 돌기에 부딪혀서 배음(overtune, 기본 진동수의 n배가 되는 소리)들이 나오는데, 이 배음의 조합이 결국 우리가 듣는 최종 소리이다. 식 Ⓐ에서 오른쪽 항은 배음들의(sine, cosine) 선형결합으로 이루어져 왼쪽 항(f)이 되고, 이것을 우리가 듣는 것이다.

$$f(t) \sim \sum_{n=1}^{\infty} (\cos, \sin)^{\text{바이올린}}_{\text{배음}}$$

사람의 목소리 또한 정확히 바이올린하고 같다고 볼 수 있다. 인간의 성대 역시 겉보기에는 매끄러운 것 같지만, 내부 조직을 살펴보면 공명통 내부의 돌기처럼 울퉁불퉁하다.

$$f(t) \sim \sum_{n=1}^{\infty} (\cos, \sin)^{\text{사람}}_{\text{배음}}$$

따라서 인간의 뇌가 인식(혹은 분석)하는 것은 왼쪽 항인 $f(t)$가 아니라, 오른쪽에 해당하는 sine, cosine에 해당하고, 정확하게는 이들의 계수 (a_n, b_n)가 바이올린하고 다르기 때문에 이를 구분할 수 있다는 것이다. 물리적으로는 인간의 뇌는 역 푸리에 분석(inverse Fourier analysis)을 하는 것이다.

(요약) 역 푸리에 분석을 하면 sine, cosine들이 어떤 배음들의 조합으로 구성되어 있는지를 알 수 있기 때문에, 이것을 가지고, 목소리, 바이올린 소리, 피아노 소리 등을 구별할 수 있다. 간단히 도식적으로 나타내면 다음과 같다. 오른쪽 $f(t)$ 공간(space)에서는 무엇이 내는 소리인지를 모르지만, 분석해 놓은 왼쪽 공간에서는 구별 가능하다.

	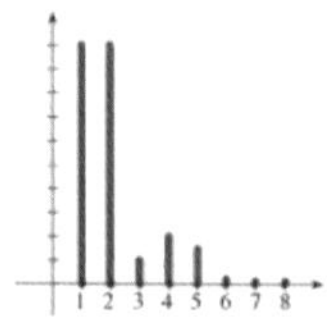	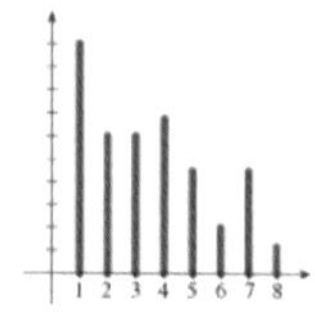	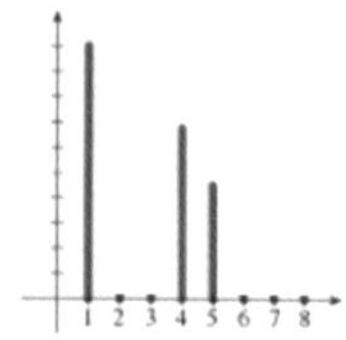
$f(t)$	사람 목소리	바이올린	피아노

■ 푸리에 변환 (Fourier transformation)

✎ **(정리)**

$$g(w) = \frac{1}{\sqrt{2\pi}} \int_{-\infty}^{\infty} f(t) e^{iwt} dt$$

역 푸리에 변환 (Inverse Fourier transformation)

$$f(t) = \frac{1}{\sqrt{2\pi}} \int_{-\infty}^{\infty} g(w) e^{-iwt} dt$$

■ **전산물리 실습** Fourier 변환 (transformation). 감쇠 진동 (damped harmonic oscillator)의 푸리에 변환을 구하라.

(해보기) 다음과 같은 감쇠 조화진동의 푸리에 변환을 구하라.

$$f(t) = \begin{cases} 0 & \text{for } t < 0 \\ f_0 e^{-\Gamma t} \cos w_0 t & \text{for } 0 \le t \end{cases}$$

시간에 대한 $f(t)$의 그래프는 다음과 같다. (계산의 편의를 위해, f_0는 1, Γ는 0.4, w_0는 3으로 하자)

⇴ **(해보기)**

```
#include <stdio.h>
#include <math.h>

#define f0 1.0          // amplitude
#define G  0.4          // damping
#define w0 3.0          // Hz

int main()
{
  float t, f;

  for(t=0; t<=10; t=t+0.1)
  {
    f = f0*exp(-G*t)*cos(w0*t);
    printf("%.1f, %f \n", t, f);
  }

  return 0;
}
```

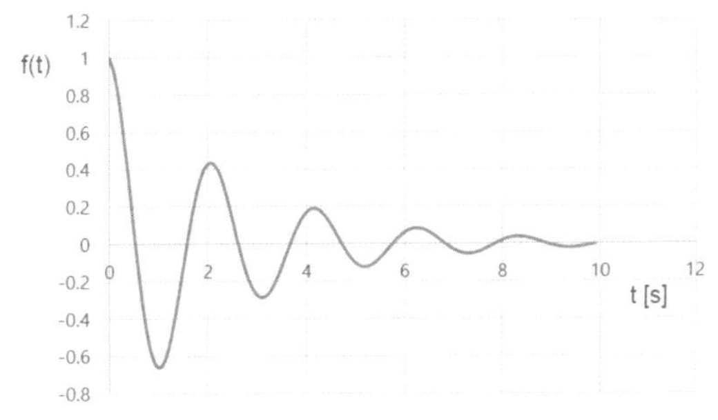

시간에 따라서 감쇠 진동이 cosine 형태로 일어나는 그래프임을 알 수 있다.

$$g(w) = \frac{1}{\sqrt{2\pi}}\int_{-\infty}^{\infty} f(t)\, e^{iwt}\, dt = \frac{1}{\sqrt{2\pi}}\int_{-\infty}^{\infty} (f_0 e^{-\Gamma t}\cos w_0 t)\, e^{iwt}\, dt$$

$$= \frac{f_0}{2}\left[\frac{1}{\frac{\Gamma}{2} - i(w+w_0)} + \frac{1}{\frac{\Gamma}{2} - i(w-w_0)}\right]$$

물리적으로 의미가 있는 것은 $|g(w)|^2$ 값이다.

$$|g(w)|^2 = \left(\frac{f_0^2\pi}{2\Gamma}\right)\frac{1}{\pi}\frac{\frac{\Gamma}{2}}{(w-w_0)^2 + \left(\frac{\Gamma}{2}\right)^2} \sim \mathrm{C} \times \frac{\frac{\Gamma}{2}}{(\mathrm{w}-\mathrm{w}_0)^2 + \left(\frac{\Gamma}{2}\right)^2} \qquad (\mathrm{C}: 상수)$$

의 형태를 얻는다. $w \to w_0$ 일 때 최대값을 가지며, $w \to \pm\infty$ 일 때 0에 수렴한다. 또한 Γ값이 클수록 그래프의 폭도 넓어지고, $\Gamma \to 0$에 접근하면, 마치 delta (δ) function처럼 된다. 이것의 그래프를 그려 보면 다음과 같다.

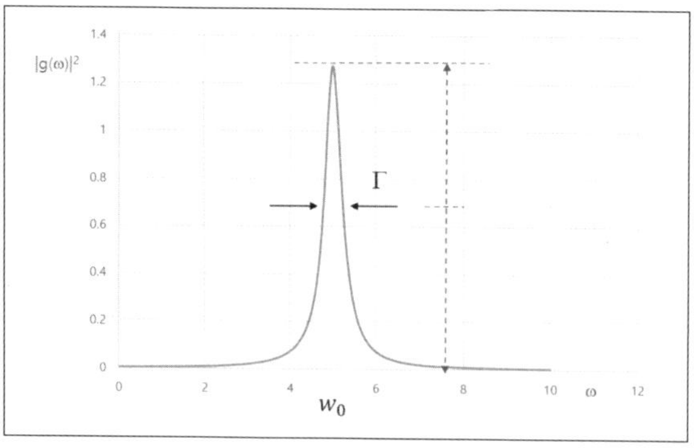

☑ **(참고)** 반치전폭(半値全幅, full width at half maximum, FWHM)
함수의 폭을 나타내는 용어로써, 최댓값의 절반이 되는 지점의 폭을 나타낸다.

☑ **(체크하기)** 푸리에 변환은 주기함수인 경우에만 적용된다. 그럼 만약 주기함수가 아니라면 어떻게 해야 하는가? 또한 “이것을 코딩하려면 어떻게 해야 하는가?”의 문제에 봉착한다. 이러한 단점을 보완하기 위해 이산 푸리에 변환 (Discrete Fourier transform, DFT), 고속 푸리에 변환 (Fast Fourier transform, FFT) 등이 개발되었다.

∞ **(각자 찾아보기)** DFT, FFT

✎ **(정리)** 푸리에 사인, 코사인 변환

$$g_c(w) = \sqrt{\frac{2}{\pi}} \int_0^\infty f_c(t) \cos wt \, dt$$

$$g_s(w) = \sqrt{\frac{2}{\pi}} \int_0^\infty f_s(t) \sin wt \, dt$$

∞ **(해보기)** 코사인 변환

```
#include <stdio.h>
#include <math.h>

#define f0 1.0
#define G  0.4
#define w0 3.0

int main()
{
    double w, t, F;

    FILE *fp = fopen("FT.txt","w");
```

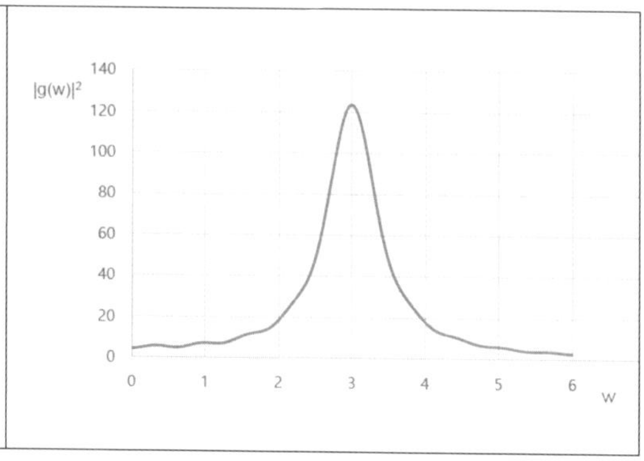

```
    for(w=0.0; w<=6.0; w=w+0.01)
    {
      F = 0.0;
      for(t=0.0; t<=10.0; t=t+0.01)
      {
        F = F + exp(-G*t)*cos(w0*t) * cos(w*t);
      }
      fprintf(fp,"%lf, %lf \n", w, F);
    }

    fclose(fp);

    return 0;
}
```

그래프가 매끄럽지 (smooth) 않는 이유는 연속적으로 적분을 한 것이 아니라, 일종의 채취 (sampling)를 한 것이기 때문이다.

(해보기) DFT 방법 사용해 푸리에 변환해보기

```
#include <stdio.h>
#include <math.h>

const int point=2000;
double G = 0.3;
double w0 = 3.0;

int main()
{
    double x[point], x_re[point];
    int w, t;

    FILE *fp = fopen("DFT.txt","w");

    for(w=0;w<point;w++)
    {
        x_re[w] = 0.0;
        for(t=0;t<point;t++)
        {
          x[t]=exp(-G*t)*cos(w0*t);
          x_re[w]=x_re[w]+x[t]*cos((2*M_PI*w*(t-point))/point);
        }
        fprintf(fp,"%lf, %lf \n",2*M_PI*w/point, x_re[w]);
    }

    fclose(fp);

    return 0;
}
```

(✓ 힌트) M_PI는 〈math.h〉에 정의된 함수로 3.14159265358979323846. 소수점 이하 20자리까지의 수이다.

✍ **(로직 설명)**

1개의 w에 대해서 t[0, 2000]개로 세분화시켜서 계속 적분을 하고, 최종값을 반환한다.
그 다음 w에 대해서 t[0, 2000]개로 세분화시켜서 계속 적분을 하고, 최종값을 반환한다.

• • •

위 작업을 계속 반복한 후, w에 대한 $|g(w)|^2$를 그린다.

► **(실행 결과)**

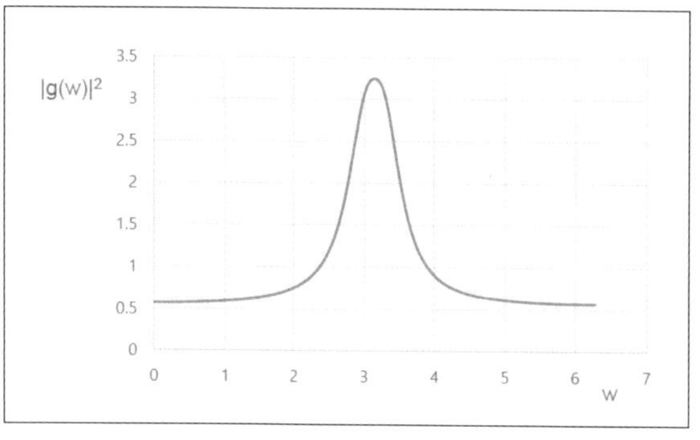

찾아보기

■ 저자약력

· 연세대학교 물리학과 이학사
· 연세대학교 물리학과 대학원 이학석사
· 캐나다 토론토대학교 물리학과 석사
· 캐나다 토론토대학교 물리학과 박사
· 독일 DESY 연구소 ZEUS 실험 방문연구원 (1993~1996)
· 일본 KEK 연구소 BELLE 실험 박사후연구원 (1997~1999)
· 스위스 CERN 연구소 ATLAS 실험 박사후연구원 (1999~2002)
· 서울대학교 물리학과 초빙조교수 (2002~2004)
· 전남대학교 물리학과 조교수 (2007~2011)
· 전남대학교 물리학과 부교수 (2011~2016)
· 우주소립자연구소 소장 (2016~2018)
· 전남대학교 물리학과 교수 (2016~현재)
. 광주지방 방사능측정소 소장 (2019~현재)
· BK21 4단계 입자-광자초정밀측정 고급인력양성사업팀장 (2019~현재)

▪ 저서
· 현대물리학 속 입자물리 (전남대학교출판부, 2013)
· 입자충돌의 물리학 (전남대학교출판부, 2014), 2015년도 대한민국학술원 선정 우수학술도서
· (예제로 배우고 개념 익히는) 잡동사니 역학상자 열기 (전남대학교출판부, 2017)

새내기를 위한
C 프로그래밍 및 전산물리학 기초 연습

인 쇄 2021년 2월 20일
발 행 2021년 2월 26일

저 자 주경광
발행인 정성택
발행처 전남대학교출판문화원

등 록 1981. 5. 21. 제53호
주 소 61186 광주광역시 북구 용봉로 77
전 화 (062) 530-0571~2
영업부 (062) 530-0573
팩 스 (062) 530-0579
홈페이지 http://www.cnup.co.kr
이메일 cnup0571@hanmail.net

값 25,000 원

ISBN 978-89-6849-798-8 (93420)